普通高等教育规划教材

Gonglu Gongcheng Zaojia

公路工程造价

（第二版）

主　编　周世生　董伟智
副主编　李栋国　郭玉峰　牛　哲
主　审　孙文龙

人民交通出版社

内 容 提 要

本书为普通高等教育规划教材。全书共分五章,第一章介绍工程造价管理的基础知识和工程造价构成;第二章介绍公路工程定额的基本内容;第三章介绍工程量计算;第四章介绍公路工程造价测算;第五章介绍公路工程造价管理。本书依据最新的概(预)算及相关定额,全面介绍了工程造价管理的内容和方法,并专门介绍了应用计算机估算工程造价的方法和发达国家及地区工程造价管理的模式。

本书可作为高等院校或职业院校土木工程类和相关工程管理类的教学用书;也可供公路工程管理人员培训使用,或作为公路在职人员继续教育和参考用书;还可作为造价工程师、监理工程师执业资格考试参考用书。

图书在版编目(CIP)数据

公路工程造价/周世生,董伟智主编. —2版. —北京:人民交通出版社,2012.8

ISBN 978-7-114-09855-0

I.①公… II.②周…②董… III.①道路工程—工程造价—高等学校—教材 IV.①U415.13

中国版本图书馆CIP数据核字(2012)第124696号

普通高等教育规划教材

书　　名:公路工程造价(第二版)
著 作 者:周世生　董伟智
责任编辑:曲　乐　黎小东
出版发行:人民交通出版社
地　　址:(100011)北京市朝阳区安定门外外馆斜街3号
网　　址:http://www.ccpress.com.cn
销售电话:(010)59757973
总 经 销:人民交通出版社发行部
经　　销:各地新华书店
印　　刷:大厂回族自治县正兴印务有限公司
开　　本:787×1092　1/16
印　　张:23.5
字　　数:577千
版　　次:2008年6月　第1版
2012年8月　第2版
印　　次:2019年1月　第6次印刷　总第11次印刷
书　　号:ISBN 978-7-114-09855-0
定　　价:48.00元

第二版前言

《公路工程造价》自2008年出版以来,因主线明确、层次清晰、重点突出、实例分析逐渐深入的特点,得到了老师和学生的认可。在此期间,《公路工程施工定额》、《公路工程标准施工招标文件》(2009年版)、《公路工程基本建设项目投资估算编制办法》(JTG M20—2011)、《公路工程估算指标》(JTG/T M21—2011)等行业文件、标准先后颁发,公路工程工程量清单计量规则又进行了修订,同时为了融入课程教学成果,进一步体现本教材的科学性、先进性和实用性,作者对本书进行了修订。

本修订版教材体现了如下特点:

(1)在教材的组织上,增加了"本书知识结构及内容组织"。

(2)采用了最新的公路工程定额和公路工程概预算编制办法。

(3)坚持理论与实践相结合的路线,更加注重知识的实用性。

本修订版教材由北京市政路桥股份有限公司路桥集团周世生、吉林建筑工程学院董伟智担任主编,北京市政路桥股份有限公司孙文龙(教授级高级工程师)担任主审。具体编写分工为:第一章由北京市政路桥股份有限公司路桥集团周世生编写;第二章由长春工程学院李栋国编写;第三章由北京市政路桥股份有限公司路桥集团周世生、长春工程学院郭玉峰共同编写;第四章由吉林建筑工程学院董伟智、李华共同编写;第五章由黑龙江工程学院牛哲、吉林建筑工程学院城建学院田秀华共同编写;附录由长春工程学院郭玉峰编写。

在本次修订过程中,各位老师和人民交通出版社同仁给予了热情帮助,并提出了大量宝贵建议,编者在此表示由衷感谢!

由于编者学术水平和实践经验有限,书中问题和错误在所难免,恳请读者批评指正。

编　者

2012年5月

第一版前言

随着招投标法的实施和加入WTO对建设工程领域市场化的推进,我国工造价管理工作改革不断深入,我国工程造价管理体制正在以较快的速度向国际惯例靠拢。为了培养符合新时代要求的工程造价管理人员,我们参考最新的公路工程定额和概预算编制办法,组织有关教师编写了《公路工程造价》一书。

为了满足教材科学性、先进性、可行性的要求,编者在编写中体现了如下特点:

(1)紧密结合当前我国工程造价管理发展的实际情况,充分考虑学科发展的最新态势和动向,使理论能最快融入实践应用当中。

(2)在内容上博采众长,广泛参考和吸取了国内外相关教材的优点,充分吸收国外最新的理论研究成果和国内改革的成果,做到既符合国际理论发展潮流,又切实反映国内实际情况。本教材采用了最新的相关公路工程定额及编制办法。

(3)在教材的知识结构上,以公路工程造价计价为主线,介绍了公路工程造价计价的依据及全过程管理的内容和方法,做到主线明确、层次清晰、重点突出、结构合理。

(4)在写作方法上,力求规范分析和实例分析相结合。以实例进行模拟练习,提高实际应用能力。

(5)在教材的组织上,章首增加了本章要求和本章结构,章尾设置了本章小节、复习思考题和习题,有助于读者尽快学习和领悟书中的知识结构,加强对所学知识的综合应用能力。

(6)体现了"通"、"专"相宜。就工程管理专业而言,工程造价管理作为其中一项职能管理,是一个相对独立的专业,知识体系的设置有其特殊性,但也不能完全割断与其他职能或学科之间的必要联系,本书体现了工程造价管理与项目管理等学科相关知识的共性。

本书共分五章。第一章由长春工程学院周世生编写;第二章由长春工程学院李栋国、吉林建筑工程学院城建学院王芙蓉共同编写;第三章由长安路桥公司夏春乔、长春工程学院周世生共同编写;第四章由吉林建筑工程学院董伟智、李华共同编写;第五章由吉林大学靳卫东、吉林交通职业技术学院高峰共同编写;附录由吉林交通职业技术学院高峰编写。本书由周世生、靳卫东主编,由董伟智、李栋国、高峰副主编,由王选仓主审。

当前,我国工程造价体制正处于变革时期,许多问题有待研究探讨,加之编者学术水平和实践经验有限,书中缺点和谬误难免存在,恳请读者批评指正。

编　者

2008年3月

本书知识结构及内容组织

第一章　绪论。本章是学习工程造价的基础。本章阐述了价格的概念、构成,提出了工程造价的概念、构成;工程计价是造价中的核心内容,本章介绍了工程计价及其作用、我国的工程计价模式;为了实现本科人才培养与执业资格认证的对接,还介绍了有关注册造价工程师的要求。

第二章　公路工程定额。工程造价的确定,必须借助于一定的计价依据。造价的形成不外乎由资源消耗量与其单价两方面的因素决定,其中资源消耗量标准的确定,目前主要依靠定额。本章全面介绍了施工定额(企业定额)、预算定额、概算定额及概算指标、估算指标及工程其他定额的概念、作用、编制原则和方法;为了加强定额的实际应用,本章重点介绍了公路工程预算定额的组成及实际运用。

第三章　工程量计算。公路工程造价的计价都会涉及工程量的计算问题,这是工程造价中一项烦琐而重要的工作。本章首先介绍了工程计量的基本原理与方法,然后较为详细地介绍了目前国内推广使用的工程量清单计量规则,并举例说明。

第四章　公路工程造价测算。无论是定额计价,还是工程量清单计价,其价格的形成都会依据不同的定额和不同的工程单价。本章第一节详细介绍了人工、材料、机械台班预算单价的构成和编制方法,按定额计价的模式介绍了工料单价的编制方法;建筑安装工程造价的构成内容是确定和控制工程造价的重点。第二节详细介绍了建筑安装工程造价的构成内容和编制程序,并按清单计价模式介绍了综合单价的编制方法和投标的计算机化方法。本章还介绍了公路工程造价的其他组成;为拓展读者的视野,对国际工程建筑安装工程费用的组成作了简单介绍。

第五章　公路工程造价管理。在项目建设的各阶段中,投资决策阶段影响工程造价的程度最高。本章首先介绍了投资决策的概念、可行性研究的内容,然后又介绍了投资估算的内容与编制方法,并介绍了财务分析和周期寿命的相关内容和方法。

设计阶段是形成建设项目的建设标准和功能水平的关键阶段,所以设计阶段就成为工程造价控制的关键阶段。本章介绍了设计概预算的概念、作用、编制及审查方法。

实行建设项目的招标、投标是我国建筑市场趋向法制化、规范化、完善化的重要举措,有利于优选承包商、降低工程造价,进而合理有效地控制工程造价。关于招投标阶段工程造价控制,主要介绍了招标的范围、种类、方式,招标文件编制程序及标底的编制,投标报价的编制,评标及定标的方法,FIDIC 施工条件的有关规定。

关于施工阶段工程造价控制,主要介绍了施工组织设计与工程预算,工程变更与索赔,工程计量与工程结算,资金使用计划与投资偏差分析,施工企业经济核算。

关于竣工决算及保修期间的费用处理,主要介绍了竣工决算的概念、编制程序和组成,新增资产价值的确定方法,保修期间的经济责任。

关于工程造价信息管理,主要介绍了工程造价信息的概念,工程造价指数的编制,工程造价信息的管理。

本书知识结构如下图所示。

公路工程造价
绪论
公路工程定额
工程量计算
公路工程造价测算
公路工程造价管理
工程造价原理
工程造价计价
定额原理
公路预算定额
路基路面工程
桥涵工程
隧道工程
工程单价
建安工程造价
公路工程造价
决策阶段造价
设计阶段造价
招投标设计阶段造价
施工阶段造价
竣工决算及保修
工程造价概念
工程造价构成
计价特点
计价模式
工作时间分析
消耗标准分析
路基路面工程
桥涵工程
隧道工程
沿线设施
土石方工程
排水工程
防护工程
路面工程
混凝土工程
钢筋工程
预应力筋工程
附属工程
洞口明洞工程
洞身工程
附属工程
工、料、机单价
工料单价
建筑安装工程费
综合单价
设备、工器具购置费
工程建设其他费用
预留费用
建设期贷款利息
投资估算
财务评价
工程概预算
确定施工合同价
工程变更和索赔
工程结算

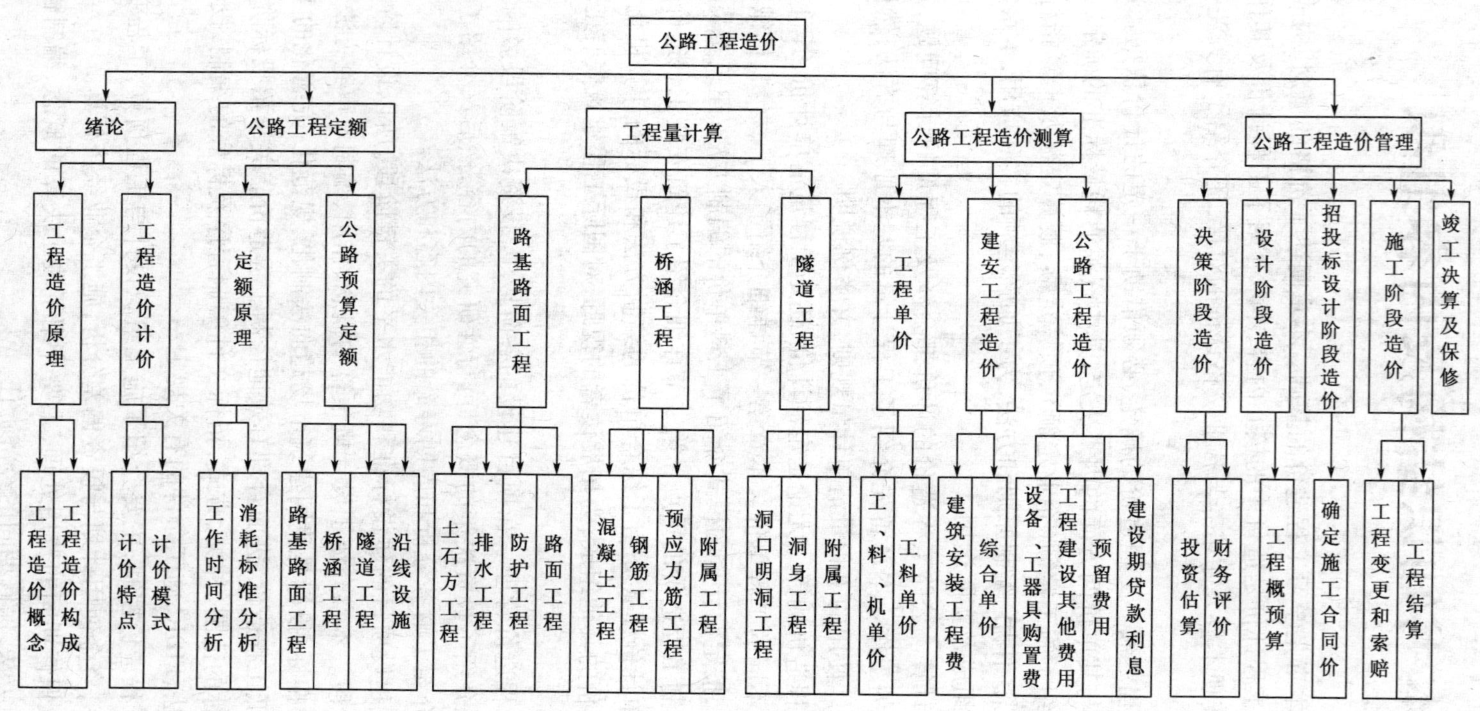

本书知识结构图

目 录

MULU

第一章　绪　　论

【本章要求】

了解工程造价管理的发展状况,价格的形成;理解价格的构成,工程造价的特点,工程造价计价的特点,注册造价工程师制度,工程造价咨询制度;掌握工程造价的构成,工程造价的计价模式,造价工程师的注册制度和承担的法律责任,造价咨询企业的业务范围、资质审批和承担的法律责任。

【本章结构】

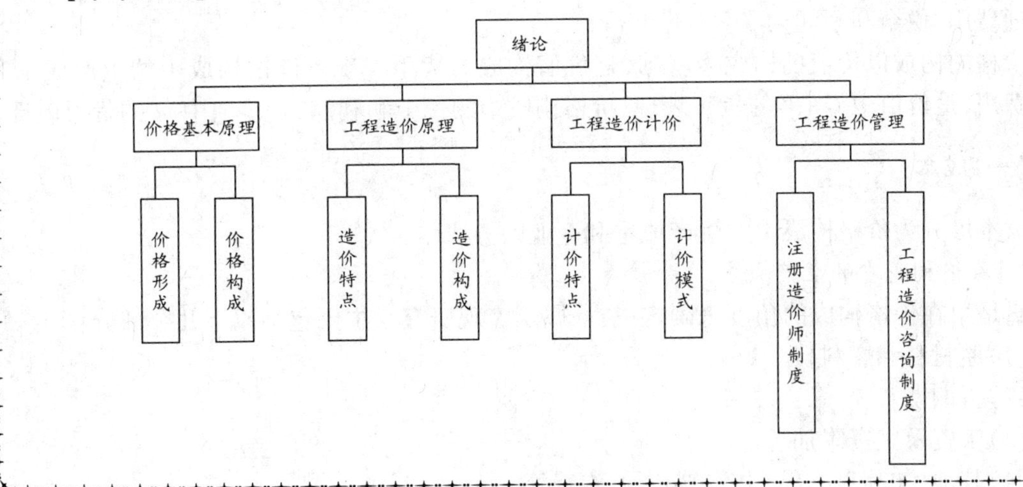

第一节　价格基本原理

工程造价,通俗地讲,是指工程的建造价格,其本质上属于价格范畴。因此,要掌握工程造价的基本理论和方法,必先了解商品价格的基本原理。

一、价格的形成

价格是随商品生产和商品交换而产生的一个历史范畴。在商品生产和交换中,不同的商品会有不同的价格,即使是同一商品的价格也会发生变动。引起商品价格变化的影响因素多样,主要有商品的内在价值、市场供求和币值等,但影响价格的决定因素是商品的内在价值。

(一)价值的构成

商品的价值是指凝结在商品中的人类无差别的劳动。其价值量是由社会必要劳动时间来计量的。

商品的价值由两部分构成。一是商品生产中消耗掉的生产资料价值,用 C 表示;二是生产过程中活劳动所创造出的价值。活劳动所创造出的价值由两部分构成,一部分是补偿劳动力的价值,用 V 表示;另一部分是剩余价值,是劳动者为社会创造的价值,用 m 表示。

(二)价格形成的基础

价格是指在商品生产和交换中,以货币形式表现的商品价值。在生产中消耗的生产资料价值 C,在价格中表现为生产资料耗费的货币支出;劳动者为自己创造的价值 V,表现为价格中的劳动报酬支出;劳动者为社会创造的价值 m,在价格中表现为盈利。$C+V$ 形成价格中的成本。

二、价格的构成

价格的构成是指商品价格的组成部分及其内容。商品价格一般由 4 个因素构成,即生产成本、流通费用、利润和税金。但是由于商品价格所处流通环节和纳税环节不同,其构成因素也不完全相同。比如,对于工业品,其出厂价格是由生产成本、税金和利润构成;其批发价格是由出厂价格、批发环节流通费用、税金和利润构成;其零售价格是由批发价格、零售环节流通费用、税金和利润构成。

价格的构成以价值的构成为基础,是价值构成的货币表现。价格构成中的生产成本和流通费用,是价值中 $C+V$ 的货币表现;价格构成中的税金和利润,是价值中 m 的货币表现。

(一)成本

成本可分为价格构成中的生产成本和企业财务成本。

1. 价格构成中的生产成本

它是站在价格构成的角度来确定成本,属于宏观研究。主要包括以下几个部分:

(1)原材料和燃料费。

(2)折旧费。

(3)工资及工资附加。

(4)其他,如利息支出、电信、交通差旅费等。

2. 企业财务成本

它是站在企业的角度来确定成本,属于微观研究。主要包括以下成本开支范围:

(1)主要材料、辅助材料、备品配件、外购半成品、燃料、动力、包装物、低值易耗品等的原价和运杂费。

(2)固定资产折旧费、计提的更新改造资金、租赁费和维修费。

(3)科学研究、技术开发和新产品试制,购置样品样机和一般测试仪器的费用。

(4)职工工资、福利费和原材料节约、改进技术奖。

(5)工会经费和职工教育经费。

(6)产品包修、包换、包退费用,废品修复或报废损失,停工工资、福利费、设备维护费和管理费,削价损失和坏账损失。

(7)财产和运输保险费,契约、合同公证费和鉴证费,咨询费,专有技术使用费及应列入成本的排污费。

(8)流动资金贷款利息。

(9)商品运输费、包装费、广告费和销售机构管理费。

(10)办公费、差旅费、会议费、劳动保护用品费、取暖费、消防费、检验费、仓库经费、商标注册费、展览费等管理费。

(11)其他费用。

不同产业部门企业财务成本开支范围,因其生产特点和产品形态不同而存在一定差异。

企业财务成本和价格构成中的生产成本性质不同,企业财务成本反映的是企业在产品生产过程中的实际成本,是价格构成中的生产成本的计算基础。

(二)流通费用

流通费用是指商品在流通过程中所发生的费用,包括由产地到销地的运输、保管、分类、包装等费用,也包括商品促销费用和管理费用。

在市场经济条件下,由于竞争的日益激烈和商品流通环节的增加、市场规模的扩大,流通费用在价格中所占份额呈现增加的趋势。

(三)价格构成中的利润和税金

1. 利润

利润是盈利中的一部分,是价格与生产成本、流通费用和税金之间的差额。价格中的利润可分为生产利润和商业利润两部分。

1)生产利润

生产利润包括工业利润和农业利润两部分。工业利润是工业企业销售价格扣除生产成本和税金外的余额。农业利润也称为农业纯收益,是农产品出售价格扣除生产成本后的余额。

2)商业利润

商业利润是商业销售价格扣除进货价格、流通费用和税金后的余额,包括批发价格中的商业利润和零售价格中的商业利润。

2. 税金

税金是纳税人根据税法向国家无偿缴纳的一部分收入。它反映国家对社会剩余价值进行分配的一种特定关系。

从商品价格来看,可分为价内税和价外税两类。

价外税一般以收益额为课税对象,不计入商品价格,如所得税等。

价内税一般以流转额为课税对象,计入商品价格。主要包括:

(1)产品税。它以生产领域的商品流转额为课税对象。

(2)增值税。它以商品的增值额为课税对象。

(3)营业税。它以营业额为课税对象。

(4)关税。它包括进口税和出口税,以进出口商品为课税对象,以完税价格为计税依据。

第二节　工程造价原理

一、工程造价及其特点

(一)工程及造价的特点

工程泛指一切建设工程。工程与一般商品相比,具有如下一些特点。

1. 工程地点的固定性

工程一般建造在预先选定的位置,建成后不能移动,只能在建成的位置上使用。由于工程所具备的固定性,导致了施工生产的地区性、流动性和其产品价格的差异性。

2. 工程生产的单件性

每一项建设工程都有特定的使用功能,同时还必须考虑适应工程所在地气候、地质、地震、水文等自然条件,适应当地的风俗习惯。这就使建设工程的实物形态千差万别。再加上不同地区生产要素价格的差异,最终导致建设工程造价千差万别。

3. 工程施工的露天性

工程因固定性和形体庞大,其施工生产大多在露天进行。因此,由于气象、地质等自然条件的变化,会引起工程设计的某些内容和施工方法的变动,也会因采取了防寒、防雨、防汛、防风及防暑降温等措施而增加费用。

4. 施工周期长

工程施工的周期长,环节多,涉及面较广,社会合作关系复杂。这种特殊的生产过程,决定了工程价格不可能一样,因而需要事先以预算来进行约束。

5. 质量差价与工期差价

在施工过程中,由于选用的材料、半成品的质量不同,施工技术条件不同,承包人经营管理水平不同等因素的影响,势必造成施工质量的差异,从而导致同类别、同功能、同标准、同工期和同地区的工程,在同一时间同一市场内的价格差异,即工程的质量差价。同样,由于施工的工期不同,承包人必须采用不同的施工进度计划,以不同的施工技术手段和施工组织手段完成工程施工任务,便决定了工期差异,即工程的紧与松也导致了工程造价的不同。

(二)工程造价的含义

由上面工程的特点,可以认为工程是一种按期货方式进行交换的商品,因此其工程造价呈现动态性。但从价值规律来看,工程造价仍然围绕其价值波动,是其价值的货币表现。

从投资的角度看,工程造价是指建设一项工程预期开支或实际开支中全部固定资产投资费用。固定资产投资费用和工程造价二者在量上是等同的。

从市场交易的角度看,工程造价是指为建成某项工程,在土地市场、设备市场、技术劳务市场以及工程承包开发市场等交易活动中所形成的固定资产价格。

其内涵总结起来主要包括以下三类。

1. 物质消耗支出

物质消耗支出主要包括:

(1)占用土地支出。

(2)购买设备、工器具支出。

(3)购买建筑材料、构配件支出。

(4)施工机械等固定资产的折旧、维修、转移费用。

2. 劳动报酬

劳动报酬主要包括:

(1)建设工程管理人员的工资、奖金和费用。

(2)建设工程咨询人员的工资、奖金和费用。

(3)勘察设计人员的工资、奖金和费用。

(4)施工企业人员的工资、奖金和费用。

3. 盈利

盈利主要包括：

(1)开发公司、建设单位的利润和税金。

(2)建设工程咨询单位的利润和税金。

(3)勘察设计单位的利润和税金。

(4)施工企业的利润和税金。

二、工程造价的构成

我国现行工程造价构成按其费用和性质的不同，一般由建筑安装工程费用、设备和工器具购置费用、工程建设其他费用、预备费用、固定资产调节税和建设期贷款利息等组成。

(一)建筑安装工程费用

1. 我国现行建筑安装工程费用

1)建筑工程费用内容

(1)建筑物中的一般土建、给排水、供暖、卫生、通风、煤气、油饰工程的费用，各种管道工程、电力、电信和电缆导线敷设工程的费用。

(2)各种设备基础、工作台、烟囱、水塔等建筑工程以及各种炉窑砌筑物和金属结构工程的费用。

(3)为施工而进行的场地平整，工程和水文地质勘察，原有建筑物的拆除，施工临时用水、电、气、路和完工后的场地清理，环境绿化、美化等工程的费用。

(4)矿井开凿、井巷延伸、露天矿剥离，石油、天然气钻井，修建铁路、公路、码头、水库、堤坝、灌渠及防洪等工程的费用。

2)安装工程费用内容

(1)为进行各种需要安装的机械设备的装配费用，与设备相连的工作台、梯子、栏杆等装设工程费用，附属于被安装设备的管线敷设工程费用，以及被安装设备的绝缘、防腐、保温、油漆等工作的材料费和安装费。

(2)为测定安装工程质量，对单台设备进行单机调试运转、对系统设备进行系统联动无负荷试运转工作的调试费。

3)建筑安装工程费用构成

我国现行建筑安装工程费用的具体构成如图 1-1 所示。

2. 公路工程建筑安装工程费用

1)建筑安装工程费用内容

(1)路基的特殊地基处理、土石方工程、排水工程和防护工程等建筑工程费用。

(2)桥涵工程的基础、下部结构、上部结构和附属设施等建筑安装工程费用。

(3)隧道工程的洞口、洞身、附属设施等建筑安装工程费用。

(4)路面的垫层、基层、面层等建筑安装工程费用。

(5)公路交工前的养护费用。

(6)公路沿线设施的建筑安装费用。

2）建筑安装工程费用构成

我国现行公路工程建筑安装工程费用的具体构成如图1-2所示，其具体内容将在第四章进行讲解。

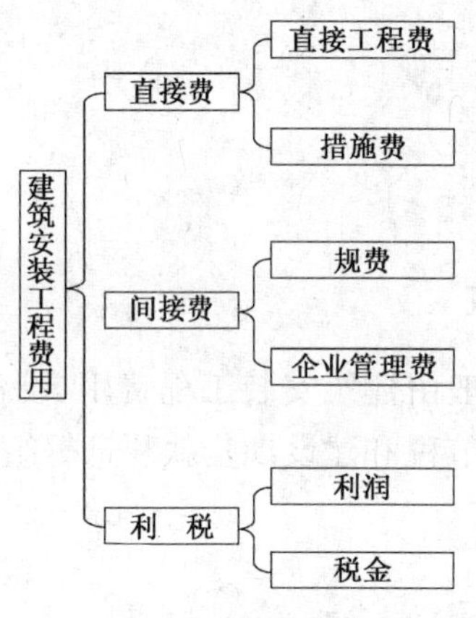

图1-1　建筑安装工程费用

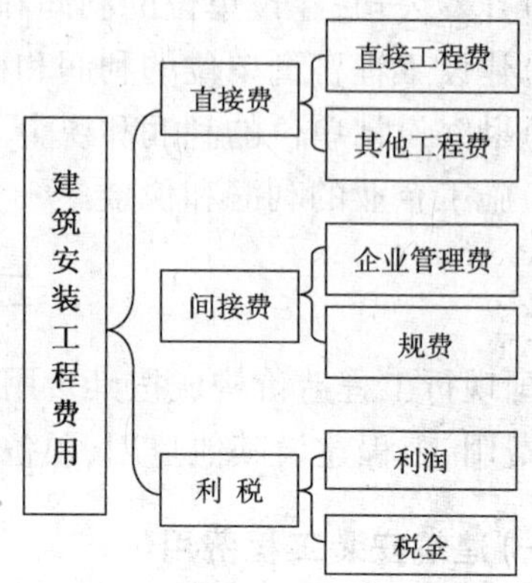

图1-2　公路建筑安装工程费用

（二）设备、工器具的购置费用

设备、工具、器具购置费的计算应根据设计规格、数量清单，在可行性研究报告、初步设计、技术设计和施工图设计阶段按以下公式计算：

$$设备、工具、器具的购置费 = 货价 + 运杂费 \tag{1-1}$$

其有关设备等购置单价的计算将在第四章进行详细讲解。设备中需要安装的设备如发电机组，其安装工程费用应在第一部分建筑安装工程费的有关项目内计算。

（三）工程建设其他费用

其他费用是指从工程筹建到工程交付使用为止的整个建设期间，除建筑安装工程费用和设备、工器具购置费用以外的，为保证工程建设顺利完成和交付使用后能正常发挥效用而发生的各项费用。按其内容可分为三类：

（1）土地使用费。

（2）与工程建设有关的其他费用。

（3）与未来企业生产经营有关的其他费用。

（四）预备费

按我国现行规定，预备费包括基本预备费和涨价预备费。

1. 基本预备费

基本预备费是指用在初步设计和概算中难以预料的工程费用，其中包括：

（1）在进行技术设计、施工图设计和施工过程中，在批准的初步设计范围内所允许增加的工程费用。

（2）由于自然灾害而造成的损失和预防自然灾害所采取的技术组织措施费用。该费用在实行工程保险的工程项目中，应适当降低。

（3）在竣工验收时，验收小组为鉴定工程质量，必须开挖和修复隐蔽工程的费用，但不包括由于施工质量不符合设计要求而返工的费用。

基本预备费按下式计算：

$$基本预备费=(设备及工器具购置费+建筑安装工程费+工程建设其他费用)\times 基本预备费率 \tag{1-2}$$

2. 涨价预备费

建设项目在建设期内由于价格等变化而增加的费用。费用内容包括：

(1)设备、材料价格和工资单价的价差费，但不包括由于管理不善而造成的量差及价差。

(2)由于物价、汇率、税金、贷款利率等变化所引起的费用。

涨价预备费按下式计算：

$$PF=\sum_{t=0}^{n}I_t[(1+f)^t-1] \tag{1-3}$$

式中：PF——涨价预备费；

n——建设期年数；

I_t——建设期中第 t 年的投资额，包括设备及工器具购置费、建筑安装工程费、工程建设其他费用及基本预备费；

f——年投资价格上涨率。

(五)固定资产投资方向调节税

为了贯彻国家政策，控制投资规模、引导投资方向、调整投资结构，加强重点建设促进国民经济持续稳定协调发展，国务院决定从1991年起，对在中国境内进行固定资产投资的单位和个人(不含中外合资企业、中外合作经营企业和外资企业)征收固定资产投资方向调节税(简称投资方向调节税)。

投资方向调节税根据国家产业政策和项目经济规模实行差别税率。

(六)建设期贷款利息

项目银行信贷资金是指银行利用信贷资金所发放的投资性贷款，其贷款利息成为建设项目投资资金的重要组成部分。建设期贷款利息按复利计算。

1. 对于贷款总额一次性贷出且利率固定的贷款

此情况按下式计算：

$$I=P[(1+i)^n-1] \tag{1-4}$$

式中：I——贷款利息；

n——贷款期限；

P——一次性贷款金额；

i——年有效利率。

2. 当贷款是分年均衡发放时，计息按借款当年的年中支付考虑

此情况按下式计算：

$$q_j=\left(P_{j-1}+\frac{1}{2}A_j\right)i \tag{1-5}$$

式中：q_j——建设期第 j 年贷款利息；

P_{j-1}——建设期第$(j-1)$年末贷款累计金额与利息累计金额之和；

A_j——建设期第 j 年贷款金额；

i——年有效利率。

三、工程造价的相关概念

(一)固定资产

固定资产是指同时具有以下特点的有形资产:①为生产商品、提供劳务、出租或经营管理所持有的;②使用期限超过 1 年;③单位价值较高,一般确定为 2000 元以上。在确认固定资产时,应同时符合以下两个条件:第一,该固定资产包含的经济利益很可能流入企业;第二,该固定资产的成本能可靠地计量。

(1) 固定资产按经济用途可分为生产用固定资产和非生产用固定资产。

生产用固定资产是指直接服务于企业生产经营过程的固定资产;非生产用固定资产是指间接服务于企业生产经营过程的固定资产。

(2)固定资产按使用情况可分为使用中的固定资产、未使用的固定资产和不需使用的固定资产。

使用中的固定资产是指正在使用的经营性和非经营性固定资产。其中,包括由于季节性经营或修理等原因暂停使用的、企业出租给其他企业使用的以及内部替换使用的固定资产。

未使用的固定资产是指已完工的或已构建的尚未交付使用的以及因进行改建、扩建等原因停止使用的固定资产。

(3)固定资产按所有权可分为自有的和租入的固定资产。

(二)固定资产投资

固定资产投资是指投资主体为达到预期收益的资金垫付行为。我国固定资产投资包括基本建设投资、更新改造投资、房地产开发投资、其他固定资产投资四种。

1. *基本建设投资*

基本建设投资用于新建、改建、扩建和重建项目的资金投入行为,是形成新增固定资产、扩大生产能力和工程效益的主要手段。

2. *更新改造投资*

更新改造投资是指在保证原有生产规模的基础上,通过以先进科学技术改造原有技术来实现以内涵为主的固定资产扩大化再生产的资金投入行为。

建设项目的固定资产投资也就是建设项目的工程造价,两者在量上是等同的。其中建筑安装工程投资也就是建筑安装工程造价,两者在量上也是等同的。这也可以看出工程造价两种含义的同一性。

(三)建筑安装工程造价

建筑安装工程造价,亦称建筑安装产品价格。它是建筑安装产品价值的货币表现,和一般商品一样,它的价值是由 $C+V+m$ 构成。不同的只是由于这种商品所具有的技术经济特点,使它的交易方式、计价方法、价格的构成因素、付款方式都有自己的特点。

建筑安装工程造价是比较典型的生产领域价格。从投资的角度看,它是建设项目固定资产投资中的建筑安装工程投资。建筑安装工程投资是指建设单位用于建筑和安装工程方面的投资,包括用于建筑物的建造及有关准备、清理等建筑工程的投资,以及用于需要安装设备的安置、装配工程的投资,是以货币表现的建筑安装工程的价值,其特点是必须通过兴工动料、追加活劳动才能实现。

(四)建设项目总投资

建设项目总投资,一般是指进行某项工程建设花费的全部费用,主要由固定资产投资和铺底流动资金组成。

第三节　工程造价计价

作为建设工程这一特殊商品的价值表现形式,建设工程造价的运动除具有一切商品价格运动的共同特点之外,同时又有其自身的特点和模式。

一、计价特点

(一)单件性计价

建设工程是指根据每个业主的特定要求,单独设计,并在指定的地点单独施工,基本上是单个"定做"而非批量生产。产品在"定做"之前,必然预先测算其价格。只能通过特殊的程序(编制估算、概算、预算、合同价、结算价及最后确定竣工决算价等),就各个工程项目测算建设工程造价,即单件计价。

(二)多次性计价

建设工程的生产过程是一个周期长、数量大的生产消费过程。包括可行性研究在内的设计过程一般较长,而且要分阶段进行,逐步加深。

为了适应工程建设过程中各方经济关系的建立,适应工程项目管理的要求,适应工程造价控制和管理的要求,需要按照设计和建设阶段情况多次进行计价。其过程如图1-3所示。

1. 投资估算

投资估算指在投资前期(规划、项目建议书、可行性研究报告)阶段,进行某项工程建设所花费的全部固定资产投资的预计费用。

2. 设计总概算

设计总概算是指在初步设计或技术设计阶段,由设计单位根据设计图纸、概算定额、各类费用定额,建设地区的自然条件和技术经济条件等资料,预先计算、确定建设项目从筹建至竣工验收的工程造价的经济文件。

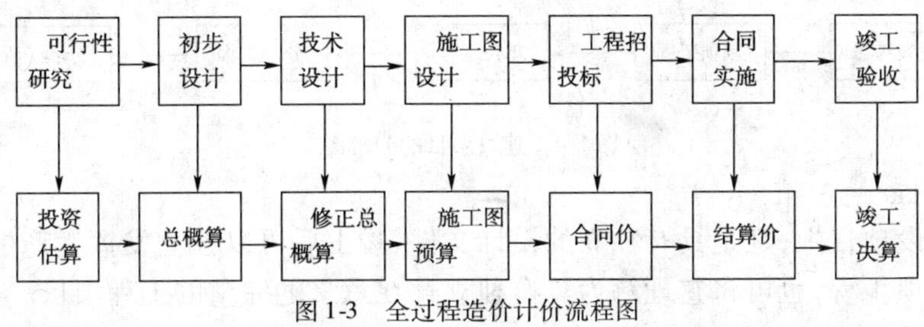

图1-3　全过程造价计价流程图

3. 施工图预算

由设计单位编制的根据施工图设计的工程量和施工方案，按预算定额和各类费用定额，所编制的反映工程造价的经济文件。

4. 标底

标底为建设单位招标时，对拟建的工程项目，由自己或委托设计单位或咨询公司，依设计内容及有关规定计算出建成这一项目所需的工程造价。

标底要求不得超过批准的概算或预算，且一个项目只能有一个标底。

5. 报价

报价由投标单位根据招标文件及有关定额和招标项目所在地区的自然、社会和经济条件及施工组织方案和投标单位自身的情况，计算完成招标工程所需各项费用的经济文件。

6. 施工预算

施工预算是指施工准备阶段，在施工合同价的控制下，依实际情况计算分项工程量、施工定额、施工组织设计或分部分项工程施工过程的设计及其他有关资料，通过工料分析计算和确定完成一个工程项目或一个单位工程或其中的分部工程所需的人工、材料、机械台班消耗量及其他相应费用的经济文件。

7. 工程结算

工程结算指建设单位与施工单位之间，由于拨付各种预付款和支付已完工程发生的结算。结算方式：按月结算、竣工后一次结算、分段结算等。

8. 竣工决算

竣工决算指建设项目完工后竣工验收阶段，由建设单位编制的建设项目从筹建至建成投产或使用的全部实际成本的技术经济文件。

从投资估算、设计概算、施工图预算到招标投标合同价，再到各项工程的结算价和最后在结算价基础上编制的竣工决算，整个计价过程是一个由粗到细、由浅到深，最后确定建设工程实际造价的过程。计价过程各环节之间相互衔接，前者制约后者，后者补充前者。

（三）按工程构成分部组合计价

由于建设项目的复杂性，为了更真实地反映建设项目的工程造价，应按工程构造特点进行分部组合计价。

1. 建设项目的分解

1）建设项目

凡是按照一个总体设计进行建设的各个单项工程总体即是一个建设项目。一个建设项目按照工程特点可进一步进行分解，如图1-4所示。

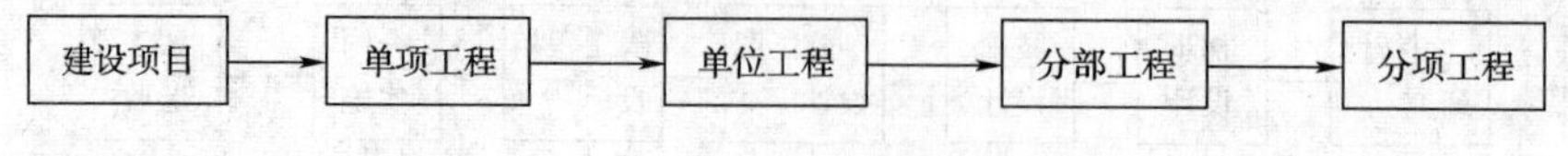

图1-4 建设项目的分解图

2）单项工程

在一个建设项目中，凡是具有独立的设计文件、竣工后可以独立发挥生产能力或工程效益的工程为单项工程，也可将它理解为具有独立存在意义的完整的工程项目。

3）单位工程

在单项工程中，凡是具有独立施工条件的，并且经济上独立核算的工程称为单位工程。施工承包人一般是以单位工程为对象与业主签订施工合同的。

4）分部工程

在单位工程中，按组成单位工程的结构特点不同，将由不同工人用的不同工具和材料完成的部分称为分部工程。

5）分项工程

按照不同的施工方法、构造及规格，把分部工程更细致地分解为分项工程。分项工程是能用较为简单的施工过程生产出来的，可以用适量的计量单位来计算并便于测定的工程基本构造要素，也是假定的建筑安装产品。

2. 工程造价的组合

与以上工程构成的方式相适应，建设工程具有分部组合计价的特点。计价时，首先要对工程建设项目进行分解，然后按构成进行分项计算再组合，如图1-5所示。

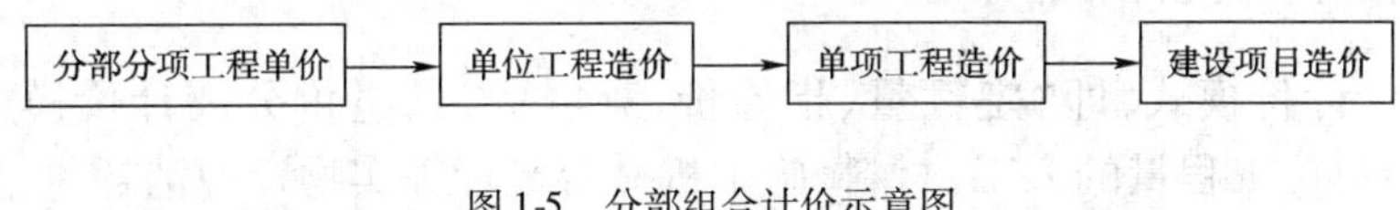

图1-5　分部组合计价示意图

（四）计价方法的多样性

由于项目建设各阶段所掌握的条件、资料深度不同，计算的准确度要求不同，计价的方法也不同。

（1）投资估算一般采取类似工程比较法、生产能力系数法、估算指标法等进行编制。

（2）初步设计总概算一般采取概算指标法、概算定额法、类似工程预算法编制。

（3）施工图预算采取按施工图计算工程量、按预算定额计算实物消耗，按市场价格计价，按费用定额计算各项费用、利税。

（4）投标报价则采取按清单工程量、按企业定额计算实物消耗，按市场价格计价，同时考虑自身的经营状况和工程风险等因素计算而得到的综合价格。

（5）施工预算则采取按施工图和实际情况计算工程量、按企业定额计算实物消耗，按市场价格计价，同时考虑自身的经营状况和工程风险等因素计算而得到的综合价格。

（6）工程结算则采取已完成并符合合同要求的清单工程量和变更工程量，按清单价格和变更价格计算而得到的综合价格。

不同的计价方法适用的条件不同，在计价时应正确选择。

（五）计价依据的多样性

建设项目工程造价的计价依据，一般有：

（1）人工、材料、施工机械消耗量计算依据。

（2）工程量的计算依据。

（3）工、料、机价格依据，设备价格依据。

（4）各种取费费率、工程建设其他费用计算依据，利润税金计算依据，物价指数及造价指数等。

要准确计算建设项目工程造价，必须首先熟悉、掌握和正确应用这些计价依据。

二、计价模式

建设项目工程造价的计价模式是与社会经济体制相适应的。随着我国经济体制和工程造价管理体制改革的不断深入,建设项目工程造价的计价模式也相应发生了根本的变化,经历了三种不同的计价模式。

(一)政府定价计价模式

政府定价计价模式,即定额计价模式。定额是指中央政府有关部门和各级地方政府有关部门定期颁布的工程估算指标、概算定额、预算定额、费用定额、工程量计算规则等一切工程计价的法定依据。它是政府造价主管部门根据社会平均消耗和平均成本制订的"量价合一"的工程造价计算标准,既规定了单位工程量的实物资源消耗数量标准,又规定了单价及各种取费费率和计算办法。

(二)政府指导价计价模式

政府指导价计价模式,即"定额量、指导价、竞争费"的量价分离计价模式。这里讲的"定额量",是指单位工程量的人工、材料、施工机械台班量等实物资源消耗量,按政府工程造价主管部门颁布的"基础定额"规定的消耗量标准计算;"指导价"是指人工、材料、机械台班的预算价格,按中央政府和地方政府造价主管部门定期发布的"指导价格"(又称中准价、信息价等)计算;"竞争费"是指其他直接费、间接费、利润等取费费率,由中央政府或地方政府造价主管部门制订指导性费率标准,企业可依据自身具体情况确定投标费率进行竞争。

从实际执行情况看,政府工程造价主管部门发布的工、料、机指导价(中准价),一般略高于市场实际成交价;按定额及指导价价格、费率计算的工程预算造价,一般高于工程招标实际中标价。按照计划要留有余地和审定概算是投资控制最高限额的要求,目前已被普遍使用。但在编制招标标底或投标报价时要注意,因与市场竞争规则和《中华人民共和国招标投标法》中规定的中标条件相悖。这种计价模式还不是真正的市场经济计价模式,而是在工程招标投标尚未完全成熟时,为避免低价恶性竞争和确保工程质量而采用的一种过渡模式。

(三)工程量清单计价模式

工程造价管理体制改革的最终目标是逐步建立以市场竞争为主的价格形成机制,逐步建立起由政府颁布的基础定额作为指导的、通过市场竞争形成工程造价的机制。其内容是:

(1)由政府建设行政主管部门统一制定符合国家标准、规范,并反映一定时期施工水平的人工、材料、机械等消耗量标准,实现对定额消耗量标准的宏观管理。

(2)制订统一的工程项目划分和工程量计算规则,为逐步实现工程量清单计价报价创造条件。

(3)建立信息网络系统,加强工程造价信息的收集、处理,及时发布信息。

(4)建筑施工企业可在基础定额的指导下,结合企业自身的技术和管理情况,制订企业定额,并在投标中,结合当地要素市场行情、自身经营情况及个别成本进行自主报价。

(5)在工程招标中要贯彻《中华人民共和国招标投标法》第四十一条规定的中标条件,即"能满足招标文件实质性要求,并且经评审的投标价格最低,但是投标价格低于成本的除外"。

工程量清单计价模式是国际上通行的做法。我国于2003年2月17日已发布《建设工程工程量清单计价规范》(以下简称《规范》),并于2003年7月1日起实施。按《规范》要求,在建设项目工程招投标中,招标人按照统一的项目编码、项目名称、计量单位、工程量计算规则和统一的格式,提供分部分项工程项目、措施项目、其他项目的名称及相应工程数量的明细清单,由投标人依据工程量清单自主报价。通过市场竞争形成工程价格的计价模式,亦即市场定价模式,这是法定招标建设项目必须严格执行的计价模式。

以上三种计价模式各有特点,定额计价模式可在项目决策阶段编制投资估算时参考使用;"定额量、指导价、竞争费"的量价分离计价模式可用于概预算编制及招标标底;工程量清单计价模式是通过市场竞争形成价格的模式,也是工程招投标中应推广的计价报价模式。

第四节　工程造价管理

工程造价管理是指为了实现工程造价管理目标而对工程造价工作过程进行的计划与预测、组织与指挥、监督与控制、教育与激励、挖潜与创新的综合性活动的总称。通过工程造价管理合理地确定工程造价和有效地控制工程造价,以提高投资效益和施工企业的经营效果。工程造价管理包含两方面的含义:第一是工程投资费用管理;第二是工程价格管理。

工程投资费用管理是指为实现投资目标,在拟订的规划、设计方案的条件下,预测、确定和监控工程造价及其变动的系统活动,它属于投资管理范畴。工程价格管理属于价格管理范畴。价格管理分为两个层次,即宏观层次和微观层次。在宏观层次上,价格管理是指政府根据社会经济发展的要求,利用法律、经济和行政手段对价格进行的管理和调控,以及通过市场管理规范市场主体价格行为的系统活动。在微观层次上,是指生产企业在掌握市场价格信息的基础上,为实现管理目标而进行的成本控制、计价、定价和竞价活动。

一、工程造价管理的发展概况

(一)国外工程造价管理的发展特点

工程造价管理在国际上有着悠久的历史,在西方工业发达国家,特别是英国,其工程造价管理经过近400多年的不断发展和完善,逐渐形成了系统的、完善的管理机制和管理方法,通过工程造价管理的发展过程可见以下特点:

(1)从事后算账发展到事前算账,即从最初只是消极地反映已完工程的价格逐步发展到在工程开工前进行工程量计算和计价,进而发展到在初步设计时提出概算,在工程可行性研究时提出投资估算,为业主进行投资决策提供重要的科学依据。

(2)从被动地反映设计和施工发展到主动地影响设计和施工,即从最初只负责工程建设某个阶段工程造价的确定和计算,逐步发展到投资决策阶段、设计阶段对工程造价作出预测和估算,在设计和施工中对工程造价进行计算、监督和控制,实现了对工程建设全过程的造价管理,预算师则自始至终要对工程造价管理负责。

(3)从依附于施工者或建筑师而逐渐发展成为一个独立、公正的专业,并拥有自己的专业(工程造价管理)学会。

(4)从预算师各行其是逐步发展到全国制订统一的规则或办法来进行管理,如制订全国统一的工程量计算办法(规则)、成本分析法、预算人员教育考核办法和职业守则等来进行管理。

（二）我国工程造价管理的变革

我国的工程造价管理是在特殊的历史条件下逐渐发展起来的，工程造价管理体制也在逐渐变革和完善。这种改革主要表现在以下几个方面：

（1）重视和加强项目决策阶段的投资估算工作，努力提高可行性研究报告投资估算的准确度，切实发挥其控制建设项目总造价的作用。

（2）进一步明确概预算工作的重要作用。概预算不仅要计算工程造价，更要能动地影响设计、优化设计，并发挥控制工程造价、促进合理使用建设资金的作用。工程设计人员要做好多方案的技术经济比较，通过优化设计来保证设计的技术经济合理性。

（3）推行工程量清单计价模式，以适应市场发展的需求和国际市场竞争的需要，逐渐与国际惯例接轨。

（4）把竞争机制引入工程造价管理体制，通过招标方式选择工程承包公司及设备材料供应单位，以促使这些单位改善经营管理，提高应变能力和竞争能力，降低工程造价。

（5）提出用“动态”方法研究和管理工程造价。研究如何体现项目投资额的时间价值，要求各地区、各部门工程造价管理机构要定期公布各种设备、材料、工资、机械台班的价格指数以及各类工程造价指数，要求尽快建立地区、部门以至全国的工程造价管理信息系统。

（6）提出要对工程造价的估算、概算、预算、承包合同价、结算价、竣工决算实行“一体化”管理，并研究如何建立一体化的管理制度，改变过去分段管理的状况。

（7）发展壮大工程造价咨询机构，建立健全造价工程师执业资格制度。

我国工程造价管理体制改革的最终目标是：建立市场形成价格的机制，实现工程造价管理市场化，形成社会化的工程造价咨询服务业，从而与国际惯例接轨。

二、注册造价工程师制度

注册造价工程师是指经全国造价工程师执业资格统一考试合格，并注册取得造价工程师注册证，从事建设工程造价活动的人员。未经注册的人员，不得以造价工程师的名义从事建设工程造价活动。

（一）执业资格考试及注册

1. 执业资格考试

造价工程师执业资格考试，实行全国统一大纲、统一命题、统一组织的方法，原则上每年组织一次。

凡中华人民共和国公民，遵纪守法并具备以下条件之一，均可申请参加考试：

（1）工程造价专业大专毕业，从事工程造价业务工作满五年，工程或经济类大专毕业，从事工程造价业务工作满六年。

（2）工程造价专业本科毕业，从事工程造价业务工作满四年，工程或工程经济类本科毕业后从事工程造价业务工作满五年。

（3）获得上述专业第二学士学位或研究生毕业或获硕士学位，从事工程造价业务工作满三年。

（4）获上述专业博士学位后，从工程造价业务工作满两年。

造价工程师执业资格考试分四个科目：“工程造价管理基础理论与相关法规”、“工程造价计价与控制”、“建设工程技术与计量”、“工程造价案例分析”四门课程。

2. 注册

造价工程师的注册分为初始注册、续期注册以及变更注册。

1)初始注册

经全国造价工程师执业资格统一考试合格的人员,可自资格证书签发之日起1年内,申请初始注册。造价工程师初始注册的有效期为4年。申请初始注册时应当提交下列材料:

(1)造价工程师初始注册申请表;

(2)执业资格证书和身份证复印件;

(3)与聘用单位签订的劳动合同复印件;

(4)工程造价岗位工作证明;

(5)取得执业资格证书的人员,自资格证书签发之日起1年后申请初始注册的,应当提交继续教育合格证明;

(6)受聘于具有工程造价咨询资质的中介机构的,应当提供聘用单位为其交纳的社会基本养老保险凭证、人事代理合同复印件,或劳动、人事部门颁发的离退休证复印件。

2)续期注册

造价工程师注册有效期满要求继续执业的,应当在注册有效期满30日前,向省级注册机构或者部门注册机构申请续期注册。续期注册时应提交延续注册申请表、注册证书、与聘用单位签订的劳动合同复印件、前一个注册期内的业绩证明和继续教育合格证明。续期注册的有效期限为4年,自准予续期注册之日起计算。

3)变更注册

在注册有效期内,造价工程师变更执业单位的,应当按下列要求进行办理,变更注册后延续原注册有效期。

(1)变更注册申请表;

(2)注册证书;

(3)与新聘用单位签订的劳动合同复印件;

(4)与原聘用单位解除劳动合同的证明文件;

(5)受聘于具有工程造价咨询资质的中介机构的,应当提供聘用单位为其交纳的社会基本养老保险凭证、人事代理合同复印件,或劳动、人事部门颁发的离退休证复印件。

(二)造价工程师执业

造价工程师只能在一个单位执业,其执业范围包括:

(1)建设项目建议书、可行性研究投资估算的编制和审核,项目经济评价,工程概算、预算、结算、竣工结(决)算的编制和审核;

(2)工程量清单、标底(或控制价)、投标报价的编制和审核,工程合同价款的签订、调整、工程款支付与工程索赔费用的计算;

(3)建设项目管理过程中设计方案的优化、限额设计等工程造价分析与控制,工程保险理赔的核查;

(4)工程造价纠纷的鉴定。

(三)造价工程师的权利和义务

1. 权利

(1)使用注册造价工程师名称;

(2)依法独立执行工程造价业务；

(3)在本人执业中形成的工程造价文件成果文件上签字并加盖执业印章；

(4)发起设立工程造价咨询企业；

(5)保管和使用本人的注册证书和执业印章；

(6)参加继续教育。

2. 义务

(1)遵守法律、法规、有关管理规定，恪守职业道德；

(2)保证执业活动成果的质量；

(3)接受继续教育，提高业务技术水平；

(4)执行工程造价计价标准和计价方法；

(5)与当事人有利害关系的，应当主动回避；

(6)保守在执业中知悉的国家秘密和他人的商业、技术秘密。

(四)法律责任

造价工程师在申请注册中弄虚作假的、同时在两个单位执业的、允许他人以本人名义执业的，注销造价工程师注册证，收回执业专用章；未经注册以造价工程师名义从事工程造价活动的，由省级注册机构责令其停止违法活动，并处5000元以上，3万元以下的罚款；造成损失的，应当承担赔偿责任。

三、工程造价咨询制度

工程造价咨询系指面向社会接受委托，承担建设项目的可行性研究投资估算、项目经济评价、工程概算、工程预算、工程结算、竣工决算、工程招标标底、投标报价的编制和审核，对工程造价进行监控以及提供有关工程造价信息资料等业务工作。工程造价咨询制度的建立，有利于将工程造价管理由政府直接管理的模式转变为政府指导、社会监督、工程建设参与单位自己管理和控制模式，它对转变政府职能、提高造价专业化管理水平以及与国际惯例接轨都具有重要作用。

(一)工程造价咨询企业

工程造价咨询企业是指接受委托，对建设项目投资、工程造价的确定与控制提供专业咨询服务的企业。工程造价咨询企业从事工程造价咨询活动，应当遵循独立、客观、公正、诚实信用的原则，不得损害社会公共利益和他人的合法权益。

工程造价咨询单位的资质等级分为甲、乙两个等级，要分别符合规定的资质要求，并应向造价资质管理部门申请设立，经审核批准后，由资质管理部门颁发相应的《工程造价咨询单位资质证书》。资质管理部门要对工程造价咨询单位实行资质年检。

(二)工程造价咨询企业的业务范围

工程造价咨询企业应当依法取得工程造价咨询企业资质，并在其资质许可的范围内从事工程造价咨询活动。工程造价咨询企业依法从事工程造价咨询活动，不受行政区域限制。甲级工程造价咨询企业可以从事各类建设项目的工程造价咨询业务；乙级工程造价咨询企业可以从事工程造价5000万人民币以下的各类建设项目的咨询业务。工程造价咨询企业的业务范围包括：

(1)建设项目建议书及可行性研究投资估算、项目经济评价报告的编制和审核；

(2)建设项目概预算的编制与审核，并配合设计方案比选、优化设计、限额设计等工作进行工程造价分析与控制；

(3)建设项目合同价款的确定(包括招标工程工程量清单和标底、投标报价的编制和审核)；合同价款的调整(包括工程变更、工程洽谈和索赔费用的计算)与工程款支付，工程结算及竣工结(决)算报告的编制与审核等；

(4)工程造价经济纠纷的鉴定和仲裁的咨询；

(5)提供工程造价信息服务等。

(三)工程造价咨询企业的管理制度

1. 管理部门

国务院建设主管部门负责对全国工程造价咨询企业的统一监督管理工作。省、自治区、直辖市人民政府建设主管部门负责本行政区域内工程造价咨询企业的监督管理工作。有关专业部门对本专业工程造价咨询企业实施监督管理。

2. 资质审批

申请甲级工程造价咨询企业资质的，应当向申请人工商注册所在地省、自治区、直辖市人民政府建设主管部门或者国务院有关专业部门提出申请，最终由国务院建设行政主管部门决定。

申请乙级工程造价咨询企业资质的，由省、自治区、直辖市人民政府建设行政主管部门审查决定。其中，申请有关专业乙级工程造价咨询企业资质的，由省、自治区、直辖市人民政府建设行政主管部门和有关专业部门共同审查决定。省、自治区、直辖市人民政府建设主管部门将准予资质许可的决定报国务院建设行政主管部门备案。

新申请工程造价咨询企业资质的企业，其资质等级按照乙级资质标准中的前 9 项核定为乙级，设暂定期一年。

暂定期届满需继续从事工程造价咨询活动的，应当在暂定期届满 30 日前，向资质许可机关申请换发资质证书。符合乙级资质条件的，由资质许可机关换发资质证书。

工程造价咨询单位资质等级的申请，经资质管理部门审批后，颁发相应的《工程造价咨询单位资质证书》。该证书由国务院建设行政主管部门一印制，分为正本和副本。正本和副本具有同等法律效力。

工程造价咨询企业资质有效期为 3 年，有效期届满，需要继续从事工程造价咨询活动的，应当向资质许可机关提出资质延续申请，资质许可机关作出是否准予延续的决定。准予延续的，资质有效期延续 3 年。

3. 法律责任

(1)未取得工程造价咨询企业资质从事工程造价咨询活动或者超越资质等级承接工程造价咨询业务的，出具的工程造价成果无效，由县级以上地方人民政府建设行政主管部门或者有关专业部门给予警告，责令限期整改，并处 1 万元以上 3 万元以下的罚款。

(2)工程造价咨询企业不及时办理资质证书变更手续的，由资质许可机关责令限期办理；逾期不办理的，可处 1 万元以下的罚款。

(3)申请人隐瞒有关情况或提供虚假材料申请工程造价咨询企业资质的，不予受理或不予资质许可，并给予警告，申请人在 1 年内不得再次申请工程造价咨询企业资质。

(4)以欺骗、贿赂等不正当手段取得工程造价咨询企业资质的，由县级以上地方人民政府建设行政主管部门或有关部门给予警告，并处 1 万元以上 3 万元下的罚款，申请人 3 年内不得再次申请工程造价咨询企业资质。

(5)有下列行为之一，由县级以上地方人民政府建设行政主管部门或有关专业部门给予警告，责令限期整改；逾期未改正的，可处 5000 元以上 2 万元以下罚款。

①新设立的分支机构不备案的。

②跨省、自治区、直辖市承接业务不备案的。

(6)有下列情形之一，由县级以上地方人民政府建设行政主管部门或有关专业部门给予警告，责令限期整改，并处 1 万以上 3 万元以下罚款。

①涂改、倒卖、出租、出借资质证书，或以其他形式非法转让资质证书。

②同时接受招标人和投标人或两个以上投标人对同一工程项目的工程造价咨询业务。

③以给予回扣、恶意压低收费等方式进行不正当竞争。

④转包承接的工程造价咨询业务。

⑤法律、法规禁止的其他行为。

本章小结

价格基本原理包括：价格的形成依据，价格的构成内容包括成本、流通费用和利税。

工程造价基本原理包括：工程造价及其特点，工程造价的构成内容包括建筑安装工程费用、设备和工器具购置费用、工程建设其他费用、预备费用、固定资产调节税和建设期贷款利息等。

工程造价计价模式包括：计价模式的特点，计价模式的内容包括政府定价计价模式、政府指导价计价模式和工程量清单计价模式。

工程造价管理包括：注册造价工程师制度的内容，造价工程师咨询制度。

复习思考题

1. 价格的构成有哪些部分？

2. 简述工程造价的特点与工程造价计价的特点。

3. 市政工程建筑安装工程费用和公路工程建筑安装工程费用的构成有何不同？其具体内容包括哪些？

4. 简述工程造价的计价模式。

5. 造价工程师有哪些权利和义务？

6. 造价工程师的注册分为哪几类？

7. 工程造价咨询企业的执业范围包括哪些内容？

8. 工程造价咨询企业的资质包括哪几个等级？

第二章 公路工程定额

【本章要求】

了解生产要素消耗标准研究的方法；理解公路施工定额、概算定额、估算指标等的编制和应用；掌握公路预算定额的使用说明和应用，为分项工程费用计算打好基础。

【本章结构】

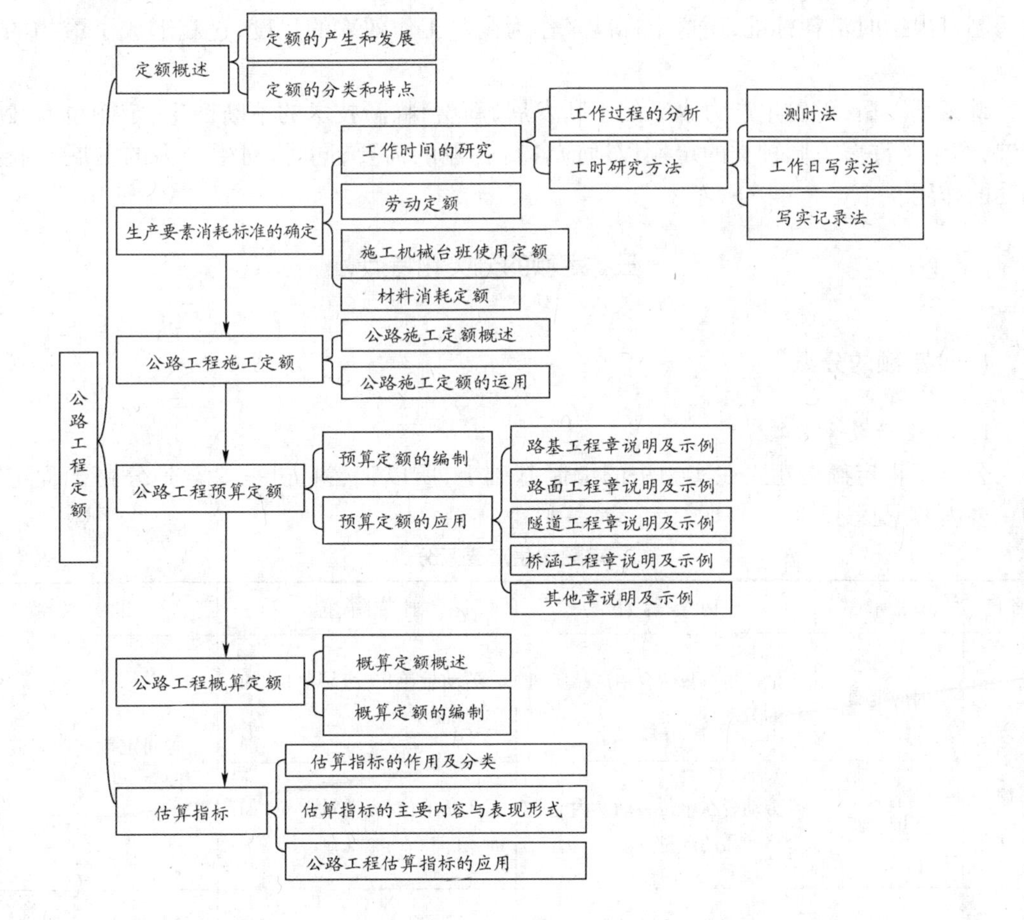

第一节 定额概述

一、定额的概念

"定额"二字顾名思义，"定"是确定，"额"是数额、标准，综合起来就是确定标准。定额就是在正常生产条件下,合理地组织施工、合理地使用材料和机械的情况下,完成单位合格产品所必需的人工、材料、机械设备及资金消耗的限额标准。同时在定额中还规定了相应的工作内容和要达到的质量标准以及安全要求。

定额的水平是一定时期社会生产力的反映。因此定额必须随着生产力水平的提高而不断进行补充修订,以适应生产发展的需要。

二、定额的产生和发展

定额产生于19世纪末,它与当时生产力的发展是分不开的。当时工业发展很快,但由于采用传统管理方法,工人劳动生产率很低,劳动强度却很高。在这种背景下,美国工程师泰勒开始了企业管理的研究,以提高工人的劳动生产率。他从工人的操作方法上研究工时的科学利用,把工作时间分成若干组成部分,并利用秒表记录工人每一动作及消耗的时间,然后制订出工时消耗标准,用这个标准来作为衡量工作效率的尺度,这就形成了最初的工时定额。

继泰勒以后,随着生产力水平的不断发展,新材料、新技术的不断产生,定额也有较大的发展,产生了许多不同种类的定额以适应各行各业的需要,同时,对生产力的发展也起到了推动的作用。

三、定额的分类和特点

(一)定额的分类

1. 按生产要素分类

公路工程定额是建立在实物法的编制基础上,所以工、料、机三要素是公路工程定额中的主要内容,见表2-1。

定额按生产要素分类 表2-1

项目	表现形式	内容解释	计量单位	相关关系
劳动定额	时间定额	生产单位数量合格产品所消耗的劳动量标准	劳动量单位/产品单位,如:工日/m^3	时间定额与产量定额互为倒数
	产量定额	劳动者在单位劳动量内完成合格产品的数量	产品单位/劳动量单位,如:m^3/工日	
材料定额	材料净消耗	在合理的施工条件下,生产单位合格产品所消耗的材料净用量	以材料的实物计量单位来表示,如:m,kg,t等	材料消耗=(1+材料损耗率)×完成单位产品的材料净用量
	必要损耗	在施工过程中发生的自然和工艺性的损耗量		

续上表

项目	表现形式	内容解释	计量单位	相关关系
材料定额	材料产品定额	一定规格的原材料在合理的操作前提下，规定完成合格产品的数量	件、块、根等可以表达产品数量的单位	
	材料周转定额	周转性材料（如模板、支架的木料）在施工中合理使用的次数和用量标准	表达为一次使用量和摊销量，其单位可用实物计量单位来表示	影响因素有：一次使用量；每周转使用一次材料的损耗；周转使用次数；最终回收折价
机械台班定额	时间定额	在一定的操作内容、质量和安全要求的前提下，规定完成单位数量产品或任务所需作业量（如台时、台班等）的数量标准	作业量单位/产品单位，如：台班/m^3	机械台班消耗定额的时间定额与机械台班消耗定额的产量定额互为倒数
	产量定额	在一定的操作内容、质量和安全要求的前提下，规定每单位作业量（如台时、台班等）完成的产品或任务的数量标准	产品单位/作业量单位，如：m^3/台班	
	费用定额	以机械的一个台班为单位，规定其消耗的工时、燃料及费用等数量标准并可折算为货币形式表现的定额	金额/台班，如：334.8 元/台班，334.8 元中包括每台班所消耗的可变和不变费用	

2. 按照使用要求分类

在公路基本建设活动中，工程建设工作所处的阶段不同，编制造价文件主要依据也是不同的。按定额的用途分为施工定额、预算定额、概算定额、投资估算指标等，见表 2-2。

定额按使用要求分类 表 2-2

名　称	施工定额	预算定额	概算定额	估算指标
对象	工序	分部分项工程	单位工程	单项工程或建设项目
用途	编施工预算	编施工图预算	编初步设计概算	编投资估算
项目划分	最细	细	较粗	粗
定额水平	平均先进	社会平均	社会平均	社会平均
定额性质	生产性定额	计价性定额		

3. 按编制单位和执行定额的范围不同分类

定额按编制单位和执行定额的范围不同，分为全国统一定额、行业统一定额、地区统一定额、企业定额和补充定额，见表 2-3。

定额按编制单位和执行定额的范围不同分类　表2-3

名　称	编制单位	适用范围	内　容
全国统一定额	国家建设行政主管部门	全国范围	分为两类：一类是通用性较强的定额；一类是专业性较强的定额，如：公路工程的相关定额
行业统一定额	各行业部门	在本行业和相同专业性质的范围内使用	考虑到各行业部门专业工程技术特点，以及施工生产和管理水平编制的专业定额，如：公路工程相关定额、矿井建设工程相关定额，铁路建设工程相关定额等
地区统一定额	省、自治区、直辖市	地区内	如：建筑工程预算定额、市政工程预算定额、房屋修缮定额等结合各地区特点编制的定额
企业定额	企业自行编制	企业内部	企业定额水平一般应高于国家现行定额，才能满足生产技术发展、企业管理和市场竞争的需要
补充定额	一般由施工企业提出，与建设单位协商议定	在指定的范围内使用，只作为一次使用，并同时报主管部门备查	指随着设计、施工技术的发展在现行定额不能满足需要的情况下，为了补充缺项所编制的定额，经过总结和分析，往往成为补充或修订正式统一定额的基本资料

（二）定额的特点

1. 定额的科学性

公路工程定额的科学性包括两方面的含义：一是指公路工程建设定额必须和生产力发展水平相适应，反映出公路建设中生产消耗的客观规律；另一方面是指公路工程建设定额的确定和管理在理论、方法和手段上必须科学化，以适应现代科学技术和信息社会发展的需要。

2. 定额的权威性和强制性

公路工程定额是由国家基本建设委员会或授权机关编制的，具有权威性，这种权威性在一些情况下具有经济法规和执行的强制性。权威性反映统一的意志和统一的要求，也反映信誉和信赖程序；强制性反映了定额的严肃性。应该提出的是，在社会主义市场经济条件下，对定额的权威性和强制性不应绝对化，所以我们不再提定额的法令性。

3. 定额的稳定性和时效性

公路工程定额中的任何一种都是一定时期技术发展和管理水平的反映，因而在一段时间内都表现出稳定的状态。根据具体情况不同，稳定的时间有长有短，一般在5～10年之间。但是工程建设定额的稳定性是相对的，当生产力向前发展了，定额就会与生产力不相适应，这样需要重新编制或修订。

4. 定额的针对性

定额的针对性很强，实行做什么工程，用什么定额，一种工序，一项定额；必须严格按照定额的项目、工作内容、质量标准、安全要求执行定额；不得随意增减工时消耗、材料消耗或其他资源消耗;不得减少工作内容,降低质量标准等。

第二节　生产要素消耗标准的确定

一、工作时间的研究

工作时间的研究是将劳动者或施工机械在整个施工过程中所消耗的时间,根据其性质、范围和具体情况的不同,予以科学的划分、归纳,找出定额时间及非定额时间。进行工时研究的目的就是要消除产生非定额时间的因素,提高劳动生产率,并为编制定额提供依据。在工时研究前,首先是对施工过程进行分解,这是工时研究的重要工作内容。

(一)施工过程的分析

施工过程就是在建筑工地范围内所进行的生产过程,最终目的是建造、改建、修复或拆除建筑物或构筑物,如挖土、预制钢筋混凝土构件等。

一个施工过程可分解为一个或多个工序,一个工序又可以分为若干个操作过程,一个操作过程又可分为若干个动作。分解的目的,就是要分析它们之间的关系及其衔接时间,最后测定施工过程及工序的定额。测定技术定额只是分解和标定到工序为止,如果进行某项先进技术或新工艺的工时研究,就要分解到操作甚至动作为止,从中研究可以改进操作或节约工时的方法。

将钢筋加工施工过程进行分解(图 2-1 是按综合过程、工作过程、工序、操作、动作进行分解的过程框图)。

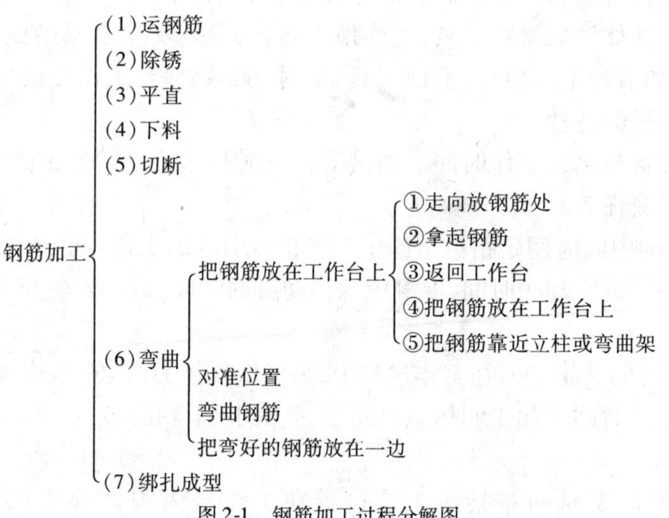

图 2-1　钢筋加工过程分解图

(二)工作时间的分析

工作时间,指工作班延续时间,一般执行 8h 工作制度,其中不包括午饭中断时间。对工作时间消耗的研究,可以分为两个系统进行,即工人工作时间的消耗和工人所使用的机器工作时间的消耗。

1. 工人工作时间的分析

工人在工作班内消耗的工作时间,按其消耗的性质,可以分为定额时间和非定额时间

(损失时间)两类,如图2-2所示。

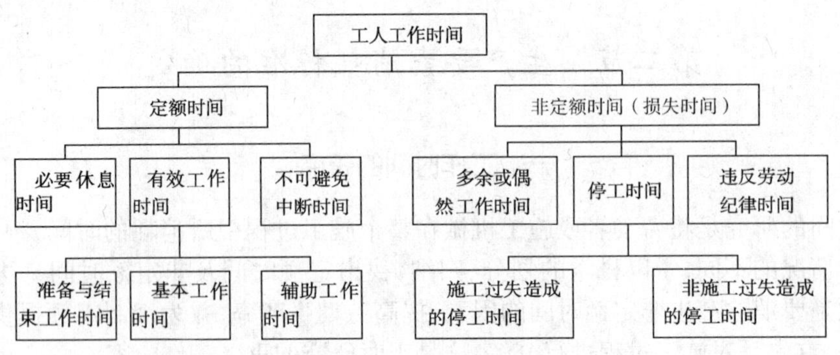

图2-2　工人工作时间的分析

1)定额时间

定额时间是指在正常施工条件下,工人为完成一定合格产品所必需消耗的工作时间,也就是必要劳动时间。

(1)基本工作时间是指工人直接用于施工过程中完成产品的各个工序所消耗的时间,它与工作量的大小成正比。如钢筋煨弯、混凝土制品的养护干燥、预制混凝土构件的安装等。

(2)辅助工作时间是指为保证基本工作能顺利完成所做的辅助性工作消耗的时间。例如:工作过程中工具的校正和小机械的调整;工作过程中机器上油;搭设小型脚手架等所消耗的工作时间。

(3)准备与结束工作时间是指执行任务前或任务完成后所消耗的工作时间,它分为经常性的准备与结束工作时间和任务性的准备与结束工作时间。

①经常性的准备如领取材料工具,工作地点布置,检查安全技术措施,调整、保养机械,与结束工作时间,如清理工作地点,退回工具、余料,交品交验、工作交接班等具有经常的或每天的工作时间消耗的特性。

②任务性的准备与结束工作时间。如接受任务时技术交底,熟悉施工图纸等不具有经常性仅发生在接受新任务时。

(4)不可避免的中断时间是指由于施工工艺特点引起的工作中断所必需的时间。例如:铁件加工过程中的等待冷却的时间,混凝土等待初凝的时间,汽车驾驶员等待装卸货物的时间等。

(5)必要休息时间是指工人在工作过程中,为了恢复体力所必需的短暂时间及因个人生理上的需要而消耗的时间。如工间休息时间、工人喝水、上厕所等。

2)非定额时间

非定额时间即损失时间是指工人或机械在工作班内与完成生产任务无关的时间消耗。

(1)多余或偶然的工作时间是指在正常施工条件下,多余的工作或因偶然发生的情况造成的时间损失。

例:压实基层,设计要求达到某一压实度,根据试验只需碾压两遍,但因为没有做试验,碾压了三遍,多余的一遍所消耗的时间;工程质量不合格造成的返工所消耗的时间;在岗工人突然生病或机器突然发生故障而造成的临时停工所消耗的时间等。

(2)停工时间。停工时间包括施工本身造成的和非施工本身造成的,它指工人在工作时间或机械在工作班内没能从事生产活动或中断生产所损失的时间。

①因施工本身造成的停工，例如：

a. 材料不能及时运到或运到的材料不合格造成的停工；

b. 工作面过于拥挤造成部分工人停工（或窝工）。

②非施工本身造成的停工，例如：

a. 设计图纸不能及时到达，水电供应临时中断；

b. 大雨、风暴、严寒、酷热等所造成的停工。

（3）违反劳动纪律时间是指工人不遵守劳动纪律而造成的时间损失，如上班迟到、早退，擅自离开岗位，工作时间聊天，以及由于个别人违反劳动纪律而使别的工人无法工作等时间的损失。

2. 机械工作时间分析

机械工作时间分析如图 2-3 所示。

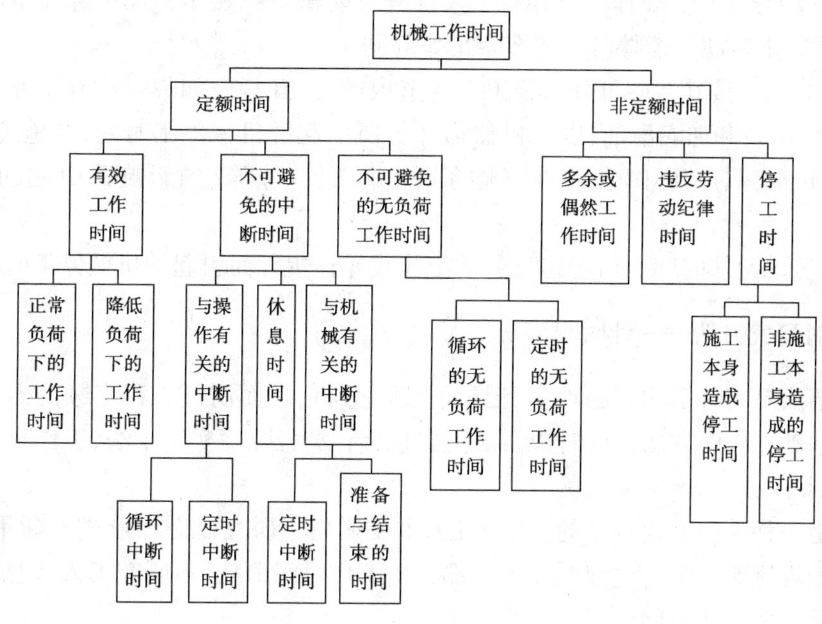

图 2-3 机械工作时间分析

1）定额时间

（1）有效工作时间。

①正常负荷的工作时间是指机械在与机械说明书规定的负荷下进行工作的时间。

②降低负荷下的工作时间是指由于施工管理人员或工人的过失，以及机械陈旧或发生故障等原因，使机械在降低负荷情况下进行工作的时间。例如，工人装车的砂石数量不足、工人装入碎石机轧料口中的石块数量不够，引起汽车和碎石机在降低负荷的情况下工作所延续的时间。此项工作时间不能作为计算时间定额的基础。

（2）不可避免的无负荷工作时间。

不可避免的无负荷工作时间是指由于施工过程的特性和机械结构的特点所造成的机械无负荷工作时间，一般分为循环的和定时的两类。

①循环的不可避免的无负荷工作时间是指由于施工过程特性所引起的空转消耗的时间，如吊机返回到起吊重物地点所消耗的时间，在机械工作的每一个循环中重复一次。

②定时不可避免的无负荷工作时间是指发生在施工活动中的无负荷工作时间,如工作班开始和结束时自行式机械来回无负荷空行或工作地段转移所消耗的时间。

(3)不可避免的中断时间。

不可避免的中断时间是由于施工过程中技术和组织的特性而造成的机械工作中断时间,通常分为与操作有关的和与机械有关的两类不可避免的中断时间。

①与操作有关的。例如:汽车装载、卸货的停歇时间,振捣混凝土从一个工作地点转移到另一个工作地点时工作中断时间。

②与机械有关的。例如:用机械进行工作的工人在准备与结束工作时使机械暂停的中断时间,或者在维护保养机械时必须停转所发生的中断时间。

③工人休息时间。工人必需的休息时间。

2)非定额时间

(1)多余或偶然的工作时间。例如:工人没有及时供给机械用料而引起的空转,混凝土拌和机搅拌混凝土时超过搅拌时间的多余工作时间。

(2)停工时间。按其性质可分为施工本身造成的停工时间,如临时没有工作面,未能及时给机械供水、燃料和加润滑油,以及机械损坏等所引起的机械停工时间;非施工本身造成的停工时间,如水源、电源中断,以及气候条件(暴雨、冰冻等)的影响而引起的机械停工时间。

(3)违反劳动纪律时间。由于违反劳动纪律或操作规程而引起的机械停工时间。

(三)工时研究方法——计时观察法

计时观察法是用科学的方法观察、记录、整理、分析,从而制订工程定额的方法,是进行制订定额的基础工作的方法。计时观察法主要包括:测时法、写实记录法、工作日写实法。

1. 测时法

测时法是一种精确度比较高的测定方法,主要适用于研究以循环形式不断重复进行的作业。它用于观测研究施工过程循环组成部分的工作时间消耗,不研究工人休息、准备与结束及其他非循环的工作时间。

测时法按记录时间的方法不同,分为选择测时法和连续测时法两种。

1)选择测时法

选择测时法是不连续地测定施工过程的全部循环组成部分,是有选择地进行测定。这种方法比较容易掌握,缺点是测定起始和结束点的时刻时,容易发生读数的偏差。表 2-4 为选择测时法所用表格和具体实例。

2)连续测时法

连续测时法又叫接续测时法,它是对施工过程循环的组成部分进行不间断的连续测定。

3)测时数据的整理

(1)观测精确度与观测次数。对某一施工活动进行测定时,观察次数将直接影响到测时资料的精确度,一般来说,观测的次数越多,资料的准确性越高,但要花费较多的时间和人力,这样既不经济也不现实。表 2-5 所示为测时所得数据的算术平均值精确度与观测次数和稳定系数之间的关系，可供测定时检查所测次数是否满足需要。

选择测时法记录表示例 表2-4

<table>
<tr><td rowspan="3">对象：单斗正铲挖土机（斗容量$1m^3$）
观察精度：
每循环时间1s</td><td rowspan="2">选择测时法</td><td>企业名称</td><td>工地名称</td><td>观 察 日 期</td><td>开始时间</td><td>终止时间</td><td>延续时间</td><td>观察号次</td></tr>
<tr><td>×××</td><td>×××</td><td>1998年10月20日</td><td>8:40</td><td>9:00</td><td></td><td>3</td></tr>
<tr><td colspan="8">施工过程：正铲挖土机，自卸汽车配合运输，斗臂回转角度在120°～180°</td></tr>
</table>

序号	工序名称	每一循环内各组成部分的工时消耗(s)										记 录 整 理				
		1	2	3	4	5	6	7	8	9	10	延续时间总计	有效循环次数	算术平均值	占一个循环比例(%)	稳定系数
1	挖土并提升斗臂	17	15	18	19	19	22	16	18	18	16	178	10	17.8	38.20	1.47
2	回转斗臂	12	14	13	25①	10	11	12	11	12	13	108	9	12.0	25.75	1.40
3	土斗卸土	5	7	6	5	6	12②	5	8	6	5	53	9	5.9	12.66	1.60
4	返转斗臂并落下	10	12	11	10	12	10	9	12	10	14	110	10	11.0	23.39	1.56
5	一个循环总计	44	48	48	59	47	55	42	49	46	48	—	—	46.7	100.00	—

注：①由于汽车未组织好，使挖土机等候，不立刻卸土；

②因土与斗壁粘住，振动斗使土卸落。

测时法观测次数表 表2-5

要求的精度E(%) / 观察次数n / 稳定系数K_p	5以内	7以内	10以内	15以内	20以内
1.5	9	6	5	5	5
2	16	11	7	5	5
2.5	23	15	10	6	5
3	30	18	12	8	6
4	39	25	15	10	7
5	47	31	19	11	8

表2-5中，稳定系数K_p的计算如下：

$$K_p = \frac{x_{max}}{x_{min}} \tag{2-1}$$

式中：x_{max}——最大观测值；

x_{min}——最小观测值。

表2-5中算术平均值精确度E的计算如下：

$$E = \pm \frac{1}{\bar{x}} \sqrt{\frac{\sum_{i=1}^{n}(x_i - \bar{x})^2}{n(n-1)}} \tag{2-2}$$

式中：x——观测数据；

n——观测次数。

(2)测时数据的整理。观测所得数据的算术平均值，即为所求延续时间。为使算数平均值更加接近于各组成部分延续时间的正确值，必须删去那些显然是错误的以及误差极大的值。通过清理后所得出的算术平均值，通常称为算术平均修正值。必要时也可以用加权平均值作为平均修正值。

可参照下列调整系数(表 2-6)和误差极限算式进行。

误差调整系数表　　表 2-6

观察次数	调整系数	观察次数	调整系数
5	1.3	11~15	0.9
6	1.2	16~30	0.8
7~8	1.1	31~53	0.7
9~10	1.0	53 以上	0.6

误差极限算式如式(2-3)、式(2-4)所示。

$$\lim_{max} = \bar{x} + K(x_{max} - x_{min}) \tag{2-3}$$

$$\lim_{min} = \bar{x} - K(x_{max} - x_{min}) \tag{2-4}$$

式中:$\lim_{max}$——根据误差理论得出的最大极限值;

$\lim_{min}$——根据误差理论得出的最小极限值;

x_{max}——测定数值中经整理后的最大值;

x_{min}——测定数值中经整理后的最小值;

$\bar{x}$——算术平均值;

K——调整系数,见表 2-6。

【例 2-1】 通过计时观察得到以下测时数列:11、12、12、10、12、19、12、13、12、13。试确定数列中的可疑值,并判断是否应剔除。

解:根据公式,参照极限系数表可按如下步骤确定应剔除的可疑值:

第一,寻找数列中可疑值:可以初步判断出是"19"。

第二,计算数列平均值:

$$\bar{x} = \frac{11 + 12 + 12 + 10 + 12 + 12 + 13 + 12 + 13}{9} = 11.9$$

第三,计算最大极限值:　$11.9 + 1 \times (13 - 10) = 14.9$

计算最小极限值:　$11.9 - 1 \times (13 - 10) = 8.9$

第四,"19"超出最大极限值 14.9,所以,应予以剔除。

如一组测时数据有两个误差大的可疑数据时,应从最大的一个数开始,连续进行检核(每次只能删去一个数据)。如一组测时数据中有两个以上的需删去的数据时,应将这一组测时数据抛弃,重新进行观测。记录表中"时间总和"和"循环次数"栏,应按清理后的合计填入。

2. 写实记录法

写实记录法可用以研究所有种类的工作时间消耗,包括各种定额时间和非定额时间。通过写实记录可以获得用于分析工作时间消耗和制订定额时所必需的全部资料。写实记录法的观察对象,可以是一个工人,也可以是一个工人小组,测时用普通秒表进行。写实记录法按记录时间的方法不同分为数示法、图示法和混合法三种。

1)数示法

数示法是测定时直接用数字记录时间的方法。这种方法可同时对 1~2 名工人进行测定,适应于组成部分较少而且较稳定的施工过程,记录时间的精确度为 5~10s。

数示法写实记录示例见表 2-7。

数示法写实记录示例

表 2-7

工地名称						开始时间			延续时间			调查号次			
施工单位名称						终止时间			记录时间			页 次			
施工过程:双轮车运土方(运距200m)			观察对象:工人甲						观察对象:工人乙						
序号	施工过程组成部分名称	时间消耗量	组成部分序号	起止时间		延续时间	完成产品		组成部分序号	起止时间		延续时间	完成产品		附注
				时-分	秒		计量单位	数量		时-分	秒		计量单位	数量	
1	装土	29′35″	开始	8-33	0				开始	9-13	10				甲、乙两人共运土8车,每车容积0.28m³,共运0.28×8=2.3m³松土
			1	35	50	2′50″	m³	0.288	1	9-16	50	3′40″	m³	0.288	
2	运输	21′26″	2	39	0	3′10″	次	1	2	19	10	2′20″	次	1	
3	卸土	8′59″	3	40	20	1′20″	m³	0.288	3	20	10	1′00″	m³	0.288	
4	空返	18′5″	4	43	0	2′40″	次	1	4	22	30	2′20″	次	1	
5	等候装土	2′5″	1	46	30	3′30″			1	26	30	4′00″			
6	喝水	1′30″	2	49	0	2′30″			2	29	0	2′30″			
			3	50	0	1′00″			3	30	0	1′00″			
			4	52	30	2′30″			4	32	50	2′50″			
			1	56	40	4′10″			5	34	55	2′05″			
			2	59	10	2′30″			1	38	50	3′55″			
			3	9-00	20	1′10″			2	41	56	3′6″			
			4	3	10	2′50″			3	43	20	1′40″			
			1	6	50	3′40″			4	45	50	2′30″			
			2	9	40	2′50″			1	49	40	3′50″			
			3	10	45	1′05″			2	52	10	2′30″			
			4	13	10	2′25″			3	53	10	1′00″			
									6	54	40	1′30″			
合计		81′40″				40′10″						41′30″			

2)图示法

图示法是用图表的形式记录时间的方法,见表2-8。记录时间的精确度可达0.5~1min。适用于观察3名以内的工人共同完成某一产品的施工过程。此种方法记录技术简单,时间记录一目了然,实际工作中,使用较为普遍。

记录时间时用铅笔在各组成部分对应的横行中画直线段,每个工人一条线,每一线段的始端和末端应与该组成部分的开始时间和终止时间相符合。

3)混合法

混合法是记录时间的方法,吸取了图示法和数示法的优点,用图示法的表格记录所测施工过程各组成部分的延续时间,而完成每一组成部分的工人人数则用数字表示。这种方法适用于同时观察3名以上工人工作时的集体写实记录。

图示法写实记录　　　　表 2-8

单位名称	工程名称	工序或项目名称	观测日期	开始时间	结束时间	延续时间	观测号次	页次
×××	×××	砌重力式挡土墙	××年××月××日	8:00	12:00	21h	3	3/4
施工过程简要说明	搭移脚手架、挂线找平、铺浆安砌、填缝、30m 内材料搬运			被观测人员简介	瓦工:五级一人;三级一人			

代号	组成部分名称	时间(min)	工时消耗(min) 每一执行者	工时消耗(min) 全部执行者	产品数量 第一执行者	产品数量 全部执行者	备注
1	铺灰浆		 16	16			完成产品数量按半个工作班进行测量
2	搬块石放于墙上		 15	15			
3	斩块石		21 5	26			
4	砌墙身两侧的块石		31 	31			
5	砌墙身中间的块石		 21	21			
6	填缝		2 	2			
7	挂线找平		2 	2			
8	休息		4 3	7			
总计			60 60	120			

混合法写实记录见表 2-9。混合法写实记录表整理时,应将所测施工过程中同一组成部分的各个线段的时间分别计算出来(将工人人数与他们工作的时间相乘),然后将所得各值相加,即可得出完成某一组成部分的时间消耗合计,填入“时间合计”栏里。最后各组成部分时间合计相加后填入“总计”栏内。

混合法写实记录表　　　　表 2-9

工 地 名 称	一零四工地	开始时间	8:00	连续时间	1h	调查次号	4
施工单位	×××	结束时间	9:00	记录时间	94.8.24	页次	1/3
施工过程	浇筑混凝土		观察对象	四级工:3 人,三级工:3 人			

号次	各组成部分名称					时间合计(min)	产品数量	附注
1	散锹					78	1.85	
2	振捣					148	1.85	
3	转移					103	1.85	
4	混凝土					21		
5	其他工作					10		
总计						360		

3. 工作日写实法

工作日写实法就是对工人在整个工作日中的工时利用情况，按照时间消耗的顺序进行实地观察、记录和分析研究的一种测定方法。工作日写实法是一种研究整个工作班内各种工时消耗的方法。侧重于工时利用和损失情况的研究。工作日写实法记录如表2-10a)、b)所示。

工作日写实结果表——正面 表2-10a)

<table>
<tr><td colspan="2" rowspan="2">工作日写实结果表</td><td colspan="8">观察的对象和工地：造船厂工地甲种宿舍</td></tr>
<tr><td colspan="8">工作队（小组）：小组 工种：瓦工</td></tr>
<tr><td colspan="2" rowspan="3">工作（过程）：垒砌砖墙
观察日期：2000年7月20日
工作班：自8:00到17:00完成共8工时</td><td colspan="8">小组（工作队）的工人组成</td></tr>
<tr><td>1级</td><td>2级</td><td>3级</td><td>4级</td><td>5级</td><td>6级</td><td>7级</td><td>共计</td></tr>
<tr><td></td><td></td><td></td><td></td><td></td><td></td><td></td><td></td></tr>
<tr><td rowspan="2">号次</td><td colspan="9">工时平衡表</td></tr>
<tr><td>工时消费种类</td><td>消耗量（工分）</td><td colspan="2">百分率（%）</td><td colspan="5">劳动组织的主要缺点</td></tr>
<tr><td>1</td><td>①必须消耗的时间</td><td></td><td colspan="2"></td><td colspan="5" rowspan="22">①架子工搭设的脚手板的工作没有保证质量，同时架子工的工作未按计划进度完成，以致影响了砌砖工人的工作；
②由于灰浆搅拌机时有故障发生，使灰浆不能及时供应；
③工长和工地技术人员对于工人工作指导不及时，并缺乏经常的检查、督促，致使砌砖返工，架子工搭设脚手板后，也未校验，又由于没有及时指示，造成砌砖工停工；
④由于工人宿舍距离施工地点远，工人经常迟到</td></tr>
<tr><td>2</td><td>适合于技术水平的有效工作</td><td>1120</td><td colspan="2">58.3</td></tr>
<tr><td>3</td><td>不适合于技术水平的有效工作</td><td>67</td><td colspan="2">3.5</td></tr>
<tr><td>4</td><td>有效工作共计</td><td>1187</td><td colspan="2">61.8</td></tr>
<tr><td>5</td><td>休息、不可避免的中断</td><td>176</td><td colspan="2">9.2</td></tr>
<tr><td>6</td><td>必须消耗的时间共计（A）</td><td>1363</td><td colspan="2">71</td></tr>
<tr><td>7</td><td>②损失的时间</td><td></td><td colspan="2"></td></tr>
<tr><td>8</td><td>因砖层垒砌不正确而加以更正</td><td>49</td><td colspan="2">2.6</td></tr>
<tr><td>9</td><td>因架子工把脚板铺得太差而加以修正</td><td>54</td><td colspan="2">2.8</td></tr>
<tr><td>10</td><td>多余和偶然工作共计</td><td>103</td><td colspan="2">5.4</td></tr>
<tr><td>11</td><td>因为没有灰浆而停工</td><td>112</td><td colspan="2">5.9</td></tr>
<tr><td>12</td><td>因脚手板准备不及时而停工</td><td>64</td><td colspan="2">3.3</td></tr>
<tr><td>13</td><td>因工长耽误指示而停工</td><td>100</td><td colspan="2">5.2</td></tr>
<tr><td>14</td><td>由于施工本身而停工共计</td><td>276</td><td colspan="2">14.4</td></tr>
<tr><td>15</td><td>因雨停工</td><td>96</td><td colspan="2">5</td></tr>
<tr><td>16</td><td>因电流中断而停工</td><td>12</td><td colspan="2">0.6</td></tr>
<tr><td>17</td><td>非施工本身而停工共计</td><td>108</td><td colspan="2">5.6</td></tr>
<tr><td>18</td><td>工作班开始时迟到</td><td>34</td><td colspan="2">1.7</td></tr>
<tr><td>19</td><td>午后迟到</td><td>36</td><td colspan="2">1.9</td></tr>
<tr><td>20</td><td>违反劳动纪律共计</td><td>70</td><td colspan="2">3.6</td></tr>
<tr><td>21</td><td>损失时间共计</td><td>557</td><td colspan="2">29</td></tr>
<tr><td>22</td><td>总共消耗的时间（B）</td><td>1920</td><td colspan="2">100</td></tr>
</table>

工作日写实结果表——反面 表 2-10b)

<table>
<tr><td colspan="8">完成定额情况的计算</td></tr>
<tr><td rowspan="2">序号</td><td rowspan="2">定额编号</td><td rowspan="2">定额项目</td><td rowspan="2">计量单位</td><td rowspan="2">完成工作数量</td><td colspan="2">定额工时消耗</td><td rowspan="2">备注</td></tr>
<tr><td>单位</td><td>总计</td></tr>
<tr><td>1</td><td>瓦 10</td><td>2 砖水混墙</td><td>千块</td><td>6.66</td><td>4.3</td><td>28.64</td><td></td></tr>
<tr><td colspan="2" rowspan="2">完成定额情况</td><td colspan="6">实际：$\frac{60 \times 28.64}{1920} \times 100\% = 89.5\%$</td></tr>
<tr><td colspan="6">可能：$\frac{60 \times 28.64}{1363} \times 100\% = 126\%$</td></tr>
<tr><td colspan="8">建议和结论</td></tr>
<tr><td>建议</td><td colspan="7">①建议工长和技术人员加强对砌砖工人工作的指导，并及时检查督促；
②工人开始工作前要先检验脚手板，工地领导和安全技术员必须负责贯彻技术安全规范；
③立即修好灰浆搅拌机；
④采取措施，消除上班迟到现象</td></tr>
<tr><td>结论</td><td colspan="7">全工作日中时间损失占 29%，原因主要是施工技术人员指导不力
如果能够对工人小组的工作给予切实有效的指导，改善施工组织管理，劳动生产率就可以提高 35% 以上</td></tr>
</table>

二、劳动定额

(一)劳动定额的概念

劳动定额是在一定的施工组织和技术条件下，为完成单位合格产品所必需的劳动消耗标准，是人工的消耗定额，又称人工定额。

1. 表现形式

(1)时间定额：单位合格产品所消耗的工作时间。

$$时间定额(工日)=\frac{1}{一个工人每日产量} \tag{2-5}$$

(2)产量定额：单位时间(工日)内完成合格产品的数量。

$$产量定额=\frac{1}{单位产品时间定额(工日)} \tag{2-6}$$

2. 举例

《公路工程施工定额》中人工开挖上导洞(4-1 节)，用手推车运输软石，每 $1m^3$ 劳动定额为$\frac{2.22}{0.45}$，含义为：时间定额：2.22 工日/m^3；产量定额：$0.45m^3$/工日；$0.45 \times 2.22 \approx 1$。

(二)劳动定额的编制办法

编制劳动定额包括拟订施工的正常条件和拟订时间(产量)定额两部分工作。

1. 拟订施工的正常条件

(1)拟订工作地点的组织。工作地点是工人施工活动场所，注意使工人在操作时不受妨碍，所使用的工具和材料应按使用顺序放置于工人最便于取用的地方，以减少疲劳和提高工作效率，工作地点应保持清洁和秩序井然。

(2)拟订工作组成。将工作过程划分为若干工序,以达到合理使用技术工人。例如,在一个砌砖小组中,瓦工可以完成砌内、外砖,检查砌体质量等工作;辅助工人则可以进行搅拌运输灰浆、递砖等一些技术上较简单的工作。

(3)拟订施工人员编制。即确定小组人数、技术工人的配备,以及劳动的分工和协作。拟订施工人员编制的原则,是使每个工人都能充分发挥作用,均衡地担负工作。

2. 拟订时间定额

拟订时间定额的方法主要有技术测定法、比较类推法、经验估工法和统计分析法等。

1)技术测定法

技术测定法也称计时观察法。确定的基本工作时间、辅助工作时间、准备与结束工作时间、不可避免的中断时间和休息时间之和,就是劳动定额的时间定额。

【例2-2】 某路基人工挖土方,土层为潮湿的黏性土,按土质分类属二类土(普通土),测时资料表明,挖$1m^3$需消耗基本工作时间60min,辅助工作时间占工作班延续时间的2%,准备与结束工作时间占工作延续时间的2%,不可避免中断时间占1%,休息时间占20%。试计算人工挖普通土的时间定额和产量定额。

解:(1)时间定额计算如下:

假定完成$1m^3$普通土开挖的时间定额为x,则:

$$x = 60 + x(2\% + 2\% + 1\% + 20\%)$$

$$x = \frac{60}{1-(2\% + 2\% + 1\% + 20\%)} = 80\text{min}$$

若每工日按8h计算,则人工挖普通土的时间定额为:

$$80 \div 60 \div 8 = 0.166\ \text{工日}/m^3$$

(2)产量定额计算如下:

$$1 \div 0.166 = 6m^3/\text{工日}$$

2)经验估工法

经验估工法是定额专业人员、工程技术人员和工人,根据施工图纸、技术规范、工艺操作规程,分析所使用的工具、设备、原材料及其施工技术组织条件和操作方法的繁简、难易等情况,凭实践经验估计制订劳动定额的一种方法。

设M为所需的平均时间,则:

$$M = \frac{a+4m+b}{6} \tag{2-7}$$

式中:a——乐观的时间;

b——保守的时间;

m——可能的时间。

相应的方差为:

$$\sigma^2 = \frac{1}{2}\left[\left(\frac{a+4m+b}{6} - \frac{a+2m}{3}\right)^2 + \left(\frac{a+4m+b}{6} - \frac{2m+b}{3}\right)^2\right] = \left(\frac{b-a}{6}\right)^2 \tag{2-8}$$

所以标准偏差为:

$$\sigma = \frac{b-a}{6} \tag{2-9}$$

σ值越大,说明数据越分散;σ值越小,说明数据越集中。调整后的工时定额为T,则$T = m + \sigma\lambda$,即

$$\lambda = \frac{T - m}{\sigma} \tag{2-10}$$

λ 为标准离差系数,从正态分布表中(表2-11)可以查到对应于 λ 值的概率 $P(\lambda)$,$P(\lambda)$ 值表示该项目在给定定额工时消耗 T 的情况下完成的可能性程度。

正态分布概率函数表 表2-11

λ	$P(\lambda)$	λ	$P(\lambda)$	λ	$P(\lambda)$	λ	$P(\lambda)$	λ	$P(\lambda)$
-2.5	0.01	-1.5	0.07	-0.5	0.31	0.5	0.69	1.5	0.93
-2.4	0.01	-1.4	0.08	-0.4	0.34	0.6	0.73	1.6	0.95
-2.3	0.01	-1.3	0.10	-0.3	0.38	0.7	0.76	1.7	0.96
-2.2	0.01	-1.2	0.12	-0.2	0.42	0.8	0.79	1.8	0.97
-2.1	0.02	-1.1	0.14	-0.1	0.46	0.9	0.82	1.9	0.98
-2.0	0.02	-1.0	0.16	0.0	0.50	1.0	0.84	2.0	0.98
-1.9	0.03	-0.9	0.18	0.1	0.54	1.1	0.86	2.1	0.98
-1.8	0.04	-0.8	0.21	0.2	0.58	1.2	0.88	2.2	0.98
-1.7	0.04	-0.7	0.24	0.3	0.62	1.3	0.90	2.3	0.99
-1.6	0.06	-0.6	0.27	0.4	0.66	1.4	0.92	2.4	0.99

【例2-3】 已知完成某项任务需要先进工时消耗4h,需要保守工时消耗为9h,需要一般工时消耗为6h,问:(1)如果要求在7h内完成,其完成任务的可能性有多少?(2)要使完成任务的可能性 $P(\lambda)=70\%$,则下达的工时定额应是多少?

解:(1)已知 $t=7\text{h}$,求 $P(\lambda)$。

$$\bar{t} = \frac{a + 4m + b}{6} = \frac{4 + 4 \times 6 + 9}{6} = 6.2\text{h}$$

$$\sigma = \frac{b - a}{6} = \frac{9 - 4}{6} = 0.8 \qquad \lambda = \frac{t - \bar{t}}{\sigma} = \frac{7 - 6.2}{0.8} = 1$$

查表2-11,则 $P(\lambda)=0.84$,即当估工定额为7h,能完成的可能性为84%。

(2)已知 $P(\lambda)=0.70$,求 t。

查表2-11,$\lambda=0.5$,则:

$$t = \bar{t} + \lambda\sigma = 6.2 + 0.5 \times 0.8 = 6.6\text{h}$$

即概率为70%的工时定额为6.6h。

3)统计分析法

为了体现定额的先进水平,可采用统计分析法中的"二次平均法",这种方法的一般计算步骤如下:

(1)除掉统计资料中特别偏高、偏低的明显不合理的数据。

(2)计算平均数如下:

$$\bar{t} = \frac{1}{n}\sum_{i=1}^{n} t_i \tag{2-11}$$

式中:n——数据总个数。

或

$$\bar{t} = \frac{\sum ft}{\sum f} \tag{2-12}$$

式中:f——频数,即某一数值在数列中出现的次数;

$\sum f$——数列中各个不同数值出现次数的总和；

$\sum ft$——数列中各个不同的数值与各自出现的次数相乘，然后把各个乘积加起来的总和。

(3)计算平均先进值。对于时间定额，平均值与数列中小于平均值的各数值的平均值相加，再求其平均值(即二次平均)，工时定额：

$$\bar{t}_0 = \frac{\bar{t} + \bar{t}_n}{2} \tag{2-13}$$

式中：$\bar{t}_0$——二次平均后的平均先进值；

$\bar{t}$——全数平均值；

$\bar{t}_n$——小于全数平均值的各个数的平均值。

对于产量定额，平均值与大于平均值的各数值的平均值相加，再求平均(二次平均)，以此作为确定定额的依据。

【例 2-4】 已知由统计得来的工时消耗数据资料为 40、60、70、70、70、60、50、50、60、60，试用二次平均法计算其平均先进值。

解：

$$\bar{t} = \frac{1}{10}(40 + 60 + 70 + 70 + 70 + 60 + 50 + 50 + 60 + 60) = 59$$

$$\bar{t}_n = \frac{1}{3}(40 + 50 + 50) = 46.67$$

$$\bar{t}_0 = \frac{1}{2}(\bar{t} + \bar{t}_n) = \frac{59 + 46.67}{2} = 52.84$$

三、施工机械台班使用定额

(一)施工机械台班使用定额的概念

1. 定义

在合理使用机械和合理的施工组织条件下，完成单位合格产品所必需消耗的机械台班数量的标准，称为机械台班消耗定额，也称为机械台班使用定额。

2. 表现形式

一个台班是指一个工作班的延续时间，我国现行规定，一般条件下施工时间为 8h。

1) 机械时间定额

机械时间定额是指在正常施工条件和劳动组织的条件下，使用某种规定的机械，完成单位合格产品必须消耗的台班数量。

2)机械台班产量定额

机械台班产量定额是指在正常施工条件和劳动组织的条件下，某种机械在一个台班时间内必须完成的单位合格产品的数量。机械台班产量定额与机械时间定额互为倒数。

3)机械和人工共同作用时的人工定额

$$劳动时间定额 = \frac{机械台班内工人的工日数}{机械台班产量定额} \tag{2-14}$$

$$劳动产量定额 = \frac{机械台班产量定额}{定员人数} \tag{2-15}$$

【例 2-5】 用 6t 塔式起重机吊装某种混凝土构件，由 1 名吊车驾驶员、7 名安装起重工、2 名电焊工组成的综合小组共同完成。已知机械台班产量定额为 40 块混凝土构件，试求吊装每一块构件的机械时间定额和人工时间定额。

解:(1)吊装每一块混凝土构件的机械时间定额

$$机械时间定额 = \frac{1}{机械台班产量定额} = \frac{1}{40} = 0.025(台班)$$

(2)吊装每一块混凝土构件的人工时间定额

①按工种计算如下:

安装起重工时间定额: $7 \times 0.025 = 0.175$ 工日

电焊工时间定额: $2 \times 0.025 = 0.050$ 工日

②按综合小组计算如下:

人工时间定额:$(7+2) \times 0.025 = 0.225$ 工日,或$\frac{7+2}{40} = \frac{9}{40} = 0.225$ 工日

(二)机械台班使用定额的编制方法

1. 拟订机械工作的正常条件

拟订机械工作正常条件,主要是拟订工作地点的合理组织和合理的工人编制。

工作地点的合理组织,就是对施工地点机械和材料的放置位置、工人从事操作的场所,作出科学合理的平面布置和空间安排。拟订合理的工人编制人数,就是根据施工机械的性能和设计能力,工人的专业分工和劳动工效,合理确定操纵机械的工人和直接参加机械化施工过程的工人的编制人数。

2. 确定机械的时间利用系数

机械的时间利用系数(K_d)是机械的净工作时间(T_j)和工作班延续时间(T)之比。即

$$K_d = \frac{T_j}{T} = \frac{T - T_f}{T} \tag{2-16}$$

式中:T_f——机械的辅助消耗时间。

净工作时间是指工人利用机械对劳动对象进行加工,用于完成基本操作所消耗的时间。净工作时间主要包括:机械的有效工作时间(机械直接为完成产品而工作的时间)、机械在工作循环中的不可避免的无负荷时间、工作循环中与操作有关的不可避免的中断时间。

辅助消耗时间包括定时的不可避免的无负荷工作时间、工人休息时机械不可避免的中断时间,工人进行准备与结束工作时的中断时间、定时的中断时间。

3. 确定机械小时生产率

确定机械小时生产率是指在正常施工组织条件下,由适合于技术水平的工人操作机械,生产 1h 内应达到的产品量。

施工机械作业分为两类:循环性的作业和连续动作性的作业两种。

1)循环动作机械小时生产率的确定

$$机械1次循环的正常延续时间 = \sum\begin{pmatrix}循环各组成部分\\正常延续时间\end{pmatrix} - 交叠时间 \tag{2-17}$$

$$机械纯工作1h的循环次数 = \frac{60 \times 60s}{1次循环的正常延续时间} \tag{2-18}$$

$$机械纯工作1h的正常生产率 = 机械纯工作1h正常循环次数 \times 1次循环生产的产品数量 \tag{2-19}$$

2）连续动作的机械小时生产率的确定

连续动作的机械小时生产率与完成单位产品的净工作时间有关。即

$$d = \frac{60\text{min}(\text{或 }3600\text{s})}{t_j} \tag{2-20}$$

式中：d——小时生产率；

t_j——完成单位产品的净工作时间。

4. 计算施工机械定额

（1）机械台班产量定额按下式计算：

$$D_c = dTK_B \tag{2-21}$$

式中：D_c——机械台班的产量定额；

d——小时生产率；

T——n 个工作班延续时间；

K_B——时间利用系数。

（2）机械时间定额按下式计算：

$$D_s = \frac{1}{D_c} \tag{2-22}$$

式中：D_s——机械时间定额；

D_c——机械台班产量定额。

（三）施工机械台班使用定额编制示例

1. 推土机的台班使用定额

1）推土机的小时生产率

$$d = 60 \times Q \times K_p/(t \times r_s) \tag{2-23}$$

式中：d——小时生产率，m^3/h；

Q——刀片容量，理论上计算的松散体积，m^3；

r_s——土最初的松散系数，指土经挖掘后的松散体积与原自然体积之比；

K_p——坡度影响系数，平地取 1.0，上坡（坡度 5% ~10%）取 0.5 ~0.7，下坡（坡度 5% ~15%）取 1.3 ~2.3；

t——每一循环的延续时间，min。

公式（2-23）中每一循环的延续时间 t 的计算如下式：

$$t = (L_1/v_1) + (L_2/v_2) + (L_1 + L_2)/v_3 + t_a + t_b \tag{2-24}$$

式中：L_1——推（切）土长度，m；

L_2——送土长度，m；

v_1——推土时推土机的行驶速度，m/min；

v_2——送土时推土机的行驶速度，m/min；

v_3——回程时推土机的行驶速度，m/min；

t_a——推土机转向时间，min；

t_b——推土机换挡时间，min。

2）台班产量定额

$$D_c = d \times 8 \times K_d \tag{2-25}$$

式中：D_c——台班产量定额，m^3/台班；

d——小时生产率，m^3/台班；

K_d——时间利用系数（取0.8～0.85）。

2. 铲运机的台班使用定额

1）铲运机的小时生产率

$$d = 60 \times q \times K_c / (t \times r_s) \tag{2-26}$$

式中：d——小时生产率，m^3/h；

q——铲斗的几何容积，m^3；

K_c——铲斗铲土的充盈率数；

r_s——土最初的松散系数；砂土为0.75，其他土为0.85～1.0，最高可达1.3；

t——每一次循环的延续时间，min。

公式（2-26）中每一次循环的延续时间 t 的计算如下式：

$$t = (L_1/v_1) + (L_2/v_2) + (L_3/v_3) + (L_4/v_4) + t_a + t_b \tag{2-27}$$

式中：L_1、L_2、L_3、L_4——分别为铲土、运土、卸土、空回行驶长度，m；

v_1、v_2、v_3、v_4——分别为铲土、运土、卸土、空回的行驶速度，m/min；

t_a——推土机转向时间，min；

t_b——推土机换挡时间，min。

2）台班产量定额

$$D_c = d \times 8 \times K_d \tag{2-28}$$

式中：D_c——台班产量定额，m^3/台班；

d——小时生产率，m^3/h；

K_d——时间利用系数（取0.75～0.80）。

3. 挖掘机的台班使用定额

1）挖掘机的小时生产率

$$d = 60 \times q \times K_c / (t \times r_s) \tag{2-29}$$

式中：d——小时生产率，m^3/h；

q——挖斗的几何容积，m^3；

K_c——挖斗挖土的充盈系数；

t——每一循环的延续时间，min；

r_s——土最初的松散系数。

2）台班产量定额

$$D_c = d \times 8 \times K_d \tag{2-30}$$

式中：D_c——台班产量定额，m^3/台班；

d——小时生产率，m^3/h；

K_d——时间利用系数（取0.75～0.80）。

4. 自卸汽车的台班使用定额

1）自卸汽车的小时生产率

$$d = 60 \times q \times K_c/(t \times r_s) \tag{2-31}$$

式中：d——小时生产率，m^3/h；

q——自卸汽车车箱的几何体积，m^3，对于车箱无后挡板的，应根据车箱有关尺寸和土的自然倾角进行计算；

r_s——土最初的松散系数；

K_c——车箱装载的充盈系数；

t——每一循环的延续时间，min。

公式(2-31)中每一循环的延续时间 t 的计算如下式：

$$t = (2L/v) + t_a + t_b + t_c + t_d \tag{2-32}$$

式中：L——装车地点至卸料点的路程；

v——平均行驶速度，m/min，指重车平均行驶速度与空车行驶速度的算术平均速度；

t_a——调位时间，min；

t_b——卸车时间，min；

t_c——装车时间，min；

t_d——候车时间，min。

2）台班产量定额

$$D_c = d \times 8 \times K_d \tag{2-33}$$

式中：D_c——台班产量定额 m^3/台班；

d——小时生产率，m^3/h；

K_d——时间利用系数（一般在0.8左右）。

5．混凝土搅拌机的台班使用定额

1）混凝土搅拌机的小时生产率

$$d = 60 \times m \times K_A/t \tag{2-34}$$

式中：d——小时生产率，m^3/h；

m——搅拌机的设计容积，m^3；

K_A——混凝土出料系数（混凝土出料体积与搅拌机设计容积之比）；

t——每一循环的延续时间，min。

2）台班产量

$$D_c = d \times 8 \times K_d \tag{2-35}$$

式中：D_c——台班产量定额，m^3/台班；

d——小时生产率，m^3/h；

K_d——时间利用系数。

6．沥青混合料摊铺机的台班使用定额

1）沥青混合料摊铺机的小时生产率

$$d = h \times B \times v \times \rho \quad 或 \quad d = h \times B \times v \tag{2-36}$$

式中：d——摊铺机小时生产率，m^3/h 或 t/h；

h——铺层厚度，m；

B——摊铺带宽度，m；

v——摊铺工作速度,m/h;

ρ——沥青混合料密度,t/m³。

2)台班产量定额

$$D_c = d \times 8 \times K_d \tag{2-37}$$

式中:D_c——台班产量定额,m³/台班或 t/台班;

d——小时生产率,m³/h 或 t/h;

K_d——时间利用系数,一般取 0.75。

7. 起重机的台班使用定额

1)起重机的小时生产率

$$d = 60 \times m/(t_a + t_b + t_c) \tag{2-38}$$

式中:d——小时生产率,t/h;

m——起重机每一循环作业量,t;

t_a——起重机独立工作的循环组成部分的延续时间,min;

t_b——起重机和安装工人协同工作的循环组成部分的延续时间,min;

t_c——每一循环中不可避免的中断时间,min;

2)台班产量定额

$$D_c = d \times 8 \times K_d \tag{2-39}$$

式中:D_c——台班产量定额,t/台班;

d——小时生产率,t/h;

K_d——时间利用系数,一般取 0.85~0.90。

四、材料消耗定额

(一)材料消耗定额的概念

材料消耗定额是指在合理使用材料的条件下,生产单位合格产品所必须消耗的一定品种、规格的原材料、燃料、半成品、配件和水、电、动力等资源(统称为材料)的数量标准。

完成单位合格建筑产品所必需的材料消耗量由两部分组成:单位合格产品生产中所必需的净用量及其合理损耗量。

$$\text{材料消耗量} = \text{材料净用量} + \text{材料损耗量} = \text{材料净用量} \times (1 + \text{损耗率}) \tag{2-40}$$

(二)材料消耗定额的制订方法

1. 直接性消耗材料定额的制订

编制材料消耗定额的基本方法有:观察法、试验法、统计法和计算法。

1)观察法

观察法也称施工实测法,就是在施工现场,对生产某一产品的材料消耗量进行实际测算。观察法主要适用于制订材料损耗定额。

2)试验法

试验法也称为实验室试验法,是在实验室内进行观察和测定工作。

适用于研究材料强度与各种材料消耗的数量关系,以获得多种配合比,并以此为基础计算出各种材料的消耗数量。

3)统计法

统计法也称统计分析法。它是以现场积累的分部分项工程拨付材料数量,以完成产品数量、完成工作后材料的剩余数量的统计资料为基础,经过分析,计算出单位产品的材料消耗量的方法。

4)计算法

计算法也称理论计算法,是根据施工图纸和建筑构造要求,用理论公式算出产品的净消耗材料数量,从而制订材料的消耗定额。

2. 周转性材料的消耗量

周期性材料的消耗量,应按照多次使用、分次摊销的方法进行计算。周转性材料的摊销量与周转次数有直接关系。

各种材料的周转及摊销定额,可按下式进行计算:

$$Q = \frac{A(1+k)}{nV} \tag{2-41}$$

式中:Q——周转性材料的单位定额用量,m^3 或 kg/m^3;

A——周转性材料的图纸一次用量,kg/m^3 或 m^3;

k——场内运输及操作损耗率,%;

n——周转及摊销次数;

V——工程设计实体,m^3。

第三节　公路工程施工定额

一、概　述

(一)施工定额

施工定额是规定在合理的劳动组织和正常施工条件下,为生产单位合格产品所需耗用的人工、材料和机械台班的数量标准。它是建筑安装企业内部管理的定额,属于企业定额的性质。一般由劳动定额、材料消耗定额、机械台班消耗定额三部分组成。

施工定额是以先进合理的定额水平制订的。定额水平是指定额规定的劳动力、材料和机械的消耗标准。先进合理原则是指在合理的生产技术组织条件下,经过努力,部分工人可以超额,多数工人可以达到的水平。

(二)《公路工程施工定额》的编制

1.《公路工程施工定额》的编制依据

(1)交通运输部颁发的各项建筑安装工程施工及验收技术规范。

(2)施工操作规程和安全操作规程。

(3)建筑安装工人技术等级标准。

(4)技术测定资料,经验统计资料,有关半成品配合比资料等。

2.《公路工程施工定额》的内容

《公路工程施工定额》的内容包括文字说明、定额表和附录三部分。

1)文字说明部分

文字说明分为总说明、章说明和节说明。

(1)总说明。有关定额全部并具有共同性的问题和规定,通常列入总说明中。总说明的基本内容有:定额的用途、适用范围及编制依据,定额水平,有关定额全册综合性工作内容,工程质量及安全要求,定额指标的计算方法,有关规定及说明等。

(2)章说明。主要内容有使用范围、工作内容、定额计算方法、质量要求、施工方法、术语说明以及其他说明。

(3)节说明。主要内容有工作内容、施工方法、小组成员等。

2)定额表

《公路工程施工定额》共有十八章,分别为:准备工作,路基工程,路面工程,隧道工程,基础工程,打桩工程,灌注桩造孔工程,砌筑工程,模板、架子及木作工程,钢筋及钢丝束工程,混凝土及钢筋混凝土工程,预制构件运输工程,安装工程,钢结构工程,杂项工程,临时工程,备料,材料运输。

定额表是定额中的核心部分和主要内容,又可分为表头、表格和表注,其中表格又包括劳动定额表和机械定额表两部分。

附注一般列在定额表的下面,主要是根据施工条件的变动,规定工人、材料、机械定额用量的增减变化,通常采用乘系数和增减工日或台班的方法来计算。附注的作用是对定额表的补充,也是对定额使用的限制。

3)附录

附录放在定额分册的最后,作为使用定额的参考和换算的依据,包括名词解释,必要时附图解说明,先进经验介绍及先进工具介绍,参考资料,部分材料消耗定额。

二、《公路工程施工定额》的运用

(一)《公路工程施工定额》第一章　准备工作

1. 特别注意的内容

应用中大部分定额根据实际工程内容属于直接套用,但要注意章说明和各定额表下的“注”。

2. 准备工作定额的运用

【例2-6】 某路清理场地过程中,需推挖直径50cm以内树根50棵,拟采用105kW以内推土机进行施工,试用施工定额计算其所用台班。

解:查《公路工程施工定额》表[1-2]推土机推挖树根,105kW推土机每10棵的机械定额为0.077台班。计算如下:

$$50/10\times0.077=0.385\text{ 台班}$$

(二)《公路工程施工定额》第二章　路基工程

1. 特别注意的内容

应用中大部分定额根据实际工程内容属于直接套用,但要特别注意章说明里的一、二、七条和各定额表下的“注”。

2. 路基工程定额的运用

【例 2-7】 某路基开挖工程，其中边沟开挖土方 $10m^3$，槽外土方 $200m^3$，槽内土方 $100m^3$，均为硬土，手推车运输 40m。试计算需多少工日？

解：查《公路工程施工定额》表[2-2]人工挖运土方（本书表 2-12）。

人工挖运土方 表 2-12

工作内容：挖运、装、运 20m，卸土、空回。增运：平运 10m，空回。

每 $1m^3$ 的劳动定额：

项目	第一个 20m 挖运						每增运 10m	
	槽外			槽内				
	松土	普通土	硬土	松土	普通土	硬土	挑运	手推车
时间定额	0.158	0.231	0.33	0.177	0.269	0.379	0.025	0.01
每工日产量	6.329	4.329	3.03	5.65	3.717	2.639	40	100
编号	1	2	3	4	5	6	7	8

（1）说明中规定：路基土石方开挖定额中已包括边沟开挖，不得再使用边沟开挖定额。

（2）定额中基础运距 20m，因此，增运距应为：$40-20=20m$。

（3）计算如下：

①挖槽内土方，查表 2-12 第 6 项及第 8 项：

$(100+10)\times 0.379+20\div 10\times 0.01\times(100+10)=43.89$ 工日

②挖槽外土方，查表 2-12 第 3 项及第 8 项：

$200\times 0.33+20/10\times 0.01\times 200=70$ 工日

③合计用工：

$43.89+70=113.89$ 工日

【例 2-8】 一路基开挖工程，槽外石方 $200m^3$ 为次坚石，机械打眼开炸，并用推土机清运，试求所消耗的人工、机械的时间定额。

解：查《公路工程施工定额》表[2-15]（本书表 2-13）。

机械打眼开炸石方 表 2-13

工作内容：开挖工作面，收放皮管，选炮位，手持凿岩机打眼，换钻杆钻头，装药爆破，排险，清理解小，装、卸、运 20m 及放安全哨等全部操作。

每 $100m^3$ 的劳动、机械定额：

项目		槽外			槽内		
		软石	次坚石	坚石	软石	次坚石	坚石
劳动定额		$\frac{32.3}{0.031}$	$\frac{38.6}{0.026}$	$\frac{45.7}{0.022}$	$\frac{37.6}{0.027}$	$\frac{44.9}{0.022}$	$\frac{54.1}{0.018}$
机械定额	$9m^3/min$ 以内机动空压机	$\frac{0.358}{2.793}$	$\frac{0.652}{1.534}$	$\frac{1.096}{0.912}$	$\frac{0.4}{2.5}$	$\frac{0.736}{1.359}$	$\frac{1.24}{0.806}$
	凿岩机	$\frac{0.896}{1.116}$	$\frac{1.63}{0.613}$	$\frac{2.74}{0.365}$	$\frac{1}{1}$	$\frac{1.84}{0.543}$	$\frac{3.1}{0.323}$
编号		1	2	3	4	5	6

注：如用推土机清运，时间定额减少 20 工日。

根据附注的说明如用推土机清运，劳动定额减少 20 工日。

劳动定额:200/100 ×(38.6 −20)=37.2 工日

$9m^3$/min 以内机动空压机:200/100 ×0.652 =1.304 台班

凿岩机:200/100 ×1.63 =3.26 台班

(三)《公路工程施工定额》第三章　路面工程

1. 特别注意的内容

应用中大部分定额根据实际工程内容属于直接套用,但要特别注意章说明里的二、四条和各定额表下的“注”。

2. 路面工程定额的运用

【例 2-9】 某路用 75kW 以内拖拉机拌和稳定土混合料,压实厚度 30cm,分两层铺筑,工程量 $2000m^2$,试求劳动消耗和机械消耗。

解:查《公路工程施工定额》表[3-9],根据附注说明,时间定额乘以 2.0 系数。

人工:2000/1000 ×1.37 ×2 =5.48 工日

机械:2000/1000 ×0.23 ×2 =0.92 台班

(四)《公路工程施工定额》第四章　隧道工程

1. 特别注意的内容

应用中大部分定额根据实际工程内容属于直接套用,但需要特别注意章说明中的三、五条和清渣孔定额中如采用爆破开挖,时间定额乘以 0.9 的系数。

2. 隧道工程定额的运用

【例 2-10】 某土质隧道采用人工开挖,需要爆破,上导洞工程量 $200m^3$,试求人工装渣、手推车运输的劳动消耗。

解:查《公路工程施工定额》表[4-1],根据附注及题意需进行系数调整。

人工:1.67 ×(200/1) ×0.9 =300.6 工日

(五)《公路工程施工定额》第五章　基础工程

1. 特别注意的内容

应用中大部分定额根据实际工程内容属于直接套用,但仍有需要说明的几点。

(1)注意章说明中的二、三条。

(2)《公路工程施工定额》表[5-1]人工挖基坑土方,挖深超过 6m 时,每加深 1m,按 6m 以内定额干处递增 5%,湿处递增 10% 计算。

(3)《公路工程施工定额》表[5-2]人工挖基坑石方,挖深超过 6m 时,每加深 1m,按 6m 以内定额递增 5%。

2. 基础工程定额的运用

【例 2-11】 某桥采用人工开挖基坑的施工方法,基坑深 6m,其中上面 2m 为干处普通土开挖,下面 4m 为湿处硬土开挖,开挖土方量各 $100m^3$,试求劳动消耗量。

解:查《公路工程施工定额》表[5-1],根据说明要求干处、湿处开挖必须全部采用坑深 6m 的定额。

干处普通土开挖人工:100/1 ×0.2346 =23.46 工日

湿处硬土开挖人工:100/1 ×0.5508 =55.08 工日

劳动消耗：23.46 + 55.08 = 78.54 工日

（六）《公路工程施工定额》第六章 打桩工程

1. 特别注意的内容

在应用过程中大部分定额根据实际工程内容属于直接套用，但需要注意章说明中的三、四、五条和《公路工程施工定额》表[6-2]、表[6-3]、表[6-6]、表[6-7]的注。

2. 打桩工程定额的运用

【例 2-12】 某桩基础人工夯打，桩为斜圆木桩，直径在 15cm 以下，桩共有 15 根，每根入土 3m，试求劳动消耗为多少？

解：查《公路工程施工定额》表[6-2]，根据章说明及附注说明，本题需要进行系数调整，计算如下：

$15 \times 3 \times 0.173 \times 0.65 \times 1.08 = 5.47$ 工日

（七）《公路工程施工定额》第七章 灌注桩造孔工程

1. 特别注意的内容

应用中大部分定额根据实际工程内容属于直接套用，但需要注意章说明中的三、五条。

2. 灌注桩造孔工程定额的运用

【例 2-13】 某灌注桩采用回旋钻机钻孔，桩径 100cm 以内，孔深共计 30m，上 10m 为黏土，下 20m 为软石，试求人工、机械的时间消耗定额。

解：根据章说明的要求，查《公路工程施工定额》表[7-6]，计算如下：

人工：0.376 + 2.716 = 3.092 工日

机械：0.094 + 0.679 = 0.773 台班

（八）《公路工程施工定额》第十一章 混凝土及钢筋混凝土工程

1. 特别注意的内容

在应用过程中大部分定额根据实际工程内容属于直接套用，但需要注意章说明中二条和《公路工程施工定额》表[11-4]在运用时附注的要求。

2. 混凝土及钢筋混凝土工程定额的运用

【例 2-14】 现浇混凝土基础，已知混凝土方量为 $20m^3$，人工配运料 50m，250L 混凝土搅拌机拌和（60s）机动翻斗车运混凝土，运距 300m 到浇筑现场，机械振捣，露天养护。试计算从后场运料到混凝土养护完毕所需用工数及机动翻斗车的机械台班数。

解：1）人工配运料及机械拌和用工

查《公路工程施工定额》表[11-1]，即

人工：$0.369 \times 20 = 7.38$ 工日

250L 搅拌机台班用量：$0.0231 \times 20 = 0.462$ 台班

2）浇筑混凝土基础

查《公路工程施工定额》表[11-4]，根据说明，若用 1t 机动翻斗车运输，则定额应予以换算：$0.559 - 0.21 = 0.349$ 工日/m^3

人工：$0.349 \times 20 = 6.98$ 工日

3）1t 机动翻斗车

查《公路工程施工定额》表[18-3],即

1t 机动翻斗车台班用量:2.41 ×20/100 +(300 -100)/100 ×20 ×0.277 =0.5928 台班

4)养护

查《公路工程施工定额》表[11-11],即

人工:0.11 ×20 =2.2 工日

5)合计用工

合计用工为:7.39 +6.98 +2.2 =17.28 工日

250L 搅拌机台班:0.462 台班;1t 机动翻斗车:0.5928 台班。

施工定额以后各章的内容运用比较简单,基本上可以根据实际工程内容直接套用,只是特别注意系数调整即可,在此不多作说明。

第四节　公路工程预算定额

一、概　　述

(一)预算定额的概念

预算定额是用于确定一定计量单位的分项工程或结构构件的人工、材料和机械台班消耗量的数量标准。预算定额是一种具有广泛用途的计价定额。与施工定额的性质不同,预算定额不是企业内部使用的定额,不具有企业定额的性质。

(二)预算定额编制的原则和依据

1. 编制原则

1)按社会平均水平确定预算定额的原则

一方面预算定额水平要符合当前设计和施工技术与管理水平,利于推广先进技术和先进管理经验;另一方面预算定额的水平要有一定的经济合理性,以施工定额水平为基础,两者之间有着密切的联系,但绝不能简单地套用施工定额的水平。预算定额是平均水平,施工定额是平均先进水平,这样才能有利于调动生产者的积极性。

2)简明适用原则

编制预算定额时,对于那些主要的、常用的、价值量大的项目,分项工程划分宜细。次要的、不常用的、价值量相对较小的项目则可以放粗一些。

3)坚持统一性和差别性相结合原则

通过编制全国统一定额,使建筑安装工程具有一个统一的计价依据,有利于通过定额和工程造价的管理实现建筑安装工程价格的宏观调控,也使考核设计和施工的经济效果具有一个统一的尺度。

所谓差别性,就是在统一性基础上,各部门和省、自治区、直辖市主管部门可以在自己的管辖范围内,根据本部门本地区的具体情况,按照国家的编制原则,编制部门和地区的定额,颁发补充性制度、办法,并对定额实行日常管理。

4）专家编审责任制原则

定额的编制工作政策性、专业性强，任务重，贯彻这一原则很有必要。

2. 预算定额的编制依据

（1）国家的有关规定；

（2）技术标准和规范；

（3）设计施工图纸；

（4）公路工程施工定额；

（5）人工工资标准、材料单价和机械台班单价；

（6）以前的预算定额和一些基础数据等。

二、预算定额消耗量指标的制定

（一）人工消耗量指标

根据测算后综合取定的工程数量和参照施工定额中人工消耗指标计算出的人工消耗量，不分工种、不分技术等级全部综合在一起，再考虑人工幅度差，则可制订出该项目的人工消耗量指标。

1. 预算定额的用工数量

$$预算定额的用工数量 = （基本用工 + 超运距用工 + 辅助用工）× 人工幅度差系数 \tag{2-42}$$

1）基本用工

基本用工是指完成单位合格产品所必需消耗的技术工种用工。按技术工种相应劳动定额、工时定额计算，以不同工种列出定额工日。

如现浇钢筋混凝土基础工程，包括：

（1）模板制作，安装、拆除、修理、涂脱模剂；

（2）混凝土配料、拌和、运输、浇筑、捣固、养护等基本工作的基本用工。

将以上两个过程的用工综合累计后就是预算定额的基本用工。

2）超运距用工

超运距用工是指当材料、半成品等的运距超过劳动定额规定的运距时，需要额外增加的用工数量。

$$超运距距离 = 预算定额规定的运距 - 施工定额规定的运距$$

$$超运距用工 = \sum 超运距材料数量 × 时间定额 \tag{2-43}$$

3）辅助用工

辅助用工是指技术工种劳动定额内不包括，而在预算定额内又必须考虑的工时。如机械土方配合用工，电焊着火用工等。辅助用工量的计算方法与基本用工量的计算方法相同。

4）人工幅度差系数

人工幅度差系数是考虑在劳动定额中没有包括的，而在一般情况下又避免不了的一些用工为人工幅度差。按劳动定额综合后的数量设为1，再增加一定百分数后，构成人工幅度差系数。

人工幅度差系数的取值，依不同专业和不同分项工程而异。表2-14是现行的《公路工程预算定额》（JTG/T B06-02—2007）（以下简称《预算定额》）制订时取用的人工幅度差系数的情况。

人工幅度差系数表　　表 2-14

预算定额工程项目	系　数
准备工作、土方、石方、安全设施、材料采集加工、材料运输	1.04
路面、临时工程、纵向排水、整修路基、其他零星工程	1.06
砌筑、涵管、木作、支拱架、混凝土及钢筋混凝土、沿线房屋	1.08
隧道、基坑、围堰、打桩、造孔、沉井、安装、预应力、钢桥	1.10

《预算定额》的人工幅度差考虑了以下因素：

①工序搭接及转移工作面的间断时间。

②各工种交叉作业的相互影响。

③工作开始及结束时由于放样交底及任务不饱满而影响产量。

④配合机械施工及移动管线时发生的操作间歇。

⑤检查质量及验收隐蔽工程时影响工时利用。

⑥因雨雪或其他原因需排除故障。

⑦其他零星工作。如临时交通指挥、安全警戒、现场挖沟排水、修路材料整理堆放、场地清扫等。

⑧由于图纸或施工方法的差异需增加的工序及工作项目。

2. 基本用工工日数的计算示例

【例 2-15】 人工挖运土的预算定额，按陡坡土方 5%、槽内土方 15%、槽外土方 80% 取定，天然密实土；定额单位为 $100m^3$。试计算挖普通土、人工运输 20m 的基本工日及定额用工。

解：(1)挖陡坡土方的用工量。

查《公路工程施工定额》劳动定额部分表[2-1](本书表 2-15)。劳动定额为 0.14工日/m^3。

用工量 = 100 × 5% × 0.140 = 0.7(工日)

人工挖陡坡土方每 $1m^3$ 的劳动定额　　表 2-15

项　目	松　土	普通土	硬　土
时间定额	0.085	0.14	0.21
每工产量	11.765	7.143	4.762
编号	1	2	3

(2)挖槽内土方的用工量。

查《公路工程施工定额》中劳动定额部分表[2-2](本书表 2-16)。

人工挖运土方每 $1m^3$ 的劳动定额　　表 2-16

项　目	第一个 20m 挖运						每增运 10m	
	槽　外			槽　内				
	松土	普通土	硬土	松土	普通土	硬土	挑运	手推
时间定额	0.158	0.231	0.33	0.177	0.269	0.379	0.025	0.01
每工产量	6.329	4.329	3.03	5.65	3.717	2.639	40	100
编号	1	2	3	4	5	6	7	8

劳动定额为:0.269 工日/m^3

用工量为:

100×15%×0.269=4.035(工日)

(3)挖槽外土方的用工量。

查《公路工程施工定额》中劳动定额部分表[2-2](本书表2-16)。

劳动定额为:0.231 工日/m^3

用工量为:

100×80%×0.231=18.48(工日)

设工人等级与劳动定额规定的工人等级相同。

(4)本项目无超运距用工及辅助用工。

(5)基本用工为:

0.7+4.035+18.48=23.215(工日)

(6)查人工幅度差系数表(表2-14),幅度差系数为:1.04。

(7)则定额用工为:

23.215×1.04=24.144(工日)

工人技术等级为2.3级。

(二)材料消耗量指标

《预算定额》的材料消耗量由材料的净用量和各种合理损耗组成。各种合理损耗是指场内运输损耗和操作损耗;而场外运输损耗和工地仓库保管损耗则计入材料预算价格之中。

(1)主要材料:材料消耗量=净用量(1+场内运输及操作损耗率)。

(2)周转性材料:材料消耗量=周转摊销量。

(3)其他材料:其他材料费=材料预算单价×数量。

(4)金属设备:设备摊销费=90元×设备质量(t)×施工期(月)。

(三)机械台班消耗指标

《预算定额》中的机械台班消耗量指标,是根据其施工定额各分项工程的机械台班消耗用量,再考虑机械的幅度差来确定。

1.《预算定额》按定额综合范围将施工机械分为主要机械和小型机具

(1)主要机械:

$$\text{某种机械台班消耗量}=\left[\sum_{i=1}^{n}(\text{施工定额该种机械台班消耗量}\times\text{工程数量})\right]\times\text{该种机械幅度差系数} \tag{2-44}$$

(2)小型机具:

$$\text{小型机具使用费}=\sum(\text{小型机具台班预算单价}\times\text{台班数}) \tag{2-45}$$

2. 机械的幅度差

机械幅度差是指在施工定额测定范围内未包括的,而在预算定额中又必须考虑的因素而增加的机械台班数量。《预算定额》的机械幅度差考虑了下列因素:

(1)正常施工组织情况下不可避免的机械空转、技术中断及合理停置时间。

(2)必要的备用台数造成的闲置台班。

(3)由于气候关系或排除故障影响台班的利用。

(4)工地范围内机械转移的台班数,及非自行式机械转移时所需的运载牵引工具。

(5)配套机械相互影响所损失的时间,及停车场至工作地点超定额运距所需的时间。

(6)施工初期限于条件所造成的效率差,及结尾时工程量不饱满所损失的时间。

(7)因供电、供水故障,及水电路线的移动检修而发生的运转中断。

(8)不同厂牌机械的效率差、机械不配套造成的效率降低。

(9)工程质量检查的影响。

3. 机械台班消耗量指标

《预算定额》的机械台班消耗量指标按下述方法确定:

(1)按施工定额的机械台班消耗量乘幅度差系数的方法确定预算定额。

(2)按劳动组织配备计算机械台班数量。

这时幅度差系数一律按1.05进行计算。

三、预算定额的组成

现行的《预算定额》的组成部分包括:颁发定额的文件、目录、总说明、各种工程章说明、节说明、定额表和附录。

(一)说明

《预算定额》编有总说明22条,9个章说明,除此而外,每章又含若干节,每节前面都有节说明。

1. 总说明

总说明是涉及定额使用方面的全面性规定和解释,综合阐述了定额的编制原则,指导思想和编制依据,定额的作用;并对编制订额时已经考虑和没有考虑的因素,及有关规定和使用方法作了介绍。《预算定额》共有22条总说明,在使用定额时应真正理解这部分内容。

2. 章说明

各章说明主要介绍各章的工程内容及主要施工过程,定额子目的划分依据,工程量的计算方法和规定,计算单位,应扣除和应增加的部分,以及计算的附表等。这部分内容是工程量计算及应用定额的基准,必须全面准确地掌握。

3. 节说明

预算定额在各章又分节,桥涵工程包括的内容最多,分节最多,按工程项目类别分为11节。节说明主要是介绍本节工程项目的统一规定、本节工程的工作内容、施工方法、允许抽换的规定、工程项目工程量计算规定等。

4. 附注

附注是针对某一项定额的补充说明或规定,并非所有定额都有附注,附注仅在那些需要说明而定额表中又难以表示清楚的定额后面出现。附注一般放在需要说明的定额表的左下方。

要想准确而又熟练地运用定额,必须透彻地理解这些说明,而且争取全面记住。故需反复、认真地学习这些说明。

(二)定额表

《预算定额》表包括路基工程、路面工程、隧道工程、桥涵工程、防护工程、交通工程及沿线设施、临时工程、材料采集及加工、材料运输共九章。

定额表是各类定额的最基本组成部分，是定额指标的具体表示。在每个定额表中，人工的表现形式是以合计工日数表示；材料部分只列出主要材料消耗量，次要、零星材料以“其他材料费”表示；机械部分将主要施工机械台班数量列出，非主要施工机械以“小型机具使用费”表示。定额表的构成及主要栏目如下：

(1)表号及定额表名称，如《预算定额》957页中“表[8-1-4]采筛洗砂及机制砂”（本书表2-17）。

采筛洗砂及机制砂 表2-17

工程内容开采砂：1)安移筛架；2)采挖；3)过筛；4)清渣洗砂；5)堆方及清除废渣。

隧道弃渣筛砂、机制砂：部分解小，喂料、碾碎、过筛，堆方及清除废渣。

I.人工采筛 单位：100m³ 堆方

顺序号	项目	单位	代号	采堆		采筛堆			洗堆
						成品率(%)			
				干处	水中	30~50	51~70	70以上	
				1	2	3	4	5	6
1	人工	工日	1	12.7	28.8	51.8	32.1	21.3	45.2
2	砂	m³	897	—	—	—	—	—	(115.00)
3	基价	元	1999	625	1417	2549	1579	1048	2224

注：1.需要清除表土及备水时，其工日另计（每1m³砂按0.5m³用水量计）。

2.如人工采、筛、洗、堆联合作业时，按“采、筛、堆”及“洗、堆”工日之和扣减一次堆方，每100m³扣减3工日计；其中洗、堆定额中的砂不计价。

3.定额中砂系自然砂。

(2)工程内容主要说明定额表所包括的操作内容。查定额时，必须将实际发生的项目操作内容与表中的工程内容进行比较，若不一致时，应进行抽换或采取其他措施。

(3)工程项目计量单位，如10m³、10m构件、1000m²、1km、1道涵长及每增减1m等。

(4)顺序号，表征人、料、机及费用的顺序号，起简化说明的作用。

(5)项目，即定额表的工程所需人工、材料、机具、费用的名称、规格。

(6)代号，当采用电算方法来编制公路工程概、预算时，可引用表中代号作为对工、料、机名称的识别符号。

(7)工程细目，表征定额表所包括的工程细目，如《预算定额》中表[8-1-4]中的“采堆”、“水中采堆”等。

(8)栏号，指工程细目编号，如本文中表2-17所示定额中“采堆”栏号为1，“水中采堆”栏号为2。

(9)定额值，即定额表中各种资源的消耗量数值。其中括号内的数值，一般是指所需半成品的数量（定额值）。如《预算定额》表[4-7-12]所示，定额中的“C30水泥混凝土”所对应的“10.10m³”，是指预制10m³T形或I形梁实体需消耗C30水泥混凝土10.10m³。注意此值在编制概、预算文件时不需列入，其费用已在水泥混凝土单质材料中计算了。

(三)附录

附录包括路面材料计算基础数据、基本定额、材料周转及摊销以及“定额基价人工、材料代号及人工、材料、半成品单位质量、损耗、单价表”等内容。

附录是配合使用不可缺少的一个重要组成部分。其作用包括：

(1)了解定额编制时采用的各种统一规定，如路面材料计算基础数据；预制构件混凝土与模板的接触面积，每10m^2 接触面积的模板所需的人工、机械、及材料的周转使用量。

(2)提供定额中混凝土强度等级、砂浆强度等级抽换时使用的混凝土、砂浆配合比表。

(3)编制补充预算定额所需的统一规定，如材料的周转次数、规格、单位质量、代号、基价等。

(4)便于使用单位经过施工实践核定定额水平，并对定额水平提出意见，作为修订定额的重要资料。

四、预算定额的应用

现行的《预算定额》的运用主要是直接套用和换算两种形式。要能正确地运用好定额，必须要很好地理解、掌握定额中的规定。下面对总说明及各章节的规定加以详细说明。

(一)总说明的运用

总说明是涉及定额使用方面的全面性的规定和解释。总说明非常重要，需要真正理解、切实掌握。

(1)定额表的工程内容。定额表的工程内容，均包括定额项目的全部施工过程。定额内除扼要说明施工的主要操作工序外，均包括准备与结束、场内操作范围内的水平与垂直运输、材料工地小搬运、辅助和零星用工、工具及机械小修、场地清理等工程内容。

(2)材料消耗。定额中的材料消耗量系按现行材料标准的合格料和标准规格料计算的。定额内材料、成品、半成品均已包括场内运输及操作损耗，编制预算时，不得另行增加。其场外运输损耗、仓库保管损耗以及由于材料供应规格和质量不符合定额规定而发生的加工损耗，应在材料预算价格内考虑。

(3)周转性材料说明。定额中周转性的材料、模板、支撑、脚手杆、脚手板和挡土板等的数量，已考虑了材料的正常周转次数并计入定额内。其中就地浇筑钢筋混凝土梁用的支架及拱圈用的拱盔、支架，如确因施工安排达不到规定的周转次数时，可根据具体情况进行换算并按规定计算回收，其余工程一般不予抽换。

(4)施工图设计采用的混凝土、砂浆强度等级或水泥强度等级与定额所列强度等级不同时，可按配合比表进行换算。但实际施工配合比材料用量与定额配合比表用量不同时，除配合比表说明中允许换算者外，均不得调整。

混凝土、砂浆配合比表的水泥用量，已综合考虑了采用不同品种水泥的因素，实际施工中不论采用何种水泥，均不得调整定额用量。

(5)定额中各项目的施工机械种类、规格是按一般合理的施工组织确定的，如施工中实际采用机械的种类、规格与定额规定的不同时，一律不得换算。

(6)定额中的施工机械的台班单价，应按现行《公路工程机械台班费用定额》(JTG/T B06-03—2007)分析计算。

(7)定额中只列工程所需的主要材料用量和主要机械台班数量。对于次要、零星材料和小型施工机具均未一一列出，分别列入“其他材料费”及“小型机具使用费”内，以元表示，编制预算即按此计算。

(8)其他未包括的项目，各省、自治区、直辖市交通运输厅(局、委)可编制补充定额在本地区执行，所有补充定额均按照《预算定额》的编制原则、方法进行编制。

(9)定额表中注明“某某数以内”或“某某数以下”者，均包括某某数本身；而注明“某某数以外”或“某某数以上”者，则不包括某某数本身。定额内数量带“(　)”者，则表示基价中未包括其价值。

(二)路基工程定额及运用

《预算定额》的路基工程章分三节，现对各节说明中应特别强调部分给予介绍。

1. 土石方体积计算

对于路基工程的土石类别，定额是按开挖难易程度而将其分为六类，即松土、普通土、硬土、软石、次坚石、坚石。

该章第一节说明的第8条(1)指出：除定额中另有说明者外，土方挖方按天然密实体积计算，填方按压(夯)实后的体积计算，石方爆破按天然密实体积计算。当以填方压实体积为工程量，采用以天然密实方为计量单位的定额时，所采用的定额应乘以压实方与天然密实方的换算系数(表2-18)。

压实方与天然密实方间的换算系数　　表2-18

公路等级＼土类	土方			石方
	松土	普通土	硬土	
二级及以上等级公路	1.23	1.16	1.09	0.92
三、四级公路	1.11	1.05	1.0	0.84

1)压实方与天然密实方间换算系数的含义及应用

路基工程设计图纸给出的土石方数量，是按工程的几何尺寸计算出来的压实方，必然存在着天然密实方与压实方之间的量差。它直接影响土石方数量计算、调配以及土石方工程定额的确定。

由于土石方的土种类、存在形式、天然密实度各不相同，而按设计要求的填方密实度也不相同，所以压实方与天然密实方间换算系数也不是定值，最好是通过试验分别确定。

某公路沿线代表性土为粉质中液限黏土，压实度重型标准击实平均要求为93.5%；取天然土测得其天然湿密度为1.95g/cm^3，含水率为22.5%，则其干密度为1.59g/cm^3，按重型击实试验得到最大干密度为1.86g/cm^3，则压实度为1.59/1.86=85.5%；路基要求压实度为93.5%，其比值为93.5%/85.5%=1.094，也就是说要填筑1000m^{3}路基实体需取1094m^{3}天然土。

在实际工作中不可能对每一个单位工程都进行土工试验，所以《预算定额》在该章说明中规定了土石方天然密实方与压实方的换算系数。当压实方为“1”时，其换算系数见表2-18所示。

在土石方数量的计算及调配中应考虑表2-18中的系数。各方量间的关系可通过下面的例子来说明。

【例2-16】　某一路段挖方1000m^3(其中松土200m^3，普通土600m^3，硬土200m^3)，填方数量为1200m^3，本断面挖方可利用方量为900m^3(松土100m^3、普通土600m^3、硬土200m^3)，远运用方量为普通土200m^3(天然方)。试求借方和弃方数量。

解：本桩利用900m^3，换算为压实方的数量为：

$$100 \div 1.23 + 600 \div 1.16 + 200 \div 1.09 = 782\text{m}^3$$

远运用方 200m³，换算为压实方为：

$$200 \div 1.16 = 172\text{m}^3$$

故需借方（压实方）为：

$$1200 - 782 - 172 = 246\text{m}^3$$

弃方（天然方）为：

$$1000 - 900 = 100\text{m}^3$$

2）各种土石方量套用的定额、计量单位及计价

（1）挖方。按土质分类分别套用相应的挖土定额，定额单位为天然密实方。

（2）填方。套用相应的压实定额，定额单位为压实方。

（3）本桩利用。这一数量不参与费用的计算，其挖已在“挖方”内计算，其填已在“填方”内计算。

（4）远运利用。只计算其调配运输费用，其挖已在其他断面“挖方”内计算，其填已在“填方”内计算。

（5）借方。计算其挖、装、运的费用，其填已在“填方”内计算。

（6）弃方。只计算其运输费用，其挖已在“挖方”内计算。

当土方进行运输时，由于有运输损耗，在计算土方运输定额消耗时需要考虑运输损耗对运输量的影响。运输量的确定方法如下：推土机、铲运机施工土方的增运定额按普通土栏目的系数计算；人工挖运土方的增运定额和机械翻斗车、手扶拖拉机运输土方、自卸汽车运输土方的定额在表 2-18 系数的基础上增加 0.03 的土方运输损耗。

2. 由施工组织设计提出，并计入填方数量内的几种土石方数量

下列各种土石方数量的发生，在编制《预算定额》时没有考虑在定额内，必须以计量形式计入预算之中：

（1）清除表土数量，按施工组织设计数量计列。

（2）因基底不实和耕地填前压实所增加的土方数量：

$$Q = F \times h \tag{2-46}$$

式中：Q——压（夯）实增加的填方数量，m³；

F——填前压（夯）实的天然土的地面面积，m²；

h——压实产生的沉降量，m，$h = 0.01 \times p/c$；

p——压路机有效作用力，N/cm²；12～15t 压路机的有效作用力一般按 66N/cm² 计算；

c——土的抗沉陷系数，N/cm³，其经验数值如表 2-19 所示。

各种原状土的 c 值参考表 表 2-19

原状土名称	c(N/cm³)	原状土名称	c(N/cm³)	原状土名称	c(N/cm³)
1. 沼泽土	1～1.5	3. 松砂、松湿黏土、耕土	2.5～3.5	5. 坚实的黏土	10.0～12.5
2. 凝滞土、细粒砂	1.8～2.5	4. 大块胶结的砂、潮湿黏土	3.5～6.0	6. 泥灰石	13.0～18.0

(3)路基因加宽所应增加的填方数量。

填方路基边缘部分需要压实,解决的方法就是将填方区边缘处宽填,但这样就要增加土方用量。为使路基边缘达到压实标准,设计时应根据具体情况予以增加。《公路路基施工技术规范》(JTG F10—2006)明确规定:"整修用机械填筑的路堤表面时,应将其两侧超填的宽度切除。超填宽度的允许值为:砂性土 0.20 ~ 0.30m,粉性土 0.15 ~ 0.20m,黏性土 0.10 ~ 0.20m"。需宽填的土方量一般可用下列公式计算:

$$宽填土方量 = 填方区边缘全长 \times 边坡平均高度 \times 宽填宽度 \times 2(侧) \tag{2-47}$$

(4)路基因沉降而增加的土方量。

随着高等级公路的修建,路堤高度一般较高,路基沉降而引起土方量增加的因素愈加明显,对于软弱地基处的路基尤为如此。土方增加数量由设计者根据沉降理论计算或根据地区经验取定。

3. 注意定额表的附注及工程内容

选用定额时应注意定额有无附注,还要注意其工程内容,防止重复计算及漏项。

(1)如伐树、挖根、除草定额中增加了清除表土子项目,定额附注中指出:清除表土与除草定额不可同时套用,清除的表土如需远运,应套用土方运输定额另计。

(2)挖掘机挖装淤泥、流沙定额附注中指出:定额中不包括挖掘机的场内支垫费用,如铺设垫层,应按具体情况计列。另外挖出的淤泥如需远运,应按有关的定额另行计算。

(3)机动翻斗车、手扶拖拉机配合人工运土、石方定额附注指出,定额中不包括人工挖土、开炸石方及装、卸车的工料消耗,需要时按人工挖运土方及人工开炸石方定额附注的有关规定计算。

(4)挖掘机挖装土方是按挖土装车编制的,如不需装车时,应按附注规定,定额乘以系数 0.87。

(5)装载机装土石方定额中,装载机按轮式编制的,其施工条件考虑为较好的土质和比较方便的装载条件,所以当土质固结,装载机挖掘困难或施工条件不便(如平地取土)时,应按定额附注规定考虑推土机配合推松、集土。另外装载机与自卸汽车配合也可按附注中表列取定。

(6)推土机推土定额中当推运的坡度大于 10% 时,推土机的运距应乘以附注指明的系数。

(7)铲运机铲运土方定额是按拖式铲运机编制的,当采用自行式铲运机时,应按附注规定乘以 0.7 系数。当重车行驶坡度大于 10% 时,运距应按附注中规定乘以表列系数。

(8)路基碾压定额中编制了推土机整平土方及平地机摊平土方两种方式,推土机的台班数量列于括号内。推土机及平地机不可同时选用,定额基价是按平地机计算的。对铺设高等级路面的三级公路,零填及挖方路段路基压实按二级公路取定。

(9)渗水路堤定额中片石的价格应按材料采集定额中捡清片石计算。因为用片石填筑渗水路堤一般是利用开山石方,因此不应按购买片石或自采材料计算。

(10)洒水汽车洒水定额中的水不计费用。若用水需计水费时,应按相应的水价另行计算。

(11)袋装砂井处理软土地基定额按砂井直径 7cm 编制的,如砂井直径不同时,可按砂井截面积的比例关系调整砂的用量,其他不予调整。

4. 施工机械的选择与配合

在土石方工程中,应根据工程规模、工期、工地条件、其他现场调查资料以及施工组织设计选择恰当的施工方法,合理地选用定额。

(1)根据工程规模、工地条件等选定施工机械(表2-20)。

施工机械的选择与配合　　表2-20

工作种类		施工机械	备注
新建道路	半填半挖	推土机	
	半挖装载	挖掘机、装载机+自卸汽车	
	明挖	推土机、铲运机 挖掘机、装载机+自卸汽车	
现有道路加宽		推土机 挖掘机、装载机+自卸汽车	
现有道路改建		挖掘机、装载机+自卸汽车	

(2)对于挖掘装载机械,应根据土质条件及现场施工条件合理选用。对于松土、普通土,采用装载机挖装比较适宜。但当挖土高度大于3m时,应有推土机辅助。对于稍微固结的土质可用挖掘机挖装,也可使用装载机挖装,但需推土机辅助。对于结构紧密的土质,应在推土机推松后采用装载机或挖掘机装载。

(3)每种施工机械都有其比较经济的运距,一般如下:

推土机50m以内;拖式铲运机50~300m;自行式铲运机300~2000m;自卸汽车2000m以上。

5. 路基工程示例

【例2-17】 某高速公路路基工程,全长28km,按设计断面计算的填缺为6720000m^3,平均填土高度为7m,平均边坡长度为10.5m,宽填厚度0.2m,路基平均占地宽45m,路基占地及取土坑均为耕地,土质为Ⅱ类土。采用0.6m^{3}以内单斗挖掘机装土方,平均挖深2m,填前以12t压路机压实耕地。试问:填前压实增加土方量为多少?路基宽填增加土方量为多少?总计计价土方量(压实方)为多少?

解:(1) 借方用土土质分类。

由《预算定额》第一章章说明1可知,Ⅱ类土属于定额土质分类的普通土。

(2)因宽填路基而增加的土方量。

根据式(2-47)计算如下:

$$\text{宽填天然密实方} = 28000 \times 10.5 \times 0.2 \times 2(\text{侧}) = 117600\text{m}^3$$

由表2-18查得普通土的换算系数为1.16,则:

$$\text{宽填所需借方(压实方)} = 117600/1.16 = 101379\text{m}^3$$

(3)因填前压实耕地增加的土方量。

由表2-19查得$c = 3.5\text{N/cm}^3$,12t光轮压路机的有效作用力p为66N/cm^2。

根据式(2-46)计算如下:

$$h = 66/3.5 = 18.86\text{cm}$$

平均路基底面积为:

$$45 \times 28000 = 1260000\text{m}^2$$

填前压实所增加土方量(压实方)为:

$$1260000 \times 0.1886 = 237636\text{m}^3(\text{借方})$$

(4)总计价土方量(压实方)。

总计价方量(压实方)=6720000+101379+237636=7059015m^3

【例2-18】 某公路用袋装砂井法处理软土地基,使用带门架的袋装砂井机,砂井直径9cm,试求1500m砂井的人工、铁件、中(粗)砂及袋装砂井机(带门架)的消耗量。

解:查《预算定额》表[1-3-1],由附注知本题需对中(粗)砂消耗量按比例扩大,而其他不变。

人工:11.3×1500÷1000=16.95工日

铁件:4.5×1500÷1000=6.75kg

中(粗)砂:4.56×1500÷1000×9÷7=8.79m^3

袋装砂井机(带门架):2.11×1500÷1000=3.165台班

【例2-19】 某平原微丘区二级公路,其中一段的路基工程全部采用借土填方,采用推土机集土、装载机装土、自卸汽车运土方式施工,填方量计130000m^3,借方平均运距为3km,试确定定额消耗量指标。

解:(1)推土机集土。

根据借方数量,拟采用105kW推土机进行集土。

查《预算定额》表[1-1-12](105kW以内推土机第一个20m普通土),定额单位1000m^3,则工程量为:130000/1000=130个定额单位。

人工:4.5×130×1.16×0.8=542.88工日

105kW以内履带式推土机:2.08×130×1.16×0.8=250.93台班

(2)装载机装土。

查《预算定额》表[1-1-10](2m^3装载机装土方):

2m^3以内轮式装载机:1.42×130×1.16=214.14台班

(3)载重汽车运输土方。

根据《预算定额》建议的装载机与自卸载重汽车配备,可选用10t以内的自卸载重汽车运输土方。

查《预算定额》表[1-1-11-13](10t以内自卸汽车配合装载机运输土方第一个1km)、表[1-1-11-14](10t以内自卸汽车配合装载机运输土方每增运0.5km)。此时的增运距为2km,2÷0.5=4个定额单位,同时还应考虑土方运输时的换算系数1.19。

10t以内自卸汽车:(7.58+1.02×4)×130×1.19=1803.8台班

(4)填方压实。

查《预算定额》表[1-1-18-6](12~15t钢轮压路机碾压二级公路路基),拟采用平地机推平土方:

人工:3.0×130=390工日

120kW以内自行式平地机:1.63×130=211.9台班

6~8t钢轮压路机:1.24×130=161.2台班

12~15t钢轮压路机:4.01×130=521.3台班

(三)路面工程定额及运用

1. 路面工程预算定额注意事项

1)定额可调整的部分

路面预算定额可调整的情况详见该章说明的4、6,第一节说明的1、2、6,第二节说明的

1、9、10。其中第一节说明第 2 条提出了当设计配合比与定额标明的配合比不同时，求算各种路面实体材料消耗量的换算公式：

$$C_i = [C_d + B_d \times (H_1 - H_0)] \times L_i \div L_d \qquad (2\text{-}48)$$

式中：C_i——按设计配合比换算后的材料数量；

C_d——定额中基本压实厚度的材料数量；

B_d——定额中压实厚度每增减 1cm 的材料数量；

H_0——定额的基本压实厚度；

H_1——设计的压实厚度；

L_d——定额标明的该种材料的百分率；

L_i——设计配合比的该种材料的百分率。

2）其他注意项

（1）修整旧黑色路面定额只适用于修整面积小于 $30m^2$ 者，若修整的面积每块都大于 $30m^2$ 应按相应路面定额人工和机械乘以 0.8 系数计算，其他不变。

（2）全部挖除旧路面项目，如果挖除的废渣需远运时，另按路基土方运输定额计算；废渣清除后，底层如需碾压，每 $1000m^2$ 可增加 15t 以内振动压路机 0.18 台班。

（3）挖路槽项目按路槽断面编制，挖除的土、石需远运时，另按路基土、石方运输定额计算。如为半填半挖路槽时，人工工日乘以 0.8 的系数。

（4）培路肩的土方数量应在路基填方内计算，包括开挖、远运等费用。此处的培路肩只是培筑、压实、修整路槽等工作内容。

（5）稳定土厂拌设备和沥青混合料拌和设备的安拆项目中，不包括场地清理、平整、加铺垫层、碾压等工作内容，需要时可按具体情况另行计算。至于多少千米设一座，应由施工组织设计确定。

2. 路面工程示例

【例 2-20】 某天然砂砾路面面层机械摊铺工程，厚度 16cm，路面宽 8.0m，路段长 12km，，试计算所需人工劳动量及压路机作业量。

解：根据《预算定额》第二章说明 1 的规定，天然砂砾路面的计量单位是以 $1000m^2$ 路面面积计，故本工程的工程量为：

$$8 \times 12000 = 96000m^2 = 96(1000m^2\text{ 路面面积})$$

又根据《预算定额》第二章第二节说明 1 的规定，可知人工定额增加 3.0 工日/$1000m^2$，压路机台班按定额数加倍。

由《预算定额》表[2-2-4]（本书表 2-21）计算工程所需如下：

天然砂砾路面 表 2-21

工程内容：1）清扫整理下承层；2）铺料、整平；3）洒水，碾压，找补。

单位：$1000m^2$

序号	项　目	单位	代号	人工摊铺		机械摊铺	
				压实厚度 10cm	每增减 1cm	压实厚度 10cm	每增减 1cm
				1	2	3	4
1	人工	工日	1	22.4	1.8	2.4	0.1
2	水	m^3	886	11	1	—	—
3	砂砾	m^3	902	133.62	13.36	133.62	13.36

续上表

序号	项目	单位	代号	人工摊铺		机械摊铺	
				压实厚度 10cm	每增减 1cm	压实厚度 10cm	每增减 1cm
				1	2	3	4
4	120kW 以内自行式平地机	台班	1057	—	—	0.28	—
5	6～8t 光轮压路机	台班	1075	0.27	—	0.27	—
6	12～15t 光轮压路机	台班	1078	0.54	—	0.54	—
7	6000L 以内洒水汽车	台班	1405	—	—	0.24	0.02
8	基价	元	1999	5540	503	4929	429

人工劳动量：(2.4＋0.1×6＋3)×96＝576 工日

6～8t 压路机作业量：0.27×2×96＝51.84 台班

12～15t 压路机作业量：0.54×2×96＝103.68 台班

【例 2-21】 某水泥、石灰稳定土基层工程，定额标明的配比为 6∶4∶90，设计配比为 5.5∶3.5∶91，厚度为 16cm，试确定水泥、石灰、土的实用定额值。

解：根据《预算定额》第二章第二节说明 2 的规定，并由定额表[2-1-6(Ⅲ)](本书表 2-22)的定额值，按式(2-48)计算相关材料的实用定额值。

稳定土拌和机拌和

表 2-22

单位：1000m²

序号	项目	单位	代号	水泥石灰土		水泥石灰土砂		水泥石灰砂砾	
				水泥∶石灰∶土 6∶4∶90		水泥∶石灰∶土∶砂 6∶4∶26∶64		水泥∶石灰∶砂砾 5∶5∶90	
				压实厚度 15cm	每增减 1cm	压实厚度 15cm	每增减 1cm	压实厚度 15cm	每增减 1cm
				21	22	23	24	25	26
1	人工	工日	1	18.5	0.9	19.7	1.0	23.9	1.3
2	32.5 级水泥	t	832	15.147	1.010	16.515	1.101	15.606	1.040
3	生石灰	t	891	10.393	0.693	11.332	0.756	15.759	1.051
4	土	m³	895	195.29	13.02	62.72	4.18	—	—
5	砂	m³	897	—	—	124.34	8.29	—	—
6	砂砾	m³	902	—	—	—	—	179.71	11.98
7	碎石土	m³	915	—	—	—	—	—	—
8	砂砾土	m³	916	—	—	—	—	—	—
9	碎石	m³	958	—	—	—	—	—	—
10	120kW 以内自行式平地机	台班	1057	0.37	—	0.51	—	0.37	—
11	6～8t 光轮压路机	台班	1078	0.27	—	0.27	—	0.27	—
12	12～15t 光轮压路机	台班	1078	1.27	—	1.27	—	1.27	—
13	235kW 以内稳定土拌和机	台班	1155	0.29	0.02	0.29	0.02	0.29	0.02
14	6000L 以内洒水汽车	台班	1405	0.85	0.04	0.9	0.04	0.94	0.04
15	基价	元	1999	10282	600	16187	984	15313	934

按公式(2-48)计算如下：

水泥：$[15.147+1.010\times(16-15)]\times5.5/6.0=14.81\text{t}$

石灰：$[10.393+0.693\times(16-15)]\times3.5/4.0=9.70\text{t}$

土：$[195.29+13.02\times(16-15)]\times91/90=210.62\text{m}^3$

【例2-22】 某冬五区沥青贯入式面层工程，路面宽9.0m、铺装长度8km，设计厚度6cm，需铺黏层，已查得面层人工定额为17.7工日/1000m^2、石油沥青定额为6.283t/1000m^2，黏层人工定额为0.7工日/1000m^2、石油沥青定额为0.412t/1000m^2。试求其总劳动量和总沥青用量。

解：(1)根据《预算定额》第二章第二节说明9的规定，面层定额用油量应乘以1.028的系数；黏层定额用油量没有系数。

(2)面层人工劳动量 $=9.0\times8000\times17.7/1000=1274.4$ 工日

(3)面层用油量 $=9.0\times8000\times6.283/1000\times1.028=465.04\text{t}$

(4)根据《预算定额》该章说明2的规定，应另计黏层的工、料、机等。

(5)黏层人工劳动量 $=9.0\times8000\times0.7/1000=50.4$ 工日

(6)黏层用油量 $=9.0\times8000\times0.412/1000=29.664\text{t}$

(7)总计人工劳动量 $=1274.4+50.4=1324.8$ 工日

(8)总计用石油沥青量 $=465.04+29.664=494.704\text{t}$

【例2-23】 某稳定土拌和机路拌石灰砂砾土(厚15cm)底基层工程，共64000m^2，采用6000L洒水汽车洒水，需在距工地7km处吸取自来水。已知该子项目洒水汽车定额为0.88台班/1000m^2，自来水单价为0.30元/m^3，又由路基工程的“洒水汽车洒水”定额中查得洒水增运定额为每增运0.5km需增加0.88台班/100m^3，试计算增列水费和该子项目实用洒水汽车定额及总作业量(台班)。

解：根据《预算定额》路面工程章说明15的规定，计算如下：

(1)增列水费：

$$水费=0.88\times35\times0.30\times64000/1000=591.36\ 元$$

(2)实用总计洒水汽车定额：

洒水汽车增运运距为： $7-5=2\text{km}$

增列洒水汽车定额： $0.88\times(2/0.5)\times1.25\times35/1000=0.108$ 台班/1000m^2

实用洒水汽车定额： $0.88+0.108=0.988$ 台班/1000m^2

(3)洒水汽车总计作业量： $0.988\times64000/1000=63.23$ 台班

(四)隧道工程定额及运用

《预算定额》隧道工程章分四节，对其理解及应用如下：

1. 围岩分级

按隧道现行设计、施工技术规范将围岩分为土质(Ⅰ、Ⅱ)、软石(Ⅲ)、次坚石(Ⅳ)、坚石(Ⅴ、Ⅵ)共四种六级。

2. 隧道工程示例

【例2-24】 某隧道工程，围岩为Ⅲ级，工作面距洞口长度为2500m以内，采用机械开挖，自卸汽车运输施工，试确定其人工、硝铵炸药和12t以内自卸汽车的预算定额值。

解：(1)因为工作面距洞口长度为2500m以内，所以隧道长度5000m，由《预算定额》第三章第一节说明7和围岩Ⅲ级查《预算定额》表[3-1-3(Ⅰ)-21、27]和表[3-1-3(Ⅱ)-46、49]

分别计算开挖和出渣的人工、炸药和自卸汽车的定额总消耗量。

(2)定额值的确定($100m^3$ 自然密实石方):

开挖:人工 56.5 + 1.4 = 57.9 工日,硝铵炸药 98.5kg

出渣:人工 4.3 + 0.3 = 4.6 工日,12t 以内自卸汽车 1.83 + 0.19 = 2.02 台班

总计:人工 57.9 + 4.6 = 62.5 工日,硝铵炸药 98.5kg,12t 以内自卸汽车 1.83 + 0.19 = 2.02台班

【例 2-25】 某隧道工程(长度 1000m)内,需做路面砂砾垫层,厚度 15cm,试计算其人工铺料预算定额值。

解:路面垫层需到路面工程中去查定额表,《预算定额》表[2-1-1-2]。

根据《预算定额》第三章说明 8 的规定,所采用定额的人工工日、机械台班数量及小型机具使用费应乘以 1.26 系数。故隧道内每 $1000m^2$ 路面垫层的定额值为:

人工:29.3 × 1.26 = 36.92 工日

材料:水 19 × 1 = $19m^3$,砂砾 191.25 × 1 = $191.25m^3$

机械:6 ~ 8t 光轮压路机 0.25 × 1.26 = 0.315 台班,12 ~ 15t 光轮压路机 0.5 × 1.26 = 0.63台班

(五)桥涵工程定额章说明及运用

1. 桥涵工程章说明

1)混凝土工程的说明

(1)定额除小型构件外,均按采用机拌机捣计算。

(2)关于采用蒸汽养生时使用定额的规定。

(3)关于混凝土拌和费用的说明。

2)钢筋工程的说明

(1)如施工图的钢筋(光圆、带肋)比例与定额有出入时,可以调整钢筋品种的比例关系。

(2)定额中钢筋直径在 10mm 以上的接头均采用电弧搭接或电阻对接焊。

3)模板工程的说明

(1)模板不单列项目,其周转摊销量已计入混凝土定额之中。

(2)关于钢模板材料及组合钢模板的说明。

4)设备摊销费的说明

定额中设备摊销费所指的设备,是指属于固定资产的金属设备,包括采用万能杆件、装配式钢桥桁架及有关配件拼装的金属架桥设备。设备摊销费按设备质量每吨每月 90 元计算。

5)工程量计算一般规定

(1)混凝土工程按构筑物、构件的实际体积,不包括其中的空心体积、不扣除钢筋混凝土中的钢筋体积。

(2)构件安装定额中在括号内所列的构件数量(体积),表示安装时需要备制的构件数量。

(3)一般工程钢筋因接长所需的搭接长度,定额中已计入。

2. 桥涵工程章示例

【例 2-26】 某桥采用跨墩门架架设主梁,门架高 12m,跨径 30m,使用期为 6 个月,计算

其设备摊销费。

解:根据《预算定额》桥梁工程章说明四及定额表[4-7-31]"金属结构吊装设备"的注解,可知:

(1)跨墩门架一套(两个)设备质量为52.5t(见《预算定额》603页表格)。

(2)因使用期为6个月超过定额表的4个月使用期,故《预算定额》表中的定额值不能直接用而应按每吨每月90元计算,应为:

设备摊销费:52.5×6×90=28350元

设备摊销费定额:6×90×10=5400元/10t

【例2-27】 某桥预制等截面箱梁的设计图纸中光圆钢筋为2.50t,带肋钢筋为8.20t,试确定该分项的钢筋定额。

解:根据《预算定额》第四章说明2的规定,要核对图纸中钢筋的比例是否与定额的比例有出入。

(1)由目录可知该分项查《预算定额》表[4-7-16]。由表中查得光圆钢筋与带肋钢筋的比例为0.1546∶0.869=0.18。

(2)设计图纸中光圆钢筋与带肋钢筋的比例为2.5∶8.20=0.305,知其与定额不符,应按设计用量进行抽换。

(3)由《预算定额》附录四可知光圆钢筋、带肋钢筋的场内运输及操作损耗为2.5%。

(4)实用定额(1t钢筋),光圆钢筋和带肋钢筋分别为:

$$\frac{2.5}{2.5+8.2}\times(1+0.025)=0.239(\mathrm{t})$$

$$\frac{8.2}{2.5+8.2}\times(1+0.025)=0.786(\mathrm{t})$$

(六)桥涵工程中各节说明及运用

《预算定额》桥涵工程共有十一节,每节都有节说明,其节说明及示例如下。

1. 开挖基坑节说明及示例

1)开挖基坑节说明的理解

《预算定额》中桥涵工程章第一节为开挖基坑,其节说明共十一条,对节说明的理解如下:

(1)定额运用时不得另行计算的项目:

开挖基坑定额已综合了基底夯实、基坑回填及捡平石质基底用工,湿处挖基还包括挖边沟、挖集水井及排水作业用工,编制预算时,不得另行计算。详见《预算定额》表[4-1-1]~表[4-1-3]。

(2)定额运用时允许另行计算的项目:

①开挖基坑土、石方运输按弃土于坑外10m范围内考虑,如坑上水平运距超过10m时,另按路基土、石方增运定额计算。详见《预算定额》表[4-1-1]~表[4-1-3]。

②电动卷扬机配抓斗及人工开挖配卷扬机吊运基坑土、石方定额中,已包括移动摇头扒杆用工,但摇头扒杆的配置数量应根据工程需要按吊装设备定额另行计算。详见《预算定额》表[4-1-2]。

③开挖基坑定额不包括挡土板,需要时应据实按有关定额另行计算。

④挖基定额中未包括水泵台班。挖基及基础、墩台砌筑所需的水泵台班按"基坑水泵台班消耗"表的规定计算,并计入挖基项目中。详见《预算定额》表[4-1-1]~表[4-1-3]。

⑤基坑开挖定额均按原土回填,若采用取土回填按路基工程定额另计取土费用。详见《预算定额》表[4-1-1]~表[4-1-3]。

(3)定额表中的数据需要调整的说明:

①基坑水泵台班,如钢板桩围堰打进覆盖层时,《预算定额》中的水泵台班数量乘以0.7系数。

②土方基坑深超过6m时每加深1m,根据《预算定额》规定挖基坑深度6m以内干处递增5%、湿处递增10%。

(4)工程量计算规则:

①基坑开挖工程量按基坑容积计算。

②基坑挡土板的支挡面积,按坑内需支挡的实际侧面积计算。

③墩(台)基坑水泵台班消耗=湿处挖基工程量×挖基水泵台班+墩(台)座数×修筑水泵台班。

④基坑水泵台班消耗表中水位高度栏中的"地面水"适用于围堰内挖基,水位高度指施工水位至坑顶的高度,其水泵消耗台班已包括排除地下水所需台班数量,不得再按"地下水"加计水泵台班;"地下水"适用于岸滩湿处的挖基,水位高度指施工水位至坑底的高度,其工程量应为施工水位以下的湿处挖基土方数量,施工水位至坑顶部分的挖基,应按干处挖基对待,不计水泵台班。

2)开挖基坑节示例

【例2-28】 某小桥两个靠岸桥台基坑开挖工程,土质为砂砾石(砾石含量大于50%),由于工期紧张,采取两个基坑开挖平行施工,用电动卷扬机配抓斗开挖。已知施工期无常水,基坑顶面中心高程99.5m,地下水位99.0m,基底高程96.0m,一个基坑挖基总量300m^3,其中干处开挖50m^3,基底以上20cm人工开挖15m^3,运距50m,按施工组织需湿处挡土板50m^2,试确定一个基坑开挖所需的人工、机械、基价的预算定额值。

解:(1)本桥因两个基坑平行作业,按《预算定额》中第四章第一节说明4的要求,每个基坑应计摇头扒杆一个,根据《预算定额》表[4-7-33-3]每个摇头扒杆定额值为:

人工:22.7工日。

机械:30kN以内单筒慢速卷扬机2.4台班;小型机具使用费5.5元。

(2)电动卷扬机配抓斗系机械挖基,定额中无干处、湿处之分,也无基坑深、浅之分,故没有必要区分干处、湿处及挖坑深度等。

(3)根据《预算定额》中第四章第一节说明7规定,机械挖基定额已综合了基底以上20cm的人工开挖和基底修理用工,故人工挖方15m^3不必再列。

(4)卷扬机配抓斗挖基土石方查《预算定额》表[4-1-3-1]每1000m^3的实体定额值:

人工:304.1工日。

机械:30kN以内单筒慢速卷扬机30.21台班;小型机具使用费391.9元。

(5)据第四章第一节说明2规定,因砾石运距大于10m,所以,应按路基土、石方增运定额增列人工消耗。查《预算定额》表[1-1-6-5]每1000m^3天然密实土定额值为:

人工:7.3 工日。

(6)基坑挡土板。查《预算定额》表[4-1-4-1],每 $100m^2$ 挡土板的定额值为:

人工:19.5 工日。

(7)挖基、砌筑用水泵台班。

按第四章第一节说明第 9、11 条规定计算所需水泵台班,并计入挖基项目中。

基坑水泵台班消耗 = 湿处挖基工程量 × 挖基水泵台班 + 墩台座数 × 修筑水泵台班

本例计算 1 个靠岸桥台基坑,覆盖层土类别为Ⅲ类土,地下水位高度为 99.0 − 96.0 = 3m(按 3m 以内计),湿处挖基工程量 $250m^3$,基坑深为 99.5 − 96.0 = 3.5m(按 6m 以内计),根据基坑水泵台班消耗表查得:

水泵台班消耗:250 ÷ 10 × 0.23 + 1 × 3.47 = 9.22 台班(ϕ150 水泵)

2. 筑岛、围堰及沉井工程节说明及示例

1)筑岛、围堰及沉井工程节说明

《预算定额》中桥涵工程章第二节为筑岛、围堰及沉井工程,节说明共十二条,对节说明的理解如下:

(1)定额运用时不得另行计算的项目:

①沉井下沉用的工作台、三角架、运土坡道、卷扬机工作台均已包括在定额中。井下爆破材料除硝铵炸药外,其他列入"其他材料费"中。详见《预算定额》表[4-2-9]。

②沉井下水轨道的钢轨、枕木、铁件按周转摊销量计入定额中,定额还综合了轨道的基础及围堰等的工、料,编制预算时,不得另行计算。详见《预算定额》表[4-2-8]。

③沉井浮运定额仅适用于只有一节的沉井或多节沉井的底节,分节施工的沉井除底节外的其余各节的浮运、接高均应执行沉井接高定额。详见《预算定额》表[4-2-8]。

④导向船、定位船船体本身加固所需的工、料、机消耗及沉井定位落床所需的锚绳均已综合在沉井定位落床定额中,编制预算时,不得另行计算。详见《预算定额》表[4-2-8]。

⑤无导向船定位落床定额已将所需的地笼、锚碇等的工、料、机消耗综合在定额中,编制预算时,不得另行计算。详见《预算定额》表[4-2-8]。

⑥锚碇系统定额均已将锚链的消耗计入定额中,并已将抛锚、起锚所需的工、料、机消耗综合在定额中,编制预算时,不得随意进行抽换。详见《预算定额》表[4-2-8]。

(2)定额运用时允许另行计算的项目:

①草土、草袋、麻袋、竹笼、木笼铁丝围堰定额中已包括 50m 以内人工挖运土方的工日数量,定额中括号内所列"土"的数量不计价,仅限于取土运距超过 50m 时,按人工挖运土方的增运定额,增加运输用工。详见《预算定额》表[4-2-1]~表[4-2-4]。

②沉井下水轨道基础的开挖工作本定额中未计入,需要时按有关定额另行计算。详见《预算定额》表[4-2-8]。

③有导向船定位落床定额未综合锚碇系统,应按有关定额另行计算。详见《预算定额》表[4-2-8]。

④钢壳沉井接高所需的吊装设备定额中均未计算,需要时应按金属结构吊装设备定额另行计算。详见《预算定额》表[4-2-8]。

⑤钢壳沉井作钢围堰使用时,应按施工组织设计计算回收,但回收部分的拆除所需的工、料、机消耗量定额中未计算,需要时应根据实际情况另行计算。

⑥围堰高度不够时用内插法计算。详见《预算定额》表[4-2-1]~表[4-2-4]。

⑦筑岛填心所需土、砂，均为附近挖运，如运距超过50m时，超运部分另行计算。详见《预算定额》表[4-2-5]。

⑧地下连续墙定额中未包括施工便道、挡水帷幕、注浆加固等，需要时应根据施工组织设计另行计算。挖出的土石方或凿铣的泥渣如需要外运时，应按路基工程中相关定额进行计算。详见《预算定额》表[4-2-11]。

(3)定额表中的数据需要调整的说明：

沉井下沉应按土、石所在的不同深度分别采用不同的下沉深度定额。如沉井下沉在5m以内的土、石应采用下沉深度0～5m的定额，当沉井继续下沉到10m以内时，对于超过5m的土、石应执行下沉深度5～10m的定额。当下沉深度超过40m时，按每增加10m为一档，每增加一档按下沉深度30～40m的定额乘以系数2。详见《预算定额》表[4-2-8]。

2)筑岛、围堰及沉井工程节示例

【例2-29】 某桥草袋围堰工程，围堰中心长30m，宽25m，高2.5m，装草袋土的运距为200m，试确定该工程的预算定额值及总用工数量。

解：(1)工程量计算：

围堰工程量的大小为：

$(30+25)\times2=110\text{m}$

(2)查《预算定额》表[4-2-2-7]，每10m长围堰的定额值：

人工：51.9工日；材料：草袋1498个，土88.40m^3。

用工数量小计：$51.9\times110\div10=570.9$工日。

(3)取土运距大于50m，增列超运距用工，查《预算定额》表[1-1-6-4]得1000m^3天然密实土每增运10m定额值：

人工：18.2工日。

人工计算为：

$$18.2\times(200-50)\div10\times88.4\div1000\times110\div10=265.47\text{工日}$$

(4)用工数为：

$$570.9+265.47=836.37\text{工日}$$

3. 打桩工程节说明及示例

1)打桩工程节说明

《预算定额》中桥涵工程章第三节为打桩工程，其节说明共十一条，对节说明的理解如下：

(1)定额运用时不得另行计算的项目：

①利用打桩时搭设的工作平台拔桩时，不得另计搭设工作平台的工、料消耗。详见《预算定额》表[4-3-6]。

②打每组钢板桩时，用的夹板材料及钢板桩的截头、连接(接头)、整形等的材料已按摊销方式，将其工、料计入定额中，编制预算时，不得另行计算。详见《预算定额》表[4-3-5]。

③钢板桩木支撑的制作、试拼、安装的工、料消耗，均已计入打桩定额中，拆除的工、料消耗已计入拔桩定额中。详见《预算定额》表[4-3-5]。

④船上打桩工作平台所需驳船台班，包括在打桩或拔桩的定额中。详见《预算定额》表[4-3-7]。

⑤打桩定额中已包括打导桩、打送桩及打桩架的安、拆工作，并将打桩架、送桩、导桩及

导桩夹木等的工、料按摊销方式计入定额中，编制预算时，不得另行计算。详见《预算定额》表[4-3-1]~表[4-3-3]、表[4-3-5]。

(2)定额运用时允许另行计算的项目：

①打桩定额中，均在已搭好的工作平台上操作，但未包括打桩用的工作平台的搭设和拆除等的工、料消耗，需要时应按打桩工作平台定额另行计算。详见《预算定额》表[4-3-1]~表[4-3-3]、表[4-3-5]。

②打桩定额中均未包括拔桩，需要时另行计算。破桩头工作，已计入承台定额中。

③如需搭设工作平台时，可根据施工组织设计规定的面积，按打桩工作平台人工消耗的50%计算人工消耗，但各种材料一律不计。详见《预算定额》表[4-3-7]。

④打钢板桩定额中未包括钢板桩的防锈工作，如需进行防锈处理，另按相应定额计算。详见《预算定额》表[4-3-6]。

⑤打钢管桩工程如设计钢管桩数量与本定额不相同时，可按设计数量抽换定额中的钢管消耗。详见《预算定额》表[4-3-3]。

(3)定额表中的数据需要调整的说明：

①打桩定额均为打直桩，如打斜桩时，机械乘1.20的系数，人工乘1.08的系数。详见《预算定额》表[4-3-1]~表[4-3-3]、表[4-3-5]。

②本定额为不射水打桩，如为射水打桩时按相应定额人工及机械台班消耗乘0.98系数，并按打桩机台班数量增加5~6级高压水泵台班，其余不变。详见《预算定额》表[4-3-1]。

③接头定额系指考虑在打桩时接桩，如在场地预先接桩时应扣除打桩机台班，人工乘0.5的系数，其余不变。详见《预算定额》表[4-3-1]和表[4-3-2]。

④打钢管桩工程如设计钢管桩数量与本定额不相同时，可按设计数量抽换定额中的钢管消耗。详见《预算定额》表[4-3-3]。

(4)工程量计算规则：

①打预制钢筋混凝土方桩和管桩的工程量，应根据设计尺寸及长度以体积计算(管桩的空心部分应予以扣除)。设计中规定凿去的桩头部分的数量，应计入设计工程量内。

②钢筋混凝土方桩的预制的工程量，应为打桩定额中括号内的备制数量。

③拔桩工程量按实际需要数量计算。

④打钢板桩的工程量按设计需要的钢板桩质量计算。

⑤打桩用的工作平台的工程量，按施工组织设计所需的面积计算。

⑥船上打桩工作平台的工程量，根据施工组织设计，按一座桥梁实际需要打桩机的台数和每台打桩机需要的船上工作平台面积的总和计算。

2)打桩工程节示例

【例2-30】 某桥在陆地工作平台上打钢筋混凝土桩基础，地基土层从上到下依次为轻亚黏土4m，亚黏土3m，干的固结黄土3m，砂砾8m，设计垂直桩入土深度15m，斜桩入土深度16m，设计规定凿去桩头1m，根据施工组织设计，打桩工作平台200m^2，试计算打钢筋混凝土方桩预算定额值。

解：(1)砂砾土层以上厚度为10m，砂砾厚8m，故桩底落在砂砾石层中，根据本节说明2，应按Ⅱ组土计算。

(2)根据本节说明4，破桩头工作已计入承台定额中，这里不再计列。又根据本节说明11工程量计算规则的规定，凿去桩头的数量应计入打桩的工程量中。

(3)打钢筋混凝土方桩的《预算定额》表为[4-3-1](本书表2-23)。

打钢筋混凝土方桩及接头 表2-23

工程内容:1)装、拆、移动及固定桩架;2)移动和固定船只;3)方桩装、卸和运输;4)吊桩、定位、固定;5)设置桩垫;6)打桩和打送桩。

单位:10m³ 及10个接头

序号	项目	单位	代号	柴油打桩机打桩							
				在陆地工作平台上打				在水中工作平台上打			
				基桩		排架桩		基桩		排架桩	
				Ⅰ组土	Ⅱ组土	Ⅰ组土	Ⅱ组土	Ⅰ组土	Ⅱ组土	Ⅰ组土	Ⅱ组土
				10 m³							
				1	2	3	4	5	6	7	8
1	人工	工日	1	14.9	20.6	14.6	19.8	16.9	23.2	16.4	22.2
2	预制钢筋混凝土方桩	m³	—	(10.30)	(10.40)	(10.30)	(10.40)	(10.30)	(10.40)	(10.30)	(10.40)
3	锯材	m³	102	0.018	0.024	0.017	0.023	0.018	0.024	0.017	0.023
4	钢丝绳	t	221	0.001	0.001	0.001	0.001	0.001	0.001	0.001	0.001
5	电焊条	kg	231	—	—	—	—	—	—	—	—
6	铁件	kg	651	—	—	—	—	—	—	—	—
7	石油沥青	t	851	—	—	—	—	—	—	—	—
8	其他材料费	元	996	45.4	45.4	59.2	59.2	45.4	45.4	59.2	59.2
9	12t以内汽车式起重机	台班	1451	—	—	—	—	0.17	0.17	0.17	0.17
10	1.8t以内柴油打桩机	台班	1569	1.38	1.96	1.27	1.81	1.53	2.18	1.41	2.01
11	32kV·A以内交流电弧焊机	台班	1726	—	—	—	—	—	—	—	—
12	221kW以内内燃拖轮	艘班	1855	—	—	—	—	0.42	0.60	0.39	0.55
13	200t以内工程驳船	艘班	1876	—	—	—	—	0.94	1.34	0.86	1.23
14	基价	元	1999	1459	2021	1405	1924	2786	3854	2638	3615

(4)打钢筋混凝土垂直桩(10m³)的定额值为:

人工:20.6工日。

材料:锯材0.024m³;钢丝绳0.001t;其他材料费45.4元。

机械:1.8t以内柴油打桩机1.96台班。

(5)根据本节说明5的规定,打斜桩时,机械乘1.20系数,人工乘1.08系数,故打钢筋混凝土斜桩(10m³)的定额值为:

人工:22.25工日。

材料:定额值同垂直桩。

机械:1.8t以内柴油打桩机:$1.96\times1.2=2.35$台班。

(6)打桩工作平台定额值:根据本节说明3的规定,应按《预算定额》表[4-3-7-1]另列打桩工作平台(100m²),定额值为:

人工:11.4工日。

材料:锯材1.101m³;型钢0.206t;铁件7.3kg;铁钉2.5kg;其他材料费0.4元。

机械:小型机具使用费1.0元。

4. 灌注桩工程节说明及示例

1)灌注桩节说明

《预算定额》中桥涵工程章第四节为灌注桩工程,其节说明共十一条,对节说明的理解如下:

(1)定额运用时不得另行计算的项目:

①成孔定额分人工挖孔、卷扬机带冲抓锥、卷扬机带冲击锥、冲击钻机、回旋钻机、潜水钻机钻孔六种。定额中已按摊销方式计入钻架的制作、拼装、移位、拆除及钻头维修所耗用的工、料、机械台班数量,钻头的费用已计入设备摊销费中,编制预算时,不得另行计算。

②灌注桩混凝土定额,按机械拌和、工作平台上导管倾注水下混凝土编制,定额中已包括设备(如导管等)摊销的工、料费用及扩孔增加的混凝土数量,编制预算时,不得另行计算。详见《预算定额》表[4-4-7]。

③钢护筒定额中,干处埋设按护筒设计重量的周转摊销量计入定额中,编制预算时,不得另行计算。详见《预算定额》表[4-4-8]。

④护筒定额中,已包括陆地上埋设护筒用的黏土或水中埋设护筒定位用的导向架及钢质或钢筋混凝土护筒接头用的铁件、硫磺胶泥等埋设时用的材料、设备消耗,编制预算时,不得另行计算。详见《预算定额》表[4-4-8]。

(2)定额运用时允许另行计算的项目:

①桩基工作平台中的设备摊销费按每吨每月 90 元并按使用四个月编制,如施工期与定额不同时,可予以调整。详见《预算定额》表[4-4-9]。

②浮箱工作平台的浮箱质量为 5.321t/只,其设备摊销费按每吨每月 90 元并按使用一个月编制,如浮箱质量和施工期与定额不同时,可予以调整。详见《预算定额》表[4-4-9]。

③使用成孔定额时,不使用泥浆船时,拖轮和驳船的用量要调整。

④水中筑岛成孔定额应使用陆地成孔定额。

⑤造浆时若采用膨润土造浆用量的调整。

⑥设计桩径与定额桩径不同时的调整。

(3)工程量计算规则:

①灌注桩成孔工程量按设计入土深度计算。定额中的孔深指护筒顶至桩底的深度。成孔定额中同一孔内的不同土质,不论其所在的深度如何,均执行总孔深定额。

②人工挖孔的工程量按护筒外缘包围的面积乘孔深计算。

③浇筑水下混凝土工程量按设计桩径断面积乘设计桩长计算,不得将扩孔因素计入工程量。

④灌注桩工作平台工程量按施工组织设计需要的面积计算。

⑤钢护筒的工程量按护筒的设计质量计算。设计质量为加工后的成品质量,包括加劲肋及连接用法兰盘等全部钢材质量。

2)灌注桩工程节示例

【例 2-31】 某桥冲击钻机冲孔,设计桩深 30m,直径 150cm,地层由上到下为轻亚黏土 9m,粒径 2 ~ 20mm 的角砾含量 42% 的土层厚 15m,以下为松软、胶结不紧、节理较多的岩石,钢护筒干处施工,试确定该项目的预算定额值。

解:(1)由本节说明 1 钻孔土质分类方法可知,第一层轻亚黏土应为“砂土”类;第二层角砾应为“砂砾”类,第三层应为“软石”类。

(2)根据成孔方法，成孔的《预算定额》表[4-4-4-33、35、38]，混凝土拌和的《预算定额》表[4-11-11-1]，灌注桩混凝土及钢筋的《预算定额》表[4-4-7-7、22]，钢护筒制作、埋设、拆除的《预算定额》表[4-4-8-7]。

(3)钻孔定额值：

人工：$9 \div 30 \times 14.7 + 15 \div 30 \times 34.8 + 6 \div 30 \times 92.4 = 40.29$ 工日

材料为电焊条：$9 \div 30 \times 0.3 + 15 \div 30 \times 0.8 + 6 \div 30 \times 2.7 = 1.03$kg

水：$9 \div 30 \times 61 + 15 \div 30 \times 81 + 6 \div 30 \times 71 = 73m^3$

黏土：$9 \div 30 \times 21 + 15 \div 30 \times 28.02 + 6 \div 30 \times 24.54 = 25.22m^3$

设备摊销费：$9 \div 30 \times 50 + 15 \div 30 \times 58.6 + 6 \div 30 \times 71.2 = 58.54$ 元

机械：30 型电动冲击钻机：$9 \div 30 \times 2.55 + 15 \div 30 \times 9.98 + 6 \div 30 \times 32.93 = 12.34$ 台班

32kV · A 以内交流电弧焊机：$9 \div 30 \times 0.03 + 15 \div 30 \times 0.09 + 6 \div 30 \times 0.31 = 0.116$ 台班

其他材料费：1.5 元。

(4)混凝土拌和：每 $10m^3$ 的定额值为：

人工：2.7 工日。

250L 搅拌机：0.45 台班。

(5)灌注桩混凝土：卷扬机配吊斗每 $10m^3$ 的定额值为：

人工：19.0 工日。

材料：强度等级为 32.5 的水泥 5.436t；水 $3m^3$；中(粗)砂 $6.37m^3$；碎石(4cm)：$9.55m^3$；其他材料费 2.3 元；设备摊销费 47.8 元。

机械：50kN 以内单筒慢动卷扬机 0.99 台班；小型机具使用费 3.9 元。

(6)钢筋：每 t 定额值为：

人工：5.0 工日。

材料：光圆钢筋 0.112t；带肋钢筋 0.913t；电焊条 5.1kg；20 ~ 22 号铁丝 2.2kg。

机械：12t 以内汽车起重机 0.12 台班。

32kV · A 以内交流电弧焊机 0.85 台班。

小型机具使用费：15.2 元。

(7)钢护筒制作、埋设、拆除每 t 的定额值为：

人工：9.0 工日。

材料：钢护筒 0.100t；黏土：$6.41m^3$。

机械：5t 以内汽车起重机 0.16 台班。

【例 2-32】 某桥的灌注桩采用浮箱工作平台 20 只，预计使用两个月，求预算定额下的工、料、机消耗量。

解：查《预算定额》表[4-4-9]，定额单位 10 只，根据《预算定额》表下注的要求对定额注作如下调整，计算如下：

人工：$189.4 \times 20 \div 10 = 378.8$ 工日

锯材：$3.56 \times 20 \div 10 = 7.12m^3$

钢板：$0.042 \times 20 \div 10 = 0.084$t

8t 以内载货汽车：$0.86 \times 20 \div 10 = 1.72$ 台班

12t 以内轮胎式起重机：$0.86 \times 20 \div 10 = 1.72$ 台班

其他材料与机械台班的消耗量的计算方法与此相同，要乘以 2(20/10)的系数调整。根据附注,设备摊销费:4977.3 ×2 ×20 ÷10 = 19909.2 元,还要乘以 2 个月的系数。

5. 砌筑工程节说明及示例

1)砌筑工程节说明

《预算定额》中桥涵工程章第五节为砌筑工程,其节说明共七条,对节说明的理解如下:

定额运用时允许另行计算的项目:

①定额中的 M5、M7.5、M12.5 水泥砂浆为砌筑用砂浆,M10、M15 水泥砂浆为勾缝用砂浆,设计若与此有不同,可按配合比进行抽换,抽换方法见章说明部分。

②浆砌混凝土预制块定额中,未包括预制块的预制,应按定额中括号内所列预制块数量,另按预制混凝土构件的有关定额进行计算。

③桥、涵拱圈定额中,未包括拱盔和支架,需要时按《预算定额》本章第九节“拱盔、支架工程”中有关定额另行计算。

④定额中均未包括垫层及拱背、台背填料和砂浆抹面,需要时应按《预算定额》本章第十一节“杂项工程”中有关定额另行计算。

2)砌筑工程节示例

【例 2-33】 某石砌桥实体式墩高 15m,用 M7.5 砂浆砌料石镶面及填腹石,试确定该项目的预算定额。

解:(1)根据《预算定额》第五节说明 1 规定,M5、M7.5 水泥砂浆为砌筑用砂浆;按《预算定额》本章第五节说明 4 规定,浆砌料石作镶面时,内部按填腹石计算。该项目应按两个子目计算。

(2)桥墩料石镶面,查《预算定额》表[4-5-4-2]每 $10m^3$ 定额值为:

人工:21.9 工日。

材料:原木 $0.01m^3$;锯材 $0.009m^3$;钢管 0.01t;铁钉 0.1kg;8 ~12 号铁丝 0.3kg;强度等级为 32.5 的水泥 0.559t;水 $11m^3$;中砂 $2.27m^3$;粗料石 $9.00m^3$;其他材料费 7 元。

机械:30kN 以内单筒慢动卷扬机 1.29 台班;小型机具使用费 4.2 元。

(3)桥墩填腹石定额,查《预算定额》表[4-5-3-12],$10m^3$ 定额值为:

人工:16.9 工日。

材料:原木 $0.01m^3$;锯材 $0.009m^3$;铁钉 0.1kg;钢管 0.01t;8 ~12 号铁丝 0.3kg;强度等级 32.5 的水泥 0.718t;水 $7m^3$;中(粗)砂 $2.94m^3$;块石 $10.5m^3$;其他材料费 7 元。

机械:30kN 以内单筒慢动卷扬机 0.9 台班;小型机具使用费 5.3 元。

6. 现浇混凝土及钢筋混凝土节说明及示例

1)现浇混凝土及钢筋混凝土节说明

《预算定额》桥涵工程章第六节为现浇混凝土及钢筋混凝土,其节说明共十一条,对节说明的理解如下:

(1)定额运用时不得另行计算的项目:

①定额中片石混凝土中片石含量均按 15% 计算。

②有底模承台适用于高桩承台施工。详见《预算定额》表[4-6-1]。

③使用套箱围堰浇筑承台混凝土时,应采用无底模承台的定额。详见《预算定额》表[4-6-1]。

④桥面铺装定额中橡胶沥青混凝土仅适用于钢桥桥面铺装。详见《预算定额》表[4-6-13]。

(2)定额运用时允许另行计算的项目:

①定额中未包括现浇混凝土及钢筋混凝土上部构造所需的拱盔、支架,需要时按有关定额另行计算。详见《预算定额》表[4-6-8]、表[4-6-9]。

②定额中均不包括扒杆、提升模架、拐脚门架、悬浇挂篮、移动模架等金属设备,需要时,按有关定额另行计算。

③索塔高度为基础顶、承台顶或系梁底到索塔顶的高度。当塔墩固结时,工程量为基础顶面或承台顶面以上至塔顶的全部数量;当塔墩分离时,工程量应为桥面顶部以上至塔顶的数量,桥面顶部以下部分的数量按墩台定额计算。详见《预算定额》表[4-6-5]。

④斜拉索锚固套筒定额中已综合加劲钢板和钢筋的数量,其工程量以混凝土箱梁中锚固套筒钢管的质量计算。

2)现浇混凝土及钢筋混凝土节示例

【例2-34】 某桥梁下部为高桩承台,上部构造为钢桁梁。试确定用起重机配吊斗施工的高桩承台和橡胶沥青混凝土行车道铺装的预算定额值(不含钢筋)。

解:(1)根据节说明3规定,高桩承台应按有底模承台,查《预算定额》表[4-6-1-6],每$10m^3$混凝土定额值为:

人工:7.6工日。

材料:原木0.016m^3;锯材0.013m^3;型钢0.003t;组合钢模板0.01t;铁件3.5kg;强度等级32.5的水泥3.417t;水12m^3;中(粗)砂4.9m^3;碎石8.47m^3;其他材料费3.4元。

机械:12t以内汽车式起重机0.27台班;小型机具使用费6.8元。

(2)250L混凝土搅拌机搅拌查《预算定额》表[4-11-11-1]:

人工:2.7工日。

机械:250L搅拌机0.45台班。

(3)橡胶沥青混凝土行车道铺装,查《预算定额》表[4-6-13-8],每$10m^3$实体定额值为:

人工:44.5工日。

材料:氯化胶乳223.8kg;石油沥青1.572t;煤0.539t;矿粉1.639t;碎石8.05m^3;石屑8.97m^3;其他材料费13.7元;设备摊销费6.4元。

机械:8~10t光轮压路机0.08台班;10~12t光轮压路机0.18台班;小型机具使用费2.1元。

7. 预制、安装混凝土及钢筋混凝土构件节说明及示例

1)预制、安装混凝土及钢筋混凝土构件节说明

《预算定额》桥涵工程章第七节为预制、安装混凝土及钢筋混凝土构件,其节说明共十五条,对节说明的理解如下:

(1)定额运用时不得另行计算的项目:

①预制立交箱涵、箱梁的内模、翼板的门式支架等工、料已包括在定额中。详见《预算定额》表[4-7-7]。

②预应力钢筋、钢丝束及钢绞线定额中均已计入预应力管道及管道压浆的消耗量,编制预算时不得另行计算。镦头锚的锚具质量可按设计数量进行调整。详见《预算定额》表[4-7-20]。

(2)定额运用时允许另行计算的项目:

①顶进立交箱涵、圆管涵的顶进靠背由于形式很多,宜根据不同的地形、地质情况设计,定额中未单独编列子目,需要时可根据施工图纸采用相关定额另行计算。详见《预算定额》

表[4-7-8]。

②顶进立交箱涵、圆管涵定额是根据全部顶进的施工方法编制的。顶进设备未包括在顶进定额中,应按顶进设备定额另行计算。“铁路线加固”定额除了铁路线路的加固外,还包括临时信号灯、行车期间的线路维修和行车指挥等全部工作。详见《预算定额》表[4-7-8]。

③顶推预应力连续梁是按多点顶推的施工工艺编制的,顶推使用的滑道需单独编列子目,其他滑块、拉杆、拉锚器及顶推用的机具、预制箱梁的工作平台均摊入顶推定额中。顶推用的导梁及工作平台底模顶升千斤顶以下的工程,本定额中未计入,应按有关定额另行计算。详见《预算定额》表[4-7-19]。

④制作、张拉预应力钢筋、钢丝束定额,是按不同的锚头形式分别编制的,当每吨钢丝的束数或每吨钢筋的根数有变化时,可根据定额进行抽换。详见《预算定额》表[4-7-21]。

⑤本节定额中凡采用金属结构吊装设备和缆索吊装设备安装的项目,均未包括吊装设备的费用,应按有关定额另行计算。

2)现浇混凝土及钢筋混凝土节示例

【例 2-35】 某桥桥栏杆扶手木模预制,混凝土实体 $34m^3$,光圆钢筋用量 0.12t,试求预算定额下的工、料、机消耗量。

解:桥栏杆预制、安装属小型构件,查《预算定额》表[4-7-28-5]、表[4-7-28-11]、表[4-7-29-3],计算如下:

(1)《预算定额》预制桥栏杆扶手查表[4-7-28-5]:

人工:87 × 34 ÷ 10 = 295.8 工日

锯材:1.023 × 34 ÷ 10 = $3.48m^3$

铁钉:34.4 × 34 ÷ 10 = 116.96kg

小型机具使用费:12.9 × 34 ÷ 10 = 43.86 元

其他材料的计算方法相同,不一一列出。

(2)《预算定额》预制小型构件钢筋查表[4-7-28-11]:

光圆钢筋:0.12t。

(3)《预算定额》安装小型构件查表[4-7-29-3]:

人工:19.2 × 34 ÷ 10 = 65.28 工日

油毛毡:24 × 34 ÷ 10 = $81.6m^2$

其他材料的计算方法相同,不一一列出。

【例 2-36】 某省拟新建一条六车道高速公路,地处平原微丘区,有一座钢筋混凝土盖板涵,标准跨径 4.00m,涵高 3.00m,八字墙,路基宽度 35.00m,其主要工程内容见表 2-24。

施工图设计主要工程量表 表 2-24

序号	项　目	单位	序号	项　目	单位
1	挖基坑土方(干处)	m^3	4	混凝土帽石	m^3
2	浆砌片石基础、护底、截水墙	m^3	5	矩形板混凝土	m^3
3	浆砌片石台、墙	m^3	6	矩形板钢筋	t

试列出本题中各工程细目对应的《预算定额》表号。

解:根据题意综合列表 2-25。

工程细目对应表 表 2-25

序号	工程细目名称	预算定额表号	序号	工程细目名称	预算定额表号
1	挖基坑土方(干处)	[4-1-1-1]	5	预制矩形板混凝土	[4-7-9-1]
2	浆砌片石基础、护底、截水墙	[4-5-2-1]	6	矩形板钢筋	[4-7-9-3]
3	浆砌片石台、墙	[4-5-2-5]	7	安装矩形板	[4-7-10-2]
4	混凝土帽石	[4-6-3-2]			

【例 2-37】 试确定某桥梁工程的预制钢筋混凝土 T 形梁的预算定额。已知 T 形梁混凝土设计强度等级为 C30,采用蒸汽养生施工(不考虑蒸汽养生室建筑)。

解:本工程包括混凝土、钢筋、蒸汽养生三个工程细目,按三个工程细目分别查定额。

(1)预制 T 形梁混凝土工作:

①《预算定额》桥梁工程章说明规定:如采用蒸汽养生时,应从各有关定额减去 1.5 工日及其他材料费 4 元,并按蒸汽养生有关定额计算。

②根据《预算定额》总说明第九条的规定:当设计混凝土强度等级与定额表所列强度等级不相同时,可按配合比表进行换算。

③预制 T 形梁混凝土工作的预算定额表为[4-7-14(Ⅰ)](本书表 2-26)。

预　　制 表 2-26

单位:10m³ 实体及 1t 钢筋

序号	项　目	单位	代号	T形梁 混凝土 非泵送	T形梁 混凝土 泵送	T形梁 钢筋	I形梁 混凝土 非泵送	I形梁 混凝土 泵送	I形梁 钢筋
				10 m³	10 m³	1t	10 m³	10 m³	1t
				1	2	3	4	5	6
1	人工	工日	1	25.0	16.2	9.2	23.4	14.6	9.2
2	C50 水泥混凝土	m³	24	(10.1)	—	—	(10.1)	—	—
3	C50 泵送混凝土	m³	52	—	(10.3)	—	—	(10.3)	—
4	原木	m³	101	0.022	0.022	—	0.020	0.020	—
5	锯材	m³	102	0.029	0.029	—	0.026	0.026	—
6	光圆钢筋	t	111	0.001	0.001	—	0.001	0.001	0.295
7	带肋钢筋	t	112	—	—	1.025	—	—	0.730
8	钢板	t	183	0.095	0.095	—	0.119	0.119	—
9	电焊条	kg	231	11.2	11.2	6.6	14.0	14.0	6.7
10	钢模板	t	271	0.083	0.083	—	0.074	0.074	—
11	铁件	kg	651	11.1	11.1	—	9.8	9.8	—
12	20~22 号铁丝	kg	656	—	—	3.6	—	—	3.6
13	42.5 级水泥	t	833	5.292	5.706	—	5.292	5.706	—
14	水	m³	866	16	23	—	16	23	—
15	中(粗)砂	m³	899	4.44	5.46	—	4.44	5.46	—
16	碎石(2 cm)	m³	951	7.58	6.8	—	7.58	6.80	—
17	其他材料费	元	996	18.0	18.0	—	17.0	17.0	—

续上表

序号	项　目	单位	代号	T形梁			I形梁		
				混凝土		钢筋	混凝土		钢筋
				非泵送	泵送		非泵送	泵送	
				10 m^3		1t	10 m^3		1t
				1	2	3	4	5	6
18	60 m^3/h 以内混凝土输送泵	台班	1316	—	0.08	—	—	0.08	—
19	30kN 以内单筒慢动卷扬机	台班	1499	1.27	0.62	0.12	1.20	0.55	0.12
20	50kN 以内单筒慢动卷扬机	台班	1500	3.79	1.86	—	3.58	1.65	—
21	32kV·A 以内交流电弧焊机	台班	1726	2.04	2.04	1.67	2.54	2.54	1.79
22	100kV·A 以内交流对焊机	台班	1746	—	—	0.03	—	—	0.04
23	小型机具使用费	元	1998	40.2	37.6	21.8	26.0	24.3	20.4
24	基价	元	1999	5622	5193	4205	5608	5180	4189

T 形梁混凝土的定额值(每 10m^3 实体):

人工:25 - 1.5 = 23.5 工日

材料:直接查表。原木:0.022m^3;锯材:0.029m^3;光圆钢筋:0.001t;钢板:0.095t;电焊条:11.2kg;钢模板:0.083t;铁件:11.1kg;水 16m^3;其他材料费:14 元。

换算确定值:

材料:每 10m^3 实体需强度等级 C30 混凝土 10.10m^3;由《预算定额》附录二中基本定额表砂浆及混凝土材料消耗部分(1010 页)算得:

42.5 级水泥:0.388 × 10.10 = 3.92t

中(粗)砂:0.48 × 10.10 = 4.85m^3

碎石:0.79 × 10.10 = 7.98m^3

机械: 30kN 以内单筒慢动卷扬机 1.27 台班;50kN 以内单筒慢动卷扬机 3.79 台班;32kV·A 以内交流电弧焊机 2.04 台班;小型机具使用费 40.2 元。

④《预算定额》混凝土搅拌查定额表[4-11-11-1]。

人工:2.7 工日。

250L 以内混凝土搅拌机:0.45 台班。

(2)预制 T 形梁钢筋工作:

《预算定额》钢筋定额表编号为[4-7-14-3],每吨钢筋的定额值为:

人工:9.2 工日。

材料:带肋钢筋 1.025t;电焊条 6.6kg;20 ~ 22 号铁丝 3.6kg。

机械:30kN 以内单筒慢动卷扬机 0.12 台班;32kV·A 以内交流电弧焊机 1.67 台班;100kV·A 以内交流对焊机 0.03 台班;小型机具使用费 21.8 元。

(3)蒸汽养生:《预算定额》桥涵工程章第八节为构件运输,由《预算定额》表[4-11-8-2]查得每 10m^3 构件定额值为:

人工:8.1 工日;其他材料费:18.8 元。

机械:30kN 以内单筒慢动卷扬机 0.71 台班;1t/h 以内工业锅炉 1.70 台班。

8. 构件运输节说明及示例

1)构件运输节说明

《预算定额》桥涵工程章第八节为构件运输，其节说明共四条，对节说明理解如下：

(1)本节的各种运输距离以10m、50m、1km为计量单位，不足第一个10m、50m、1km者，均按10m、50m、1km计，超过第一个定额运距单位时，其运距尾数不足一个增运定额单位的半数时不计，超过半数时按一个定额运距单位计算。

(2)运输便道、轨道的铺设，栈桥码头、扒杆、龙门架、缆索的架设等，均未包括在定额内，应按有关章节定额另行计算。

(3)定额中未单列构件出坑堆放，如需出坑堆放，可按相应构件运输第一个运距单位定额计列。

(4)凡以手摇卷扬机和电动卷扬机配合运输的构件重载升坡时，第一个定额运距单位不增加人工及机械，每增加定额单位运距应乘以以下规定的换算系数。

①手推车运输每增运10m，定额人工的换算系数为：坡度1%以内，系数取1.0；坡度5%以内，系数取1.5；坡度10%以内，系数取2.5。

②垫滚子绞运每增加10m，定额人工和小型机具使用费的换算系数为：坡度0.4%以内，系数取1.0；坡度0.7%以内，系数取1.1；坡度1.0%以内，系数取1.3；坡度1.5%以内，系数取1.9；坡度2.0%以内，系数取2.5；坡度2.5%以内，系数取3.0。

③ 轻轨平车运输配电动卷扬机每增运50m，定额人工及电动卷扬机台班的换算系数为：坡度0.7%以内，系数取1.0；坡度1.0%以内，系数取1.05；坡度1.5%以内，系数取1.10；坡度2.0%以内，系数取1.15；坡度3.0%以内，系数取1.25。

2)构件运输节示例

【例2-38】 某桥梁工程以手推车运输预制构件，每件构件质量1t，需出坑堆放，运输重载升坡5%，运距66m，试确定其预算定额值。

解：(1)由本节说明3的规定，构件需出坑堆放，按相应构件运输第一个运距单位定额计列。

(2)由本节说明1，运距尾数超过一个增运定额单位半数时，按一个运距单位计，本例超过基本运距56m，按60m计。

(3)由本节说明4，载重升坡时，每增加定额单位运距应乘以1.5的换算系数。

(4)定额值：查《预算定额》表［4-8-1-1、2］。

人工：$2.5 + 0.4 \times (60 \div 10) \times 1.5 = 6.1$ 工日

材料：其他材料费：4.2元

9. 拱盔、支架工程节说明及示例

1) 拱盔、支架工程节说明

《预算定额》桥涵工程章第九节为拱盔支架工程，其节说明共十一条，对节说明理解如下：

(1)定额运用时允许另行计算的项目：

①桥梁拱盔、木支架及简单支架均按有效宽度8.5m计，钢支架按有效宽度12m计，如实际宽度与定额不同时可按比例换算。

②桁构式拱盔安装、拆除用的人字扒杆、地锚移动用工及拱盔缆风设备工料已计入定额，但不包括扒杆制作的工、料，扒杆数量根据施工组织设计另行计算。

③木支架及轻型门式钢支架的帽梁和地梁已计入定额中，地梁以下的基础工程未计入定额中，如需要时，应按相应定额另行计算。

④钢拱架的工程量为钢拱架及支座金属构件的质量之和，其设备摊销费按4个月计算，若实际使用期与定额不同时可予以调整。

⑤桥梁简单支架高度不同时可用内插法换算。

⑥桥梁拱盔定额的设备摊销费按每吨每月 90 元,并按使用 4 个月编制,如施工期不同时,可予以调整。

⑦钢拱架安拆所需设备未安排在定额中需要时另行计算。

(2)定额表中的数据需要调整的说明:

就地浇筑混凝土双曲拱桥采用本定额时,按相应项目乘以 0.73 系数。

2)拱盔、支架工程节示例

【例 2-39】 某两孔净跨径 50m 的拱桥,拱矢度 1/5,起拱线至地面高度为 10m,由于工期紧张,施工组织安排做两孔满堂式木拱盔及木支架,拱盔、木支架有效宽度 20m,试计算 2 孔拱盔立面积、2 孔支架立面积。

解:(1)由《预算定额》本节说明 1,桥梁拱盔、木支架按有效宽度 8.5m 计,该桥有效宽度为 20m,应按比例换算定额值。

(2)拱盔立面积:

由本节说明 9 得:

$$F = K \times (\text{净跨})^2 \times 2 = 0.138 \times 50 \times 50 \times 2 = 690\text{m}^2$$

(3)支架立面积:

由本节说明 10 得:$F = 2 \times 50 \times 10 = 1000\text{m}^2$

10. 钢结构工程节说明及示例

1)钢结构工程节说明

《预算定额》桥涵工程章第十节为钢结构工程,其节说明共七条,对节说明理解如下:

(1)定额运用时不允许另行计算的项目:

钢索吊桥定额中已综合了缆索吊装设备及钢桁油漆项目,编制预算时不得另行计算。详见《预算定额》表[4-10-5]。

(2)定额运用时允许另行计算的项目:

①钢桁梁桥定额是按高强螺栓连接、连孔拖拉架设法编制的,钢索吊桥的加劲桁拼装定额也是按高强螺栓连接编制的,如采用其他方法施工,应另行计算。详见《预算定额》表[4-10-1]。

②主索锚碇除套筒及拉杆、承托板以外,其他项目如锚洞开挖、衬砌,护索罩的预制、安装,检查井的砌筑等,应按其他章节有关定额另计。详见《预算定额》表[4-10-5]。

③抗风缆结构安装定额中未包括锚碇部分,编制预算时应按有关定额另行计算。详见《预算定额》表[4-10-5]。

④施工电梯、施工塔式起重机未计入定额中。需要时根据施工组织设计另行计算其安拆及使用费。

⑤钢管拱桥定额中未计入钢塔架、扣塔、地锚、索道的费用,应根据施工组织设计套用第七节相关定额另行计算。详见《预算定额》表[4-10-19]。

⑥悬索桥的主缆、吊索、索夹、检修道定额未包括涂装防护,应另行计算。详见《预算定额》表[4-10-11]、表[4-10-13]等。

⑦本定额未含施工监控费用,需要时另行计算。

⑧本定额未含施工期间航道占用费,需要时另行计算。

⑨ 塔索鞍罩为钢结构,以套为单位计算,1 个主索鞍处为 1 套。鞍罩的防腐和抽湿系统

费用需另行计算。

2)钢结构工程节示例

【例2-40】 某钢桁梁桥,采用高强螺栓连接,连孔拖拉架设,试确定该上承式桥的人工、高强螺栓、机械的预算定额。

解:由本节说明1,本例的桥梁结构和施工方法与定额要求完全相符,查《预算定额》表[4-10-1-1],每10t钢桁梁的定额值:

人工:76.8工日。

高强螺栓:0.5522t。

机械:10t以内履带式起重机1.90台班;9m^3/min机动空压机1.42台班;小型机具使用费131.3元。

11. 杂项工程节说明及示例

1)杂项工程节说明

《预算定额》桥涵工程章第十一节为杂项工程,其节说明共七条,对节说明理解如下:

(1)杂项工程内容包括平整场地、锥坡填土等18个项目,适用于桥涵及其他构造物工程。

(2)大型预制构件底座定额分为平面底座和曲面底座两项。

平面底座定额适用于T形梁、I形梁、等截面箱梁,每根梁底座面积的工程量按下式计算:

$$底座面积=(梁长+2.00\text{m})\times(梁宽+1.00\text{m}) \tag{2-49}$$

曲面底座定额适用于梁底为曲面的箱形梁(如T形刚构等),每块梁底座的工程量按下式计算:

$$底座面积=构件下弧长\times底座实际修建宽度 \tag{2-50}$$

(3)模数式伸缩缝预留槽钢纤维混凝土中钢纤维的含量按水泥用量的1%计算,如设计钢纤维含量与定额不同时,可按设计用量抽换定额中钢纤维的消耗。

(4)蒸汽养生室面积按有效面积计算,其工程量按每一养生室安置两片梁,其梁间距离为0.8m,并按长度每端增加1.5m,宽度每边各增加1.0m考虑。定额中已将其附属工程及设备,按摊销量计入定额中,编制预算时不得另行计算。

2)杂项工程节示例

【例2-41】 某桥预制构件场预制T形梁的梁长19.96m、梁肋底宽0.18m、翼板宽1.60m,共12个底座。试计算预制T形梁底座所需人工、水泥用量、基价和养生12片梁所需的蒸汽养生室工程量。

解:(1)预制T形梁的底座所需人工、水泥用量计算如下:

由"杂项工程"节说明2可知,每个底座面积为:

$(梁长+2.00\text{m})\times(梁宽+1.00\text{m})=(19.96+2.00)\times(0.18+1.00)=25.91\text{m}^2$

底座总面积为:

$$25.91\times12=310.92\text{m}^2$$

由《预算定额》表[4-11-9-1]查得定额值,按底座工程量计算人工、水泥用量。

人工: $16.6\times310.92\div10=516.13$ 工日

32.5级水泥: $0.836\times310.92\div10=25.99\text{t}$

(2)蒸汽养生室工程量计算如下:

由本节说明4可知,每个养生室面积:

$$(19.96+2\times1.5)\times(2\times1.6+0.8+2\times1.0)=137.76\text{m}^2$$

养生室总工程量：

$$12\div2\times137.76=826.56\text{m}^2$$

(七)《预算定额》后五章各章说明及运用

《预算定额》后五章系定额的第五章至第九章，分别是防护工程、交通工程及沿线设施、临时工程、材料采集及加工、材料运输。

1．防护工程章说明及示例

1)防护工程章说明

《预算定额》第五章是“防护工程”，其章说明共八条，理解如下：

(1)定额运用时不允许另行计算的项目：

①植草护坡定额中均已综合考虑黏结剂、保水剂、营养土、肥料、覆盖薄膜等的费用，使用定额时不得另行计算。

②本章定额中除注明者外，均已包括按设计要求需要设置的伸缩缝、沉降缝的费用。

③本章定额中除注明者外，均已包括水泥混凝土的拌和费用。

(2)定额运用时允许另行计算的项目：

①定额中未列出的其他结构形式的砌石防护工程，需要时按“桥涵工程”的有关定额计算。

②定额中除已注明者外，均不包括挖基、基础垫层的工程内容，需要时按《预算定额》桥涵工程的有关定额计算。

③现浇拱形骨架护坡可参考本章定额中的现浇框格(架)式护坡进行计算。

④《预算定额》表[5-1-3]，不包括坡脚铺填片石，需要时根据设计按有关定额另行计算。

⑤《预算定额》表[5-1-21]，锚碇板预制按使用木模计算，若采用钢模，按预制、安装钢筋混凝土锚碇板式挡土墙定额计算。

⑥《预算定额》表[5-1-25]，填心所需填料的挖运按路基土方定额计算。

⑦《预算定额》表[5-1-22]，未包括地下部分桩的开挖，需要时参照抗滑桩开挖定额计算。

⑧注浆定额中未包括外掺剂的费用，需要时另行计算。详见《预算定额》表[5-1-9]。

⑨码砌菱形格护坡定额未包括框格间缝隙的填塞费用，需要时应另行计算。详见《预算定额》表[5-1-6]。

⑩《预算定额》表[5-1-2]，挂铁丝网未包括锚固筋(或锚杆)的消耗，需要时应按相应定额另行计算。

(3)定额表中的数据需要调整的说明：

①采用叠铺草皮时定额中人工工日和草皮数量加倍计算，其他材料费不变。详见《预算定额》表[5-1-1]。

②采用骨架护坡时，人工工日乘1.3的系数。详见《预算定额》表[5-1-10]。

2)防护工程章示例

【例2-42】 某混凝土挡土墙工程，基础为C15片石混凝土，垫层为填碎(砾)石，墙身为C15水泥混凝土，试确定其水泥、人工及基价的预算定额值。

解：(1)填碎(砾)石垫层定额：

根据本章说明2，垫层定额可采用桥梁工程有关定额，查《预算定额》表[4-11-5-2]，每10m^3的定额值：

人工:7.2 工日。

(2)基础 C15 片石混凝土:

查《预算定额》表[5-1-18-1],每 $10m^3$ 的定额值:

人工:19.3 工日;32.5 级水泥 =2.193t。

(3)墙身 C15 水泥混凝土:

查《预算定额》表[5-1-18-2],每 $10m^3$ 的定额值:

人工:19.5 工日;32.5 级水泥 =2.876t。

2. 临时工程章说明及示例

定额第七章是"临时工程",本章定额内容包括汽车便道,临时便桥,临时码头,轨道铺设,架设输电、电信线路,人工夯打小圆木桩等六个项目。

1)临时工程章说明

大部分定额可直接套用,使用中特别注意的几点:

(1)定额运用中不得另行计算的项目:

钢筋混凝土锚定额中已包括了栓锚钢丝绳及锚链的数量,编制预算时不得另行计算。详见《预算定额》表[7-1-3]。

(2)定额运用中允许另行计算的项目:

①重力式砌石码头定额中不包括码头拆除的工程内容,需要时可按"桥涵工程"项目的"拆除旧建筑物"定额另行计算。

②定额中便桥,输电、电信线路的木料、电线的材料消耗均按一次使用量计入,编制预算时应按规定计算回收;其他各项定额分不同情况,按其周转次数摊入材料数量。详见《预算定额》表[7-1-2]、表[7-1-5]。

③定额中的设备摊销费按使用四个月编制,按使用期不同时可调整。详见《预算定额》表[7-1-2]。

④定额中的钢管为使用一年的消耗量,使用期不同时可调整。详见《预算定额》表[7-1-2]。

⑤浮箱码头定额中每 $100m^2$ 码头平面面积的浮箱质量为 25.365t,其设备摊销费按每吨每月 90 元,并按使用 12 个月编制,若浮箱实际质量和施工期不同时,可予以调整。详见《预算定额》表[7-1-3]。

⑥设备摊销费为变压器的费用,按施工期两年计算,若施工期不同可按比例调整。详见《预算定额》表[7-1-5]。

(3)定额表中的数据需要调整的说明:

①汽车便道项目中未包括便道使用期内养护所需的工、料、机数量,如便道使用期内需要养护,编制预算时,可根据施工期按本章说明增加数量。详见《预算定额》表[7-1-1]。

②轨道铺设如需设置道岔时,每处道岔工、料按相应轨道铺设增加,轨道质量 11kg/m、15kg/m的增加 16m,轨道质量 32kg/m 的增加 31m。详见《预算定额》表[7-1-4]。

2)临时工程章示例

【例 2-43】 某汽车便道工程,位于山岭重丘地区,路基宽 4.5m,天然砂砾路面压实厚度 15cm,路面宽 3.5m,使用期 40 个月,便道长 5km,需要养护,试计算该便道工程的预算定额值及养护所需的工、料、机数量。

解:(1)查《预算定额》表[7-1-1-4],每公里汽车便道路基的定额值为:

人工:94.2 工日;75kW 以内履带式推土机:14.48 台班;6 ~8t 光轮压路机:1.16 台班;

8 ~ 10t光轮压路机:0.88 台班;12 ~ 15t 光轮压路机:3.44 台班。

(2)砂砾路面:查《预算定额》表[7-1-1-6],每公里路面定额值:

人工:167.3 工日。

材料:天然级配:716.04m^3;水:67m^3。

机械:8 ~ 10t 光轮压路机 0.97 台班;12 ~ 15t 光轮压路机 1.94 台班;0.6t 以内手扶式振动碾 5.65 台班。

(3)汽车便道养护:由本章说明 2 的规定,便道使用期内养护所需的工、料、机数量应按章说明表所列数值计算。由本章说明表可知,每月每公里养护增加定额值为:

人工:2.0 工日;天然砂砾:10.8m^3;6 ~ 8t 光轮压路机:1.32 台班。

根据便道长度及使用期,养护所需工、料、机总量为:

人工:2.0 × 5 × 40 = 400.0 工日。

天然砂砾:10.8 × 5 × 40 = 2160m^3。

6 ~ 8t 光轮压路机:1.32 × 5 × 40 = 264 台班。

3. 材料采集及加工章说明及示例

1)材料采集章说明

材料计量单位标准,除有特别说明者外,土、黏土、砂、石屑、碎(砾)石、碎(砾)石土、煤渣、矿渣均按堆方计算;片石、块石、大卵石均按码方计算;料石、盖板石均按实方计算。

开炸路基石方的片(块)石如需利用时,应按该章捡清片(块)石项目计算。

定额中已包括采、筛、洗、堆及加工等操作损耗在内。

(1)定额运用中允许另行计算的项目:

①盖山土石厚度超过 1m 时,按“路基工程”项目开挖(炸)土、石方定额计算。详见《预算定额》表[8-1-1]。

②需要清除表土及备水时,其工日另计。每 1m^3 砂按 0.5m^3 用水量计算。详见《预算定额》表[8-1-4]。

③如需爆破按开采块石所需材料计列。详见《预算定额》表[8-1-7]。

(2)定额表中的数据需要调整的说明:

①如人工采、筛、洗、堆联合作业时,按“采、筛、堆”及“洗、堆”工日之和扣减一次堆方,每 100m^3 扣减 3 工日计,其中洗、堆定额中的砂不计价。详见《预算定额》表[8-1-4]。

②如需备水洗石时,每 1m^3 石料、碎(砾、卵)石用水量按 0.3m^3 计算,运水工另行计算。详见《预算定额》表[8-1-5]、表[8-1-11]。

2)材料采集章示例

【例 2-44】 某浆砌块石桥墩,需用大量块石,采用在采石场机械开采块石,试确定其人工、基价的预算定额值。如果该块石是利用开炸路基石方时捡清块石,试确定其人工、基价的预算定额值。

解:(1)查采石场机械开采块石的《预算定额》表[8-1-6-5],100m^3 码方定额值为:

人工:118.4 工日。

材料:空心钢钎 0.9kg;合金钻头 3 个;硝铵炸药 11.9kg;导火线 36m;普通雷管 35 个。

机械:9m^3/分机动空压机 3.95 台班;小型机具使用费 165.3 元。

基价:8368 元。

(2)人工捡清块石:根据本章说明 2 的规定,开炸路基石方的块石如需利用时,应按捡清

块石项目计算,查《预算定额》表[8-1-6-6],100m³ 码方定额值为:

人工:101.0 工日。

基价:4969 元。

捡清块石是路基施工开炸石方的附带产品,其打眼、爆破的工、料、机消耗已在路基工程中计列,故其定额值比机械开采减少了人工、爆破材料及机械用量,基价相应降低。

4. 材料运输章说明及示例

1)材料运输章说明

(1)汽车运输项目中因路基不平、土路松软、泥泞、急弯、陡坡而增加的时间,定额内已予考虑。

(2)人力装卸船舶可按人力挑抬运输、手推车运输相应项目定额计算。

(3)所有材料的运输及装卸定额中,均未包括堆、码方工日。

(4)定额中未列名称的材料,可按下列规定执行,其中不是以质量计量的应按单位质量进行换算。

①水按运输沥青、油料定额乘以 0.85 系数计。

②与碎石运输定额相同的材料:天然级配、石渣、风化石。

③定额中未列的其他材料,一律按水泥运输定额计算。

2)材料运输章示例

【例 2-45】 试列出下列预算定额:

(1)装载机装 15t 以内自卸汽车运输土,运距 9km。

(2)15t 以内自卸汽车配装载机运路基土方,运距 9km。

(3)15t 以内载货汽车运水,计量单位 100t。

(4)人力装卸船舶定额。

(5)指出本例中(1)题与(2)题两定额的使用区别。

解:(1)装载机装 15t 以内自卸汽车运土,运距为 9km 的预算定额,由《预算定额》表[9-1-6-91、92]查得,每 100m³ 定额值:

15t 以内自卸汽车:$0.45+(9-1)\div 1\times 0.09=1.17$ 台班。

基价:$308+(9-1)\times 62=804$ 元。

(2)15t 以内自卸汽车配合装载机运路基土方,运距 9km 的预算定额由定额表[1-1-11-21、23]查得,每 1000m³ 天然密实方定额值:

15t 以内自卸汽车:$5.57+(9-1)\div 0.5\times 0.64=15.81$ 台班。

基价:$3861+(9-1)\div 0.5\times 438=10824$ 元。

(3)15t 以内载货汽车运水的定额:由本章说明 4 可知,运水定额按运输沥青乘以系数 0.85 计,由定额表[9-1-5-59、60]查得每 100t 的定额值:

15t 以内自卸汽车:第一个 1km 为

$$1.49\times 0.85=1.27 \text{ 台班}$$

每增运 1km 为

$$0.05\times 0.85=0.0425 \text{ 台班}$$

基价:第一个 1km 为

$$1020\times 0.85=867 \text{ 元}$$

每增运 1km 为

$$34\times 0.85=28.90 \text{ 元}$$

(4)人力装卸船舶定额。

根据《预算定额》第九章说明 2 可知，该定额可按人力挑抬、手推车运输相应项目定额计算。即按《预算定额》表[9-1-1]和表[9-1-2]的相应子项目确定。

(5)本例的(1)与(2)两项定额，表面看来都是用同样工具运“土”，容易查错定额。两者的区别是：

①两定额的运输对象性质不同，前者是将土视为“材料”来运输，而后者是将土视为施工废物来运输。

②两定额计算结果所构成的费用类别不同。前者计算结果只能构成材料单价中的运费；而后者计算结果可构成工程项目的“直接工程费”。

③两者的运输条件(环境)也不相同。前者类似于社会运输性质的自办运输，而后者则泛指工地现场作业。

5. 材料运距的确定与计算

在计算材料费时，要涉及材料运距计算问题，《公路工程基本建设项目概算预算编制办法》(JTG D06—2007)(简称《编制办法》)规定：“一种材料如有两个以上的供应点时，都应根据不同的运距、运量、运价采用加权平均的方法计算运费。”下面就材料供应经济范围的确定和平均运距的计算作一介绍。

1)运料终点的确定

由于路线工程是线形构造物，所以材料运输终点的确定对运距的确定影响极大。原则上，运料终点就是工地仓库或工地堆料点。但是，当施工组织设计不能提供工地仓库或堆料地点的具体位置时，其运料终点为：

(1)独立大中桥为桥梁中心桩号，大型隧道为隧道中心桩号，集中型工程为范围中心的桩号。

(2)路线工程，对于外购材料一般以路线中心点桩号作为运料终点，当工程用料分布不均衡时，可按加权平均法确定某种材料的卸料重心点位置作为运料终点；对于自采材料，则应根据料场供应范围及各工程点用料量、距料场运距等情况具体计算确定。

2)材料经济供应范围的确定

自采材料料场对路线经济范围的划分，有两种方法可供选择，即最大运距相等法和平均运距相等法。这两种方法的计算结果相差不大，下面介绍比较直观的最大运距相等法。

当一条路线工程，在其沿线有多个供应同种材料的料场时，则应在各相邻料场间确定一个经济供应分界点，经济合理地确定各自采材料料场的经济供应范围。

料场供应范围的经济划分，与料场开采价格、沿路线(各段)各点的用料量、料场到卸料点的运距、运价等有关。

用最大运距相等法确定料场(或供料点)间的经济分界点 K 时，一般认为：

(1)各料场的开采价格(供应价格)相等。

(2)某种材料沿路线的用量是比较均匀的(个别用量特别大的路段材料用量超出平均用量的部分，应另按点式卸料计算其运距)，而且设计阶段无法细算。

(3)各料场至用料地点间的运价是相等的。

按最大运距相等法确定料场间分界点的原则是：当 A 料场与 B 料场相邻，料价、运价相等，沿线材料用量均匀时，则 A、B 两料场至分界点 K 的运距相等(图 2-4)。

当 $a>(b+L_{AB})$ 时，取消 A 料场，由 B 料场供料；

当 $b>(a+L_{AB})$ 时，取消 B 料场，由 A 料场供料；

当 $a<(b+L_{AB})$ 或 $b<(a+L_{AB})$ 时，应确定两料场的经济分界点 K，其计算表达式如下：

$$L_{max} = a + L'_A = b + L_B \tag{2-51}$$

根据定义：

$$L'_A = 0.5[L_{AB} + (b - a)] \tag{2-52}$$

$$L_B = 0.5[L_{AB} - (b - a)] \tag{2-53}$$

式中：a——A 料场至上路桩号运距；

b——B 料场至上路桩号运距；

L_{AB}——A 料场支线上路点 K_a，至 B 料场支线上路点 K_b 之间的运距；

L_B——K 点至 K_b 点运距；

L_{max}——最大运距。

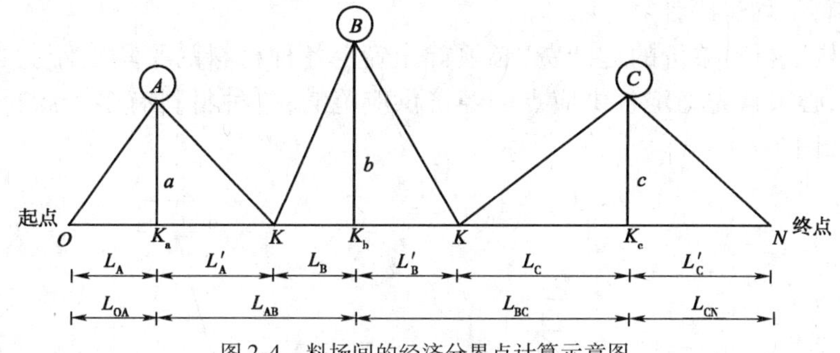

图 2-4　料场间的经济分界点计算示意图

确定相邻料场间经济分界点的注意事项如下：

①路线起点或终点之外无料场时，则路线的起点和终点为自然分界点；若有料场，则应视为路线供应料场之一，按上述方法确定经济分界点。

②计算运距时，要考虑断链影响。

③支线等运距以调查的实际运距为准（不是距离）。

④确定料场的取舍，尚应充分考虑料场开发、运输的可行性；还要考虑运料重载升坡的影响。

⑤当料场料价、运价差异很大时，可按两料场至分界点间加权最大运距相等的原则来划分。

【例 2-46】　某公路工程的料场分布如图 2-5 所示。已知 A 料场的上路桩号为 K2 + 100，支线运距 1.60km；B 料场上路桩号为 K7 + 900，支线运距 2.5km。试确定 A、B 料场间的经济分界点桩号。

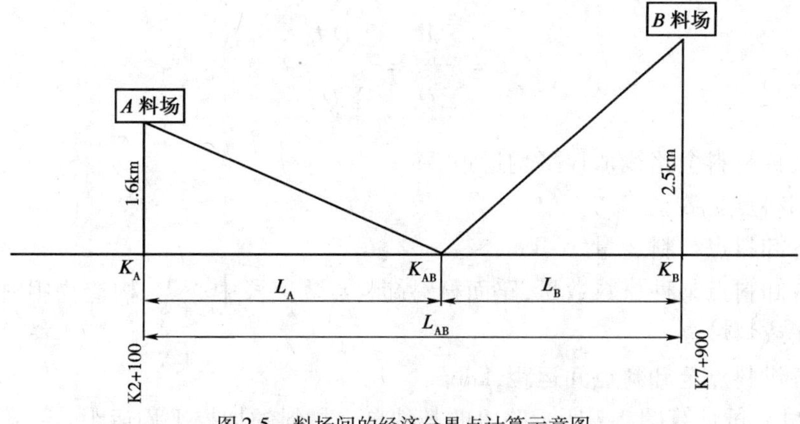

图 2-5　料场间的经济分界点计算示意图

解:由图 2-5 知:

$$L_{AB} = 7.9 - 2.1 = 5.8\text{km}$$

$$b - a = 2.5 - 1.6 = 0.9\text{km}$$

$$L_A = 0.5 \times (5.8 + 0.9) = 3.35\text{km}$$

$$L_B = 5.8 - 3.35 = 2.45\text{km}$$

分界点 K_{AB} 桩号:(2 +100) + (3 +350) = K5 +450

复核:1.6 +3.35 =2.5 +2.45 =4.95km(正确)

3)路线材料平均运距计算

为了计算构成材料单价的运杂费,必须首先确定各种材料的平均运距。当一种材料有多个供应点时,必须首先确定各供应点的经济供应范畴;一种材料有多个卸料点时,必须计算其平均运距(图 2-6)。

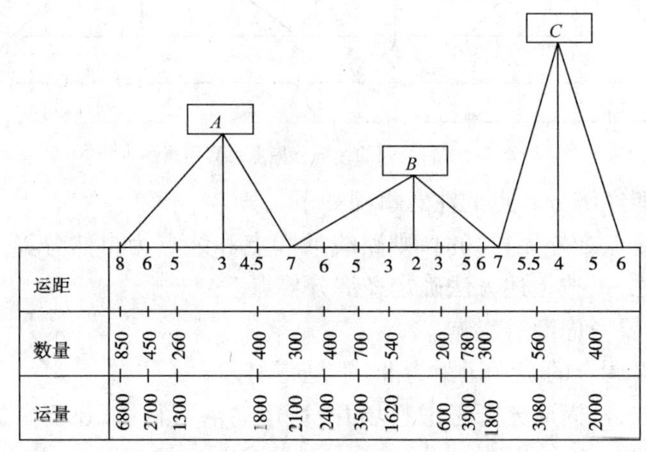

图 2-6　平均运距计算示意图

(1)加权平均法如下:

当料场供应范围及各卸料点的位置、运距、用料数量确定后,可按下式计算该种材料的全路线加权平均运距。

$$L = \frac{\sum_{i=1}^{n} M_i}{\sum_{i=1}^{n} Q_i} = \frac{\sum_{i=1}^{n} Q_i L_i}{\sum_{i=1}^{n} Q_i} \tag{2-54}$$

式中:L——某种材料全路线加权平均运距,km;

n——卸料点个数;

M_i——各卸料点材料运量,t · km;

Q_i——各卸料点某种材料数量,路面材料卸料点为路段中心点,构造物用料卸料点为仓库或料堆;

L_i——各供料点至卸料点间运距,km。

【例 2-47】　试计算图 2-7 所示路段的某种自采材料的加权平均运距。

解：

$$L=\frac{\sum_{i=1}^{n}Q_iL_i}{\sum_{i=1}^{n}Q_i}=\frac{6800+2700+\cdots+3080+2000}{850+450+\cdots+560+400}=5.47\text{km}$$

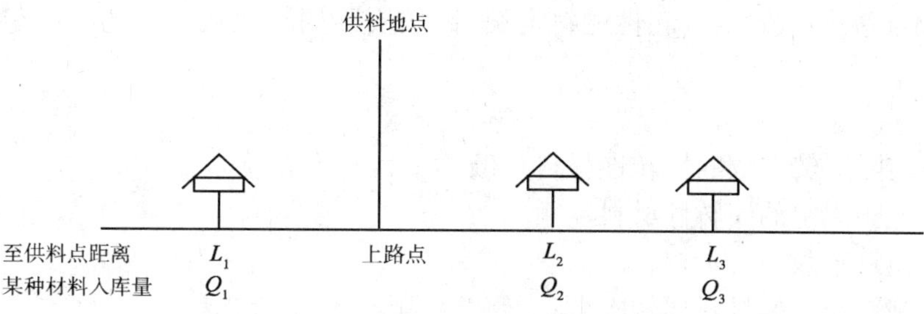

图 2-7　外购材料平均运距计算示意图

（2）算术平均值法如下：

如图 2-7 所示，路线材料平均运距可采用算术平均值法计算：

$$L'=\frac{\sum_{i=1}^{n}L_i}{n}\tag{2-55}$$

式中：L'——某种材料全路线算术平均运距（km）；

其他符号意义同前。

【例 2-48】　试计算上例的算术平均运距。

解：

$$L'=\frac{\sum_{i=1}^{n}L_i}{n}=\frac{8+6+\cdots+5.5+5}{13}=5.31\text{km}$$

由上述两例可知：加权平均运距与算术平均运距仅相差 3% 左右，考虑到运距不一定经过丈量，本身的误差就可能大于计算误差，特别是加权平均法需待各分项预算编完后才有条件计算运距，故在工程用料量分布比较均衡的情况下，用算术平均法较为简便。

（八）基本定额、材料周转及摊销

1. 基本定额及用途

《预算定额》附录中编有“基本定额”，它是公路工程预算定额的重要组成部分。其用途主要有：

（1）进行定额抽换。所谓定额抽换，就是当设计文件中所规定的工作内容、子目与定额表中某序号所列的规格（如混凝土强度等级）不符时，则应查用相应定额或基本定额予以替换。在抽换前应仔细阅读《预算定额》的总说明，章、节说明，注解，确定是否需要抽换，以及如何抽换。

（2）分析分项工程（工作）或半成品所需人工、材料、机械等消耗量。当设计中出现定额表中查不到的个别分项工程、工作时，应根据其具体工程数量通过基本定额的有关表，分析计算所需工、料、机等数量。例如新型结构桥梁中的某混凝土构件在定额中查不到，此时即可通过基本定额来计算其所需人工、材料、机械数量；若需模板，尚应按“桥涵模板工作”来分析工、料。

2. 材料周转及摊销

在《预算定额》附录中编有“材料的周转及摊销”定额。它的主要用途是:

(1)规定各种周转性材料的周转、摊销次数。

(2)对达不到规定周转次数的材料定额进行抽换。

对于达不到周转次数的周转性材料定额(即按实际周转次数确定的备料定额),可按下式进行换算:

$$E' = E \times K \tag{2-56}$$

式中:E'——实际周转次数的周转性材料定额;

E——定额规定的周转性材料定额;

K——换算系数,$K = n/n'$;

n——定额规定的材料周转次数;

n'——实际的材料周转次数。

材料的周转及摊销均按下式计算:

定额用量 = 图纸一次使用量 ×(1 + 场内运输及操作损耗)÷ 周转次数(或摊销次数) (2-57)

材料的周转及摊销定额所包括的项目,详见《预算定额》附录三;周转性材料的回收规定见《编制办法》中“回收金额”的确定方法。

【例 2-49】 某桥墩高 15m,采用浆砌混凝土预制块砌筑,设计砌筑用 M10 水泥砂浆,试问编制预算时定额值是否需要抽换,如何抽换?

解:(1)浆砌混凝土预制块,查《预算定额》表[4-5-5-2]。

(2)由《预算定额》表[4-5-5-2]可知,表中所列砌筑用水泥砂浆为 M7.5,由于设计强度等级与定额表中砂浆强度等级不同,故需要抽换。

(3)$10m^3$ 砌体定额值:M7.5 水泥砂浆 $1.30m^3$(砌筑用);M10 水泥砂浆 $0.09m^3$(勾缝用);32.5 级水泥 0.373t(M7.5 和 M10 水泥砂浆所用水泥的合计值);中(粗)砂 $1.51m^3$。

(4)查基本定额,M10 水泥砂浆每 $1m^3$ 需要:32.5 级水泥 311kg,中(粗)砂 $1.07m^3$。

M7.5 水泥砂浆每 $1m^3$ 需要:32.5 级水泥 266kg,中(粗)砂 $1.09m^3$。

(5)抽换后 $10m^3$ 砌体定额值:

32.5 级水泥用量 = (1.30 + 0.09) × 0.311 = 0.432t(此值替换 $0.373t/10m^3$)

中(粗)砂用量 = (1.30 + 0.09) × 1.07 = $1.49m^3$(此值替换 $1.51m^3/10m^3$)

【例 2-50】 某高速公路 2 孔石砌拱桥,墩台高度 10m,需制备满堂式木支架,支架有效宽度 8.5m,试确定其实际周转次数的周转性材料预算定额。

解:(1)桥梁木支架,应查《预算定额》表[4-9-3-2]。

(2)查定额,每 $10m^2$ 立面积的定额值:原木 $0.687m^3$,锯材 $0.069m^3$,铁件 10.0kg,铁钉 0.1kg。

(3)由《预算定额》附录“材料周转及摊销”定额表查得,支架的周转次数定额值 n 为:原木、锯材 5 次,铁件 5 次,铁钉 4 次。

(4)实际周转次数 $n' = 2$,实际周转次数周转性材料的定额值 $E' = E \times K$。

原木:$E' = 0.687 \times 5 \div 2 = 1.718m^3$

锯材:$E' = 0.069 \times 5 \div 2 = 0.173m^3$

铁件：$E' = 10.0 \times 5 \div 2 = 25\text{kg}$

铁钉：$E' = 0.1 \times 4 \div 2 = 0.2\text{kg}$

第五节　公路工程概算定额

一、概　　述

(一)概算定额

概算定额是在预算定额基础上根据有代表性的通用设计图和标准图等资料，以主要工序为准综合相关工序，进行综合、扩大和合并而成的定额。

(二)概算定额的作用

(1)概算定额是初步设计阶段编制建设项目概算和技术设计阶段编制修正概算的依据。

(2)概算定额是设计方案比较的依据。

(3)概算定额是编制主要材料需要量的计算基础。

(4)概算定额是编制建设项目投资估算指标的基础。

(5)在不具备施工图预算的情况下，概算定额还可以作为制订工程标底的基础。

(6)在实行建设项目投资包干时，其项目包干费用通常也以概算定额为计算依据。

(三)概算定额的编制依据

(1)国家有关方针、政策及规定。

(2)现行的工程施工技术及验收规范、质量评定标准及安全操作规程。

(3)现行标准设计图或有代表性的设计图或施工详细图。

(4)现行预算定额。

(5)编制期的人工工资标准、材料预算价格、机械台班单价。

(6)施工方案、施工工艺及方式、机械的选择。

二、概算定额消耗指标的确定

明确每一个项目的工程内容、所综合的预算定额项目名称和每一个子目的工程量后，各子目的工、料、机消耗量和定额基价先由相应预算定额综合确定，再由幅度差系数进行计算得出。

(一)幅度差系数

1. 人工幅度差系数(表2-27)

概算定额人工幅度差系数表　　表2-27

概算定额工程项目	系数	概算定额工程项目	系数
路基工程	1.02	涵洞工程	1.06
路面、其他工程及沿线设施、临时工程	1.04	隧道、桥梁工程	1.10

2. 机械幅度差系数

机械幅度差系数一律为1.05。

3. 材料幅度差系数

桥涵、隧道按1.02计算。

(二)工、料、机消耗量

假设某概算定额项目包括 n 个预算定额的项目内容,该概算定额项目每一个子目的 n 个子项工程量已确定,通过查阅预算定额,可以得到各子项的工、料、机消耗量。那么:

1. 人工

$$概算定额子目人工消耗量 = [\sum_{i=1}^{n}(预算定额人工消耗量 \times 工程数量)] \times 人工幅度差系数 \tag{2-58}$$

2. 材料

由预算定额综合为概算定额的材料可能有若干种,先分别综合:

$$概算定额子目某种材料消耗量 = [\sum_{i=1}^{n}(预算定额某材料消耗量 \times 工程数量)] \times 材料幅度差系数 \tag{2-59}$$

$$概算定额子目其他材料费 = [\sum_{i=1}^{n}(预算定额其他材料费 \times 工程数量)] \times 材料幅度差系数 \tag{2-60}$$

$$概算定额子目设备摊销费 = [\sum_{i=1}^{n}(预算定额设备摊销费 \times 工程数量)] \times 材料幅度差系数 \tag{2-61}$$

3. 机械

由预算定额综合为概算定额的机械可能有若干种,应分别综合:

$$概算定额子目某种机械台班消耗量 = [\sum_{i=1}^{n}(预算定额某种机械台班消耗量 \times 工程数量)] \times 机械幅度差系数 \tag{2-62}$$

$$概算定额子目小型机具使用费 = [\sum_{i=1}^{n}(预算定额小型机具使用费 \times 工程数量)] \times 机械幅度差系数 \tag{2-63}$$

三、概算定额的运用

《公路工程概算定额》(JTG/T B06-01—2007)(以下简称《概算定额》)由说明和定额项目表两部分组成,与《预算定额》相比,没有附录部分。与《预算定额》类似,《概算定额》的运用方法也可分为定额的直接套用、定额的抽换、定额的补充三种。

【例2-51】 某三级公路路基工程总长15km,山岭重丘区,其中包括整修路拱112500m^2、人工挖土质台阶5000m^2、人工挖截水沟800m^3、40cm×40cm路基碎石料盲沟95m、填前压实60000m^2。试列出其人工概算定额,并计算人工劳动量。

解:查《概算定额》第一章路基工程,根据第一节说明8的规定,可知这些工程项目都属于"路基零星工程",编概算时不应单独列项,由《概算定额》表[1-1-17-6]知定额计量单位为1km。则该工程项目所需人工总劳动量为:

$$15\text{km} \times 342.8\ 工日/1\text{km} = 5142\ 工日$$

【例2-52】 某隧道工程洞内路面采用10cm厚砂砾垫层,试确定其路面垫层定额值。

解:查《概算定额》第三章隧道工程和第二章路面工程。

(1)应采用《概算定额》表[2-1-1-2],即"路面垫层定额";

(2)按第三章说明8(2)规定,洞内工程项目如需采用其他章节中有关项目时,所采用定额的人工工日、机械台班数量及小型机具使用费应乘以系数1.26(此规定与预算定额相同);

(3)计算定额值为:

人工:$(30.2-1.8\times5)\times1.26=21.2\times1.26=26.71$ 工日/$1000m^2$

砂砾:$(191.25-12.75\times5)=127.5m^3/1000m^2$

6~8t光轮压路机:$0.26\times1.26=0.33$ 台班/$1000m^2$

12~15t光轮压路机:$0.51\times1.26=0.64$ 台班/$1000m^2$

第六节 公路工程估算指标

一、概 述

公路建设项目从立项到竣工要经过多个不同的阶段,为了满足各阶段的造价控制和管理需要,要求编制与之相适应的造价文件,以不同的表现形式反映不同阶段的工作深度和工程价格。前期准备阶段的造价编制,是指依据公路建设项目建议书编制项目建议书投资估算、并依据审批的公路项目建议书编制的公路工程可行性研究报告和投资估算。

估算指标是以独立的建设项目、单项工程或单位工程为标定对象,完成单位合格产品($1km$ 或 $1000m^3$、$1000m^2$ 等)所必须消耗的工、料、机数量(或费用)的标准。

二、估算指标的主要内容与表现形式

(一)估算指标的内容

估算指标仅包括主要工程项目建筑安装工程费中的人工费、材料费和机械使用费,至于其他工程和各项费用指标中均不包括。其他工程的费用以主要工程费为基数按规定的费率计算,不列工、料、机消耗量。各项费用分别按《公路工程基本建设项目投资估算编制办法》(JTG M20—2011)中的规定计算。

估算指标包括建设项目的路基工程、路面工程、隧道工程、涵洞工程、桥梁工程、交叉工程、交通工程及沿线设施、临时工程共八章及附录。

(二)估算指标的表现形式

估算指标与概算定额、预算定额一样,是以人工、主要材料、其他材料费、机械使用费、基价等实物指标为表现形式。实物指标作为计算具体建设项目造价和提供人工、主要材料数量来使用。估算指标也是一种扩大的定额。

对指标中缺少的项目可以编制地区补充指标。地区补充指标应按照指标的编制原则、方法进行编制,由各省、自治区、直辖市交通运输厅(局、委)批准执行,抄交通运输部公路工程定额站备案。

第七节　公路工程其他定额

一、公路建设工期定额

(一)建设工期的有关概念

1. 建设工期

建设工期一般指建设项目中构成固定资产的单项工程、单位工程从正式破土动工到按竣工验收交付使用所需的全部时间。建设工期同工程造价、工程质量一起被视为建设项目管理的三大目标,作为考核建设项目经济效益和社会效益的重要指标。

2. 建设周期

建设周期指建设总规模与年度建设规模的比值,它反映国家、一个地区或行业完成建设总规模平均需要的时间,同时也反映建设速度与建设过程中人力、物力和财力集中的程度。作为考查投资效益的重要指标,可用总投资额与年度投资额表示,即

$$建设周期(年)=\frac{总投资额}{年度投资额} \tag{2-64}$$

也可用项目总个数与年度竣工项目个数表示。即

$$建设周期(年)=\frac{项目总个数}{年建成项目个数} \tag{2-65}$$

3. 合理建设工期

合理建设工期指建设项目在正常的建设条件、合理的施工工艺和管理下,对人力、财力、物力资源合理有效地利用,使项目的投资方和各参建单位均获得满意的经济效益的工期。合理建设工期受拟建项目的资源勘探、厂址选择、设备选型与供应、工程质量、协作配合、生产准备等阶段性工作各种客观因素的制约。

4. 定额工期

定额工期指在一定的经济和社会条件下,在一定时期内由建设行政主管部门制订并发布项目建设所消耗的时间标准。定额工期具有一定的法规性,对具体建设项目的建设工期确定具有指导意义,体现了合理建设工期,反映了一定时期国家、地区或部门不同建设项目的建设和管理水平。

5. 合同工期

合同工期指在定额工期的指导下,由工程建设的承发包双方根据项目建设的具体情况,经招标投标或协商一致后,在承包合同书中确认的建设工期。合同工期一经签订,对合同双方都具有强制性约束作用,受到国家经济合同法的保护和制约。

(二)建设工期与成本、质量的关系

工期与成本在项目建设管理中有其内在的规律,不能简单地说工期越短、成本越低。一般讲缩短正常建设工期需要投入更多的人力、物力和采取相应的施工措施。增加投入也即项目建设成本加大,其关系如图 2-8 所示。

增加的成本需要从项目提前投产或交付使用后所产生的效益中得到补偿,当提前建成所产生的效益小于为提前工期而增加的成本时,即失去了提前工期的意义。可见压缩正常建设工期是有一定限制的,从经济角度上来讲,成本最低、质量合格所对应的工期才是合理的工期。

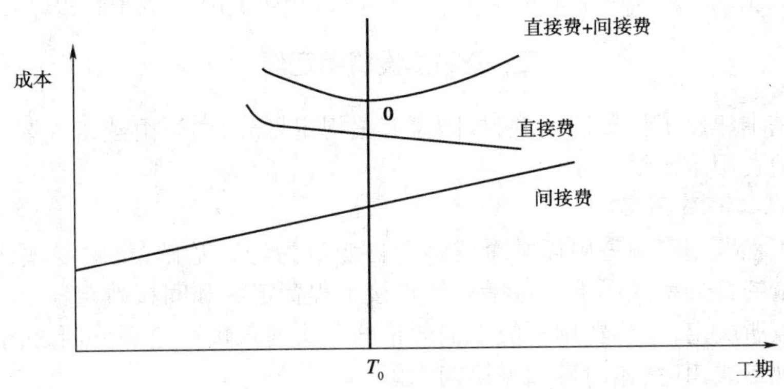

图 2-8　建设项目成本与工期关系图

前面提到的正常建设工期和最经济成本都是以保障工程质量为前提的,工程质量高低或合格或优质所对应工期和成本是不同的,由此可见工期、成本和质量三者之间是相互联系、相互制约的统一体,离开成本、质量与工期必然欲速则不达。确需缩短工期时应依据工程具体情况,对工期进行优化,采取相应措施,如通过改进工艺、合理划分工序、缩短关键工序时间;通过合理的组织管理,在工艺流程允许的条件下,对关键工序路线组织平行、交叉作业或增加作业班次等。

(三)影响建设工期的主要因素

影响建设工期的因素是多方面的、复杂的,而且许多因素具有不确定性。概括起来大致可分为内部因素、外部因素和管理因素。

1. 内部因素

内部因素包括建设项目的建设标准、功能、规模以及项目建设中采用相应的施工组织措施和施工技术方案等。不同项目有不同的特点,即使同类项目,由于建设规模、生产能力、工艺设备及流程、工程结构的不同,影响建设工期的因素也不同。内部因素主要反映不同建设项目或相同项目不同建设规模、标准之间存在的建设工期的差异。

2. 外部因素

(1)建设地点的地质、气候等自然条件。建设地点的地质条件直接影响到内部因素所涉及的建设工程量、建设的难易程度、交通运输和施工组织设计等;气候条件主要是指建设地点的海拔高度、冬季施工期、年度降雨天数、年大风或台风天数、最大冻土深度等,气候因素影响了建设年的有限工期以及由此导致的降效。

(2)供应条件。主要指建设项目的资金、材料设备、劳动力、施工机械等的供应及其质量。供应条件受整个国民经济和建筑业发展的影响。实践表明,供应条件是影响建设项目工期的关键因素之一。不少重点建设项目,由于资金到位率高、物质供应有保障,加上主管部门和参与建设各单位的科学管理,项目建设工期明显缩短,使项目建设取得了良好的经济效益和社会效益。相反也有相当一部分工程项目由于仓促上马,建设资金不足时搞“钓鱼”

工程，严重影响了材料、设备的准备工作，致使工期一拖再拖，形成了“投资无底洞、工期马拉松”的状况，不仅造成建设项目投资效益差，还给参与建设的各方带来经济损失，同时也出现了不少“扯皮”或纠纷现象。

(3)管理因素。建设项目的实施涉及计划、建设、财政等行政部门和业主，设计、施工、咨询等诸多单位，就建设工期或建设速度而言体现了上述部门和单位的工作效率和协调配合能力。

二、公路建设费用定额

现行公路基本建设工程费用定额，按国家有关规定划分，主要由建筑安装工程费用定额和工程建设其他费用定额组成。

1. 建筑安装工程费用定额

建筑安装工程费用定额一般以某个或多个自变量为计算基础，反映专项费用(应变量)社会必要劳动量的百分率或标准。包括其他直接工程费定额和间接费定额。由于建筑安装施工生产的特点所决定，这些费用不能以消耗量的形式列入预算定额分项之内，而是以费率作为定额的表现形式，其具体内容参见第四章。

1)其他直接工程费定额

其他直接工程费定额是概、预算定额规定的内容以外，与建筑安装施工直接有关的各项费用的开支标准。其他直接工程费具有较大的弹性，对于某一个具体的工程来说，可能发生，也可能不发生，需要根据具体情况加以确定，通常以直接工程费或人工费的一定比例即费率的形式计算此项费用。公路工程其他直接工程费定额项目有：

①冬季施工增加费定额；

②雨季施工增加费定额；

③夜间施工增加费定额；

④特殊地区施工增加费定额；

⑤行车干扰工程施工增加费定额；

⑥安全及文明施工措施费定额；

⑦临时设施费定额；

⑧施工辅助费定额；

⑨工地转移费定额。

2)间接费定额

间接费定额不仅与建筑安装生产的个别产品有关，还包括为企业生产全部产品、为维持企业的经营管理活动而发生的各项费用开支的标准。间接费定额由规费定额、企业管理费定额和辅助生产间接费三项组成。

2. 工程建设其他费用定额

工程建设其他费用定额是指从工程筹建开始至工程竣工验收交付使用的整个建设期间，除建筑安装工程费、设备及工具器具家具购置费以外的，为保证工程建设顺利完成和交付使用后能正常发挥效用而发生的各项费用开支的标准。长期以来，一直采用定性与定量相结合的方式，由主管部门制订工程建设其他费用标准的编制办法，为合理确定工程造价提供依据。其具体内容参见第四章。

本章小结

定额的编制形成过程：工作时间的研究→生产要素消耗标准的计算→根据要求编制各

种定额。

工作时间的研究:分析工作过程,确定工序的时间消耗,为定额中工、料、机三要素的计量做准备。

施工定额的编制和应用:施工定额的生产水平是几个定额中水平最高的,它的编制分项较细,适合企业管理使用。

预算定额的编制和应用:预算定额是社会平均水平制订的,共九章和四个附录,内容丰富详尽,是建设单位编制招投标文件的依据,代表着工程项目的建设管理水平。

概算定额、估算指标和其他定额是适用工程项目不同阶段和不同需求的费用管理依据。

复习思考题

1. 试述定额的概念及公路定额的分类。

2. 计时观察法中各种方法的特点及适用条件是什么?

3. 如何确定人工、材料、机械三个生产要素消耗标准?

4. 试述公路工程施工定额、预算定额、概算定额、估算指标和公路工程其他定额的区别和适用范围。

5. 试述预算定额的运用步骤。

习　题

1. 已知某桥的预制预应力混凝土空心板梁的混凝土设计强度等级为C50,为自然养生。若采用蒸汽养生施工(不考虑蒸汽养生室建筑)。试确定其预算定额。

2. 已知某桥桥台桩基采用回旋钻潜水钻孔(土层为黏性土,桩径1.2m,钻孔总长20m/根×12根=240m;桩径1.5m,钻孔总长21m/根×6根=126m),起重机配吊斗C30混凝土,工程量494.1m^3,光圆钢筋2802.4kg、带肋钢筋25099kg。试确定该项目的桩基预算定额。

3. 已知某隧道长905m,洞身次坚石开挖22507.8m^3采用机械开挖自卸汽车运输,超前支护采用钢支撑95.71t,C30现浇混凝土喷射衬砌8535.58m^3。试确定该洞身项目的预算定额。

4. 某路段共长2.0km,基层采用厚35cm6%水泥碎石,基层宽度为9m,施工采用稳定土厂拌,拌和厂设在路线桩号K1+200外3km处,12t自卸汽车运输,120kW平地机铺筑。试确定该项目的预算定额。

5. 某路段,挖方10659.60m^3(其中Ⅰ类土1247.87m^3,Ⅱ类土6213.85 m^3,Ⅳ类土3197.88 m^3),填方量为37054.5 m^3,本断面挖方可利用土方量Ⅱ类2256.58 m^3,Ⅳ类878.1m^3,远运利用土方量为Ⅱ类3957 m^3、Ⅳ类2522 m^3。试求借方数量、弃方数量及各类土石方的计价。

第三章　工程量计算

【本章要求】

了解工程量计算的方法和顺序；理解工程量计算的依据和原则，掌握工程计量的基本原理与方法，为工程计价打好基础。

【本章结构】

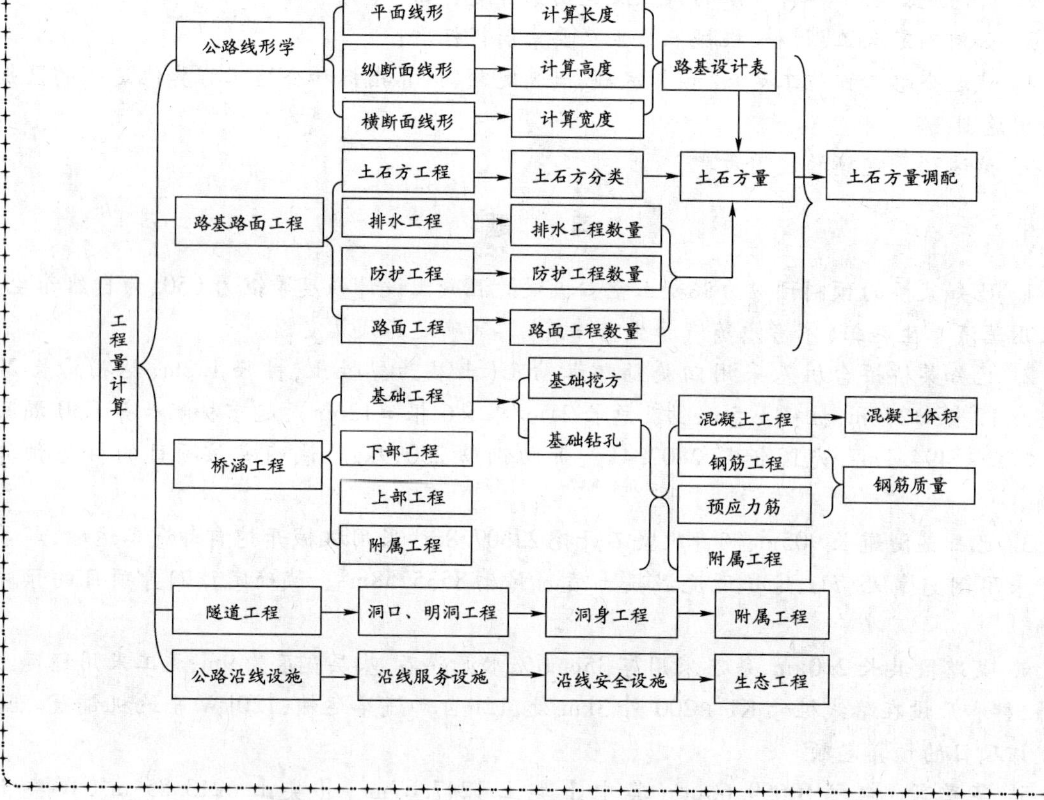

第一节　工程量计算的原理与方法

工程造价的确定，要以该工程所要完成的工程实体数量为依据，对实体的数量做出正确的计算，并以一定的计量单位表述工程量是工程造价计算过程中的一个重要环节。以物理计量单位或自然计量单位表示的各分项工程或结构构件数量的过程就是工程量计算。

工程量计算是编制土木工程施工图预算和工程量清单的基础工作，是预算文件和工程量清单的重要组成部分。工程量又是施工企业编制施工计划、组织劳动力和供应材料、机具的重要依据。同时,工程量也是基本建设管理职能部门(如计划和统计部门)工作的重要内容之一。因此,正确计算工程量对建设单位和施工企业加强管理,对正确确定工程造价都具有重要的现实意义。

一、工程量计算的依据

(一)经审定的施工设计图纸及设计说明

在取得施工图和设计说明等资料后,必须全面、细致地熟悉和核对有关图纸和资料,检查图纸是否齐全、正确。经过审核、修正后的施工图才能作为计算工程量的依据。

(二)工程量清单计价规范、工程定额

《公路工程工程量清单计量规则》和省、自治区、直辖市颁发的地区性工程定额中比较详细地规定各个分部分项工程量的计算规则和计算方法。计算工程量时必须严格按照工程适用的规定中的计量单位、计算规则和方法进行;否则,将可能出现计算结果的数据和单位等的不一致。

(三)审定的施工组织设计、施工技术措施方案和施工现场情况

计算工程量时,还必须参照施工组织设计或施工技术措施方案进行。例如计算土方工程时,只依据施工图是不够的,因为施工图上并未标明实际施工场地土的类别及施工中是否采取放坡或是否用挡土板的方式进行。对这类问题就需要借助于施工组织设计或者施工技术措施加以解决。

(四)确定的其他有关技术经济文件

二、计算工程量应遵循的原则

(1)工程量计算所用原始数据必须以设计图纸为基础。

(2)计算口径(工程子目所包括的工作内容)必须与相关的工程量清单计价规范或预算定额相一致。现行预算定额的项目一般是按分项工程进行设置的,包括的工程内容较为单一,据此规定了相应的工程量计算规则。工程量清单项目的划分,一般以一个“综合实体”进行设置,每一清单项目包括多个分多项工程内容,据此规定的工程量计算规则与预算定额的计算规则有所区别。

(3)计算单位必须与工程量清单计价规范或预算定额相一致。

(4)工程量计算规则必须与工程量清单计价规范或预算定额一致。

(5)工程量计算的准确度。

工程量的数字计算要准确,一般应精确到小数点后3位,汇总时其准确度取值要达到:①立方米(m^3)、平方米(m^2)及米(m)以下取两位小数;②吨(t)以下取3位小数;③千克(kg)、件等取整数。

三、计算工程量的方法和顺序

(1)按图纸顺序计算,即由路线施工图到结构施工图,由前到后依次计算。

用这种方法计算工程量，要求对定额的章节内容要很熟，否则容易出现项目间的混淆及漏项。

(2)按工程量清单编码或定额编码的顺序计算，即按清单或定额的章节、子目次序、由前到后，逐项对照计算。

要求首先熟悉图纸，要有很好的工程设计基础知识。使用这种方法要注意，工程图纸是按使用要求设计的，有些设计采用了新工艺、新材料，或有些零星项目可能没有相应的清单编码或定额编码，在计算工程量时应单列出来，不能因缺项而漏掉。

(3)按施工顺序计算，即由场地清理算起，直到全部施工内容结束止。

用这种方法计算工程量，要求具有一定的施工经验，能掌握组织施工的全过程，并且要求对定额及图纸内容要十分熟悉，否则容易漏项。

在计算工程量时，要参考路线施工图及结构施工图纸的设计总说明、每张图纸的说明及选用标准图集的总说明和分项说明等，因为很多项目的做法及工程量来自此处。此外，在计算每项工程的同时，要准确而详细地填写“工程量清单”或“工程量计算表”中的各项内容，尤其要填写各项目名称、项目特征。如对于钢筋混凝土工程，要填写现浇、预制、断面形式和尺寸等字样；对于砌筑工程，要填写砌体类型、厚度和砂浆强度等级等字样，以此类推，目的是为报价或选套定额项目提供方便，加快编制速度。

第二节　公路线形

公路是一条三维空间的带状构造物(图3-1)，几何尺寸描述了公路的空间形态。路线几何设计是指确定路线空间位置的工作，一般把它分解为路线平面设计、路线纵断面设计和横断面设计，这三者是相互联系的，既要分别进行，又要综合考虑，特别是现代道路许多新的技术要求更是需要进行三维的协调设计。

图3-1　一般公路示意图

一、平面线形

公路中心线在水平面上的投影称为公路平面设计线形，其反映道路在地面上的左右摆动，以及与自然地形的协调情况，由直线和平曲线两种线形组成（图 3-2）。平曲线又包括缓和曲线和圆曲线。

通过公路平面设计线形可以知道公路的长度，为工程量计算打下基础。

二、纵断面线形

将通过道路中心线的竖向剖面展开所得到的立面图称为道路的纵断面图，它反映了道路的上下起伏变化情况。

道路中心线的地面线和设计线是纵断面图的两条主要线。地面线上各桩点的高程称地面高程，它是一条不规则的空间折线。设计线上各桩点的高程称设计高程，设计线由纵坡线和竖曲线组成的空间线，如图 3-3 所示。

各桩点的路基设计高程与同一桩点的地面的差值称填挖高度。通过纵断面图可以知道填挖高度或（施工高度），为工程量计算打下基础。

三、路基横断面

路基横断面是指垂直于路中心线前进方向的剖面，它是由横断面设计线和地面线构成。

（一）横断面组成

1. 横断面形式

路基横断面按其设计线与地面线的关系，一般分为路堤、路堑、半填半挖等断面形式，如图 3-4 所示。

2. 几何组成

横断面由行车道、路肩、分隔带、边沟、边坡、截水沟、护坡道等组成，如图 3-5 所示。

1）行车道

行车道是指供机动车行驶的部分。其宽度主要取决于车道数和每条行车道的宽度，而每条行车道的宽度取决于车辆行驶所需的安全宽度，由直线宽度和曲线加宽值组成。

2）路肩

路肩是指设于行车道外侧，作为保护行车道稳定、供临时停车及行人通行，还是侧向净宽的组成部分，有硬路肩和土路肩之分。

3）中间带

中间带是指为了保证高等级公路来往车辆能高速、安全地行驶，在相向行驶的车辆中间设置的分隔带，包括中央分隔带和两侧的路缘带。

4）路基宽度

路基宽度指在一个横断面上，两侧路肩边缘点之间的水平距离。

5）路基横坡度

路基横坡度是指为了排除行车道的表面积水，保证车辆行驶安全而设置的横向坡度，包括行车道横坡度、路肩横坡度。行车道横坡度有双向横坡度和曲线超高横坡度之分。

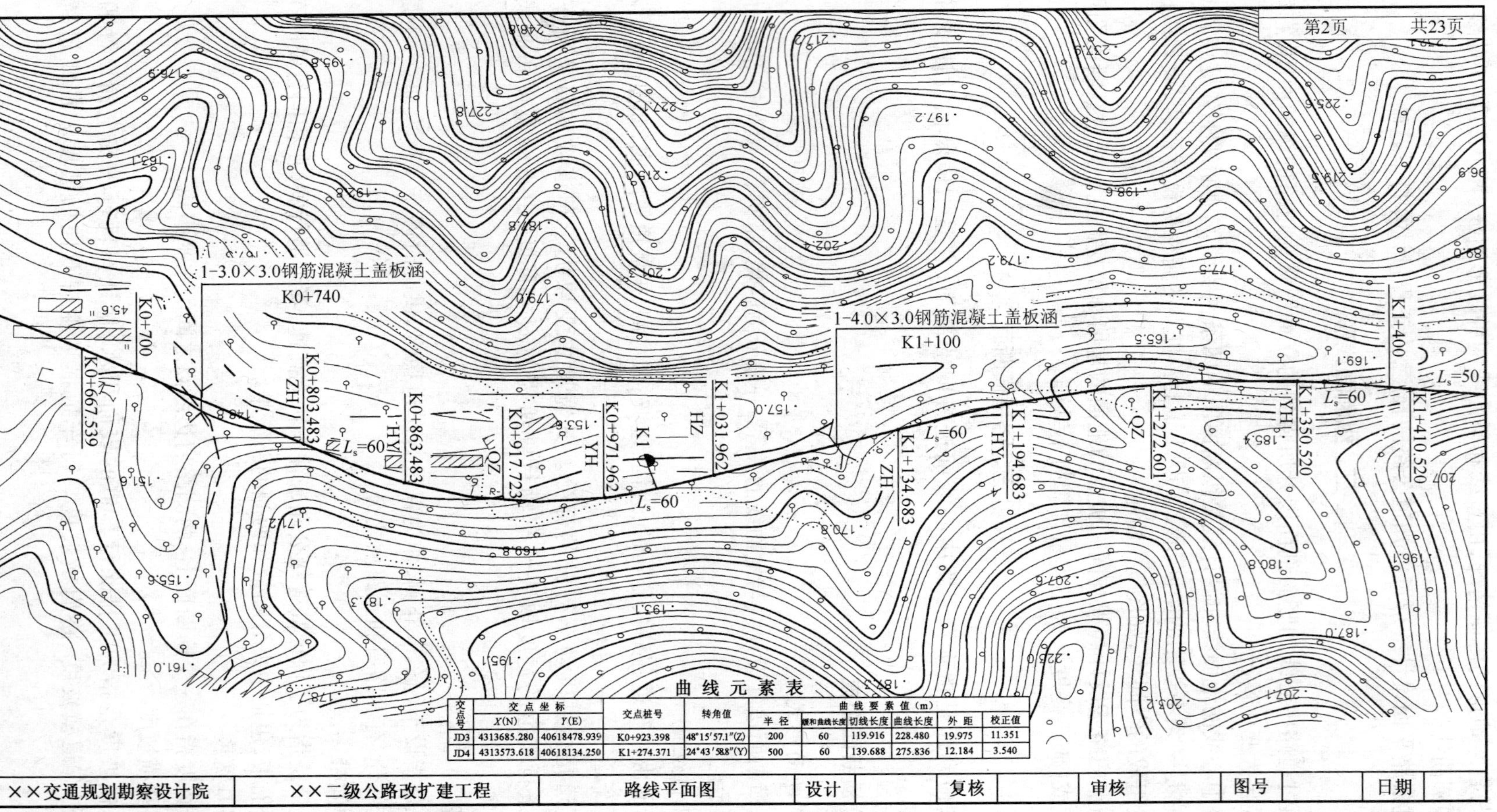

交点号	交点坐标		交点桩号	转角值	曲线要素值(m)					
	X(N)	Y(E)			半径	缓和曲线长度	切线长度	曲线长度	外距	校正值
JD3	4313685.280	40618478.939	K0+923.398	48°15′57.1″(Z)	200	60	119.916	228.480	19.975	11.351
JD4	4313573.618	40618134.250	K1+274.371	24°43′58.8″(Y)	500	60	139.688	275.836	12.184	3.540

图3-2　道路平面线形示意图

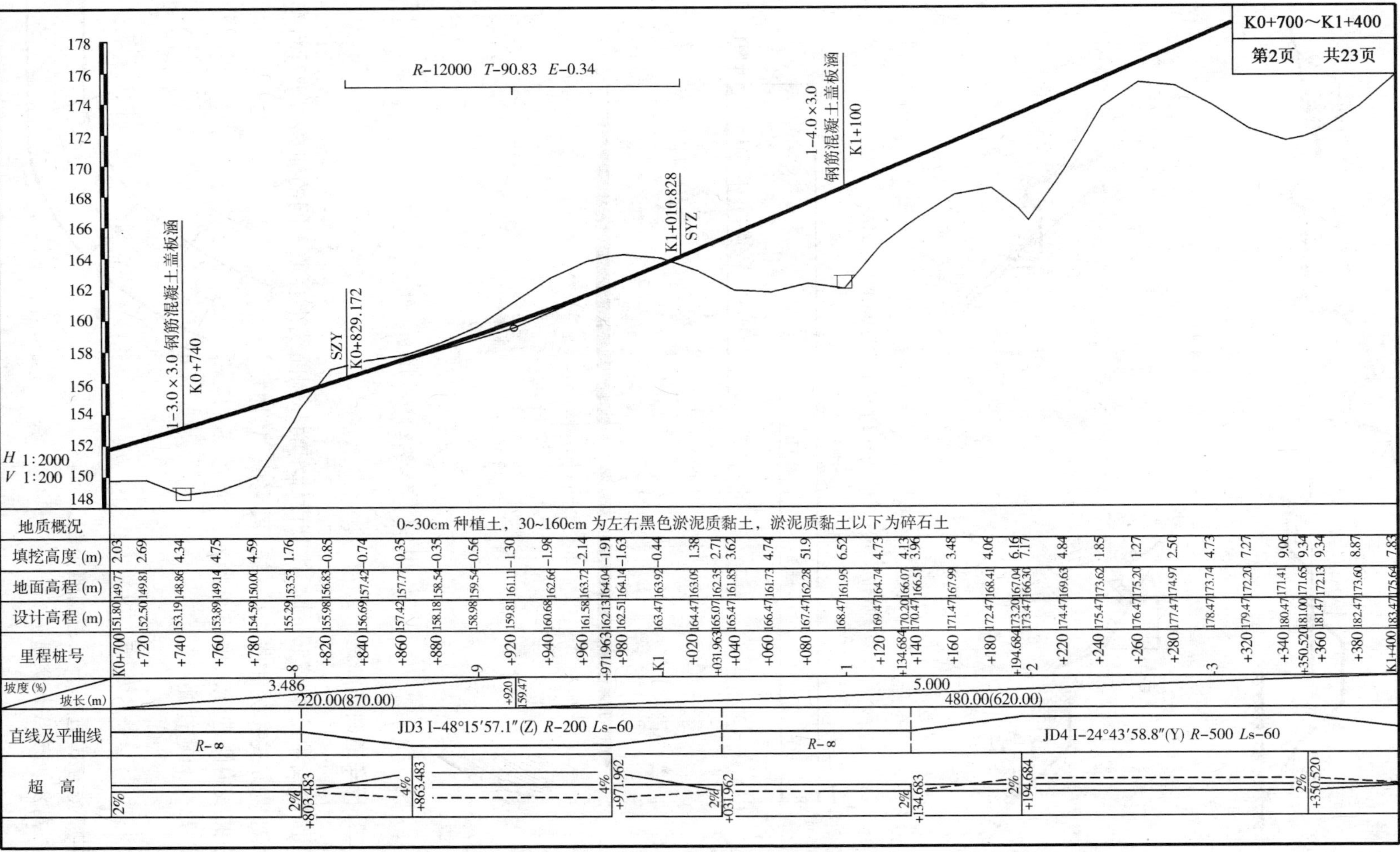

图3-3 道路纵断面线形示意图

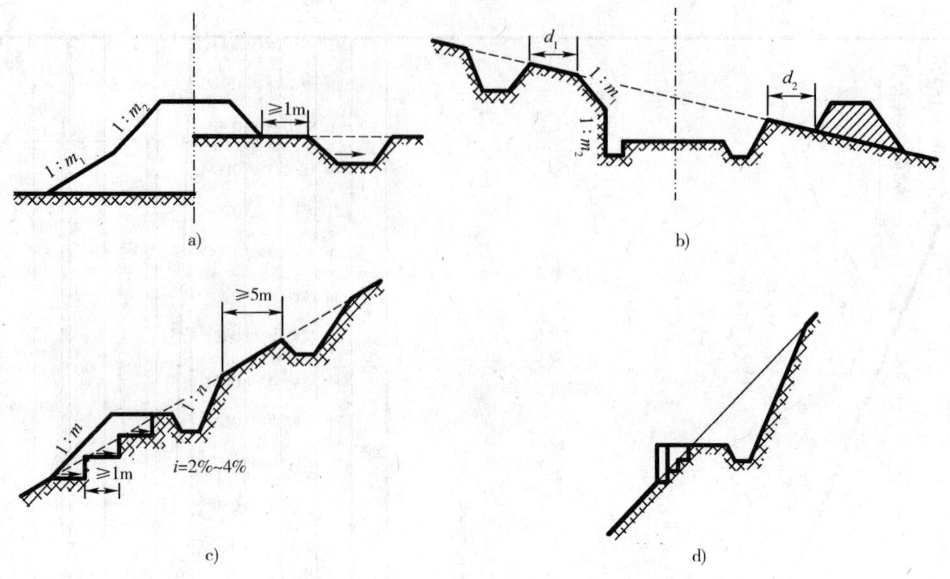

图 3-4　公路横断面示意图

a)一般路堤;b)一般路堑;c)半填半挖路基;d)护肩路基

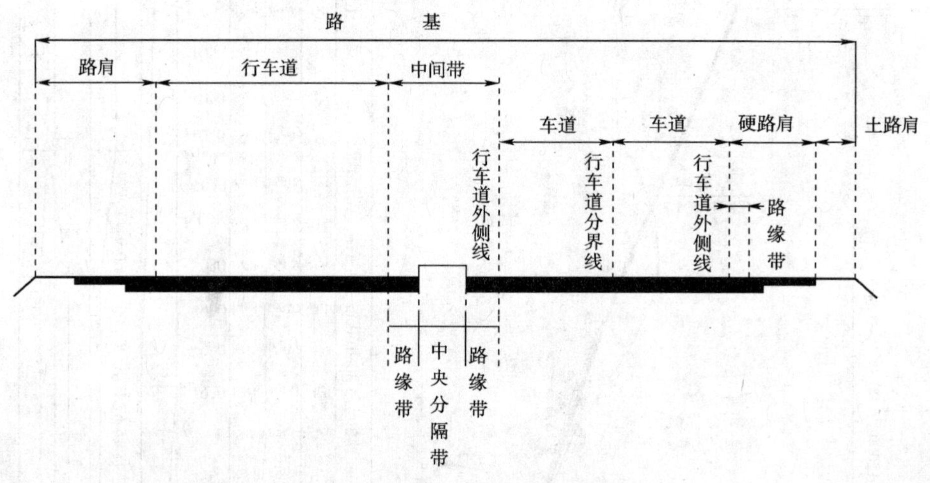

图 3-5　高等级公路横断面示意图

(二)行车道曲线加宽

当圆曲线半径 $R \leqslant 250$m 时,按其设计车辆和圆曲线半径取不同的加宽值进行行车道加宽。其加宽方式在缓和曲线(直线)段完成,其加宽位置在曲线内侧进行,如图 3-6 所示。

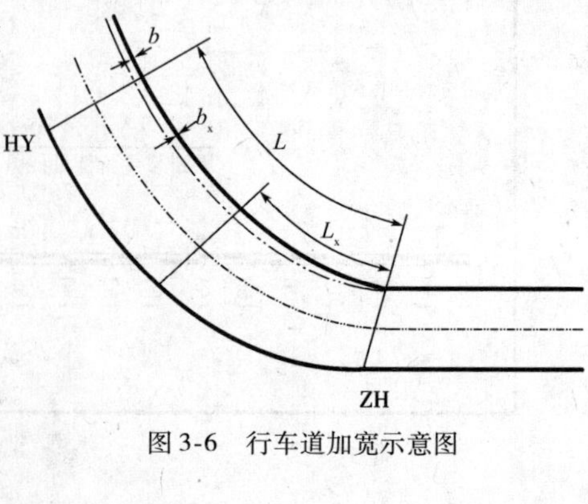

1. 比例加宽过渡

$$b_x = \frac{L_x}{L}b$$

本加宽方式适用于二、三、四公路。

2. 高次抛物线加宽过渡

$$b_x = (4k^3 - 3k^4) \times b$$

图 3-6　行车道加宽示意图

$$k = \frac{L_x}{L}$$

本加宽方式适用各级公路，高速、一级应该采用该加宽过渡方法。

(三)行车道曲线超高

当圆曲线半径小于不设超高的半径时，为抵消一部分横向力，将行车道绕旋转轴旋轴，逐渐形成外侧高而内侧低的单一横坡度，这种设置称为超高。

其单一横坡度就是超高横坡度，超高值就是指设置超高后路中线、路面边缘及路肩边缘等计算点与路基设计高程之间的高差。超高过渡段在缓和曲线内完成，又称超高缓和段，如图 3-7 所示。

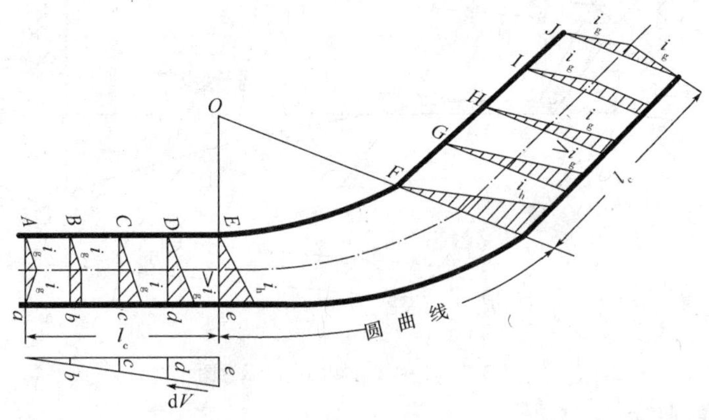

图 3-7　无中分带的行车道超高示意图

1. 无中间带的超高

1)行车道内边缘为旋转轴

先将外侧车道绕中线旋转，当达到与内侧车道构成单向横坡后，整个断面再绕未加宽前的内侧车道边缘旋转，直至达到超高横坡值为止，如图 3-8 所示。

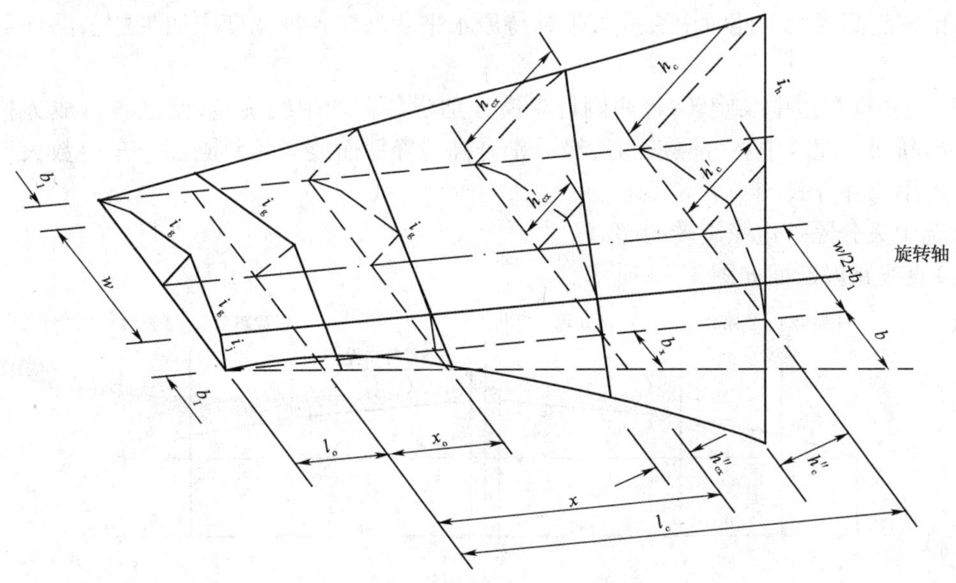

图 3-8　绕内边缘旋转的超高示意图

2)行车道中心线为旋转轴

先将外侧车道绕中线旋转,当达到与内侧车道构成单向横坡后,整个断面一同绕路中线旋转,直至达到超高横坡值为止,如图3-9所示。

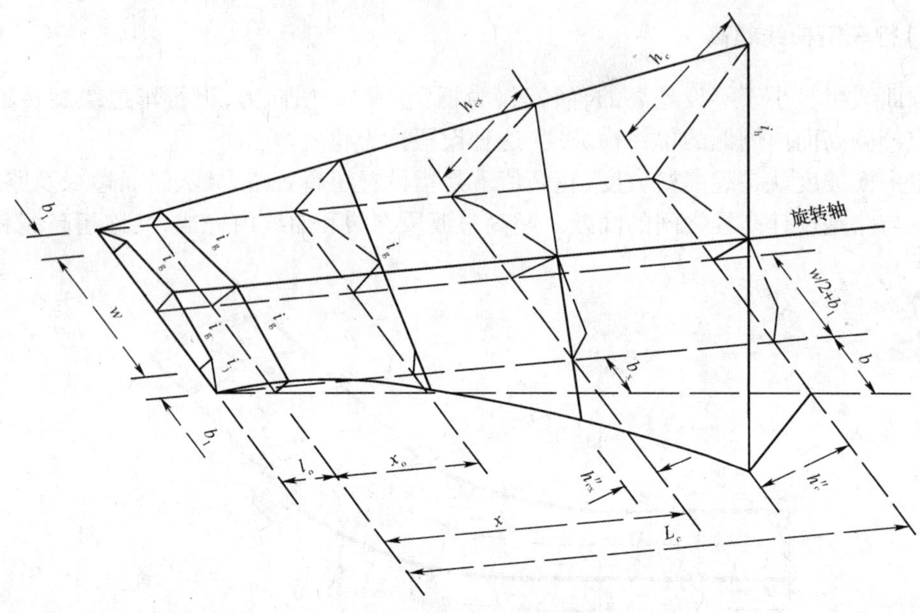

图3-9　绕中线旋转的超高示意图

2. 有中间带的超高

1)有中分带的过渡方式

(1)绕中间带中心线旋转,先将外侧行车道绕中间带的中心线旋转,待达到与内侧行车道构成单向横坡后,整个断面一同绕中心线旋转,直至达到超高横坡值为止。采用窄中间带的公路可选用此种方式,此时中央分隔带呈倾斜状。

(2)绕中央分隔带边缘旋转,将两侧行车道分别绕中央分隔带边缘旋转,使之各自成为独立的单向超高断面。此时中央分隔带维持原水平状态。各种宽度中间带的公路均可选用此方式。

(3)绕各行车道中线旋转,将两侧行车道分别绕各自的中线旋转,使之各自成为独立的单向超高断面。此时中央分隔带两边缘分别升高与降低而成为倾斜断面。车道数大于4的公路可采用此种方式。

2)绕中央分隔带边缘旋转的超高

(1)直线路段断面如图3-10所示。

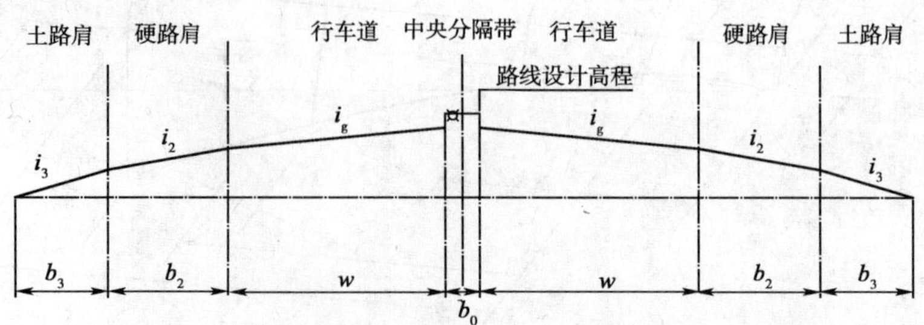

图3-10　直线路段断面超高值计算示意图

(2)双坡阶段($x \leqslant x_0$)如图 3-11 所示。

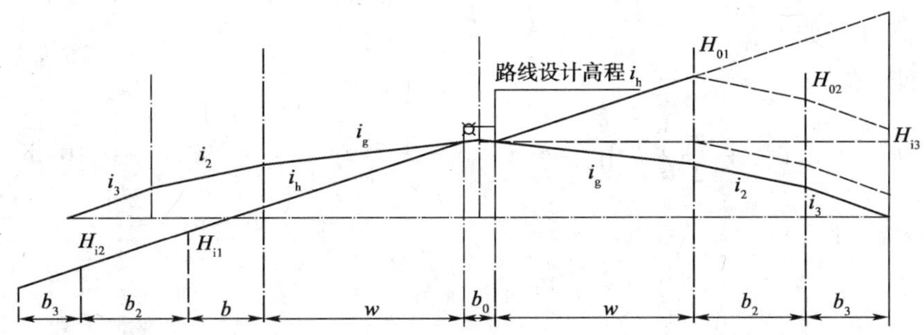

图 3-11　缓和曲线路段断面超高值计算示意图

(3)旋转阶段($x \geqslant x_0$)如图 3-11 所示。

(4)全超高断面。

四、填写路基设计表

路基设计表是反映路基路面外观几何尺寸的综合用表,是计算路基路面有关工程量的基础,必须会填写。

【例 3-1】　某二级公路的设计速度为 60km/h,其直线段路基宽度为 10m,行车道宽度为 2×3.5m,路肩宽度 2×1.5m, 路拱横坡 $i_g = 2\%$,土路肩 $i_j = 3\%$,硬路肩 $i_j = 2\%$。其中 K0 + 803.483 ~ K0 + 863.483 段是缓和曲线,其圆曲线半径为 200m,如图 3-2 所示。试以道路设计中线为旋转轴计算该缓和曲线段的路基宽度、填挖高度(设计高程位于未超高加宽的中心线上,道路为二类等比例加宽)。

解:由《公路路线设计规范》(JTG D20—2006)查得:加宽值 $b = 0.6\text{m}$,超高 $i_h = 4\%$。超高加宽由 K0 + 803.483 处开始,其加宽超高旋转图如图 3-9 所示。

1)双坡阶段长度 x_0 计算

$$x_0 = \frac{2i_g}{i_h + i_g} \cdot L_c = \frac{2 \times 2\% \times 60}{4\% + 2\%} = 40\text{m}$$

2)在 K0 + 803.483(即 ZH 点)处,$x = 0$ 属于双坡阶段

(1)加宽值 $b_x = 0$。

(2)超高计算如下:

①路肩内缘:

$$h''_{cx} = -\left(b_j + \frac{w}{2} + b_x\right)i_g = -(1.5 + 3.5 + 0.2) \times 2\% = -0.1\text{m}$$

②路中线:

$$h'_{cx} = 0$$

③路肩外缘:

$$h_{cx} = h''_{cx} = 0.1\text{m}$$

3)在 K0 + 823.483 处,$x = 20\text{m}$ 属于双坡阶段

(1)加宽值为:

$$b_x = \frac{x}{L_c} \cdot b = \frac{20 \times 0.6}{60} = 0.2\text{m}$$

(2)超高计算如下：

①路肩内缘为：

$$h''_{cx} = -\left(b_j + \frac{w}{2} + b_x\right)i_g = -(1.5 + 3.5 + 0.2) \times 2\% = -0.104\text{m}$$

②路中线为：

$$h'_{cx} = 0$$

③路肩外缘为：

$$h_{cx} = 0$$

4)在 K0 +843.483，x =40m 属于单坡阶段

(1)加宽值为：

$$b_x = \frac{x}{L_c} \cdot b = \frac{40 \times 0.6}{60} = 0.4\text{m}$$

(2)超高计算如下：

①路肩内缘为：

$$h''_{cx} = -\left(b_j + \frac{w}{2} + b_x\right)i_g = -(1.5 + 3.5 + 0.4) \times 2\% = -0.108\text{m}$$

②路中线为：

$$h'_{cx} = 0$$

③路肩外缘为：

$$h_{cx} = \left(b_j + \frac{w}{2}\right)i_g = (1.5 + 3.5) \times 2\% = 0.1\text{cm}$$

5)在 K0 +863.483 处(即 HY 点)，x =60m 属于单坡阶段

(1)加宽值为：

$$b_x = 0.6\text{m}$$

(2)超高计算如下：

①路肩内缘为：

$$h''_{cx} = -\left(b_j + \frac{w}{2} + b_x\right)i_h = -(1.5 + 3.5 + 0.6) \times 4\% = -0.224\text{m}$$

②路中线为：

$$h'_{cx} = 0$$

③路肩外缘为：

$$h_{cx} = \left(b_j + \frac{w}{2}\right)i_h = (1.5 + 3.5) \times 4\% = 0.2\text{m}$$

其他计算见路基设计见表 3-1。表中：W_1-单侧路肩宽度；W_2-单侧行车道宽度；A_1-路肩外缘与路基设计高程之差；A_2-行车道外缘与路基设计高程之差。

路基设计表

表 3-1

项目名称:某二级公路改扩建工程 K0 +700 ~ K1 +400

桩号	平曲线(m)	变坡点高程桩号及纵坡坡度、坡长(m)	竖曲线(m)	地面高程(m)	设计高程(m)	填挖高度(m)		路基宽度(m)				以下各点与设计高程之差(m)				坡脚(坡口)至中桩距离		备注
								左侧		右侧		左侧		右侧				
						填	挖	W_1	W_2	W_2	W_1	A_1	A_2	A_2	A_1	左	右	
1	2	3	4	5	6	7	8	9	10	14	15	16	17	20	21	28	29	30
K0 +700				149.77	151.80	2.03		0.750	4.250	4.250	0.750	-0.1075	-0.085	-0.085	-0.1075	11.27	12.17	
720				149.81	152.50	2.69		0.750	4.250	4.250	0.750	-0.1075	-0.085	-0.085	-0.1075	17.18	9.82	
740	$R=\infty$			148.86	153.20	4.34		0.750	4.250	4.250	0.750	-0.1075	-0.085	-0.085	-0.1075	15.78	11.92	
760				149.14	153.89	4.75		0.750	4.250	4.250	0.750	-0.1075	-0.085	-0.085	-0.1075	14.44	11.86	
780				150.00	154.59	4.59		0.750	4.250	4.250	0.750	-0.1075	-0.085	-0.085	-0.1075	18.33	14.22	
800	K0 +803.4.83			153.53	155.29	1.76		0.750	4.250	4.250	0.750	-0.1075	-0.085	-0.085	-0.1075	16.94	16.95	
820				156.83	155.98		0.85	0.750	4.663	4.250	0.750	-0.110	-0.095	-0.014	-0.004	11.94	14.79	
840				157.42	156.68		0.74	0.750	5.163	4.250	0.750	-0.180	-0.157	0.129	0.152	13.41	13.80	
860				157.77	157.42		0.35	0.750	5.663	4.250	0.750	-0.302	-0.267	0.200	0.235	7.98	15.34	
880				158.54	158.19		0.35	0.750	5.750	4.250	0.750	-0.325	-0.288	0.2125	0.250	12.89	12.28	
900	JD3 1-48° 15′ 57.1″ (Z)R-200 L_S-60			159.54	158.98		0.56	0.750	5.750	4.250	0.750	-0.325	-0.288	0.2125	0.250	7.71	11.65	
920				161.11	159.81		1.30	0.750	5.750	4.250	0.750	-0.325	-0.288	0.2125	0.250	7.67	11.18	
940		$i=3.486\%$		162.66	160.68		1.98	0.750	5.750	4.250	0.750	-0.325	-0.288	0.2125	0.250	9.50	15.53	
960		$L=220(870)$		163.72	161.58		2.14	0.750	5.750	4.250	0.750	-0.325	-0.288	0.2125	0.250	8.05	14.91	
980		159.81		164.14	162.51		1.63	0.750	5.549	4.250	0.750	-0.273	-0.241	0.185	0.217	9.42	13.71	
K1 +000			凹曲线	163.92	163.48		0.44	0.750	5.049	4.250	0.750	-0.116	-0.101	0.066	0.086	12.19	11.90	
020		K0 +920		163.09	164.47	1.38		0.750	4.549	4.250	0.750	-0.106	-0.091	-0.037	-0.030	14.02	11.21	
040	K1 +031.962		$R=12000$	161.58	165.20	3.62		0.750	4.250	4.250	0.750	-0.1075	-0.085	-0.085	-0.1075	17.40	10.47	
060			$T=90.83$	161.73	166.47	4.74		0.750	4.250	4.250	0.750	-0.1075	-0.085	-0.085	-0.1075	19.64	9.26	
080				162.28	167.47	5.19		0.750	4.250	4.250	0.750	-0.1075	-0.085	-0.085	-0.1075	20.00	10.21	
100	$R=\infty$		$E=0.34$	161.95	168.47	6.52		0.750	4.250	4.250	0.750	-0.1075	-0.085	-0.085	-0.1075	19.34	13.00	
120				164.74	169.47	4.73		0.750	4.250	4.250	0.750	-0.1075	-0.085	-0.085	-0.1075	16.60	13.95	
140		$i=5.000\%$		166.51	170.47	3.96		0.750	4.250	4.250	0.883	-0.078	-0.08	-0.088	-0.103	18.88	11.07	
160	K1 +134.683	$L=480(620)$		167.99	171.47	3.48		0.750	4.250	4.250	1.383	-0.005	-0.014	-0.098	-0.113	16.03	10.38	
180				168.41	172.47	4.06		0.750	4.250	4.250	1.883	0.089	0.0874	-0.108	-0.123	18.67	10.97	
200				166.30	173.47	7.17		0.750	4.250	4.250	2.250	0.150	0.1275	-0.1725	-0.195	18.90	14.53	
220				169.63	174.47	4.84		0.750	4.250	4.250	2.250	0.150	0.1275	-0.1725	-0.195	16.40	14.88	
240				173.62	175.47	1.85		0.750	4.250	4.250	2.250	0.150	0.1275	-0.1725	-0.195	18.97	11.34	
260				175.20	176.47	1.27		0.750	4.250	4.250	2.250	0.150	0.1275	-0.1725	-0.195	15.45	8.01	
280				174.97	177.47	2.50		0.750	4.250	4.250	2.250	0.150	0.1275	-0.1725	-0.195	19.53	9.41	
300	JD4 1-24° 43′ 58.8″ (Y)R-500 L_S-60			173.74	178.47	4.73		0.750	4.250	4.250	2.250	0.150	0.1275	-0.1725	-0.195	18.11	11.53	
320				172.20	179.47	7.27		0.750	4.250	4.250	2.250	0.150	0.1275	-0.1725	-0.195	10.00	13.90	
340				171.41	180.47	9.06		0.750	4.250	4.250	2.250	0.150	0.1275	-0.1725	-0.195	8.32	17.34	
360				172.13	181.47	9.34		0.750	4.250	4.250	2.013	0.126	0.1071	-0.1391	-0.158	8.34	17.62	
380				173.60	182.47	8.87		0.750	4.250	4.250	1.513	0.027	0.0156	-0.1	-0.115	8.32	20.00	
400				175.64	183.47	7.83		0.750	4.250	4.250	1.013	-0.056	-0.06	-0.09	-0.105	8.42	21.36	

第三节　路基路面工程

公路是一条带状的三维空间几何体,路基和路面是公路的主要结构体。路基工程包括场地清理、地基处理、土石方工程、防护工程和排水工程。

一、开工前的场地清理(参见附录(一)中“工程量清单量规则”路基的202节)

主要包括清理与掘除、挖除旧路面和拆除结构物。

(一)清理与掘除

清理与掘除工作内容主要有:清理现场和砍树、挖根。

1. 清理现场

1)工程内容

主要指清除路基范围内的垃圾、草皮、表土(10~30cm厚)和清除15cm直径以下树木、掘除树根、竹根,查《预算定额》表[1-1-1]。

包括移运利用或废弃、坑穴回填、整平(包括必要的翻松)、地面压实等一切与此有关的作业。

2)工程计量

(1)清单工程量是按投影水平面积,以平方米(m^2)为单位计量。

(2)定额工程量中清除表土是以立方米(m^3)为单位来计量的,清除表土的厚度按招标文件要求的厚度和实际调查来综合确定。报价时,清除表土的费用除以水平投影面积得到其单价。

(3)施工现场计量时,按现场量测并经监理工程师书面签认的水平投影面积计量。

2. 砍树、挖根

主要是指胸径大于等于15cm树木的砍伐,按现场清点,以株为单位计量;胸径超过15cm的树木,按胸径每增加5cm,增加一株计量。包括砍树、截锯、挖根、运输堆放,坑穴回填压实等一切与此有关的作业。

(二)挖除旧路面

其工作内容包括挖除、移运利用或废弃、坑穴回填、整平、压实等一切与此有关的作业,查《预算定额》表[2-3-2]。

其清单工程量是分别按不同的路面结构类型的水平面积,以平方米(m^2)为单位计量,同时要考虑挖除厚度。

其定额工程量以立方米(m^3)为单位进行计量的,挖除旧路面的厚度按设计图纸的要求确定。报价时,挖除旧路面的费用除以水平投影面积得到其单价。

(三)拆除结构物

其工作内容包括拆除、移运、挖土、坑穴回填、压实等一切与此有关的作业,查《预算定额》表[4-11-17]。

分别按不同的结构物类型的体积,以立方米(m^3)为单位计量。

二、路基土石方工程

(一)路基土石方的计算及调配

1. 路基土石方的分类

(1)在挖方中,按其开挖难易程度可分为石方和土方。

①石方是指用不小于165kW推土机单齿松土器无法勾动,须用爆破、钢楔或气钻方法开挖。按其开挖难易程度可分为软石、次坚石、坚石。

②土方开挖按其开挖难易程度可分为松土、普通土、硬土。

(2)在填方中,按其填料的土石含量可分为填土路堤和填石路堤。

①填石路堤是指路基填料中粒径大于40mm的石料含量≥70%的路堤。

②填土路堤是指路基填料中粒径大于40mm的石料含量<70%的路堤。

2. 土石方量计算

1)横断面面积计算方法

路基的设计横断面面积,是指横断面图中原地面线与设计线所包围的面积。下面介绍两种常用的面积计算方法。

(1)积距法。如图3-12所示,将横断面按单位横宽划分为若干个梯形与三角形条块,其横断面面积为:

$$F = \sum_{i=1}^{n} F_i = b\sum_{i=1}^{n} h_i \tag{3-1}$$

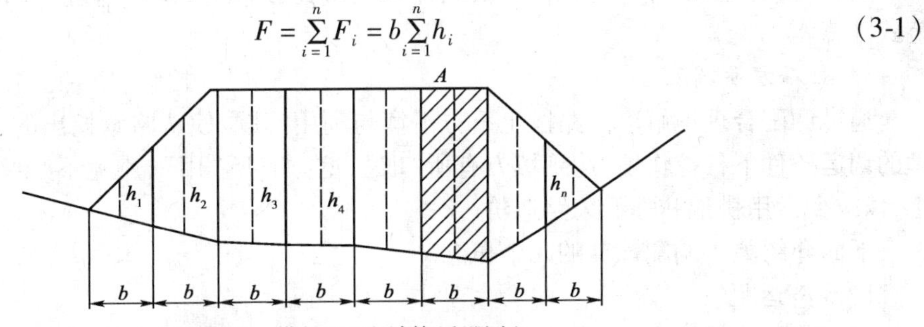

图3-12 横断面面积计算(积距法)

(2)坐标法。如图3-13,已知断面图上各转折点坐标(x_i, y_i),则断面面积为:

$$F = \frac{1}{2}\sum_{i=1}^{n}(x_i y_{i+1} - x_{i+1} y_i) \tag{3-2}$$

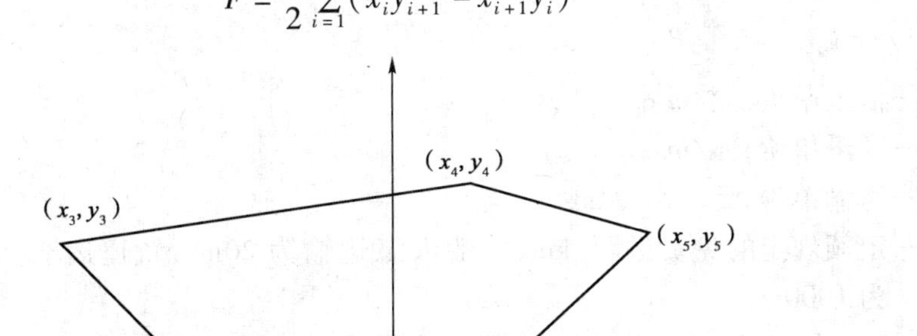

图3-13 横断面面积计算(坐标法)

坐标法的精度较高,适宜于用计算机计算。

在路基的横断面面积计算中,除计算设计横断面面积外,还应考虑为保证工程施工质量而进行的原地面处理、路堤两侧宽填和压实沉降等因素带来的横断面面积变化。因此,填方横断面面积=设计横断面面积+路堤两侧宽填面积+原地面处理增加的面积+压实沉降增加的面积-路面结构层面积;挖方横断面面积=设计横断面面积-清除腐殖土面积+路面结构层面积。

2)土石方数量计算

(1)平均断面法。若相邻两断面均为填方或均为挖方且面积大小相近,则可假定两断面之间为一棱柱体(图3-14),其体积的计算公式为:

$$V=\frac{1}{2}\sum_{i=1}^{n}L_{i,i+1}(F_i+F_{i+1}) \tag{3-3}$$

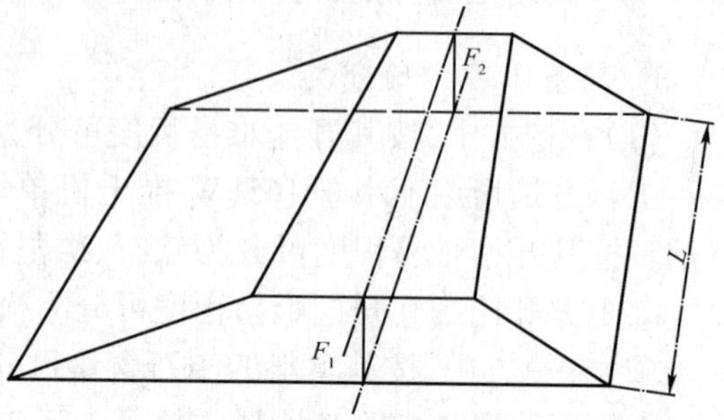

图3-14 体积计算

式中:V——体积,即土石方数量,m^3;

F_i,F_{i+1}——分别为相邻两断面的面积,m^2;

$L_{i,i+1}$——相邻断面之间的距离,m。

(2)似棱体法。若 F_i 和 F_{i+1} 相差甚大,则采用似棱体法。其计算公式为:

$$V=\frac{1}{3}\sum_{i=1}^{n}L_{i,i+1}(F_i+F_{i+1})\left[1+\frac{m^{\frac{1}{2}}}{(1+m)}\right] \tag{3-4}$$

式中:$m=F_i/F_{i+1}$,且 $F_i<F_{i+1}$。

用平均断面积法计算与似棱体公式计算结果比较,如果误差超过5%时,应采用似棱体公式计算。

3. 土石方量调配

通过调配合理地解决各路段土石方平衡与利用问题,使从路堑挖出的土石方,在经济合理的调运条件下移挖作填,达到填方有所"取",挖方有所"用",避免不必要的路外借土和弃土,以减少占用耕地和降低公路造价。

下面介绍关于调配计算的几个概念

1)经济运距

对于路堤填筑用土,是采取"调运"还是"借土",有个距离限度问题,即所谓"经济运距"问题,其值可按下式计算:

$$L_{\mathrm{j}}=\frac{B+C}{T}+L_{\mathrm{m}} \tag{3-5}$$

式中:B——借土单价,元/m^3;

C——弃土单价,元/m^3;

T——运输单价,元/m^3·km;

L_{m}——定额规定的免费运距,km,一般人工运输为20m,轨道运输为50m,汽车运输为1000m。

由上可知,经济运距是确定借土或调运的限界,当调运距离小于经济运距时,采取纵向调运是经济的,反之,则可考虑就近借土。

2)平均运距

土方调配的运距,是指从挖方体积的重心到填方体积的重心之间的距离。在路线工程中为简化计算起见,这个距离可简单地按挖方断面中心至填方断面中心的距离计算,称平均运距。

3)运量

在纵向调配时,当其运距超过定额规定的免费运距,应按其超运运距计算土石方运量。土石方运量为超运距与土石方调配数量的乘积。

在生产中,工程定额是将平均运距划为不同级的运输单位,一个运输单位称之为一级。例如:人工的一级为10m;自卸车的一级为1000m。在土方计算表内可用符号:

①表示一级;

②表示二级,不足一级的,仍按一级计算。

于是:

$$总运量 = 调配(土石方)方数 \times n \tag{3-6}$$

式中:n——级数,其值计算如下:

$$n = \frac{L - L_m}{一级}$$

L——平均运距;

L_m——免费运距。

4)计价土石方数量

一般是指工程上所说的土石方总量,其数量必须通过土石方调配表来确定:

$$计价土石方数量 = 挖方数量 + 借方数量 \tag{3-7}$$

(二)挖方(参见附录一“工程量清单计量规则”中路基的203节)

挖方是指横断面顶面设计线低于处理后的地面线而带来的土石方开挖。挖方主要包括路基挖方、改路(改河)挖方、借土挖方。

1. 工程内容

挖方包括施工防排水、开挖、装卸、运输、弃方处理及其路床顶面与边坡(含无铺砌的边沟)的整理、碾压(含挖方路床顶面以下30cm范围内的翻松)等一切与此有关的作业,查《预算定额》表[1-1-2]~表[1-1-17]。

(1)路基挖方除包括路堑挖方以外,尚包括边沟、排水沟、截水沟等排水设施的挖方、填挖交界处的挖台阶以及挖除非适用筑路材料。

(2)改路(改河)挖方包括改路、改河、改渠的挖方以及挖除非适用筑路材料。

(3)借土挖方中,除包括挖方作业以外,尚包括借土场或取土坑中非适用材料的挖除、弃运及场地清理、地貌恢复、施工便道便桥的修建与养护、临时排水与防护等作业。

2. 工程计量

挖方以批准的路基设计图纸所示界限为限,均按天然密实方计量,以立方米(m^3)为单位计量。

(1)报价时,一般以清单工程量为准。

(2)施工现场计量时,按路线中线长度乘以经监理工程师签认的横断面面积计算。计算横断面面积时,应扣除10~30cm厚度的清表土面积,加上路面结构层所占的面积;孤石按量测的体积,以立方米(m^3)为单位计量。

①挖方作业应保持边坡稳定,应做到开挖与防护同步施工,如因施工方法不当、排水不良或开挖后未按设计及时进行防护而造成的塌方,则塌方的清除和回填由承包人负责。

②借土场或取土坑中非适用材料的挖除、弃运及场地清理、地貌恢复、施工便道便桥的修建与养护、临时排水与防护作为借土挖方的附属工程,不另行计量。

(3)挖方在其免费运距内不计运费;运距超过免费运距时,计超运距运费以 $m^3 \cdot km$ 为单位计量。

(三)填方(参见附录一"工程量清单计量规则表"中路基的 204 节)

填方是指横断面顶面设计线高于处理后的地面线而带来的土石方填筑。填方主要包括路基填筑、改路改河填筑、结构物台背及锥坡填筑。

路基填筑和改路改河填筑可分为回填土、土方填筑及石方填筑;结构物台背可分为涵洞和通道台背回填、桥梁台背回填。

1. 工程内容

包括施工防、排水,填前碾压或挖台阶,摊平、洒水或晾晒、压实,整修路基和边坡等一切与此有关作业,查《预算定额》表[1-1-18]~表[1-1-22]。

(1)回填土是指零填挖以下(或填方)路段,在场地清理或挖除非适用筑路材料土的回填。

(2)结构物台背及锥坡填筑。

包括挖运、掺配、拌和,填前挖台阶,摊平、压实、洒水、养护,整形等一切与此有关作业。

(3)土石方填筑通过土石方调配完成,包括:①本桩利用和远运利用土石填筑;②借土填筑。

2. 工程计量

(1)清单工程量以批准的路基设计图纸所示界限为限,按路床顶面设计高程计算。填方按压实的体积,以立方米(m^3)为单位计量。

(2)定额工程量根据设计图纸和招标文件要求计算,按压实的体积,以立方米(m^3)为单位计量。

①应扣除跨径大于 5m 的通道、涵洞空间体积,跨径大于 5m 的桥则按桥长的空间体积扣除。

②应考虑为保证压实度,路基两侧宽填而增加的土石方量和零填挖的翻松压实等增加的费用。

③应考虑清理场地(如存在)后所增加的土石方量。

(3)施工现场计量时,其实际尺寸应以图纸所示界线为限,并在清理场地(如存在)后经实地测量报监理工程师批准的横断面图上标明,并以此计算工程量。

①为保证压实度两侧加宽超填的增加体积和零填零挖的翻松压实,不单独计量,其工作费用包含在填方单价中。

②临时排水以及超出图纸要求以外的超填挖,均不计量与支付。

(四)特殊地区路基处理(参见附录一"工程量清单计量规则表"中路基的 205 节)

特殊地区路基主要包括软土地基、黄土、盐渍土、改良土和滑坡、岩溶洞等。

1. 软土地段处理

1)抛石挤淤

按换算并经压实的体积，以立方米（m^3）为单位计量。包括排水清淤、抛填片石、整平、压实、沉降观测等一切与此有关的作业，查《预算定额》表[1-3-11]。

2）袋装砂井

按袋装砂井的长度（从井底到砂砾垫层顶面），以米（m）为单位计量。包括材料的采购、供应、运输、装砂、套管的沉入、放置砂袋、拔出套管、沉降观测等一切与此有关的作业，查《预算定额》表[1-3-1]。

3）塑料排水板

按塑料排水板的长度（从排水板底到砂砾垫层顶面），以米（m）为单位计量。包括材料的采购、供应、运输、塑料板的插入、沉降观测等一切与此有关的作业，查《预算定额》表[1-3-2]。

4）土工织物

按土工织物铺筑的面积（不计搭接），以平方米（m^2）为单位计量。包括土工织物的采购、供应、运输、原地面整平、铺筑土工织物、沉降观测等一切与此有关的作业，查《预算定额》表[1-3-9]。

5）袋装砂井、塑料排水板和土工织物的砂砾垫层

按铺筑并经压实的体积，以立方米（m^3）为单位计量。包括砂砾材料的采备、运输、摊铺、整平、压实等一切与此有关的作业，查《预算定额》表[1-3-12]。

6）路堤预压填方

（1）路堤预压填方工程内容为：

①借（取）土场中不适用材料的挖除、运弃，填方材料的开挖、免费运距以内的运输、摊铺、整平、压实、整形、沉降观测等一切与此有关的作业，查《预算定额》表[1-3-13]。

路堤预压填方，在其免费运距内不计运费；运距超过免费运距时，计超运距运费，以m^3 · km为单位计量。

②挖除预压多余填料，按受测的体积，以立方米（m^3）为单位计量。包括挖除、运弃（不计运距）等一切与此有关的作业。

（2）路堤预压填方工程计量为：

按预压填筑压实的体积（压实体积根据施工中沉降观测标志标示的沉降量所绘制的横断面计算），以立方米（m^3）为单位计量。

2. 黄土、盐渍土、改良土和滑坡、岩溶洞的处理

其工程内容包括排水、挖运、取料回填、压实等。按实际情况计量。

三、路基排水工程

为了保证路基路面的使用功能，需修筑必要的排水设施。其地面排水的工程设施有：边沟、截水沟、排水沟、急流槽；其地下排水的工程设施有：盲沟、渗沟、渗井等。

（一）地面排水设施

1. 地面排水设施类型

1）边沟

边沟也称侧沟，设在路基坡脚边缘。其作用主要是汇集并排除由路表面和边坡上流下来的水流以及流向路基的少量地面水，如图3-15所示。

2）截水沟

截水沟又称天沟。当路基上方的山坡汇水面积较大时，在山坡上设置拦摊，并将山坡水流排截至低洼或沟渠中去，如图3-16和图3-17所示。

3）排水沟

排水沟也称泄水沟，是将路基两侧低洼处的地表水，或边沟，截水沟，取土坑内的水导入河谷或桥涵的设施。

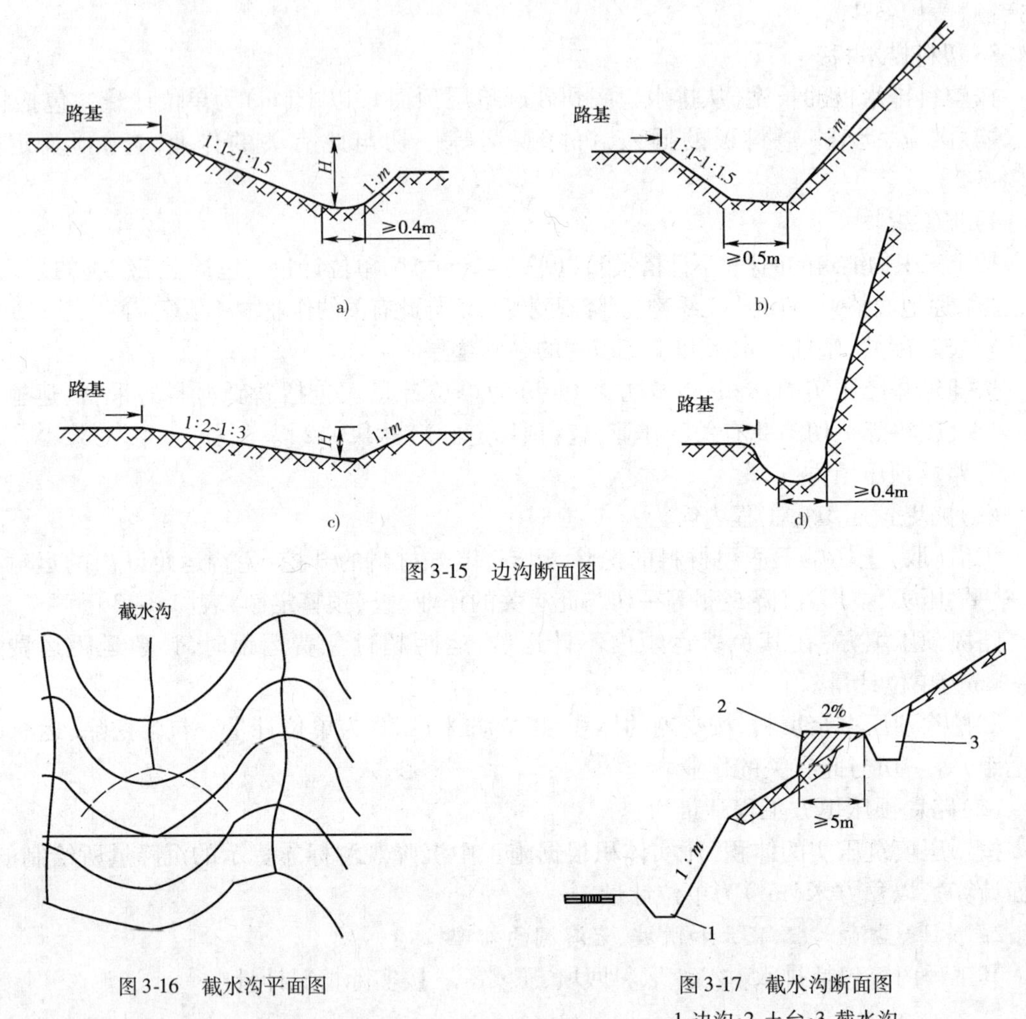

图3-15　边沟断面图

图3-16　截水沟平面图

图3-17　截水沟断面图

1-边沟；2-土台；3-截水沟

2. 工程内容

包括沟的扩挖、整形、夯实，材料的采购、供应、加工、运输，砌体的砌筑或混凝土的预制、养生（灌溉沟包括防水层的铺设）等一切与此有关的作业，查《预算定额》表[1-2-1]～表[1-2-5]。

3. 工程计量

沟的挖方量在路基挖方中计算；对于砌体或混凝土的工程量，分别各类沟的标准横断面，按量测的轴线长度，以立方米（m^3）为单位计量。

（二）盲沟和渗沟

用透水材料卵石或片石砌成可以纵向渗流的，埋在地面以下的流水沟称为盲沟。用砖石砌成沟身加盖板并埋置在地下的沟称为暗沟，如图3-18所示。

1．工程内容

包括沟槽的挖基、整型、夯实、铺筑垫层，材料的采购、供应、加工、运输，沟道或管道的铺设、安装、土工布、反滤层的设置等一切与此有关作业，查《预算定额》表[1-2-6]、表[1-2-7]。

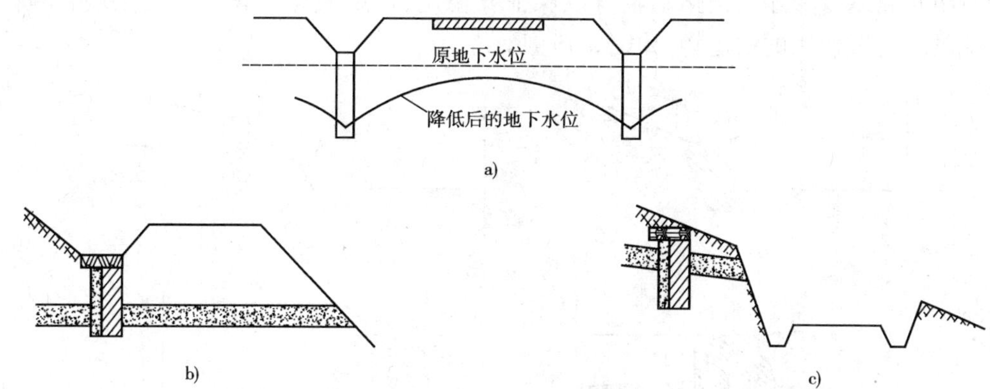

图 3-18 盲沟和渗沟示意图

a）渗沟降低地下水位；b）路堤边坡上的渗沟；c）路堑边坡上的渗沟

2．工程计量

按量测的轴线长度，以米（m）为单位计量。

四、路基防护与加固工程

路基防护与加固工程，按其作用不同，可分为坡面防护，河道防护和支挡建筑物三大类。

（一）边坡防护

用以防护易受自然因素影响而破坏的土质与岩质边坡。常用的类型有：种草，铺草皮，植树，抹面，勾缝，灌浆和石砌护坡，护面墙等。

1．种草、种灌木、铺草皮

1）工程内容

包括坡面的整理，种植土的挖取、运输、加铺，草种、灌木、草皮的供应、铺种、浇水、养护等一切与此有关作业，查《预算定额》表[5-1-1]、表[5-1-2]。

2）工程计量

按边坡铺种的面积，以平方米（m^2）为单位计量。

2．浆（干）砌片石（或混凝土）护坡

1）工程内容

包括坡面的整理，材料的采备、供应、运输、加工，挖槽、铺垫层、铺滤水层、制作安装沉降缝、伸缩缝、泄水孔，砌体的砌筑、勾缝（或混凝土浇筑），养生，支架搭设与拆除等一切与此有关的作业，查《预算定额》表[5-1-3]～表[5-1-10]。

对于岸坡防护和导流构造物，除包括上述工程内容外，还包括基础的围堰、开挖、排水、基底处理、废方弃运等一切与此有关的作业。

对于抛石、石笼，分别岸坡防护和导流构造物，包括材料（石笼含铁丝等）的采备、供应、运输，石料抛掷或堆码或石笼的制作、笼内装石、捆扎安放等一切与此有关的作业。

2）工程计量

按铺砌(或浇筑)的体积,以立方米(m^3)为单位计量。

(二)挡土墙

用以防止路基变形或支挡路基本身以保证其稳定,常用的类型有各种挡土墙,土垛,石垛及其他具有承重作用的构造物,如图3-19所示。

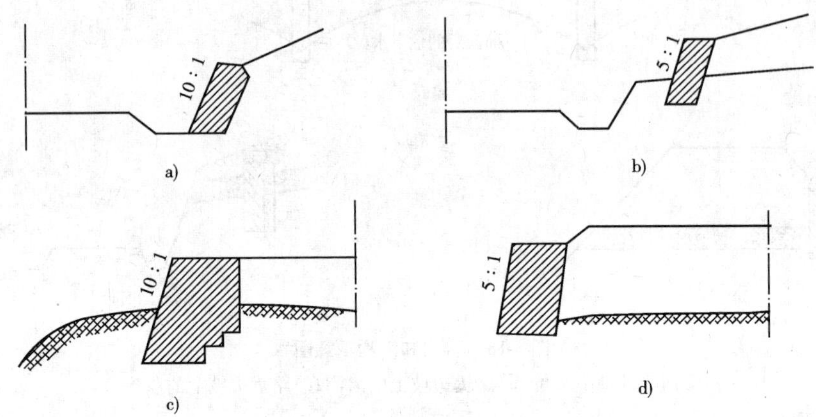

图3-19　路基挡土墙

a)路堑挡土墙;b)山坡挡土墙;c)路肩挡土墙;d)路堤挡土墙

1. 工程内容

包括基坑的开挖、整平、夯实、废方运弃、基底处理、回填压实,材料的采备、供应运输、加工,砌体的砌筑、勾缝(或混凝土浇筑),养生,支架、模板的制作、搭设与拆除等一切与此有关的作业,查《预算定额》表[5-1-15]~表[5-1-25]。

对于锚杆混凝土挡土墙所用的钢筋和锚杆包括钢筋和锚杆的供应、运输、除锈、加工、焊(搭)接、绑扎、安装、注浆、张拉等一切与此有关的作业。

2. 工程计量

挡土墙按砌筑的体积,以立方米(m^3)为单位计量;钢筋和锚杆按不同级号的质量,以吨(t)为单位计量。

【例3-2】　接【例3-1】的计算结果,该缓和曲线段K0+843.483~K0+863.483的各点横断面如图3-20所示。试计算该段土石方工程量。

解:其面积计算见表3-2,土石方量计算要考虑清除表土和路面结构层所占的体积,具体结果见表3-2 土石方量计算及调配表。

五、路面工程

路面是道路的主要结构,包括垫层、底基层、基层、面层、透层、黏层、封层、路面排水、路面其他工程(图3-21)。

(一)面层

1. 面层类型

面层是路面结构层最上面的一个层次,直接承受车辆荷载及自然因素的影响,并将荷载传递到基层。面层依据使用材料的不同可分为沥青类面层、水泥类面层。

路基土石方数量计算表

表 3-2

项目名称：某二级公路改扩建工程 K0 + 700 ~ K1 + 400

第 1 页共 1 页

桩号	横断面积(m^2)		距离(m)	挖方分类及数量(m^3)									填方数量(m^3)			利用方数量(m^3)及运距(m)							借方数量(m^3)		弃方数量(m^3)		计价土石方总数量(m^3)		备注
				总数量	土				石							本桩利用		填缺		挖余		远运利用纵向调配示意							
					I		II		III		IV																		
	填	挖			%	数量	%	数量	%	数量	%	数量	总数量	土	石	土	石	土	石	土	石		土	石	土	石	土	石	
1	2	3	4	5	6	7	8	9	12	13	14	15	16	17	18	19	20	21	22	23	24	25	26	27	28	29	30	31	32
K0+700	26.47	7.91																				(土)3957.27 (石)2521.50							I类土为开挖路堑表层，土方不能用于填筑路堤，按弃方计。本桩利用处填土、石为压实后体积，若为天然密实方，土应除以1.16，石应除以0.92，借方弃方均为天然密土
+720	48.41	2.52	20	104.30		21.89		51.12				31.29	748.80	484.15	264.65	44.07	34.01	510.49	212.19			(土)0(石)212.19	510.49		21.89		583.50	31.29	
+740	106.75	1.79	20	43.10		12.40		17.77				12.93	1551.60	893.11	658.49	15.32	14.05	1018.24	592.88			(土)389(石)592.88	629.24		12.40		659.41	12.93	
+760	98.52	3.25	20	50.40		14.92		20.36				15.12	2052.70	1181.72	870.98	17.55	16.43	1350.44	786.18			(土)1350.44(石)786.18			14.92		35.28	15.12	
+780	92.08	14.79	20	180.40		36.72		89.56				54.12	1906.00	1096.42	809.58	77.21	58.83	1182.29	690.69			(土)1182.29(石)690.69			36.72		126.28	54.12	
+800	33.24	61.84	20	766.30		63.36		473.05				229.89	1253.20	742.94	510.26	407.80	249.88	388.76	239.55			(土)388.76(石)239.55			63.36		536.41	229.89	
+820	2.30	45.15	20	1069.90		72.84		676.09				320.97	355.40	355.40		355.40				263.83	348.88	(土)263.83(石)348.88			72.84		748.93	320.97	
+840	3.37	33.61	20	787.60		71.26		480.06				236.28	56.70	56.70		56.70				414.29	256.83	(土)414.29(石)256.83			71.26		551.32	236.28	
+860	1.11	46.08	20	796.90		69.30		488.53				239.07	44.80	44.80		44.80				436.56	259.86	(土)436.56(石)259.86			69.30		557.83	239.07	
+880	4.23	19.66	20	657.40		62.28		397.90				197.22	53.40	53.40		53.40				335.96	214.37	(土)335.96(石)214.37			62.28		460.18	197.22	
+900	0.52	17.07	20	367.30		55.54		201.57				110.19	47.50	47.50		47.50				146.47	119.77	(土)146.47(石)119.77			55.54		257.11	110.19	
+920	0.40	19.46	20	365.30		57.64		198.07				109.59	9.20	9.20		9.20				187.40	119.12	(土)187.40(石)119.12			57.64		255.71	109.59	
+940	0.55	63.15	20	826.10		96.44		501.83				247.83	9.50	9.50		9.50				490.81	269.38	(土)490.81(石)269.38 (土)3957.27 (石)2521.50			76.44		578.27	247.83	
+960		64.65	20	1278.00		93.92		800.68				383.40	5.50	5.50		5.50				794.30	416.74	(土)794.30(石)416.74			93.92		894.60	383.40	
+980	0.58	38.06	20	1027.10		89.38		629.59				308.13	5.80	5.80		5.80				622.86	334.92	(土)622.86(石)334.92			89.38		718.97	308.13	
K1+000	4.21	17.64	20	557.00		69.54		320.36				167.10	47.90	47.90		47.90				264.80	181.63	(土)264.80(石)181.63			69.54		389.90	167.10	
+020	23.34	12.41	20	300.50		44.02		166.33				90.15	275.50	177.51	97.99	143.39	97.99	39.58					39.58		44.02		249.93	90.15	
+040	63.88	4.11	20	165.20		25.80		89.84				49.56	872.20	818.33	53.87	77.45	53.87	859.42					859.42		25.80		975.06	49.56	
+060	91.34	2.73	20	68.40		13.94		33.94				20.52	1552.20	1529.90	22.30	29.26	22.30	1740.74					1740.74		13.94		1788.62	20.52	
+080	0.00	2.00	20	47.30		11.78		21.33				14.19	913.40	897.98	15.42	18.39	15.42	1020.33					1020.33		11.78		1053.44	14.19	
+100	138.04	2.33	20	43.30		12.42		17.89				12.99	1380.40	1366.28	14.12	15.42	14.12	1566.99					1566.99		12.42		1597.30	12.99	
+120	121.63	2.09	20	44.20		13.30		17.64				13.26	2596.70	2582.29	14.41	15.21	14.41	2977.82					2977.82		13.30		3008.76	13.26	
+140	66.92	2.43	20	45.20		13.50		18.14				13.56	1885.50	1870.76	14.74	15.64	14.74	2151.94					2151.94		13.50		2183.58	13.56	
+160	58.18	3.81	20	62.40		14.16		29.52				18.72	1251.00	1230.65	20.35	25.45	20.35	1398.03					1398.03		14.16		1441.71	18.72	
+180	77.75	2.89	20	67.00		15.56		31.34				20.10	1359.30	1337.45	21.85	27.02	21.85	1520.10					1520.10		15.56		1567.00	20.10	
+200	126.22	5.62	20	85.10		20.86		38.71				25.53	2039.70	2011.95	27.75	33.37	27.75	2295.15					2295.15		20.86		2354.72	25.53	
+220	97.21	3.79	20	94.10		19.76		46.11				28.23	2234.30	2202.62	30.68	39.75	30.68	2508.93					2508.93		19.76		2574.80	28.23	
+240	39.23	1.48	20	52.70		11.20		25.69				15.81	1364.40	1347.22	17.18	22.15	17.18	1537.09					1537.09		11.20		1573.98	15.81	
+260	26.35	2.07	20	35.50		9.68		15.17				10.65	655.80	644.22	11.58	13.08	11.58	732.13					732.13		9.68		756.98	10.65	
+280	48.51	2.98	20	50.50		12.96		22.39				15.15	748.60	732.13	16.47	19.30	16.47	826.88					826.88		12.96		862.23	15.15	
+300	95.1	3.20	20	61.80		16.30		26.96				18.54	1436.10	1415.95	20.15	23.24	20.15	1615.54					1615.54		16.30		1658.80	18.54	
+320	67.58	3.20	20	64.00		17.02		27.78				19.20	1626.80	1605.93	20.87	23.95	20.87	1835.10					1835.10		17.02		1879.90	19.20	
+340	89.25	5.82	20	90.20		21.66		41.48				27.06	1568.30	1538.89	29.41	35.76	29.41	1743.63					1743.63		21.66		1806.77	27.06	
+360	89.94	7.06	20	128.80		28.48		61.68				38.64	1791.90	1749.90	42.00	53.17	42.00	1968.20					1968.20		28.48		2058.36	38.64	
+380	86.58	6.35	20	134.10		29.32		64.55				40.23	1765.20	1721.47	43.73	55.65	43.73	1932.36					1932.36		29.32		2026.23	40.23	
+400	72.34	7.87	20	142.20		28.72		70.82				42.66	1589.20	1542.83	46.37	61.05	46.37	1718.86					1718.86		28.72		1818.40	42.66	
合计			700	10659.60		1247.87		6213.85				3197.88	37054.50	33358.30	3695.22	1945.33	954.46	36439.05	2521.50	3957.27	2521.50		33128.56		1247.87		40590.28	3197.88	

2. 沥青类面层(参见附录一“工程量清单计量规则表”路面的308节~310节)

1)类型

高级面层有沥青混凝土、沥青碎石；次高级面层有沥青贯入碎(砾)石、沥青碎(砾)石、沥青表面处治。

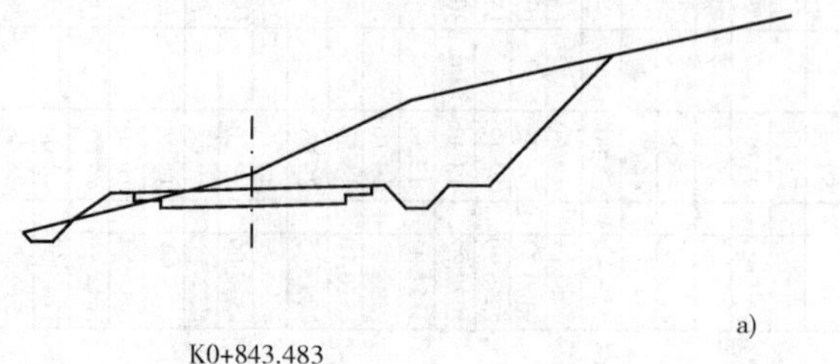

桩号：K0+843.483		
填：	m	挖：0.52m
路基宽	左：5.4m	右：5m
超　高	左：−0.108m	右：0.100m
边　坡	左：1∶1.5	右：1∶1
面　积	填：3.37m²	挖：33.61m²

a)

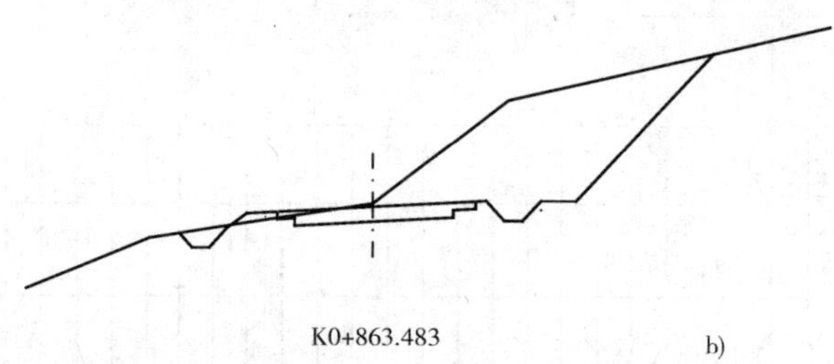

桩号：HY　K0+863.483		
填：	m	挖：0.13m
路基宽	左：5.6m	右：5m
超　高	左：−0.224m	右：0.200m
边　坡	左：1∶1.5	右：1∶1
面　积	填：0.9m²	挖：40.7m²

b)

图3-20　横断面示意图

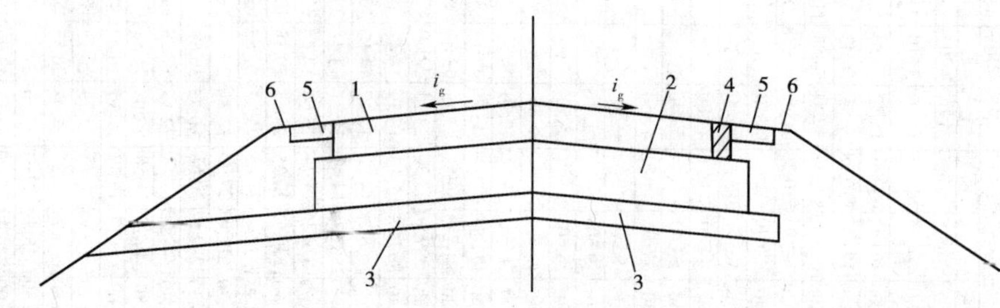

图3-21　路面结构层示意图

1-面层；2-基层(有时包括底基层)；3-垫层；4-路缘石；5-加固路肩；6-土路肩

2)工程内容

包括基层准备，材料的采购、供应、加工、运输、摊铺、碾压及初期养护等一切与此有关作业，查《预算定额》表[2-2-1]~表[2-2-15]。

3)工程计量

根据分别不同厚度，按量测的中线长度与宽度相乘的面积，沥青混凝土(定额计量单位为m^3)、沥青贯入式和沥青表面处治面层以平方米(m^2)为单位进行计量。

(1)沥青混凝土路面和水泥混凝土路面所需的外掺剂不另行计量。

(2)沥青混合料、水泥混凝土和(底)基层混合料拌和站、储料场的搭设、拆除、恢复均包括在相应工程项目中，不另行计量。

(3)计算面积时，其宽度应按图纸所示净尺寸线，或按监理工程师指令计量。对于面积在$1m^2$以下的固定物(如检查井等)不予扣除。

3. 水泥混凝土面层(参见附录一“工程量清单计量规则表”路面的311节)

1)构造

水泥混凝土面层是由一定厚度的面板组成，具有热胀冷缩的性质。为防止温度变化而造成的破坏，在面板的纵横两个方向设置许多接缝。横缝按其功能可分为：缩缝［图3-22a））、b）］、胀缝和施工缝［图3-22c）］。

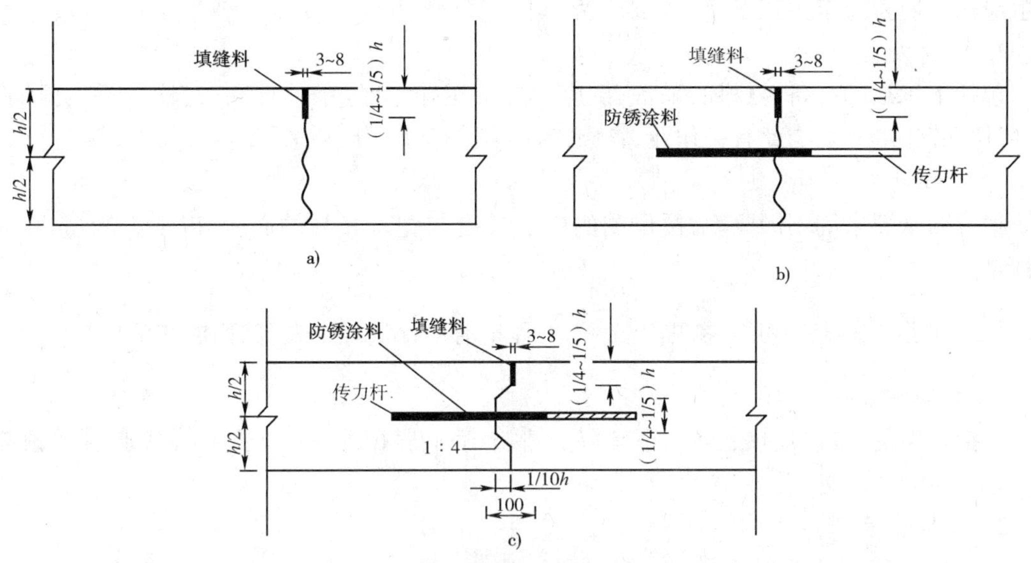

图3-22 水泥混凝土路面接缝示意图(尺寸单位:cm)

a)普通缩缝;b)设传力杆的假缝;c)设传力杆的施工缝

2）工程内容

包括基层的准备，材料的采备、供应、加入、运输，模板的制作、安装、拆除，混凝土的拌和、运输、浇筑或摊铺、捣实、抹面、养生、接缝施工等一切与此有关作业，查《预算定额》表［2-2-17］~表［2-2-19］。

对于钢筋网、纵缝拉杆、横向胀缝体力杆、面板的角隅钢筋和边缘钢筋等所用的钢筋，包括钢筋的供应、运输、加工、搭（焊）接、绑扎布设等一切与此有关的作业。

3）工程计量

面层分为不同强度等级和厚度，按量测的中线长度与宽度相乘的面积，以平方米（m^2）为单位计量；钢筋按图纸或有关资料标示的直径和净长计算，按不同强度等级的质量，以千克（kg）为单位计量。

（1）水泥混凝土路面养生用的养护剂、覆盖的麻袋、养护器材等，均包括在浇筑不同厚度水泥混凝土面层的工程项目中，不另行计量。

（2）施工缝所用钢材及封缝料，均不单独计量与支付。

（二）基层、垫层（参见附录一“工程量清单计量规则表”路面的302节、303节、304节）

基层是面层以下的结构层。它主要承受由面层传递的车辆荷载垂直力，并将它分布到土基或垫层上。

1. 基层和垫层的类型

（1）基层按主要材料的不同有各种结合料（如石灰、水泥或沥青等）稳定土或碎（砾）石或工业废渣组成的混合料，贫水泥混凝土，各种碎（砾）石混合料或天然砂砾及片石，块石或圆石等。

(2)垫层按主要材料的不同有砂砾,炉渣或片(圆)石组成的透水性垫层和石灰土或炉渣石灰土等组成的稳定性垫层。

为了保护路面面层的边缘,一般公路的基层宽度应比面层每边至少宽出25cm,垫层宽度也应比基层每边至少宽出25cm,或与路基同宽,以便排水。

2. 工程内容

包括下承层的准备,材料的采备、供应、加工、运输,铺筑中的拌和、运输、布料、摊铺、整型、碾压、养生等一切与此有关作业,查《预算定额》表[2-1-1]~表[2-1-12]。

3. 工程计量

根据图纸要求的不同厚度,按量测的中线长度与宽度相乘的面积,以平方米(m^2)为单位计量。

(三)透层、黏层和封层(参见附录一"工程量清单计量规则表"路面的307节)

1. 工程内容

包括材料的供应、加热、运输,下承层的清扫,喷洒养护等一切与此有关作业,查《预算定额》表[2-2-16]。

2. 工程计量

按工作面积,以平方米(m^2)为单位计量。

(四)路肩和中间带(参见附录一"工程量清单计量规则表"路面的312节)

1. 培土路肩和中央分隔带填土

1)工程内容

包括挖运土、培土、整型、压实等一切与此有关作业,查《预算定额》表[2-3-3]。

2)工程计量

分别不同结构类型和厚度,按铺筑面积所得的体积,以立方米(m^3)为单位计量。

2. 立缘石和平缘石

1)工程内容

包括为铺筑所进行的开挖与回填,材料的采备、供应、加工、运输,缘石的预制、运输、安装等一切与此有关作业,查《预算定额》表[2-3-4]。

2)工程计量

分别不同断面,按量测的长度,以米(m)为单位计量。

(五)路面横向排水(参见附录一"工程量清单计量规则表"路面的312节)

路面横向排水结构主要包括中央分隔带排水结构、超高排水结构和路肩排水结构。

1. 工程内容

包括施工前现场准备,材料的采备、供应、加工、运输,施工、养生等一切与此有关作业,查《预算定额》表[1-2-6]~表[1-2-7]。

2. 工程计量

分别不同结构,按量测的长度,以米(m)为单位计量。其中混凝土集水井以"座"为单位计量。

第四节　桥 涵 工 程

一、桥涵工程概述

桥涵工程是指为了保证道路的连续性，充分发挥其正常的使用功能，供交通车辆通行并跨越障碍物的结构物。其中单孔标准跨径 $L_K \geqslant 5m$ 的是桥梁；单孔标准跨径 $L_K < 5m$ 的是涵洞。

（一）桥梁工程分类

（1）按其跨越构件的力学模型可分为梁桥、拱桥、刚架桥、悬索桥。

①梁式桥的特点是其桥跨的承载结构由梁组成（图3-23）。

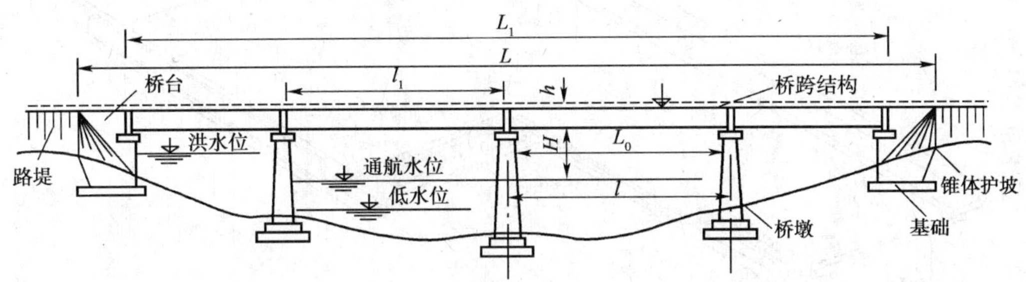

图3-23　梁式桥的基本组成

②拱桥的拱圈或拱肋是拱式桥的主要承重结构（图3-24）。

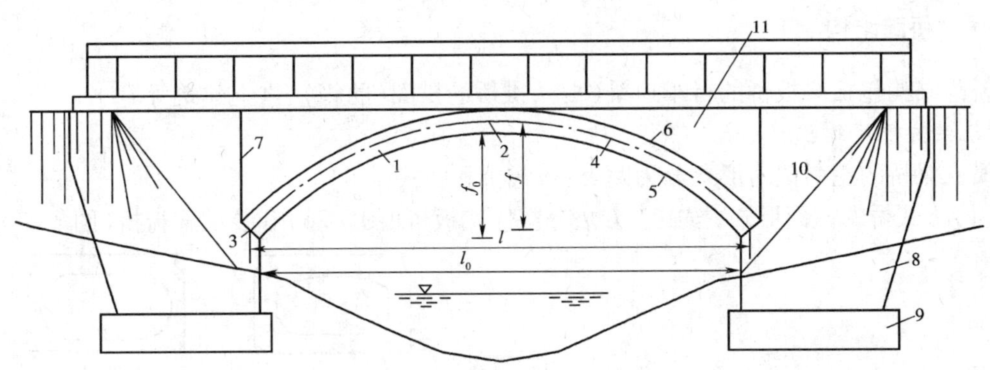

图3-24　拱桥的基本组成

1-主拱圈；2-拱顶；3-拱脚；4-拱轴线；5-拱腹；6-拱背；7-伸缩缝；8-桥台；9-基础；10-锥坡；11-拱上建筑

③刚架桥的主要承重结构是梁或板和立柱或竖墙整体结合在一起的刚架结构。

④悬索桥也称为吊桥。悬索桥是指以主缆索受拉为主要承重构件的桥梁结构。其结构构造包括基础、塔墩、锚碇、主缆索、吊索、加劲梁及桥面结构等。

（2）按其构件的功能可分为基础、下部结构、上部结构、附属结构。

（3）按路与路的连接情况可分为分离式立交桥、互通式立交桥。主路在下、桥在上的称为天桥；主路在上、桥在下的称为通道。

(二)涵洞分类

(1)按其横断面的形状不同可分为圆管涵、盖板涵、箱涵和拱涵。

(2)按其所用的材料不同可分为石砌涵和混凝土涵洞。

(3)按其构件的功能可分为洞口建筑、基础和涵身。

二、上部混凝土(砌筑)工程

上部结构是指桥梁结构中直接承受和传递车辆和其他荷载,并跨越各种障碍物的主要承重结构,包括桥跨结构、桥面附属工程、支座(图 3-25)。

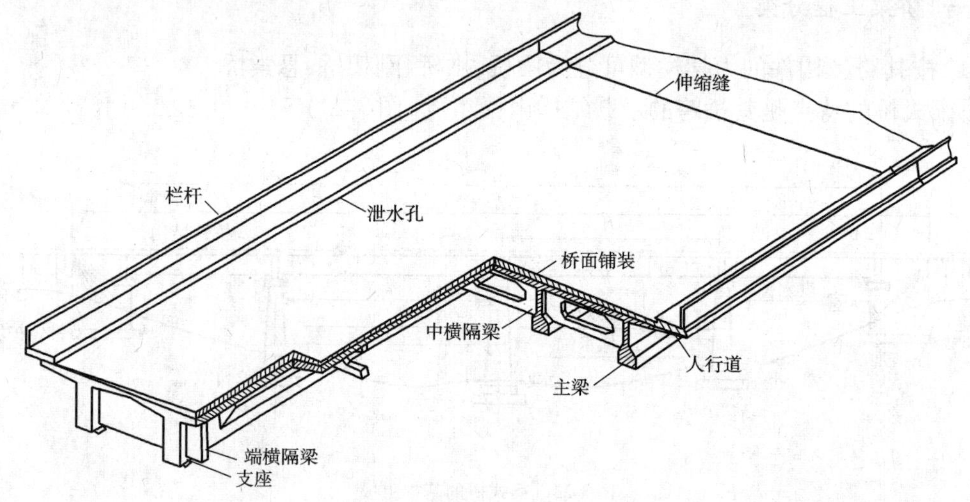

图 3-25　装配肋梁桥上部构造三维示意图

(一)桥跨结构

桥跨结构包括梁板桥的行车道梁(板),拱桥的拱圈(肋箱)、拱上建筑等。

1. 梁桥桥跨结构

简支梁桥的主梁截面形式分为两类:板式桥和肋式桥

(1)板式桥的截面形式,按施工方法分整体式板桥(图 3-26)和装配式板桥(图 3-27)。

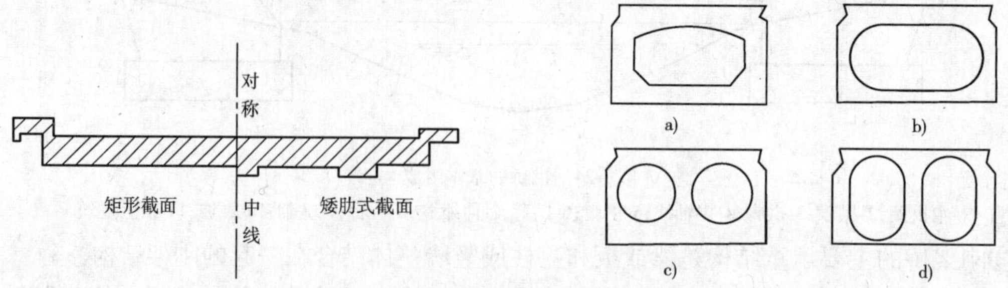

图 3-26　整体式板桥横断面

图 3-27　空心板的截面形式

(2)装配肋式桥的截面形式有三种基本类型:T 形、箱形、I 形(图 3-28)。

2. 拱桥桥跨结构

主要包括主拱圈和拱上建筑(图 3-29)。

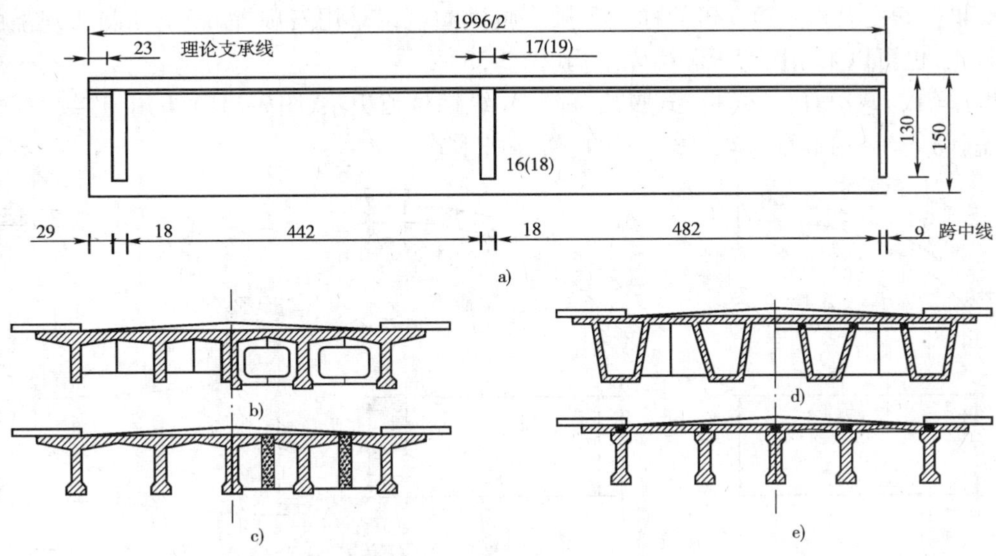

图 3-28　装配式简支梁的立面和断面(尺寸单位:cm)

a)装配式简支梁的立面;b)、c)T 形梁断面;d)箱形梁断面;e)I 形梁断面

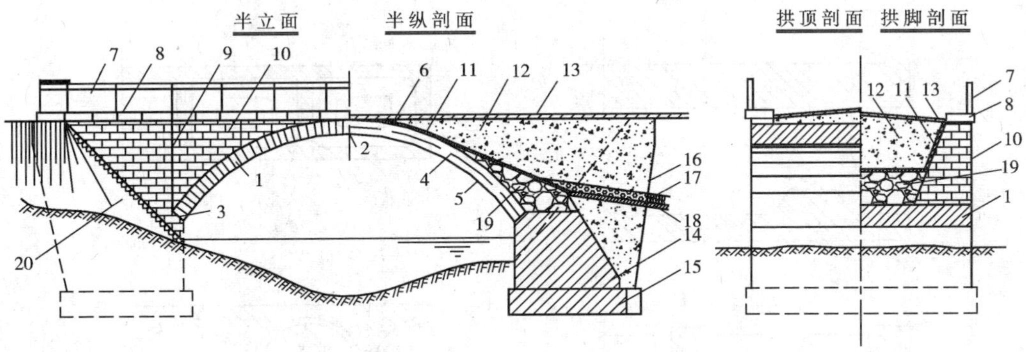

图 3-29　拱桥的基本组成

1-主拱圈;2-拱顶;3-拱脚;4-拱轴线;5-拱腹;6-拱背;7-栏杆;8-路缘;9-伸缩缝;10-拱上侧墙;11-防水层;12-拱上填料;13-桥面铺装;14-桥台;15-基础;16-台墙;17-盲沟;18-黏土层;19-护拱;20-锥坡

1)主拱圈

主拱圈沿拱轴线可以做成等截面或变截面的形式。等截面拱,就是沿桥跨方向主拱的横截面尺寸是相同的[图 3-30a)];变截面拱,主拱的横截面从拱顶到拱脚是逐渐变化的。截面变化的方式又可分为两种:一种是截面宽度不变而截面高度逐渐变化[图 3-30b)];另一种则正好相反[图 3-30c)]。

等截面拱的横截面形式,如图 3-31 所示。等截面箱形拱的构造示意图如图 3-32 所示。

2)拱上建筑

按照拱上建筑的不同构造方式,可将拱桥分为实腹式和空腹式两种。

(1)实腹式拱上建筑。由侧墙、拱腹填料、护拱、变形缝以及防、排水设施和桥面系组成,可参阅图 3-32 所示。

(2)空腹式拱上建筑。空腹式拱上建筑除具有实腹式拱上建筑相同的构造外,还具有腹孔和腹孔墩。

①腹孔。腹孔通常对称地布置在主拱圈两侧结构高度所容许的范围内。其形式大致可以分为拱式腹孔和梁(板)式腹孔两类。

a. 拱式腹孔。拱式腹孔可简称为腹拱。腹拱圈可以采用石砌、混凝土预制或现浇的圆弧形板拱，也可以采用微弯板和扁壳结构(图 3-33)。

b. 梁(板)式腹孔。梁(板)式腹孔有简支[纵铺桥道板梁，图 3-34a)、b)]、连续[横铺桥道板梁，图 3-34c)]和框架式[图 3-34d)]等多种形式。

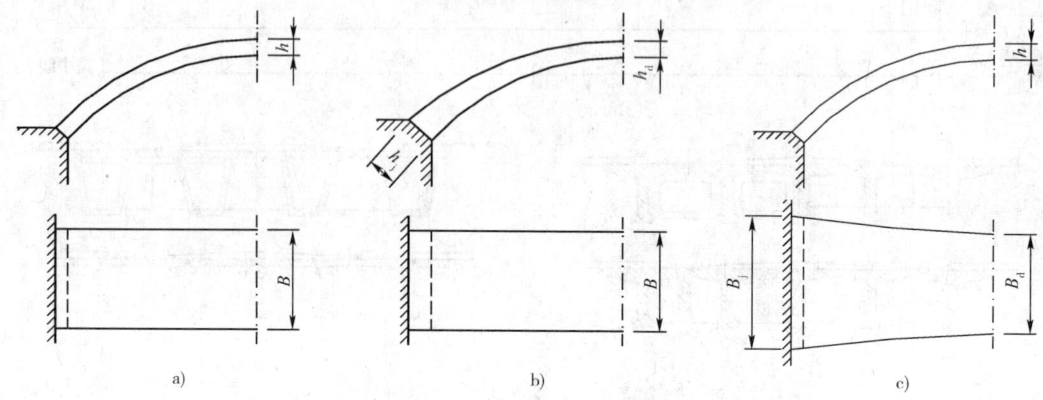

图 3-30 主拱纵截面变化形式

a) 等截面；b) 拱厚自拱顶向拱脚增加；c) 拱宽自拱顶向拱脚增加

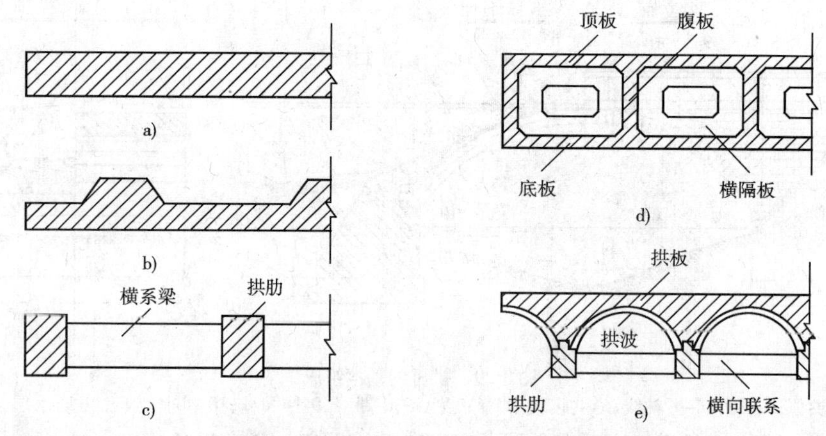

图 3-31 主拱等横截面形式

a) 板拱；b) 板肋拱；c) 肋拱；d) 箱形拱；e) 双曲拱

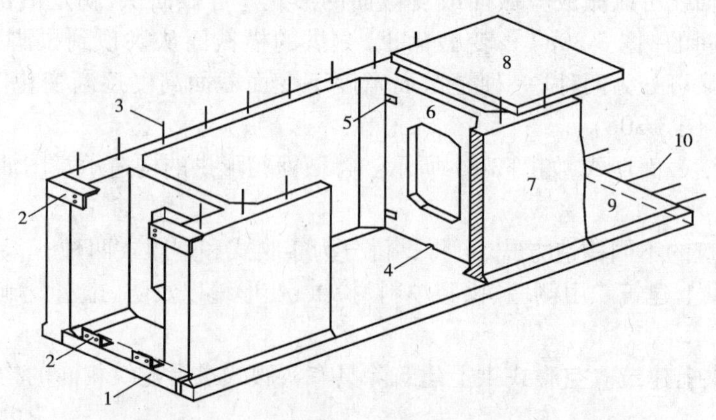

图 3-32 箱形拱闭合箱构造示意图

1-预埋角钢；2-定位角钢；3-联结钢筋；4-预留泄水孔；5-钢板；6-横隔板；7-侧板；8-顶板；9-底板；10-纵向主筋

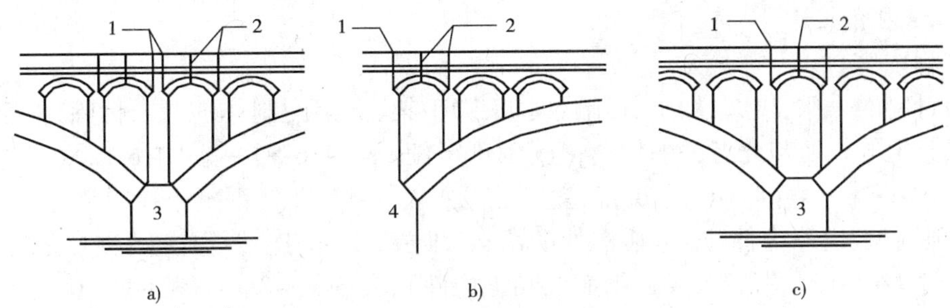

图 3-33　墩台上腹拱的布置方式

1-伸缩缝;2-变形缝;3-桥墩;4-桥台

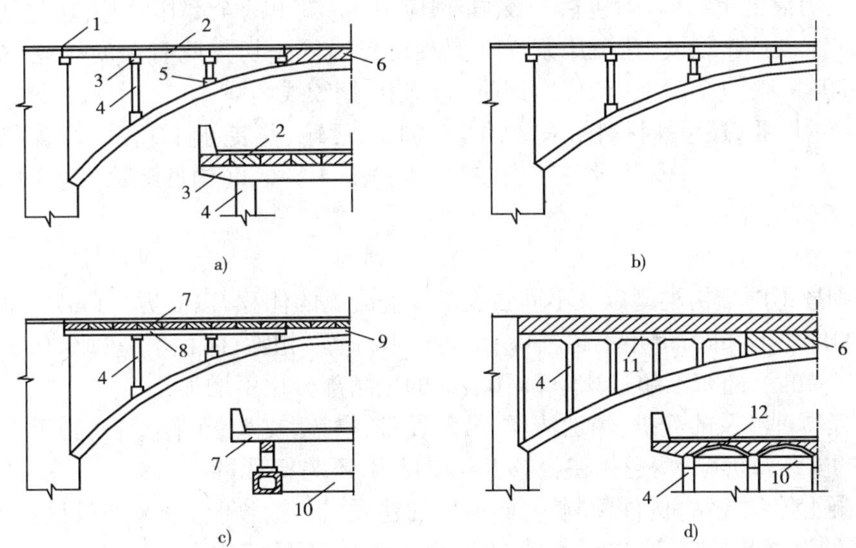

图 3-34　梁(板)式拱上建筑示意图

1-伸缩缝;2-纵铺桥道板(梁);3-盖梁;4-立柱;5-底梁(底座);6-实腹段;7-横铺桥道板;8-纵向连续梁;9-垫墙;10-横系梁;11-刚架梁;12-拱形板

②腹孔墩。腹孔墩由底梁、墩身和墩帽组成。按照墩身的结构形式可分为横墙式[图3-35a)]和立柱式[图3-35b)]两种。

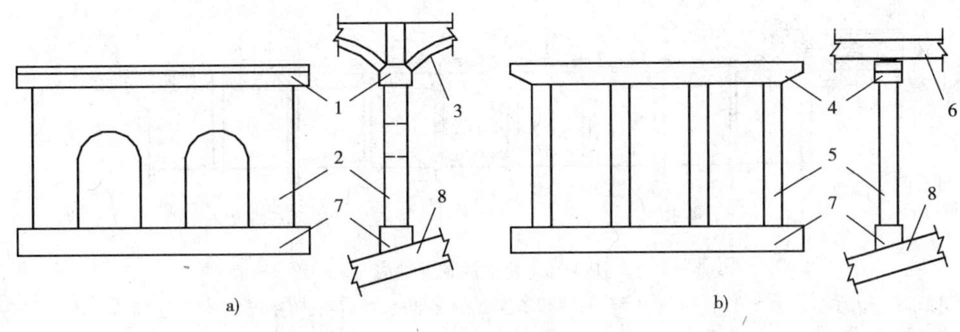

图 3-35　腹孔墩构造

a)横墙式;b)立柱式

1-墩帽;2-横墙;3-腹拱;4-盖梁;5-立柱;6-腹孔;7-底梁;8-主拱

3. 工程内容及计量

1)工程内容

包括材料的采购、供应、加工、运输、模板、脚手架、支架的制作、安装、拆除,混凝土的浇筑、修饰、养生等一切与此有关的作业,查《预算定额》表[4-6-5]~表[4-6-12](现浇钢筋混凝土)、表[4-9-2]~表[4-9-6](拱盔、支架工程)、表[4-11-11](混凝土拌和及运输)。

(1)预制梁、板等构件,还包括构件的吊运、堆放、安装、连接等作业,查《预算定额》表[4-7-9]~表[4-7-19](预制、安装钢筋混凝土构件)、表[4-11-8]~表[4-11-10](预制钢筋混凝土构件的底座及蒸汽养生)、表[4-7-31]~表[4-7-35](安装设备)、表[4-8-1]~表[4-8-6](构件运输)。

(2)预应力混凝土结构,除包括一般(非预应力)混凝土的全部作业外,还包括预应力管道的供应、加工、运输、预设、孔道压浆以及混凝土封锚等一切与此有关的作业,查《预算定额》表[4-7-20]~表[4-7-21](预应力钢筋、钢丝束、钢绞线)。

(3)钢结构工程,还包括材料的采购、供应、加工、运输、安装、连接等作业,查《预算定额》表[4-7-31]~表[4-7-35](安装设备)、表[4-8-1]~表[4-8-6](构件运输)、表[4-10-1]~表[4-10-19](安装构件)。

2)工程计量

(1)分别按不同结构类型以及不同强度等级混凝土的体积,以立方米(m^3)为单位计算。其中,钢筋的体积不扣除;倒角不超过0.1m×0.1m时不扣除,体积不超过0.03m^2的井孔、开口及空穴不扣除,面积不超过0.1m×0.1m的填角部分也不增加。

(2)工程项目涉及的养护,场地清理,吊装设备,拱盔,支架,工作平台,脚手架的搭设及拆除,模板的安装及拆除,均包括在相应工程项目内,不另行计量。

(3)混凝土拌和场站,构件预制场,储料场的建设,拆除,恢复,安装架设设备摊销,预应力张拉台座的设置及拆除均包括在相应的工程项目中,不另行计量。

(二)桥面附属结构

通常包括桥面铺装、防水和排水设施、伸缩缝、人行道(或安全带)、缘石、栏杆和灯柱、抗震挡块、支座垫块等构造(图3-36)。

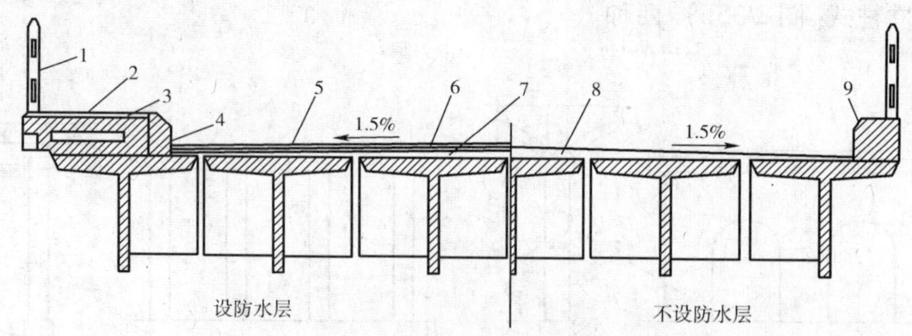

图3-36 桥面的基本组成

1-栏杆;2-人行道铺装层;3-人行道板;4-缘石;5-行车道面层;6-防水层;7-三角垫层;8-行车道铺装层;9-安全带

1. 行车道面层

其构造如图3-37所示。工程内容包括材料的采备、供应、加工、运输,模板的制作、安装、拆除,水泥混凝土(或沥青混凝土)的拌和、运输、浇筑(或摊铺)、振捣(或碾压)、压实(或整型)、养生等一切与此有关的作业,查《预算定额》表[4-6-13]。

分别不同强度等级或类型和厚度的水泥混凝土(或沥青混凝土),按设计图纸计算的面积,以立方米(m^3)为单位计量。

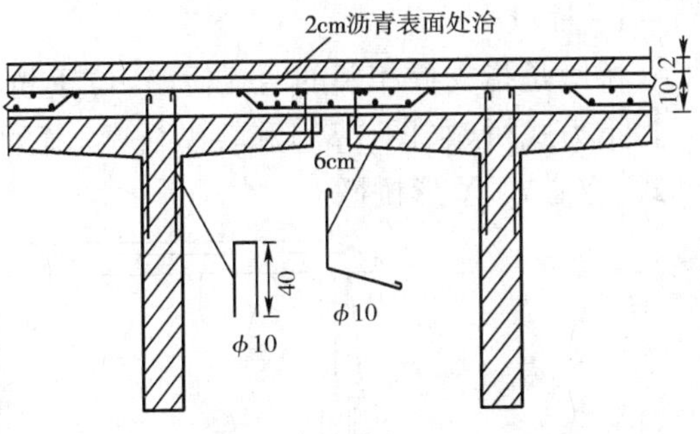

图3-37 钢筋混凝土铺装层构造(尺寸单位:cm)

2. 防水和排水设施

(1)各类防水层。包括在相应的混凝土构造中,不单独计量与支付。

(2)泄水管。包括泄水管的供应、运输、安装等一切与此有关的作业,查《预算定额》表[4-11-7]。分别按不同直径,以"个"为单位计量。

3. 伸缩缝

其构造形式主要有U形锌铁皮伸缩装置、钢板式伸缩装置、橡胶伸缩装置、橡胶和钢板或型钢组合的橡胶伸缩装置。

工程内容包括伸缩缝材料或成品的供应、运输、安装,排水系统的设置,表面防护层的设置和修补等一切与此有关的作业,查《预算定额》表[4-11-7]。分别不同类型,按长度以米(m)为单位计量。

4. 预制钢筋混凝土栏杆及钢质护栏

包括材料的供应、加工、运输,混凝土构件的预制、养生、安装,钢材的加工、制作、喷涂、安装及现场修补、施工缝处理等一切与此有关的作业。按两端栏杆中心之间单边的长度,以立方米(m^3)为单位计量。

5. 混凝土人行道梁、板、缘石

包括结构混凝土预制构件的全部与之有关的作业,查《预算定额》表[4-7-27]~表[4-7-29]。分别不同强度等级,按体积以立方米(m^3)单位计量。

6. 灯柱

灯柱分别不同类型,以根为单位计量。包括灯柱、灯具、预埋孔道、电线、钢盖板等附件的供应、运输、安装及防锈处理等与此有关的作业,查《预算定额》表[6-4-10]~表[6-4-16]。

(三)支座

桥梁支座设在墩(台)顶。桥梁支座的主要作用是将上部结构上的恒载与活载反力传递到桥梁的墩台上去,同时保证上部结构所要求的位移与转动。

其工程内容包括支座的供应、运输和安装等一切与此有关的作业,查《预算定额》表[4-7-30]。

其各项工作应根据合同规定,按实际完成并经监理工程师检验签认的数量,分别按不同类型、规格,固定支座、圆型板式支座、球冠圆板式支座,以体积立方分米(dm^3)计量,盆式支座按套计量。

三、下部混凝土(砌筑)工程

桥墩、桥台为桥梁的下部结构,是桥梁的重要组成部分,下部结构包括墩台身、墩台帽(盖梁)、系梁、翼墙、耳墙、锚碇板等。

1. 桥墩

桥墩是指支撑相邻的两孔桥跨，位于桥梁中间部位的下部结构。按其墩身的整体性可分为重力式桥墩（图 3-38）和轻型桥墩。轻型桥墩按其横断面形式可分为柱式（图 3-39）、薄壁式、空心式、Y 形桥墩。

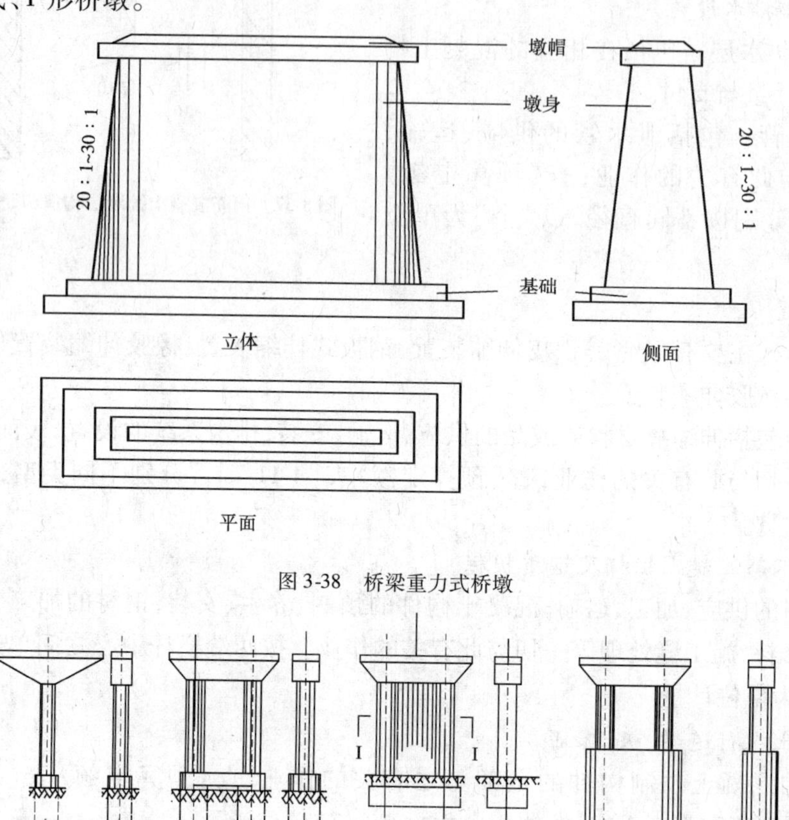

图 3-38　桥梁重力式桥墩

图 3-39　柱式桥墩的类型

a）单柱式桥墩；b）双柱式或多柱式桥墩；c）哑铃式桥墩；d）实体式的混合双柱式墩

2. 桥台

桥台是指位于全桥的两端，它的前端支撑桥跨，后端与路基相接，起着支挡后端路基填土并把桥跨与路基连接起来的下部结构。按其横断面形式可分为重力式 U 形桥台（图 3-40）、轻型桥台（图 3-41、图 3-42）和肋板式桥台（图 3-43）。

3. 工程内容及计量

其工程内容和工程量的计算请参照“上部结构”的内容，查《预算定额》表［4-6-2］~表［4-6-4］。

四、基础工程

基础是桥梁的重要组成部分。基础的主要作用是承受上部结构及下部结构传来的荷载，并将它及本身自重传给地基。按基础的埋置深度包括浅基础和深基础。而深基础又包括桩基础和沉井。

(一)浅基础

浅基础是指埋入地层深度较浅,施工一般采用明挖基坑修筑的基础。根据受力条件及构造可分为刚性基础[图3-44a)]和柔性基础[图3-44b)]。

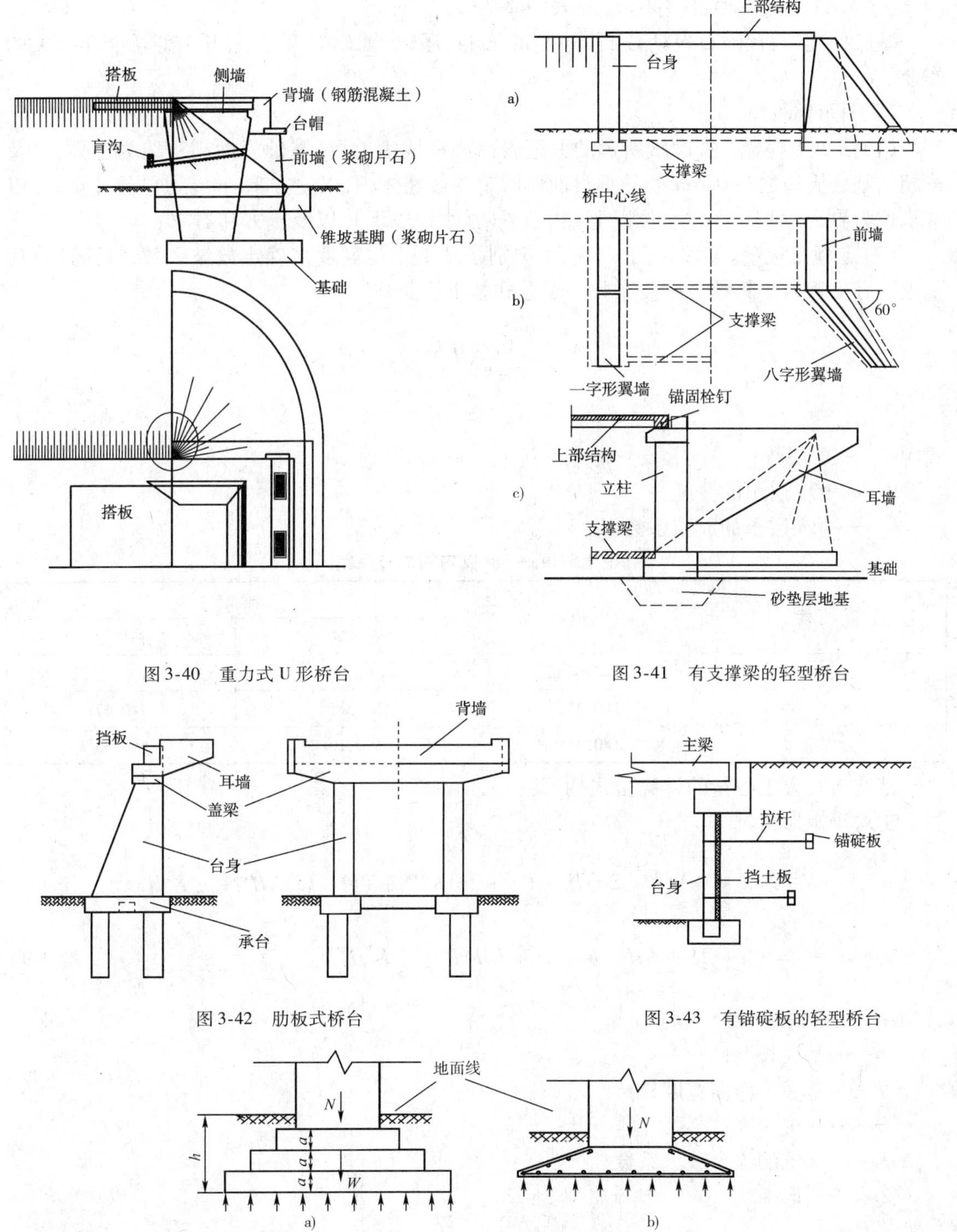

图3-40　重力式U形桥台

图3-41　有支撑梁的轻型桥台

图3-42　肋板式桥台

图3-43　有锚碇板的轻型桥台

图3-44　浅基础示意图

1. 基础挖方及回填

1）工程内容

包括为完成基础挖方所做的地面排水及围堰、坑壁支撑、抽水及错台开挖、斜坡开挖、废方运弃、回填取料、铺筑压实与基底处理、地表恢复等一切与此有关的作业，查《预算定额》表[4-1-1]~表[4-1-4]和表[4-2-27]~表[4-2-29]。

基底处理片石、碎石包括片石、碎石的采购、运输、铺（填）筑、夯（压）实等全部有关的作业。

2）工程计量

（1）清单工程量。按图纸所示的原地表面高程线为上界，基础底面高程线为下界，以及按超出基底周边之外 0.5m 处的垂直面所限定的棱柱体积，以立方米（m^3）为单位计量；并以常水位为界，分别干处（常水位以上）和水下（常水位以下），以及土方和石方。

（2）定额工程量。根据施工方法、土类别及地下水位高度来确定放坡系数，进而计算挖基土石方工程量。其综合放坡系数确定公式如下：

$$K=\frac{\sum_{i=1}^{n}H_iK_i}{\sum_{i=1}^{n}H_i} \tag{3-8}$$

式中：i——土层数；

H_i——第 i 层土的厚度；

K_i——第 i 层土的放坡系数（表 3-3）。

挖土深度在 5m 以内的放坡系数 表 3-3

土 类	人 工 挖 土	机 械 挖 土	
		在坑底	在坑边
普通土	1:0.67	1:0.50	1:0.75
硬土	1:0.33	1:0.35	1:0.67
砂砾土	1:0.35	1:0.10	1:0.33

基坑土石方工程量的计算公式如下：

①对于矩形基坑

$$V=(a+2c)(b+2c)H+(a+2c)KH^2+(b+2c)KH^2+\frac{4}{3}K^2H^3$$

$$=(a+2c+KH)(b+2c+KH)H+\frac{1}{3}K^2H^3 \tag{3-9}$$

式中：a——基底宽度；

b——基底长度；

c——基底工作面宽度；

H——基坑深度；

K——基坑的综合放坡系数。

②对于圆形基坑

$$V=\frac{1}{3}\pi H(R_1^2+R_2^2+R_1R_2) \tag{3-10}$$

式中：R_1——基底半径；

R_2——基坑口半径，$R_2 = R_1 + KH$；

其他符号意义如前。

(3)结算工程量。指按图纸所示和监理工程师签认的工程量。

①计量体积中不包括水或其他液体，但包括淤泥、腐殖土和其他类似的半固体。

②当承包人遇到特殊或非常情况应立即通知监理工程师，由监理工程师定出特殊的基础挖方界限。未取得监理工程师批准，承包人以特殊情况为理由而完成的任何挖方均不予以计量。

③设计图纸标明的及由于地基出现溶洞等情况而进行的桥涵基底处理计量规则见路基工程中特殊路基处理。

2. 基础混凝土

1)工程内容

基础包括墩台基础、桩基承台、支撑梁(小桥)、河床铺砌等，查《预算定额》表[4-6-1]。

2)工程计量

(1)分别按不同结构类型以及不同混凝土强度等级的体积，以立方米(m^3)为单位计算。其中，钢筋的体积不扣除；倒角不超过0.1m×0.1m时不扣除，体积不超过0.03m^3的井孔、开口及空穴不扣除，面积不超过0.1m×0.1m的填角部分也不增加。

(2)工程项目涉及的养护，场地清理，吊装设备，支架，工作平台，脚手架的搭设及拆除，模板的安装及拆除，均包括在相应工程项目内，不另行计量。

(3)混凝土拌和场站，储料场的建设，拆除，恢复，安装架设设备摊销均包括在相应的工程项目中，不另行计量。

(二)桩基础

桩按施工方法可分为灌注桩和沉桩。

1. 灌注桩

灌注桩是在现场地基中钻(挖)桩孔，然后向孔内放置钢筋笼再灌注混凝土而成的桩。按成孔方式可分为沉管灌注桩、钻孔灌注桩、挖孔灌注桩。

1)工程内容

(1)钻(挖)桩孔。包括施工平台及支架设备的安装、拆除，临时护筒的沉入，挖土围堰，钻孔、泥浆护壁，清孔等一切与此有关的作业，查《预算定额》表[4-4-1]~表[4-4-6]和表[4-4-8]~表[4-4-9]。

(2)灌注桩混凝土。包括材料的采购、供应、加工、运输，钢筋笼骨架的制作、安放，混凝土的灌注、养生，凿桩头等一切与此有关的作业，查《预算定额》表[4-4-7]。

2)工程计量

(1)清单工程量分不同桩径，按桩身(从承台或系梁下缘至桩底基面)的长度，以米(m)为单位计量。

(2)定额工程量分两部分：

①钻(挖)桩孔工程量分不同桩径、不同土石类别，按桩身(从承台或系梁下缘至桩底基面)的长度，以米(m)为单位计量；

②灌注桩混凝土按桩身(从承台或系梁下缘至桩底基面)的体积，以立方米(m^3)为单位计量。

2. 沉桩

1）工程内容

包括材料的采备、供应、加工、运输，桩的制作（包括混凝土浇筑）、运输，沉入、桩头处理等一切与此有关的作业，查《预算定额》表［4-3-1］~表［4-3-7］。桩的制作按材料可分为钢筋混凝土桩、钢管混凝土桩、钢桩。

2）工程计量

（1）清单工程量分不同桩径，按桩身（从承台或系梁下缘至桩尖）的长度，以米（m）为单位计量。

（2）定额工程量分两部分：

①预制桩混凝土按设计图纸计算体积，以立方米（m^3）为单位计量；

②沉入工程量分不同桩径、不同土石类别，按桩身（从承台或系梁下缘至桩尖）的长度，以米（m）为单位计量。

（三）沉井基础

沉井是一种井筒状结构物，是依靠在井内挖土，借助井体自重及其他辅助措施而逐步下沉至预定设计高程，最终形成的建筑物基础的一种深基础形式。

1. 沉井构造

井壁（侧壁）、刃脚、内隔墙、井孔、封底和顶盖板等组成，如图 3-45 所示。

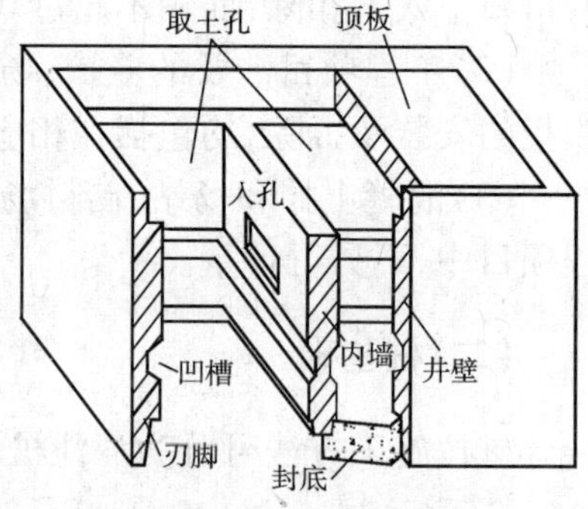

图 3-45 沉井构造示意图

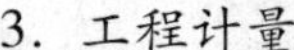

2. 工程内容

包括材料的采备、供应、加工、运输，围堰筑岛，沉井的制作、接高，摸板和支撑的安装、拆除，入土下沉，基底处理、封底混凝土，井孔填充，顶板浇筑等的一切与此有关的作业，查《预算定额》表［4-2-7］~表［4-2-10］。

3. 工程计量

按就位后顶面以下分别不同体积，以立方米（m^3）为单位计量。

五、涵洞工程

（一）涵洞的构造

以盖板涵为例，盖板涵的结构细部尺寸示意如图 3-46 所示。

（二）涵洞的长度计算

1. 涵洞与路线正交

（1）当涵洞帽石底与端墙外缘交点位于路基边坡延长线上，按下面公式计算：

$$L_{上} = \frac{B_{上} + m(H - h_{上})}{1 + mi_0} \tag{3-11}$$

$$L_{下} = \frac{B_{下} + m(H - h_{下})}{1 - mi_0} \tag{3-12}$$

$$L = L_{上} + L_{下} \tag{3-13}$$

式中：$L, L_{上}, L_{下}$——涵洞的总长度及上、下游长度，m；

$B_{上}, B_{下}$——路基中心到上、下游路基边缘的宽度，m；

H——路基边缘高度，H = 路基边缘设计高程 - 涵底设计高程；

$h_{上}, h_{下}$——涵洞上、下游洞口的建筑高度，m；

m——路基边坡率，以 $1:m$ 表示；

i_0——涵底纵坡度。

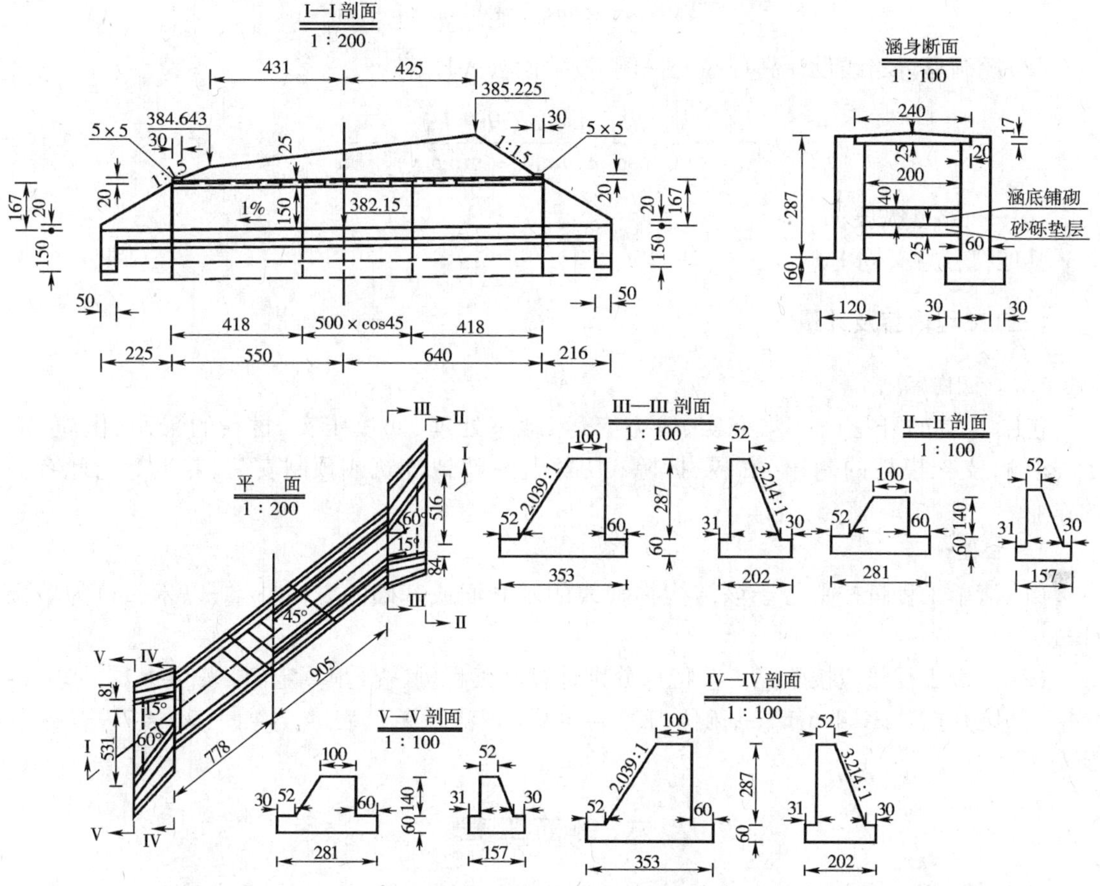

图 3-46 盖板涵结构（尺寸单位：cm）

（2）当涵洞帽石底与端墙外缘交点不位于路基边坡延长线上，按下面公式计算：

$$L_{上} = \frac{B_{上} + m(H - h_{上} - t) + a}{1 + mi_0} \tag{3-14}$$

$$L_{下} = \frac{B_{下} + m(H - h_{下} - t) + a}{1 - mi_0} \tag{3-15}$$

式中：t, a——涵洞帽石的厚度及宽度，m；

其他符号意义同上。

2. 涵洞与路线斜交，帽石与路线平行

$$L_{上} = \frac{B_{上} + m(H - h_{上})}{\cos\varphi + mi_0} \tag{3-16}$$

$$L_{下} = \frac{B_{下} + m(H - h_{下})}{\cos\varphi - mi_0} \tag{3-17}$$

式中：φ——涵洞轴线与路中线的垂线的夹角；

其他符号意义同上。

3. 考虑路线纵坡的斜交涵洞，帽石与路线平行

(1)涵洞靠近路线设计高程低处一侧，按下面公式计算。

$$L_{上,下} = \frac{B_{上,下} + m(H - h_{上,下})}{(\cos\varphi \pm mi_0) + \sin\varphi \cdot i_2 \cdot m} \tag{3-18}$$

(2)涵洞靠近路线设计高程高处一侧，按下面公式计算。

$$L_{上,下} = \frac{B_{上,下} + m(H - h_{上,下})}{(\cos\varphi \pm mi_0) - \sin\varphi \cdot i_2 \cdot m} \tag{3-19}$$

式中：i_2——路基纵坡；

其他符号意义同上。

(三)工程内容及计量

1. 工程内容

包括基坑的开挖、整型、夯实、废方弃运、地基处理、回填压实，材料的采购、供应、加工、运输，支架模板的制作、安装、拆除，混凝土的就地浇筑或预制安装、养生等与此有关的作业。

2. 工程计量

(1)清单工程量按平行于该结构物轴线的基底面或基础的方向计量，以米(m)为单位计量。

(2)定额工程量应按施工工艺特点分别计算其工程量，查《预算定额》表[4-1 1]~表[4-1-4](基坑开挖)、表[4-6-1](基础)、表[4-6-7](现浇箱涵)、表[4-7-4]~表[4-7-9](预制及安装)。

六、钢筋工程

桥梁所用的钢筋包括基础、下部结构、上部结构钢筋。钢筋按其使用功能可分为普通钢筋(图3-47)和预应力钢筋(图3-48)两大类。

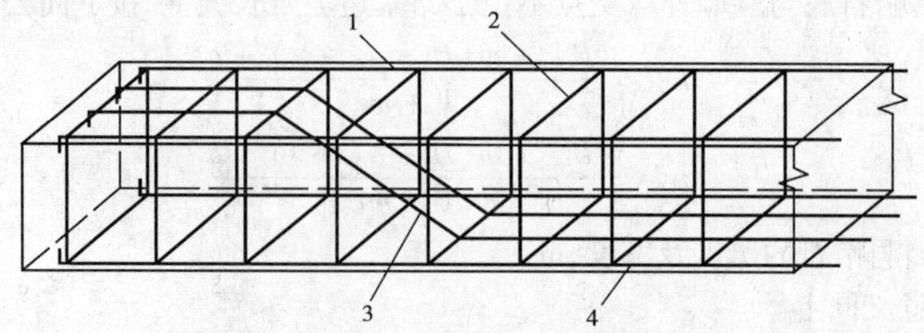

图3-47 普通矩形截面梁的钢筋骨架构造

1-架立筋；2-箍筋；3-弯起筋；4-纵向主筋

(一)工程内容

包括钢筋的供应、运输、除锈、加工、焊(搭)接、绑扎、安装、预应力钢筋张拉和锚固等一切与此有关的作业。

(二)工程计量

1. 清单工程量

按图纸或有关资料标示的直径和净长计算,按不同级号的单位质量,以千克(kg)为单位计量。常见钢筋型号理论质量见表3-4。

(1)其搭接、下脚料和定位钢筋以及预应力钢材的工作长度等,均不单独计量。

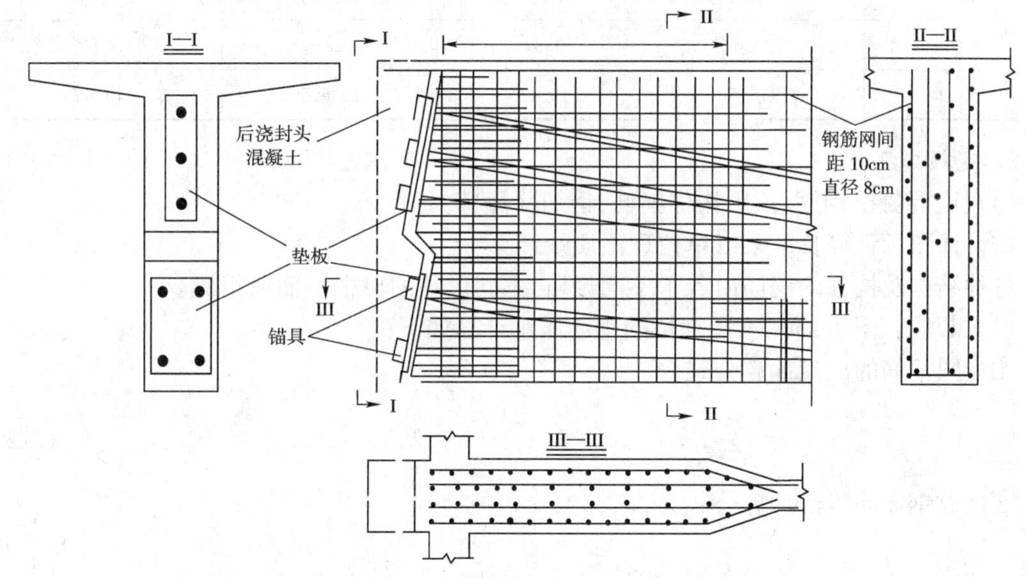

图3-48 后张法预应力筋示意图

(2)钢筋骨架所用的分离隔板、支撑钢筋和所有固定位置的钢材、垫块以及焊接、绑扎材料等,均不单独计量。

(3)施工接缝处使用的钢材也不单独计量。

(4)预应力锚板和锚夹具等,包括在预应力钢材的计价中,均不单独计量与支付。

(5)预应力张拉台座的设置及拆除均包括在相应工程项目中,不另行计量。

常见钢筋理论质量表 表3-4

品 种	光圆钢筋		螺纹钢筋	
直径(mm)	截面积($100mm^2$)	质量(kg/m)	截面积($100mm^2$)	质量(kg/m)
8	0.503	0.395		
10	0.785	0.617	0.785	0.617
12	1.131	0.888	1.131	0.888
14	1.539	1.21	1.54	1.21
16	2.01	1.58	3.0	1.58
18	2.545	2.00	2.54	2.00

续上表

品　　种	光圆钢筋		螺纹钢筋	
直径(mm)	截面积($100mm^2$)	质量(kg/m)	截面积($100mm^2$)	质量(kg/m)
20	3.143	2.47	3.14	2.47
22	3.80	2.98	3.80	2.98
25	4.906	3.85	4.906	3.85
28	6.154	4.83	6.154	4.83
32	8.038	6.31	8.038	6.31
36	10.174	7.99	10.174	7.99
40	12.56	9.87	12.56	9.87
50	19.625	15.42	19.625	15.42

2. 定额工程量

1)现浇混凝土钢筋、预制构件钢筋、钢筋网片、钢筋笼

按设计图示钢筋长度乘以单位理论质量计算。

各种结构及构件的钢筋由若干不同规格、不同形状的单根钢筋所组成。

(1)某构件不同品种、不同规格的钢筋质量计算如下:

①光圆钢筋的质量计算公式为:

$$\sum_{i=1}^{m} G_i = l_i \cdot g_i \cdot N_i \qquad i = 1,2,3,\cdots,m \tag{3-20}$$

②螺纹钢筋质量的计算公式为:

$$\sum_{j=1}^{m} G_j = l_j \cdot g_j \cdot N_j \qquad j = 1,2,3,\cdots,n \tag{3-21}$$

式中:$i(j)$——光圆(螺纹)钢筋中某规格钢筋的编号;

$l_i(l_j)$——光圆(螺纹)钢筋中某规格钢筋的计算长度;

$g_i(g_j)$——光圆(螺纹)钢筋中某种规格钢筋每米的质量;

$N_i(N_j)$——光圆(螺纹)钢筋中某种规格钢筋的数量;

$G_i(G_j)$——光圆(螺纹)钢筋中某规格钢筋的钢筋质量。

(2)分项工程中光圆(螺纹)钢筋质量计算公式为:

$$G_{km} = \sum_{x=1}^{k}\sum_{i=1}^{m} G_i \qquad \left(G_{kn} = \sum_{x=1}^{k}\sum_{j=1}^{n} G_j\right) \qquad x = 1,2,3,\cdots,k \tag{3-22}$$

式中: x——某型号构件的编号;

$G_{km}(G_{kn})$——分项工程中光圆(螺纹)钢筋质量。

(3)纵向各钢筋长度的计算公式为:

$$L_1 = L - 2a + L_d \tag{3-23}$$

式中:L——构件的结构长度;

a——钢筋保护层厚度,见表3-5;

L_d——钢筋搭接长度,见表3-6。

纵向受力钢筋的混凝土保护层最小厚度(单位:mm) 表3-5

环境		板、墙、壳			梁			柱		
		≤C30	C35～C45	≥C50	≤C30	C35～C45	≥C50	C30	C35～C45	≥C50
一类		30	15	15	30	35	35	30	30	30
二类	a	—	30	30	—	30	30	—	30	30
	b	—	35	30	—	35	30	—	35	30
三类		—	30	35	—	40	35	—	40	35

注:1. 基础中纵向受力钢筋的混凝土保护层厚度不应小于40mm,当无垫层时不应小于70mm。

2. 一类环境指室内正常环境;二类a环境指室内潮湿环境、非严寒和非寒冷地区露天环境及与无侵蚀性的水或土壤直接接触的环境;二类b环境指严寒地区露天环境及与无侵蚀性的水或土壤直接接触的环境;三类环境指使用除冰盐的环境、严寒和寒冷地区冬季水位变动的环境及滨海室外环境。

钢筋搭接长度 表3-6

钢筋类型＼混凝土强度等级	C30	C35	高于C35
R335	$35d$	$30d$	$35d$
HRB335	$45d$	$40d$	$35d$
HRB400	$55d$	$50d$	$45d$

①带弯钩钢筋长度的计算公式为:

$$L_2 = L - 2a + 2\Delta L_g + L_d \tag{3-24}$$

式中:L——构件的结构长度;

a——钢筋保护层厚度,见表3-5;

ΔL_g——钢筋一端的弯钩增加长度,见表3-7和图3-49,各地规定稍有区别。

钢筋弯钩增加长度 表3-7

弯钩角度		90°	135°	180°
增加长度	HRB335(Ⅰ级)钢筋	$3.5d$	$4.9d$	$6.35d$
	HRB335(Ⅱ级)钢筋	$x+0.9d$	$x+3.9d$	
	HRB400(Ⅲ级)钢筋	$x+1.3d$	$x+3.6d$	

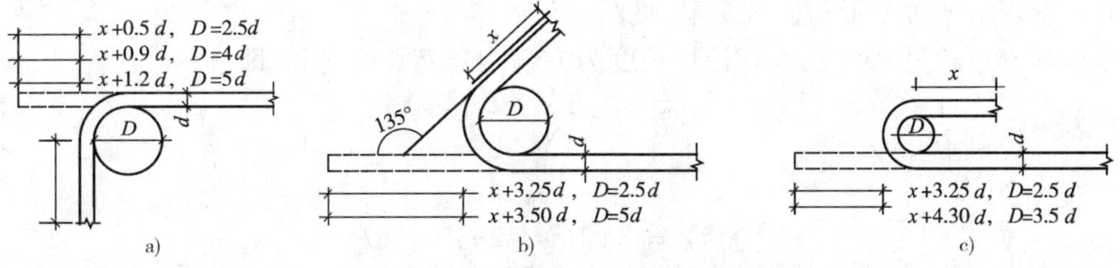

图3-49 钢筋弯钩增加长度示意图

a)90°直弯钩;b)135°斜弯钩;c)180°半圆弯钩

②弯起钢筋长度的计算公式为:

$$L_3 = L - 2a + 2(S - L) + 2\Delta L_g + L_d \tag{3-25}$$

式中:L_3——构件的结构长度;

S,L——如表3-8中配图所示。

常用弯起钢筋的弯起角度有30°、40°、60°三种。表3-8为弯起钢筋的弯起长度,其中H

为减去保护层的弯起钢筋净高，$S-L$ 为弯起部分增加长度。

弯起钢筋长度计算表 表 3-8

弯起钢筋				H (cm)	$\alpha=30°$			H (cm)	$\alpha=45°$			H (cm)	$\alpha=60°$		
					S	L	$S-L$		S	L	$S-L$		S	L	$S-L$
				6	13	10	3	30	38	30	8	75	86	44	43
				7	14	13	3	35	35	35	10	80	93	46	46
				8	16	14	3	30	43	30	13	85	98	49	49
				9	18	16	3	35	49	35	14	90	104	53	53
				10	30	17	3	40	56	40	16	95	109	55	54
				11	33	19	3	45	63	45	18	100	115	58	57
				12	34	31	3	50	71	50	31	105	131	61	63
				13	36	33	4	55	78	55	33	110	137	64	63
				14	38	34	4	60	85	60	35	115	133	67	65
				15	30	36	4	65	93	65	37	130	138	70	68
α	S	L	$S-L$	16	33	38	4	70	99	70	39	135	144	73	71
30°	$2.00H$	$1.73H$	$0.37H$	17	34	30	5	75	106	75	31	130	150	75	75
45°	$1.41H$	$1.00H$	$0.41H$	18	36	31	5	80	113	80	33	135	155	78	77
60°	$1.15H$	$0.58H$	$0.57H$	19	38	33	5	85	130	85	35	140	161	81	80

注：表内 H 为减去保护层弯起钢筋之净高。

（4）每一构件箍筋总长度计算如下：

①每个箍筋长度的计算公式为：

$$L_4 = \text{构件截面周长} - 8a + 2\Delta L_g \tag{3-26}$$

式中：L_4——每个箍筋的计算长度，m；

ΔL_g——箍筋末端每个弯钩增加长度，其值按表 3-9 确定。

箍筋弯钩长度 表 3-9

弯钩形式		180	90	135
弯钩增加值	一般结构	$8.35d$	$5.5d$	$6.87d$
	抗震结构	$13.35d$	$10.5d$	$11.87d$

根据箍筋的配置形式不同，可分为以下 5 种情况，分别计算其长度。

a. 方形或矩形单箍，见图 3-50。

方形：
$$L_4 = 4b - 8a + 2\Delta L_g \tag{3-27}$$

矩形：
$$L_4 = (b+h)\times 2 - 8a + 2\Delta L_g \tag{3-28}$$

b. 方形双箍或称方形箍内带套箍，见图 3-51。

套箍与方形箍呈 45°放置，其计算长度为方箍和套箍长度之和，即

$$L_4 = L_4(\text{方}) + L_4(\text{套}) \tag{3-29}$$

其中

$$L_4(\text{套}) = 2\sqrt{2}(b-2a) + 2\Delta Lg$$

由图 3-52 可见，在矩形断面内，放置两肢相同的箍筋，因此矩形相同双肢箍筋的计算长度为该图形单箍计算长度的 2 倍，即

$$L_4 = 2L_4(\text{单}) \tag{3-30}$$

式中：L_4(单)——指相同双肢箍中每肢箍筋的计算长度，L_4(单)值为 $b+b'+2h-8a+2\Delta L_g$。

其中

$$L_4(\text{套}) = 2(b-2a)2 + 2\Delta L_g$$

c. 三角箍，见图 3-53。

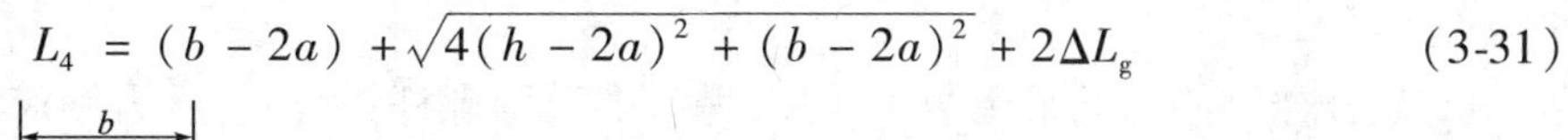

$$L_4 = (b-2a) + \sqrt{4(h-2a)^2 + (b-2a)^2} + 2\Delta L_g \tag{3-31}$$

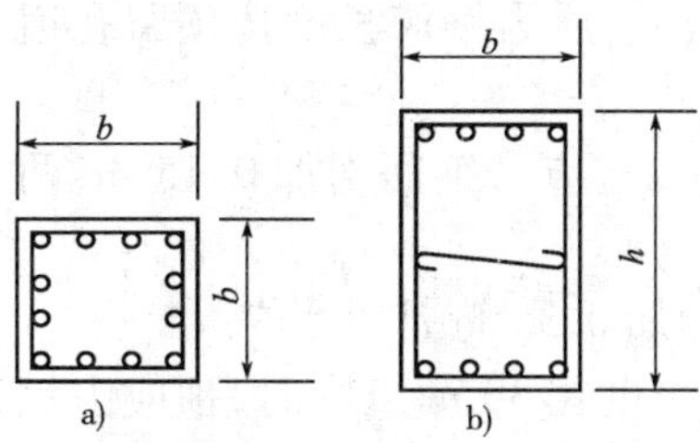

图 3-50　方形或矩形单箍

a) 方形箍；b) 矩形箍

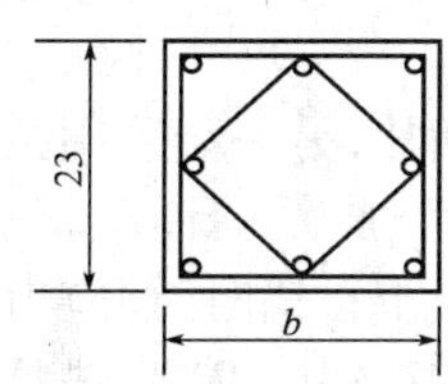

图 3-51　方形箍内带套箍

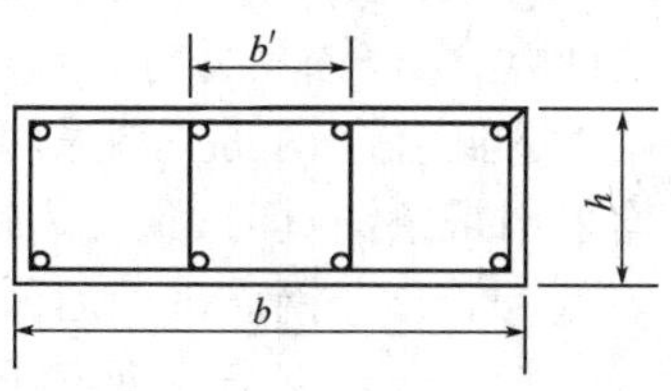

图 3-52　矩形双肢箍

d. S 箍，见图 3-50b)。

S 箍的计算长度为：

$$L_4(\text{套}) = b - 2a + 2\Delta L_g \tag{3-32}$$

e. 螺旋箍，见图 3-54。

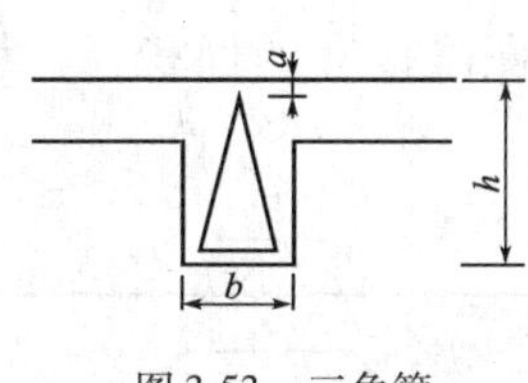

图 3-53　三角箍

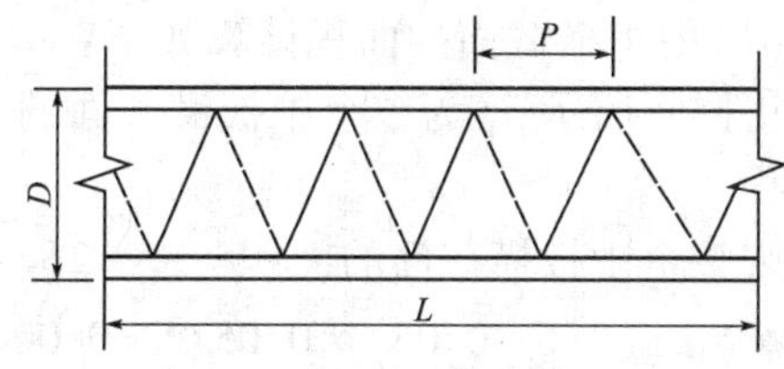

图 3-54　螺旋箍

图示螺旋箍的计算长度为：

$$L_4 = n\sqrt{P^2 + [\pi(D-2a+d)]^2} + \frac{\pi(D-2a+d)}{2} \tag{3-33}$$

式中：n——螺旋箍圈数；

D——圆柱直径，m；

d——架立钢筋直径，m；

P——螺距。

②箍筋根数的计算如下：

箍筋根数与钢筋混凝土构件的长度有关，若箍筋为等间距配置，间距为 c，则每一构件箍筋根数 n 的计算分以下 3 种情况计算：

a. 两端均设箍筋 $n = l/c + 1$；

b. 两端中只有一端设箍筋 $n = l/c$；

c. 两端均不设箍筋 $n = l/c - 1$。

③每一构件箍筋总长度的计算如下：

$$L = L_4 \cdot n$$

2) 先张法预应力钢筋

按设计图示钢筋长度乘以单位理论质量计算。

3) 后张法预应力钢筋、预应力钢丝、预应力钢绞线

按设计图示钢筋（丝束、绞线）长度乘以单位理论质量计算。

①低合金钢筋两端采用螺杆锚具时，预应力钢筋按预留孔道长度减 0.35m，螺杆锚具另

行计算。

②低合金钢筋一端采用镦头插片，另一端采用螺杆锚具时，应力钢筋长度按预留孔道长度计算，螺杆锚具另行计算。

③低合金钢筋一端采用镦头插片，另一端采用帮条锚具时，应力钢筋增加 0.15 m，两端均采用帮条锚具时，预应力钢筋共增加 0.3 计算。

④低合金钢筋采用后张法混凝土自锚时，预应力钢筋增加 0.35 m 计算。

⑤低合金钢筋或钢绞线采用 JM、XM、QM 型锚具，孔道长度在 30 m 以内时，预应力钢筋长度增加 1m；孔道长度 30m 以上时，预应力钢筋长度增加 1.8m 计算。

⑥碳素钢丝采用锥型锚具，孔道长度 30m 以内时，预应力钢筋长度增加 1m；孔道长度在 30m 以上时，预应力钢筋长度增加 1.8m 计算。

⑦碳素钢丝两端采用镦头锚具时，预应力钢丝长度增加 0.35m 计算。

【例 3-3】 某一梁桥，其标准跨径为 20m，梁长为 19.96m，中板梁的横断面构造如下图3-55所示，中板梁的钢筋构造如下图 3-56、图 3-57 所示。试计算该板的混凝土体积和钢筋质量。

解：1）一块中板混凝土量计算

（1）中板横截面的面积计算如下：

①据图所示 S_1 为整个中板横截面的面积，S_2 为该板一侧湿接缝的面积，S_3 为该板空心的面积。

则整个中板横截面的面积 $= S_1 - 2S_2 - S_3$。

②$S_4 = (0.1 + 0.05) \times 0.05/2 = 0.004\text{m}^2$

$S_5 = (0.1 + 0.05) \times 0.3/2 = 0.024\text{m}^2$

$S_6 = 0.1 \times 0.08/2 = 0.004\text{m}^2$

$S_2 = S_4 + S_5 + S_6 = 0.008 + 0.024 = 0.032\text{m}^2$

③$S_3 = (0.24 + 0.7) \times 0.23 + 0.32 \times 0.7 = 0.44\text{m}^2$

④$S_1 - 2S_2 - S_3 = 1.24 \times 0.9 - 2 \times 0.032 - 0.44 = 0.612\text{m}^2$

（2）一块中板的混凝土量为：

$0.612 \times 19.96 = 12.22\text{m}^3$

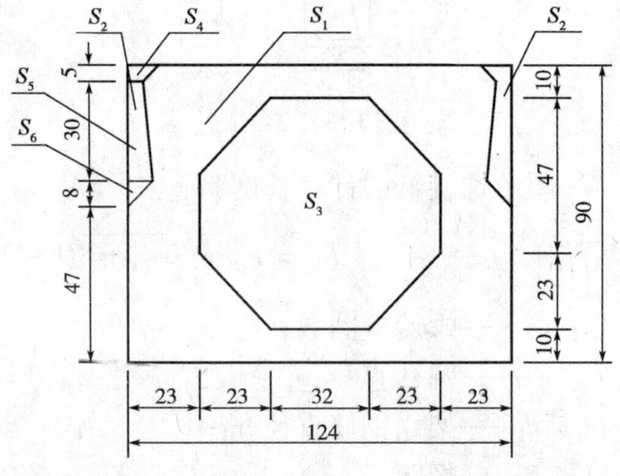

图 3-55 空心板中板构造图（尺寸单位：cm）

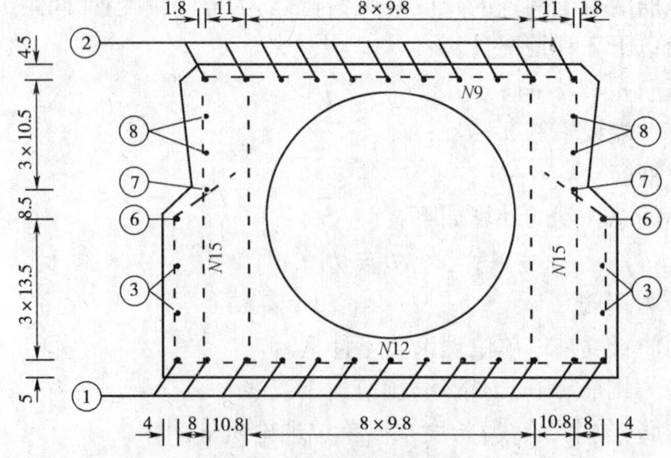

图 3-56 空心板中板钢筋构造图（尺寸单位：cm）

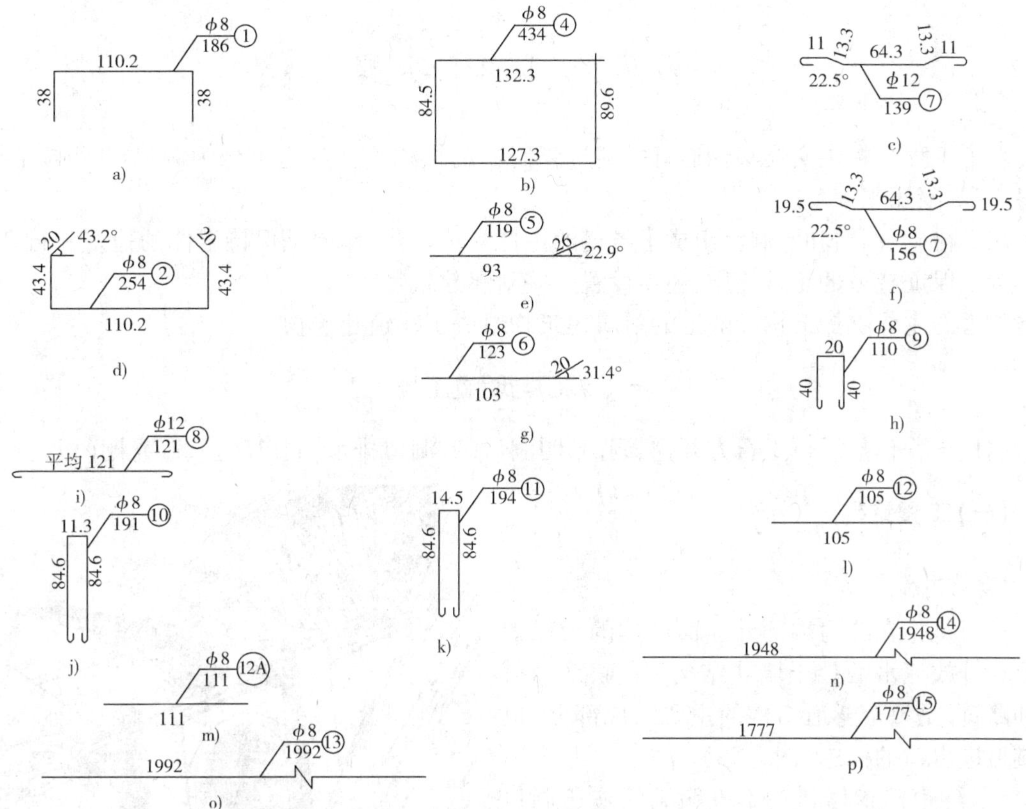

图 3-57　空心板中板钢筋细部构造图(尺寸单位:cm)

2)一块中板钢筋量计算

一块中板钢筋量计算见表 3-10。

钢 筋 量 计 算 表　　　　表 3-10

项目名称	分　项	计　算　式	工程量(kg)
中板钢筋	N1 φ8	(0.38m + 1.102m + 0.38m) ×98 根 ×0.395kg/m	72.00
	N2 φ8	(0.20m + 0.434m + 1.273m + 0.434m + 0.2m) ×98 根 ×0.395 kg/m	98.32
	N4 φ8	(1.323m + 0.845m + 1.273m + 0.896m) ×20 根 ×0.395 kg/m	34.29
	N5 φ8	(0.93m + 0.26m) ×4 根 ×0.395 kg/m	1.88
	N6 φ8	(1.038m + 0.2m) ×4 根 ×0.395 kg/m	1.94
	N7 ф12	(0.13m ×2 + 0.11m ×2 + 0.133m ×2 + 0.643m) ×88 根 ×0.888 kg/m	108.62
	N7A ф12	(0.195m ×2 + 0.133m ×2 + 0.643m + 0.13m ×2) ×10 根 ×0.888 kg/m	13.85
	N8 ф12	(1.21m + 0.13m ×2) ×12 根 ×0.888 kg/m	15.66
	N9 φ8	(0.4m + 0.4m + 0.2m + 0.1m) ×96 根 ×0.395 kg/m	41.71
	N10 φ8	(0.846m ×2 + 0.113m + 0.1) ×90 根 ×0.395 kg/m	67.90
	N11 φ8	(0.846m ×2 + 0.145m + 0.1) ×8 根 ×0.395 kg/m	6.13
	N12 φ8	1.05m ×6 根 ×0.395 kg/m	2.49
	N12A φ8	1.11m ×6 根 ×0.395 kg/m	2.63
	N13 φ8	19.92m ×5 根 ×0.395 kg/m	39.34
	N14 φ8	19.48m ×10 根 ×0.395 kg/m	76.95
	N15 φ8	17.76m ×6 根 ×0.395 kg/m	42.11

通过上表得到一块中板所用的钢筋量合计为:

光圆钢筋(φ8) = 4877.69kg。

螺纹钢筋量(ф12) = 138.13kg。

第五节　隧道工程

隧道工程是指供交通车辆通行并穿过障碍物的结构物。隧道可分为洞口(明洞)工程、洞身工程、附属工程。

洞身衬砌、洞门和明洞就组成了隧道的主体支护结构,作用是保持岩体的稳定和行车安全。为了保证隧道的正常使用,还需设置一些附属建筑物。

隧道的主体支护结构和隧道的附属建筑物组成了隧道建筑物。

一、洞口与明洞工程

洞口工程包括洞口土石方开挖、洞门、明洞衬砌、洞口排水、洞口防护、遮光棚(板)。

(一)工程结构

1. 洞门

洞门是指在隧道端部外露面修建的为保护洞口和排放流水的挡土墙式结构。它联系着衬砌和路堑,是整个隧道结构的主要组成部分,也是隧道进出口的标志(图3-58)。

图3-58　洞门三维示意图

(1)隧道门指修建在不设明洞的隧道洞口的支挡结构物,包括环框式洞门、端墙式洞门、翼墙式洞门、柱式洞门、台阶式洞门、斜洞门和耳墙式洞门等。

(2)明洞门主要配合明洞结构类型设计,明洞有拱形明洞和棚洞之分,相应明洞门也分拱形明洞门和棚式明洞门两大类。

2. 明洞

明洞是指在洞门与洞身间用明挖法修筑的隧道。明洞形式为:拱式明洞和棚式明洞。

1)拱式明洞

由拱圈、边墙和仰拱或铺底组成(图3-59)。明洞顶上回填土石为了缓冲落石对衬砌的冲击而设的。填土的上面及拱顶上方都要做一层黏土隔水层,以防水渗入。

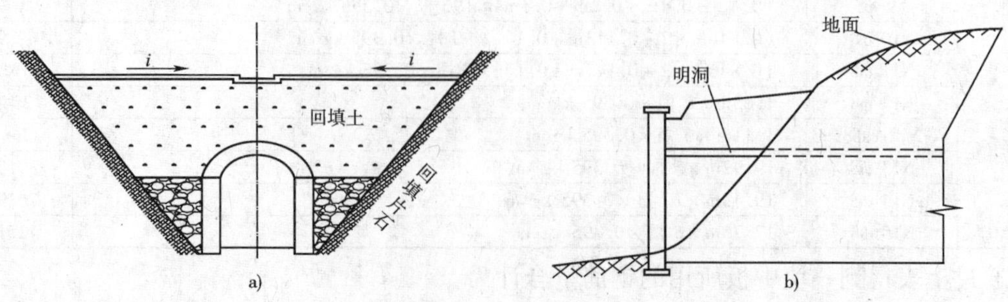

图3-59　拱式明洞示意图

2)棚洞

山坡的坍方、落石数量较少,山体侧向压力不大,或因受地质、地形限制,难以修建拱形明洞时,可以修建棚式明洞,简称棚洞。

棚式明洞常见的结构形式有盖板式(图3-60)、刚架式和悬臂式三种。

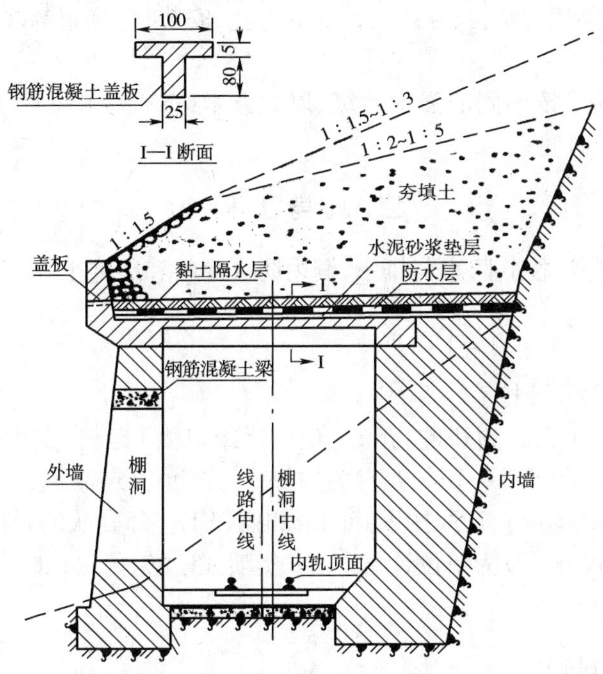

图3-60　盖板式棚洞示意图(尺寸单位:cm)

(二)工程内容及工程计量

1. 洞口开挖

(1)工程内容包括土石方的开挖、弃运(免费运距以内)、整修、监测等一切与此有关的作业,查《预算定额》表[3-1-1]~表[3-1-4]。

(2)工程计量按设计开挖断面计算的体积,以立方米(m^3)为单位计量。弃方运距超过免费运距时,另计超运距运费,以 $m^3 \cdot km$ 计量。

2. 洞门的端墙、翼墙、挡墙、顶帽

(1)工程内容包括基槽的开挖、整平、夯实,材料的采购、供应、加工、运输,模板、支架和脚手架的制作、安装、拆除,混凝土的浇筑或砌体的砌筑、养生,墙背回填等一切与此有关的作业,查《预算定额》表[3-2-1]~表[3-3-2]。

(2)工程计量分别混凝土的强度等级和砌体的类别,按浇筑或砌筑的体积,以立方米(m^3)为单位计量。

3. 坡面防护浆砌片(块)石和干砌片石

(1)工程内容包括坡面的整平,材料的采购、供应、加工、运输,脚手架的制作、安装、拆除,砂垫层的铺设,砌体的砌筑、养生等一切与此有关的作业。

(2)工程计量分别不同的铺砌厚度,按边坡铺砌的面积,以立方米(m^3)为单位计量。

4. 坡面防护

(1)工程内容包括边坡的修整、铺设种植土,草籽的采购、运输、播种、浇水、养护等一切与此有关的作业。

(2)工程计量按边坡播种的面积,以立方米(m^3)为单位计量。

5. 遮光栅框架、遮光板

(1)工程内容包括基桩的开挖、回填夯实、废方弃运,材料(包括钢筋)的采购、供应、加工、运输,模板、支架的制作、安装与拆除,钢筋的绑扎、安装,混凝土的浇筑、养生等一切与此有关的作业。

(2)工程计量混凝土按不同的强度等级,以立方米(m^3)为单位计量。钢筋按不同的级号,以千克(kg)为单位计量。

二、洞身工程

包括洞身开挖、洞身衬砌、防水与排水、洞内防火涂料和装饰工程等。

(一)洞身开挖

包括主洞、竖井、斜井开挖。

(1)工程内容包括土石方的开挖、弃渣(免费运距以内)运输,支撑的制作、安装、拆除,断面修整,施工的照明、通风等一切与此有关的作业,查《预算定额》表[3-1-1]~表[3-1-4]。

(2)工程计量分别土方与石方,按设计图纸和监理工程师确认的开挖断面乘以轴线的长度计算的体积,以立方米(m^3)为单位计量。弃方运距超过免费运距时,另计超运距运费,以 $m^3 \cdot km$ 计量。

(二)洞身支护与衬砌

隧道开挖以后,为了保持坑道的稳定,一般都需要在坑道周围修建支护结构,即衬砌。

1. 工程结构

1)支护的方式

(1)外部支护,即从外部支撑着坑道的围岩(如模筑混凝土整体式衬砌、砖石衬砌、装配式衬砌、喷射混凝土支护等)。

(2)内部支护,即对围岩进行加固以提高其稳定性(如:锚杆支护、压入浆液等)。

(3)混合支护,即内部与外部支护混合一起的衬砌(如:喷锚支护)。

2)从衬砌施工工艺方面将隧道衬砌的形式分为四类

(1)整体式模筑混凝土衬砌。它是指就地灌筑混凝土衬砌,也称模筑混凝土衬砌。模筑衬砌的特点是:对地质条件的适用性较强,易于按需要成型,整体性好,抗渗性强,并适用于多种施工条件,如可用木、钢模板或衬砌模板台车等。

(2)装配式衬砌。装配式衬砌是将衬砌分成若干块构件,这些构件在现场或工厂预制,然后运到坑道内用机械将它们拼装成一环接着一环的衬砌。目前多在使用盾构法施工的城市地下铁道中采用。

(3)喷锚支护。喷射混凝土是以压缩空气为动力,将掺有速凝剂的混凝土拌和料与水拌和成为浆状,喷射到坑道的岩壁上凝结而成的。当岩壁不够稳定时,可加设锚杆、金属网和钢架,这样构成的一种支护形式,简称“锚喷支护”(图3-61)。

喷锚支护是目前常用的一种围岩支护手段,适用于各种围岩地质条件,但是若作为永久衬砌,一般考虑在I、II级等围岩良好、完整、稳定的地段中采用。

(4)复合式衬砌。复合式衬砌不同于单层厚壁的模筑混凝土衬砌,它把衬砌分成两层或两层以上。

目前最通用的是外衬喷锚支护,内衬为整体式混凝土衬砌。

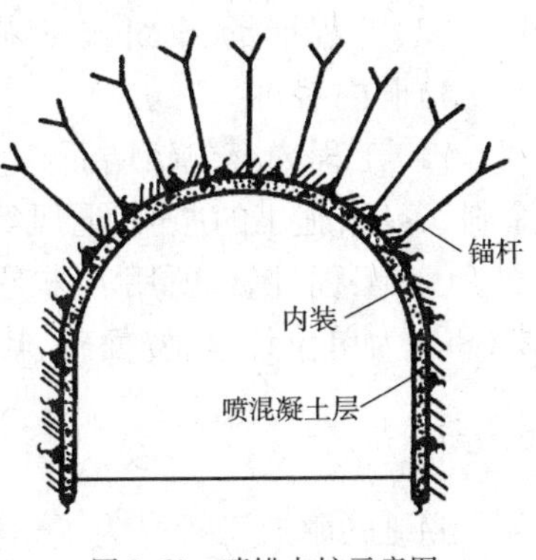

图3-61　喷锚支护示意图

2. 洞身支护工程内容及计量

1)喷射混凝土

(1)工程内容包括材料的采购、供应、运输,岩面坑洼的处理,喷射混凝土的拌制、养生,施工的照明、通风等一切与此有关的作业,查《预算定额》表[3-1-8]。

(2)工程计量分别不同强度等级,按喷射面平均厚度乘以喷射面积计算喷射体积,以立方米(m^3)为单位计量。

2)锚杆

(1)工程内容包括材料的采购、供应、运输、除锈加工、制作、钻眼、安设、注浆、施工的照明、通风等一切与此有关的作业,查《预算定额》表[3-1-6]。

(2)工程计量分别不同的直径,按长度以米(m)为单位计量。

3)钢筋网

(1)工程内容包括材料的供应、运输、除锈、加工绑扎等一切与此有关的作业。

(2)工程计量按质量以千克(kg)为单位计量。

连接钢板、螺栓、螺母、拉杆、垫圈等作为钢支护的附属构件,不另行计量。

3. 洞身衬砌工程内容及计量

1)洞身(含明洞)衬砌的拱部、边墙、仰拱及底部填充、铺底(图3-62)。

(1)工程内容包括材料的采购、供应、加工、运输、模板、支架、拱架和脚手架的制作安装和拆除,混凝土的浇筑或砌体的砌筑、养生(防水混凝土含所用材料),施工的照明、通风等一切与此有关的作业,其《预算定额》表[3-1-9]~表[3-1-22]。

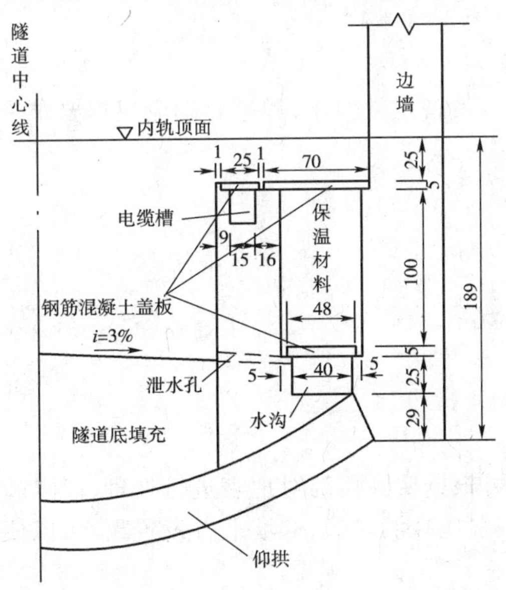

图3-62　洞身构造示意图(尺寸单位:cm)

(2)工程计量分别不同混凝土强度和砌石类型,按浇(砌)筑的体积,以立方米(m^3)为单位计量。石质地段,按规范规定并得到批准的突入衬砌厚度的岩石体积,计算衬砌数量时不予扣除;任何情况下衬砌厚度超出规定轮廓线的部分都不予计量;衬砌内各种洞室所占体积应予扣除。

混凝土拌和场站、储料场的建设、拆除、恢复均包括在相应工程项目不另行计量。

2)侧沟砌筑

(1)工程内容包括浆砌砌体和混凝土盖板、缘石。其工程内容包括沟槽的整平,材料的采购、供应、运输、加工制作、模板的制作、安装、拆除、砌体的砌筑或混凝土的浇筑、养生、安装、施工的照明、通风等一切与此有关的作业。

铸铁篦包括铁篦的供应、运输、安装等一切与此有关的作业。

(2)工程计量,砌筑或安装的体积,以立方米(m^3)为单位计量;铸铁篦以块为单位计量。

3)洞内装饰

(1)工程内容包括墙面修整、材料的采购、供应、运输、加工、脚手架的搭设、拆除、铺设或涂刷、养生、施工的照明、通风等一切与此有关的作业。

(2)工程计量,所用泡沫混凝土、水泥砂浆按装饰面积乘以平均厚度计算的体积,以立方米(m^3)为单位计量;瓷面砖、喷涂料按装饰面积,以平方米(m^2)为单位计量。

三、附属工程

隧道的附属工程是为了运营管理、维修养护、给水排水、供蓄发电、通风、照明、通信、安全等而修建的建筑物包括:

(1)为工作人员在隧道进行维修或检查时,能及时避让驶来的列车而在隧道两侧开辟的大小避车洞;

(2)为了保证隧道洞口的稳定与安全而修建的边、仰坡;

(3)为了引导洞口边、仰坡地表水流而修建的排水天沟;

(4)为了排除隧道内渗入的地下水,保证列车正常运行而设置的防水设备及排水设备;

(5)为了净化隧道内机车所排出的烟尘和有害气体而设置的通风系统;

(6)电力及通信设施,消防设施等。

1. 防排水设施

隧道内外设置的排水建筑物有以下几种:

1)排水沟

水沟上面应有预制的钢筋混凝土盖板,平时成为人行道。盖板顶面应与避车洞底面平齐。排水沟在一定长度上应设检查井,以便随时清理残渣。

2)盲沟

在衬砌背后,用片石、卵石或埋管修成一道环向或竖向可供流水的盲沟,以汇集衬砌周围的地下水。

3)防水层

为保证隧道衬砌、通信信号、供电线路和轨道等设备正常使用,隧道衬砌应根据要求采取防水措施。设置防水措施一般有以下几种途径:

(1)注浆;

(2)防水混凝土衬砌;

(3)衬砌各类缝隙防水;

(4)外贴式防水层(用于明洞的防水);

(5)内贴式防水层;

(6)复合式衬砌中间防水层。

4)洞顶防排水

隧道围岩内的水,主要由洞顶地表水补给时,可根据实际情况对地表进行处理,以隔断水源。另外,为防止地表水冲刷仰坡,流入隧道,一般应在洞口边、仰坡上方设置天沟,以便引流地表水。

5)洞门排水

洞门的端墙、翼墙和边、仰坡上均应设有相应的排水设施,以便引流地表水。另外在洞口处还应设有洞内外水沟衔接的过渡设施。

2. 工程内容与计量

1）洞身防水塑料板

包括混凝土表面的整修，防水塑料板的供应、运输、加工、制作、铺设、固定等一切与此有关的作业。

洞身防水塑料板按铺设的面积，以立方米（m^3）为单位计量。

2）止水带、排水塑料管和深水注浆钻孔

包括材料的采购、供应、运输、加工、制作、安装、试验、钻孔等一切与此有关的作业。

止水带、排水塑料管和深水注浆钻孔根据规格或直径，按长度以米（m）为单位计量。

3）压浆防水材料

包括材料的采购、供应、运输、配制、拌和、试验、注浆等一切与此有关的作业。

防水材料按设计配合比混合料，以立方米（m^3）为单位计量。

风水电作业及通风、照明、防尘为不可缺少的附属设施和作业，均应包括在有关工程细目中，不另行计量。

【例 3-4】 某隧道洞身工程，某段洞身长 33m，其截面及尺寸如下图 3-63 所示，试求其土石方开挖量、混凝土需要量。

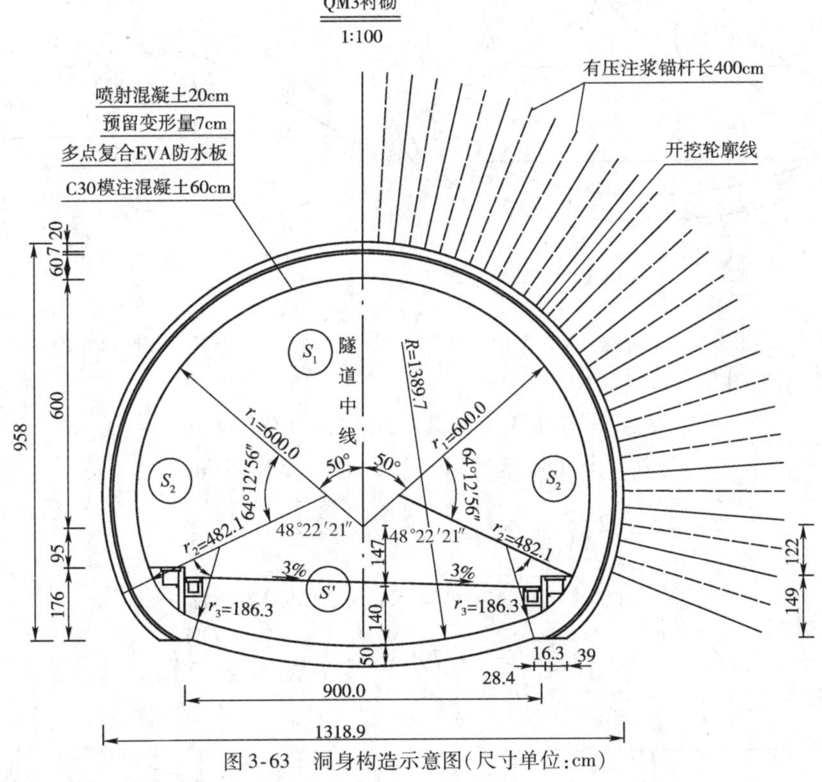

图 3-63 洞身构造示意图（尺寸单位：cm）

解：1）土石方开挖量计算

（1）开挖面积计算如下（图 3-63）：

①S_1 的计算：

$$S_1 = \frac{100\pi}{360} \times 687^2 = 411870\text{cm}^2 = 41.187\text{m}^2$$

②S_2 的计算：

$$S_2 = \frac{64.216\pi}{360} \times 569.1^2 = 181500\text{cm}^2 = 18.15\text{m}^2$$

③S_3 的计算(图 3-64)：

$$S_3 = \frac{1}{2} \times (600 - 482.1)^2 \times \sin 100° = 6845\text{cm}^2 = 0.6845\text{m}^2$$

④S_4 的计算(图 3-65)：

$$l_{AD} = 482.1 - 186.3 = 295.8\text{cm}$$

$$l_{DE} = 295.8 \times \sin 24.216° = 121.33\text{cm}$$

$$l_{AE} = 295.8 \times \cos 24.216° = 269.77\text{cm}$$

$$l_{CD} = 2 \times 117.9 \times \sin 50° = 180.63\text{cm}$$

$$\begin{aligned} S_4 &= S_{ABCD} - S_3 \\ &= \frac{1}{2}(180.63 + 269.77 + 269.77 + 180.63) \times 121.33 - 6845 \\ &= 47802\text{cm}^2 = 4.7802\text{m}^2 \end{aligned}$$

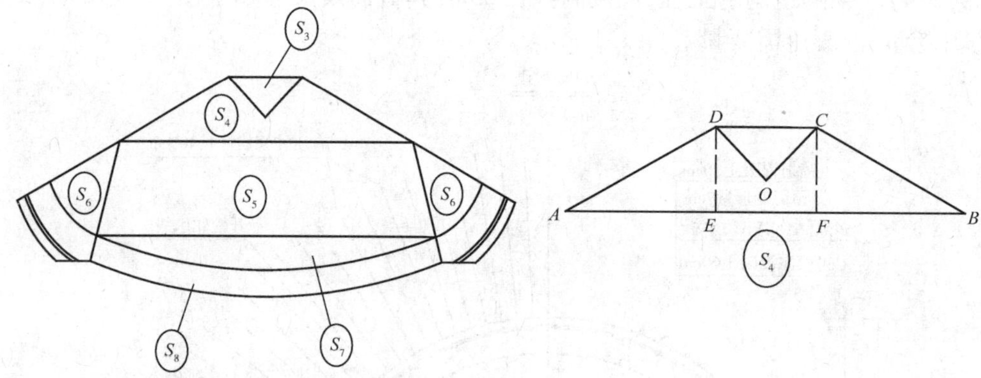

图 3-64　S'面积示意图　　图 3-65　S_4 面积示意图

⑤S_5 的计算(图 3-66)：

$$l_{AE'} = 186.3 \times \cos 17.142° = 178.02\text{cm}$$

$$l_{D'E'} = 186.3 \times \sin 17.142° = 54.91\text{cm}$$

$$\begin{aligned} S_5 &= \frac{1}{2}(2 \times l_{AB} + l_{D'E'} + l_{F'C'}) \times l_{AE'} \\ &= \frac{1}{2}(2 \times 720.17 + 54.91 \times 2) \times 178.02 \\ &= 137979\text{cm}^2 = 13.798\text{m}^2 \end{aligned}$$

⑥S_6 的计算(图 3-67)：

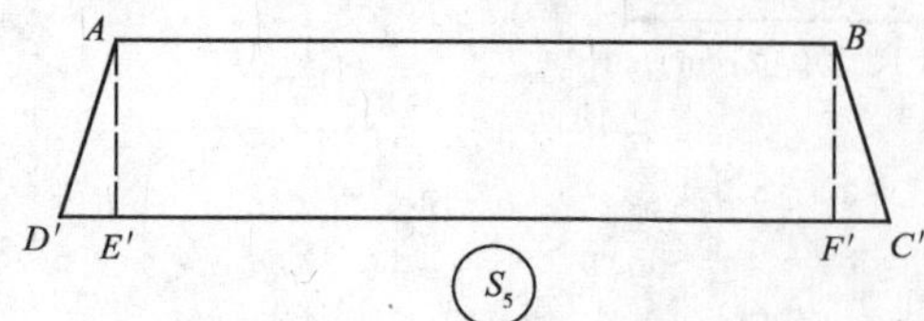

图 3-66　S_5 面积示意图

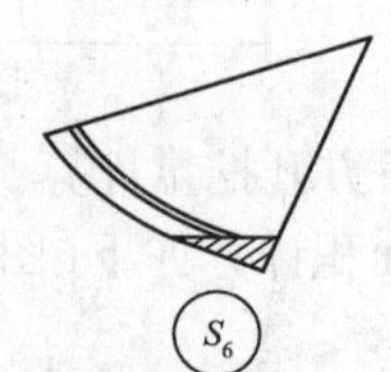

图 3-67　S_6 面积示意图

$$S_6 = \frac{48.373\pi}{360} \times 273.3^2 = 31530\text{cm}^2 = 3.153\text{m}^2$$

⑦S_7 的计算(图 3-68):

$$S_7 = \frac{34.824\pi}{360} \times 1389.7^2 - \frac{1}{2}\sin 34.824° \times 1389.7^2$$
$$= 35473\text{cm}^2 = 3.5473\text{m}^2$$

⑧S_8 的计算(图 3-69):

$$S_8 = \frac{34.824\pi}{360} \times (1439.7^2 - 1389.7^2)$$
$$= 42992\text{cm}^2 = 4.2992\text{m}^2$$

$$S = S_1 + 2S_2 + S'$$
$$= S_1 + 2S_2 + S_4 + S_5 + 2S_6 + S_7 + S_8$$
$$= 41.187 + 2 \times 18.15 + 4.7802 + 13.798 + 2 \times 3.153 + 3.5473 + 4.2992$$
$$= 110.22\text{m}^2$$

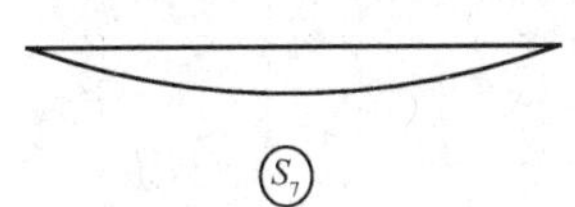

图 3-68 S_7 面积示意图

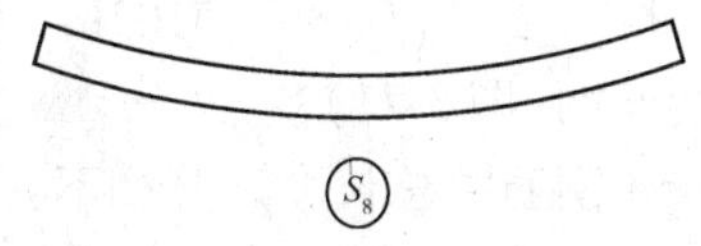

图 3-69 S_8 面积示意图

(2)开挖量计算如下:

$$V = S \cdot L = 110.22 \times 33 = 3637\text{m}^3$$

2)C35 喷射混凝土

$$S_p = \frac{100\pi}{360} \times (687^2 - 667^2) + \frac{2 \times 64.216\pi}{360} \times (569.1^2 - 549.1^2) +$$
$$\frac{2 \times 48.373\pi}{360} \times (273.3^2 - 253.3^2) = 5.76\text{m}^2$$
$$V_p = S_p \cdot L = 5.76 \times 33 = 190\text{m}^3$$

3)C30 衬砌防水混凝土

$$S_f = \frac{100\pi}{360} \times (660^2 - 600^2) + \frac{2 \times 64.216\pi}{360} \times (542.1^2 - 482.1^2) +$$
$$\frac{2 \times 48.373\pi}{360} \times (246.3^2 - 186.3^2)$$
$$= 6.594 + 6.883 + 2.19 = 15.667\text{m}^2$$
$$V_f = S_f \cdot L = 15.667 \times 33 = 518\text{m}^3$$

4)C35 仰拱混凝土

$$S_y = \frac{34.824\pi}{360} \times (1439.7^2 - 1389.7^2) = 42992\text{cm}^2 = 4.299\text{m}^2$$
$$V_y = S_y \cdot L = 4.299 \times 33 = 142\text{m}^3$$

5)7cm 超挖回填混凝土

$$S_c = \frac{100\pi}{360} \times (667^2 - 660^2) + 2 \times \frac{64.216\pi}{360} \times (549.1^2 - 542.1^2) + 2 \times$$

$$\frac{48.373\pi}{360}\times(245.3^2-238.3^2)-7\times20=17956\text{cm}^2=1.80\text{m}^2$$

$$V_c=S_c\cdot L=1.8\times33=60\text{m}^3$$

6)锚杆

(1)ϕ25 有压锚杆长度计算如下：

①锚杆施工面积(图 3-70)：

$$\left(\frac{100\pi\times6.87}{180}+2\times\frac{64.216\pi\times5.691}{180}\right)\times33=816.24\text{m}^2$$

②锚杆施工根数：

$$\frac{816.24}{2.4\times2.4}\times9\text{根}=1276(\text{根})$$

③锚杆总长：

$$1276\times4=5102\text{m}$$

(2)ϕ25 有压锚杆总质量计算如下：

$$5102\text{m}\times2.465\text{kg/m}=12581.25\text{kg}$$

7)钢筋网(图 3-71)

(1)ϕ8 钢筋网总长度计算如下：

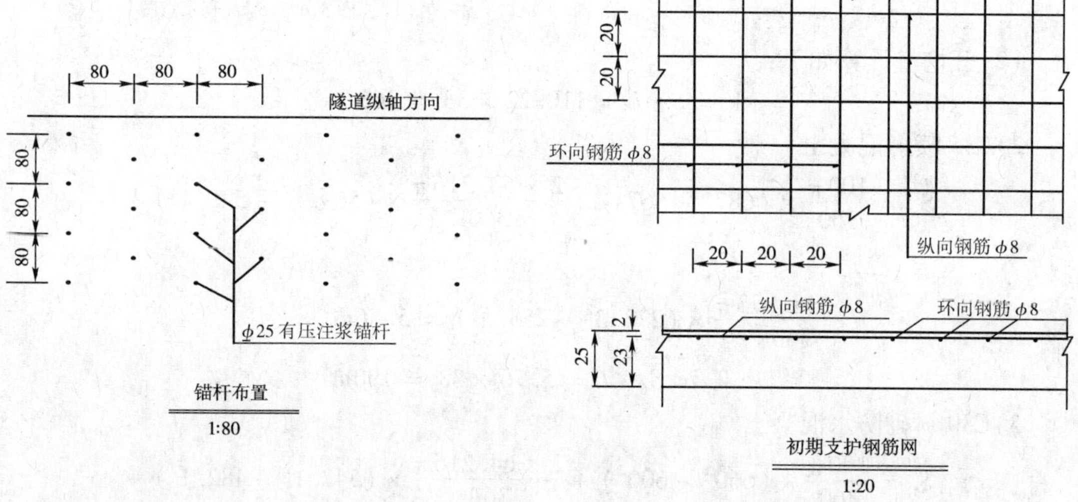

图 3-70 隧道纵向锚杆布置图(尺寸单位:cm)

图 3-71 隧道纵向钢筋网布置图(尺寸单位:cm)

①纵向钢筋长度：

$$\frac{2\pi}{360}(100\times677+2\times559.1\times64.216+2\times48.373\times263.3)/20\times33$$

$$=4751.07\text{m}$$

②横向钢筋长度：

$$\frac{2\pi}{360}(100\times677+2\times64.216\times559.1+2\times48.373\times263.3)\times33/20$$

$$=4751.07\text{m}$$

③钢筋总长度：

$$4751.07\times2=9502.14\text{m}$$

(2)ϕ8 钢筋网总质量：

$$9502.14 \times 0.444\text{kg/m} = 4218.95\text{kg}$$

8)隧道洞身的工程量汇总

隧道洞身的工程量汇总如表 3-11 所示。

工程量清单 表 3-11

细 目 号	项 目 名 称	单 位	数 量	《预算定额》表
503-1	洞身开挖			
－a	挖土方	m^3		
－b	挖石方	m^3	3637.000	[3-1-3]
－c	弃方超运	m^3	3637.000	[3-1-3]
503-3	喷锚支护			
－a	C25 喷射混凝土	m^3	190.000	[3-1-8]
－b	ϕ25 注浆锚杆	m	5102.000	[3-1-6]
－d	ϕ8 钢筋网	kg	4218.95	[3-1-6]
－e	连接筋	kg		
504-1	洞身衬砌			
－c	C30 现浇混凝土	m^3	518.000	[3-1-9]
－d	光圆钢筋	kg	3424.400	[3-1-9]
－e	带肋钢筋	kg	28397.200	[3-1-9]
504-2	仰拱、铺底混凝土			
－a	C35 仰拱混凝土	m^3	141.801	[3-1-9]
－b	C10 仰拱填充料	m^3	[3-7-4]	[3-1-9]

第六节　沿线其他工程

一、安全设施及预埋管线工程

包括护栏、隔离设施、道路交通标志、道路诱导设施、防眩设施、通信管道及电力管道、预埋(预留)基础、收费设施和地下通道工程。

凡未列入计量项目的零星工程,均含在相关工程项目内,不另行计量。

(一)安全设施

1. 波形梁护栏

1)工程内容

包括立柱基坑的开挖、回填夯实、废方弃运,材料(合成品)的采备、供应、运输、加工制作和镀锌,立柱、波形梁和端面的埋设(含基座的浇筑)、连接、安装、锚固和端部处理及必要的修补等一切与此有关的作业。

2)工程计量

护栏分别路侧和中央分隔带,按两端立柱中心之间距离的单面长度,以米(m)为单位计量。

2. 混凝土护柱

1)工程内容

包括挖基、回填、夯实、废方运弃,材料的采备、供应、加工、运输,钢筋的加工绑扎,护柱的混凝土预制、喷涂油漆、安装理设(含基座的浇筑)等一切与此有关的作业。

2)混凝土护柱以根为单位计量

3. 隔离栅

1)工程内容

包括立柱基坑的开挖、回填、夯实、废方运弃,材料(合成品)的采备、供应、运输、加工、制作、镀锌或混凝土立柱的预制,立柱的埋设(含基座的浇筑)、栅栏的安装、连(焊)接,及必要的修补等一切与此有关的作业。

2)工程计量

隔离栅分类型,按两端立柱中心之间距离的单面长度,以米(m)为单位计量。

隔离设施工程所需的清场、挖根、土地平整和设置地线等工程均为安装的附属工作,不另行计量。

4. 交通标志

交通标志工程所有支承结构、底座、硬件和为完成组装而需要的附件,均不另行行计量。

(1)交通标志分别按不同的结构类型,以"个"为单位计量。

其工程内容包括支柱基坑的开挖、回填、夯实,立柱、牌板等各类材料(含成品)的采备、供应、运输,标志牌的加工、制作、镀锌(门式标志还应包括支架和脚手架的制作、安装、拆除),或混凝土支柱的构件预制,支柱的埋设(含混凝土底座),标志牌的安装、连接,防腐、涂刷等一切与此有关的作业。

(2)里程碑、公里界碑、百米桩,以"个"为单位计量。

其工程内容包括挖基、回填、夯实,材料的采备、运输、加工,碑桩的预制、埋设及必要的加固等一切与此有关的作业。

5. 道路标线

道路诱导设施中路面标线玻璃珠包含在涂敷面积内,附着式轮廓标的后底座、支架连接件,均不另行计量。

1)纵、横向路面标线

(1)工程内容。包括材料的供应、运输、配制、试验、放线、喷涂或铺设、修整等一切与此有关的作业。

(2)工程计量。按实际测量的喷涂面积,以平方米(m^2)为单位计量;导向箭头、斑马线、出入口、文字图案等路面标线按外缘轮廓线的矩形面积,以平方米(m^2)为单位计量。

2)突起路标、路过线轮廓标和立面标记

(1)工程内容。包括材料(合成品)的供应、运输、放线、涂刷或埋设安装、修整等一切与此有关的作业。

(2)工程计量。突起路标、路过线轮廓标以"个"为单位计量;立面标记,以"处"为单位计量。

(二)安装机电设施的预埋管道及预留沟槽

1. 预埋的管道

1)工程内容

包括基槽的开挖、整平、回填夯实、废方运弃，材料(含成品)的采备、供应、运输、加固，管道铺设、安装，基座的砌筑或浇筑、养生等一切与此有关的作业。

2)工程计量

管道分别不同材料和管径、按沿管道轴线量测的长度，以米(m)为单位计量。

为管道铺设所做的检查(修)井、拉线等附属工作均不单独计量与支付。

2. 预留的沟槽

1)工程内容

包括沟、槽的开挖、整型、回填夯实、废方运弃，材料的采备、供应、加工、运输，砌体的砌筑或混凝土的浇筑、养生等一切与此有关的作业。

2)工程计量

沟槽分别不同铺砌类型和端面尺寸，按沟、槽轴线量测的长度，以米(m)为单位计量。

二、绿化及环境保护

此绿化工程是指为植树及中央分隔带及互通立交范围内和服务区、管养工区、收费站、停车场的绿化种植区。其工作包括撒播草种和铺植草皮、人工种乔木、灌木、声屏障工程。

(一)声屏障

声屏障工程内容包括基坑的开挖、回填、夯实、废方弃运，材料的采备、供应、运输，支护与脚手架的制作、安装、拆除，声屏障体的砌筑、饰面、养生等有关作业。

声屏障体按不同的结构的体积，以平方米(m^2)为单位计量。

(二)绿化

其工程内容包括树木、草皮、草籽的供应、运输、挖坑、种植、浇水、施肥、铺洒表土、防虫、修剪、管理等一切与此有关的作业。

种植乔木按不同的树种，以株为单位计量；灌木、草皮以平方米(m^2)为单位计量。

(三)其他有关说明

(1)除按图纸施工的永久性环境保护工程外，其他采取的环境保护措施已包含在相应的工程项目中，不另行计量。

(2)由于承包人的过失、疏忽、或者未及时按设计图纸做好永久性的环境保护工程，导致需要另外采取环境保护措施，这部分额外增加的费用应由承包人负担。

(3)在公路施工及缺陷责任期间，绿化工程的管理与养护以及任何缺陷的修正与弥补，是承包人完成绿化工程的附属工作，均由承包人负责，不另行计量。

本 章 小 结

工程量计算的依据包括：经审定的施工设计图纸及设计说明，工程量清单计价规范，公路工程定额，审定的施工组织设计，施工技术措施方案和施工现场情况，经确定的其他有关技术经济文件等。

工程量计算规则，是规定在计算分项工程实物数量时，从施工图纸中摘取数值的取定原则。在计算工程量时，必须按照工程量清单计价规范或所采用的定额规定的计算规则进行。

为了提高计算的效率和防止重算漏算，应按一定的顺序计算。

在《公路工程量清单计价规范》的附录中，对各分项工程的工程量计算规则以表格的形式作了规定。表格中工程量清单项目设置的内容包括项目编码、项目名称、项目特征、计量单位、工程量计算规则及工程内容等。

结合路基路面工程、桥梁工程、隧道工程、沿线设施等结构构造系统地介绍了清单的工程量计算规则和定额的工程量计算规则。

复习思考题

1. 工程计量的依据有哪些？
2. 工程计量应遵循哪些原则？
3. 简述工程量计算的方法与顺序。
4. 试述清单的工程量计算规则和定额的工程量计算规则的异同。

习　题

某二级公路的路基宽度为8.5m，涵洞K16+134(1-2.0×1.5)位于圆曲线半径为200m的平曲线上，详细构造见图3-46此时加宽值为0.6m，超高横坡度为5%。试计算该涵洞的长度，并计算其中板的混凝土和钢筋数量及挖基土石方量为多少(其构造见图3-72及表3-12、表3-13)？

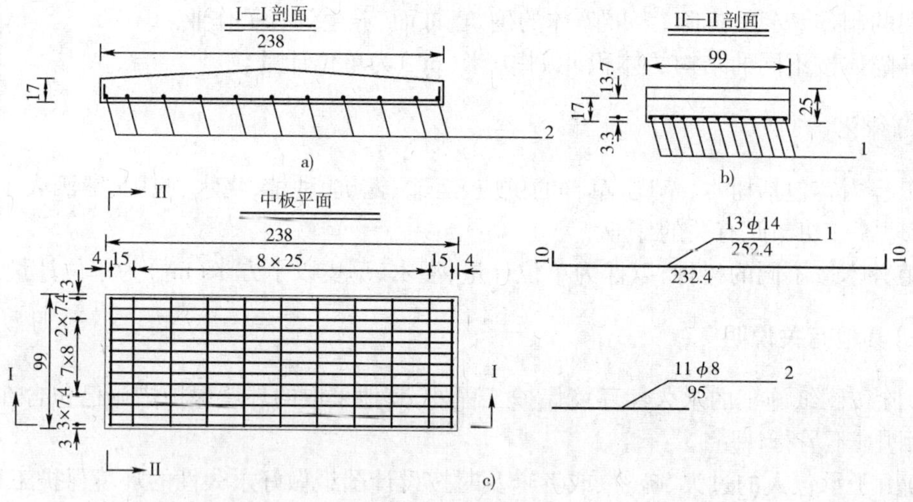

图3-72　中板钢筋构造图(尺寸单位：cm)

工 程 数 量 表　　表3-12

工程名称	材料种类	单　位	工程数量
中板板数		块	9.00
边板板数		块	2.00
盖板混凝土	C30 混凝土	m^3	8.34
台墙墙身	M12.5 浆砌片石	m^3	56.82
台墙基础	M12.5 浆砌片石	m^3	24.23
帽石	C25 混凝土	m^3	0.40
涵底铺砌	M10 浆砌片石	m^3	19.02

续上表

工程名称	材料种类	单位	工程数量
涵底垫砂		m^3	11.89
沉降缝面积		m^2	19.26
翼墙墙身	M12.5浆砌片石	m^3	22.69
翼墙基础	M12.5浆砌片石	m^3	13.13
截水墙	M10浆砌片石	m^3	9.09
抹面	M12.5砂浆	m^3	8.06
勾缝	M12.5砂浆	m^3	13.16
挖基土方		m^3	418

一块盖板工程数量表

表3-13

板别	钢筋编号	钢筋直径（mm）	钢筋长度（cm）	钢筋根数	钢筋总长（m）	单位质量（kg/m）	钢筋总质量（kg）	C30混凝土体积（m^3）
中板	1	ϕ14	252.4	13	32.81	1.208	39.64	0.49
	2	ϕ8	95	11	10.45	0.395	4.13	
边板	3	ϕ14	252.4	35	88.34	1.208	106.71	1.95
	4	ϕ8	386.7	11	42.54	0.395	16.80	
	5	ϕ14	348.7	30	104.61	1.208	126.37	
	6	ϕ8	74	32	23.68	0.395	9.35	

第四章　公路工程造价测算

【本章要求】

了解生产要素单价计算的方法；理解直接费用和间接费用测算基本原理与方法；掌握建筑安装工程费用测算的基本原理与方法；了解设备、工具、器具及家具购置费用测算的方法；了解工程建设其他费用及预留费用测算的方法；为做好工程造价测算打下基础。

【本章结构】

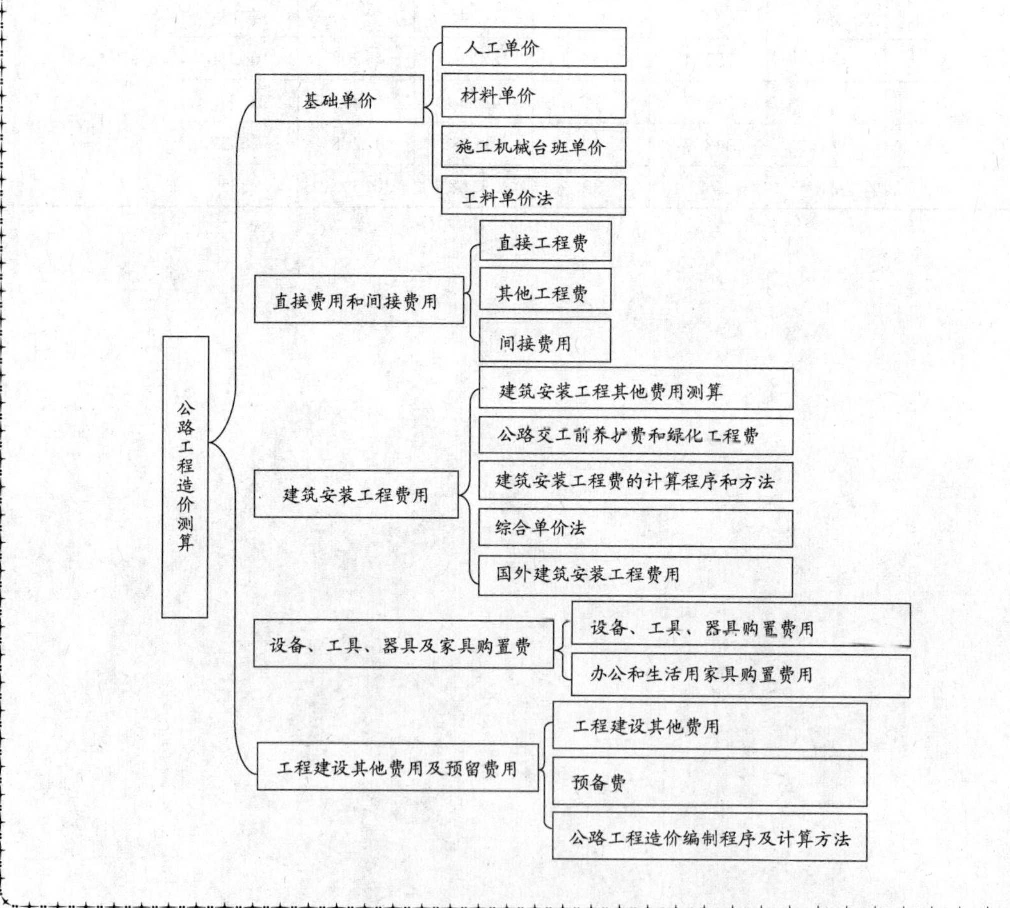

工程造价是指一个建设项目从立项开始到建成交付使用预期花费或实际花费的全部费用，即该建设项目有计划地进行固定资产再生产和形成相应的无形资产、递延资产和铺底流动资金的一次性费用总和。我国现行公路工程投资构成和工程造价的构成如图 4-1 所示。

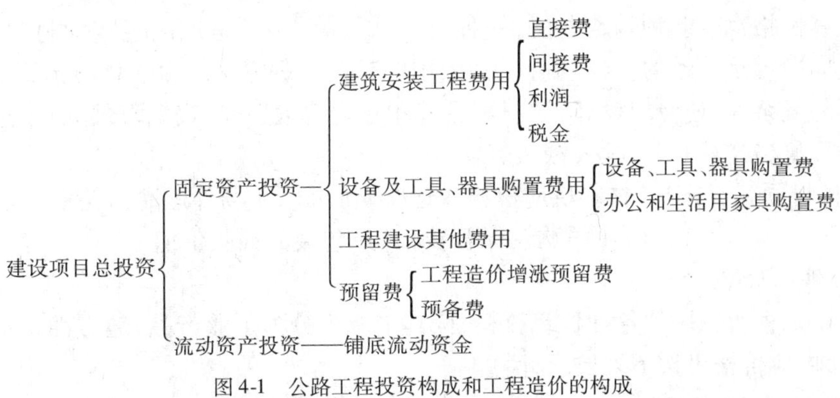

图4-1 公路工程投资构成和工程造价的构成

第一节 基础单价计算

一、人工单价

人工单价即人工工日单价，是由标准工资、工资性质的津贴、地区生活补贴和劳动保护费组成。有两种计算方式，一种按公式计算，另一种按地区规定。

(一)按公式计算工日单价

人工工日单价(元/工日)=[生产工人基本工资(元/月)+地区生活补贴(元/月)+工资性津贴(元/月)]×(1+14%)×12(个月)÷240(工日) (4-1)

式中：生产工人基本工资——按不低于工程所在地政府主管部门发布的最低工资标准的1.2倍计算；

地区生活补贴——指国家规定的边远地区生活补贴、特区补贴；

工资性津贴——指物价补贴，煤、燃气补贴，交通费补贴等。

以上各项标准由各省、自治区、直辖市公路(交通)工程造价(定额)管理站根据当地人民政府有关规定核定后公布执行，并抄送交通运输部公路司备案，并应根据最低工资标准的变化情况及时调整公路工程生产工人工资标准。

人工费单价仅作为编制概、预算的依据，不作为施工企业实发工资的依据。因此，只要得到了地区生活补贴与工资性津贴的数额，就不难按式(4-1)算出工日单价。

(二)按地区规定计算工日单价

《公路工程基本建设建目概算预算编制办法》(JTG B06—2007)(以下简称《编制办法》)规定：人工费标准按照本地区公路建设项目的人工工资统计情况并结合工种组成、定额消耗、最低工资标准以及公路建设劳务市场情况进行综合分析确定，由各省、自治区、直辖市交通运输厅(局、委)审批并公布。另外，应当注意，不管人工工日单价以哪种方式确定，它都仅作为编制概预算的依据，而不能作为施工企业实发工资的依据。

二、材料单价

材料从供应地到达施工现场的仓库包括了供应价格、运杂费、场外运输损耗、采购及仓库保管费，即材料单价(材料预算价格)。

材料预算价格也有两种确定办法：一种是公式计算，一种是地区规定的材料预算价格。但其价格组成内容是一致的。《编制办法》采用的是第一种方法。由于材料预算价格的重要性及其计算的复杂性，还专门设计了“材料预算单价计算表”(09 表见附录五)来进行计算。

材料预算价格计算的公式法(或表算法)：

$$材料预算价格 = (材料供应价格 + 运杂费) \times (1 + 场外运输损耗率) \times (1 + 采购及保管费率) - 包装的回收价值 \tag{4-2}$$

1. 材料供应价格

公路建设工程所耗用的各种建筑材料，按其来源可分为工业产品、地方性材料和自采材料三部分，其供应价格可按下列要求计算。

(1)外购材料：国家或地方的工业产品，如水泥、钢材、木材、沥青、油燃料、化工产品、民用爆破器材、五金及构配件等，应以市场的批发价格或工厂的出厂价为准，若一种材料有多个价格，应取加权平均价，并根据实际情况加计供销部门手续费和包装费。

供销部门手续费是指材料不能向生产厂直接采购订货供应，必须经过物资部门或供销部门供应时，按规定支付给物资部门或供销部门的附加手续费。其计算式为：

$$供销部门手续费 = 原价 \times 供销部门手续费率 \tag{4-3}$$

或

$$供销部门手续费 = 材料净重 \times 供销部门手续费(元/t) \tag{4-4}$$

供销部门手续费可参考表 4-1 取值。

供销部门手续费取值表 表 4-1

序　号	材 料 名 称	费　率	备　注
1	金属材料	2.5	包括有色金属、黑色金属、生铁
2	木材	3.0	包括竹、胶合板
3	电器材料	1.8	
4	化工材料	2.0	包括液体橡胶及制品
5	轻工产品	3.0	
6	建筑材料	3.0	包括一、二、三类物资

包装费指为便于材料的运输或保护材料免受损坏而进行包装所需要的费用。包括包装材料的折旧摊销及水运、陆运中的支撑、篷布摊销等费用。凡由生产厂负责包装者，其包装费已计入材料原价内的，不再另行计算包装材料费，并应扣回包装器材的回收价值。如用户自备周转使用包装容器的，按下列公式计算包装费：

$$包装费用 = \frac{包装材料原价 \times (1 - 回收率 \times 回收残值率) + 使用期维修费}{周转使用次数 \times 包装器材标准容量} \tag{4-5}$$

(2)地方性材料：主要是当地乡镇企业统一开采加工出售的石灰、砂、石等建筑材料，按市场价格计算。若品种规格与设计要求不符，需要加工改制时，可参照《公路工程预算定额》中“材料采集及加工”的规定，增加其改制加工的费用，作为供应价格。

(3)自采材料：自采的砂、石、黏土等材料，按《公路工程预算定额》中开采单价加辅助生产间接费和矿产资源税计算。

2. 运杂费

运杂费是指材料自供应地点至工地仓库(施工地点存放材料的地方)的运杂费用，包括装卸费、运费，如果发生，还应计囤存费及其他杂费(如过磅、标签、支撑加固、路桥通行等费用)。材料的运输流程可表示为图4-2。

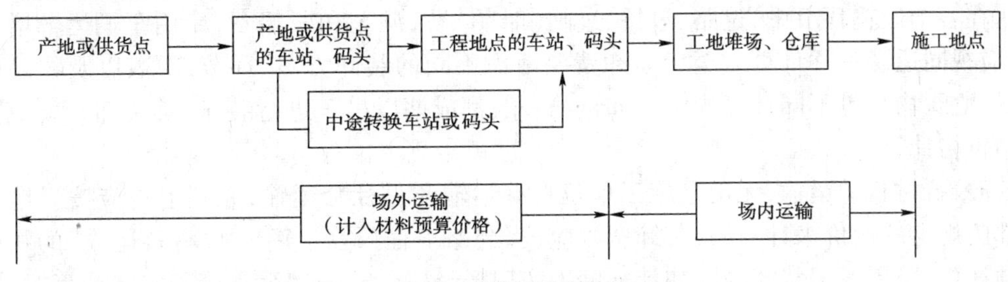

图4-2 材料运输流程图

(1)运距的确定。

一般情况下,材料堆放地点可根据施工组织设计中的施工平面图来确定。如果施工组织设计不能提供工地仓库和堆料场位置时,材料堆放位置为:路线工程取路线中心点里程桩号,大中桥或独立桥梁中心桩号。

(2)运价的确定:分社会运输和自办运输两种情况。

①社会运输即通过公路、铁路、水运等部门运输,应按国家或地方有关部门规定的运输及装卸费标准计算材料运价。

②自办运输是施工企业根据公路建设项目所在地交通不便、社会运力缺乏的情况,结合本企业运输能力而组织材料运输的一种运输方式。自办运输运费的确定应按有关规定进行:

a. 单程运距15km以上的长途汽车运输,按当地交通运输部门规定的运价标准来确定。

b. 单程运距5~15km的汽车运输,按当地交通运输部门规定的运价标准来确定;若公路建设项目所在地交通不便、社会运力缺乏的情况下,其运价按当地交通运输部门规定的运价标准的1.5倍来确定。

c. 单程运距5km以内的汽车运输以及人力场外运输,按《公路工程预算定额》计算运价,其中人力装卸和运输另按人工费加计辅助生产间接费。

(3)注意事项:

①凡有容器或包装材料的材料,应按有关规定的毛重系数计算运杂费,见表4-2。

材料毛重系数及单位毛重表 表4-2

材料名称	单位	毛重系数	单位毛重
爆破材料	t	1.35	—
水泥、块状沥青	t	1.01	—
铁钉、铁件、焊条	t	1.10	—
液体沥青、液体燃料、水	t	桶装1.17,油罐车装1.00	—
木料	m^3	—	1.000t
草袋	个	—	0.004t

②一种建筑材料若有两个以上的供应点时,都应根据不同的运距、运量、运价采用加权平均法计算运杂费。同时,在按上述要求计算的加权平均运距时,不得在工地仓库或堆料场之外,再加场内运输或二次倒运的运距,因为《公路工程预算定额》中已计入"工地小搬运"项目。

③由于公路运输的运价标准,大都是按路况分等级制订的,当采用汽车运输时,要注意

了解道路的路况，以便按道路等级分别计算运杂费。

④在各个运输环节中，过路、过桥、过闸（船舶）费，调车和驳船费，专用车辆运输增加费等，均应视同运费一并计算。至于装卸费要考虑不同的装卸方法、环节、次数以及物品的单件质量、危险物品等不同计算规定。如钢筋一般都成捆以吊车进行装车，其装卸费就应按吊车装吊价格计算。

⑤砂、石材料的运输，无论是施工单位自办运输还是社会运输，原则上均应按当地交通运输部门规定的运价来计算，其装卸费则应按《公路工程预算定额》中“材料运输”的相应装卸定额计算，采用人工装卸的应加计辅助生产现场经费。若采用汽车台班定额计算时，应按相应规定执行，如长短途的界定等。

⑥在不能采用各种运输工具运输建筑材料的条件下，可按人工运输定额计算并加计辅助生产间接费。

运杂费的计算是比较复杂繁琐的，除应正确选择材料来源地以缩短运距外，还应综合考虑其他因素，如运输方式、运输条件是否方便等，这对降低材料单价有着特别重要的现实意义。

3. 场外运输损耗

场外运输损耗是指有些材料在正常的运输过程中会发生损耗。场外运输损耗以费率表示，具体可参考表4-3。其计算公式如下：

场外运输损耗 =（材料的供应价格 + 运杂费）× 场外运输损耗率　　(4-6)

材料场外运输操作损耗率表（%）

表4-3

材料名称		场外运输（包括一次装卸）	每增加一次装卸
块状沥青		0.5	0.2
石屑、碎砾石、砂砾、煤渣、工业废渣、煤		1.0	0.4
砖、瓦、桶装沥青、石灰、黏土		3.0	1.0
草皮		7.0	3.0
水泥（袋装、散装）		1.0	0.4
砂	一般地区	2.5	1.0
	多风地区	5.0	2.0

注：汽车运水泥如果运距超过500km时，增加损耗率：袋装0.5%。

4. 材料采购及保管费

材料采购及保管费是指材料供应部门（包括工地仓库以及各处材料管理部门）在组织采购、供应和保管材料的过程中，所需的各项费用及工地仓库材料储存损耗。

材料采购及保管费 =（材料供应价格 + 运杂费 + 场外运输损耗）× 采购保管费率　　(4-7)

材料的采购及保管费费率为2.5%。外购的构件、成品及半成品的预算价格，其计算方法与材料相同，但构件（如外购的钢桁梁、钢筋混凝土构件及加工钢材等半成品）的采购保管费率为1%。

商品混凝土预算价格的计算方法与材料相同，但其采购保管费率为0。

5. 包装品的回收价值

如主管部门有规定者，应按规定计算。如无规定时，可参考表4-4数据计算。

包装品的回收价值 表 4-4

包装品的种类	回 收 量	回 收 价 值
木材制品包装	70%	原价的 20%
铁桶、铁皮、铁丝制品包装	铁桶 95%，铁皮 50%，铁丝 20%	原价的 50%
纸皮、纤维品包装	60%	原价的 50%
草绳、草袋制品包装	0	0

三、施工机械台班单价

施工机械使用过程中，必然消耗能源和机械磨损，应有故障维修、保养等工作，还应交纳各种税费，即台班（一般按 8h 计）单价（台班预算价格），按其费用的情况可分为不变费用和可变费用。

（一）不变费用

不变费用包括折旧费、大修理费、经常修理费、安装拆卸及辅助设施费。全国除青海、新疆、西藏三省区允许调整外，其余各地均应直接采用。至于边远地区的维修工资、配件材料等由于价差较大而需调整不变费用时，可根据具体情况，由省、自治区交通厅制订系数并报交通运输部备案后执行。

（二）可变费用

可变费用包括机上人员人工费、动力燃料费、养路费和车船使用税。可变费用中的机上人员工日数及动力物资消耗量，应以《公路工程机械台班费用定额》中的数值为准，台班人工费工日单价与生产工人人工单价相同。动力燃料费用则按材料费的计算规定计算。养路费及车船使用税，如需交纳时，应根据各省、自治区、直辖市及国务院有关部门的规定计算。

（三）施工机械台班单价的计算

施工机械台班单价按市场价格计算或按原交通部颁布的《公路工程机械台班费用定额》计算并填入 11 表（见附录五）。在编制公路工程造价时，施工机械台班单价不得采用社会出租台班单价计价。

施工机械台班单价 = 不变费用 × 调整系数 + 可变费用 = 不变费用 × 调整系数 +
（定额人工消耗量 × 人工单价 + 定额燃料、动力消耗量 ×
燃料、动力单价 + 运输机械的养路费、车船使用税和保险费） （4-8）

在计算施工机械台班单价时，要注意以下几个问题：

（1）当工程用电为自发电时，电动机械每 kW · h（度）电的单价，应按《公路工程机械台班费用定额》计算所选定的发电机组的台班单价，然后按下列近似公式进行换算确定：

$$A = 0.24\frac{K}{N} \tag{4-9}$$

式中：A——每 kW · h（度）电的单价，元；

K——发电机组的台班单价，元；

N——发电机组的总功率，kW。

若采用多台发电机组联合发电时，应将其价格和功率分别汇总，作为计算依据。

（2）当工程用电采用电网供电时，则应计算电能损耗。

①如从施工主降压、变压器的高压侧按电表计量收费时，要计算变配设备和配电线路的损耗，一般为6% ~10%。线路质量好，供电距离短，用电负荷比较均匀，采用低限值，反之则取高限值。

②若从电网供电变电站出线侧计量收费时，则还应计算主变压器高压侧的高压线路（指35kV · A 及以上的电压等级）的损耗，一般为4% ~6%。

③当两者都要计算时，其综合电能损耗应按17%计算。

（3）当同时使用自发电和电网供电时，可按各自供电的电动机械的总功率所占的比重计算综合电价，也可按自供电时间的长短作为计算综合电价的依据。

（4）运输机械的养路费、车船使用税和保险费，应按当地政府规定的征收范围和标准计算，年工作台班可参考表4-5的数据计算。其计算公式如下：

台班养路费、车船使用税和保险费 = [养路费（元/吨月）×吨位×12月/年 +
车船使用税（元/吨年）×吨位 +
保险费（元/年）] ÷ 年工作台班　　(4-10)

年工作台班参考表　　表4-5

机械种类	年工作台班
沥青洒布车、汽车式画线车	150台班
平板拖车组	160台班
液态沥青运输车、散装水泥运输车、混凝土搅拌运输车、混凝土输送泵车、自卸汽车、运油汽车、加油汽车、洒水汽车、拖拉机、汽车式起重机、汽车式钻孔机、内燃拖轮、起重船	200台班
载货汽车、机动翻斗车	220台班
工程驳船、抛锚船、机动艇、泥浆船	230台班

四、工料单价

公路工程市场不断发展，承发包方式多种多样。尤其在分包的工程中，如发包人工、发包机械或人工机械联合发包。更多的是，人工、机械、材料整体发包，俗称包工包料。此时只需计算工料机的单价就可以了，管理费和利润不必计算。

这种方法适用于施工阶段的预算。应首先进行工程项目的分解；然后套取相应的定额，一般采用施工企业的企业定额或行业的施工定额，如果条件不具备也可借用国家预算定额，取得定额单位的人工、材料、施工机械消耗数量标准；然后乘以当时当地人工、材料、施工机械单价，可分别得出人工、材料、施工机械的费用；再汇总求和，即得到工料单价。

（一）熟悉图纸、分解工程项目

1. 熟悉图纸、收集资料

此阶段中需全面搜集各种人工、材料、机械的实际价格，包括：不同品种不同规格的材料预算价格；不同工种不同等级的人工工资单价；不同种类不同型号的机械台班单价。

2. 分解工程项目

在熟悉施工图纸基础上，确定施工方法。再按定额划分的粗细程度对工程项目进行分解。

(二)确定分项工程的工料单价

1. 分项工程的定额单位消耗量

通过查找定额确定相应人工、材料、施工机械的定额单位消耗量。查取定额时应注意:

(1)分项工程的名称、规格、计量单位必须与选取的定额内容相一致,避免重套、漏套、错套。

(2)如果设计图纸上采用的混凝土强度等级、砂浆强度等级、基层材料的配合比、钢筋的比例与定额内容不符,应局部换算或调整。

(3)套取定额时,必须维护定额的严肃性,除定额说明允许调整或换算外只能遵照执行,不得任意修改。

2. 定额单位的人工、材料、施工机械费用

(1)定额单位的人工费用 = 定额中人工消耗量 × 当时当地的人工单价;

(2)定额单位的材料费用 = 定额中材料消耗量 × 当时当地的材料单价;

(3)定额单位的施工机械费用 = 定额中机械台班消耗量 × 当时当地的机械台班单价。

3. 分项工程的工料单价

分项工程的工料单价 =(人工费用 + 材料费用 + 施工机械费用)/定额单位。

第二节　直接费用和间接费用测算

一、直 接 费

直接费是指在施工过程中,直接耗费的构成工程实体和有助于工程实体形成的各项费用,包括直接工程费和其他工程费。

(一)直接工程费

直接工程费是指在施工过程中,直接耗费的构成工程实体的各项费用,包括人工费、材料费、施工机械使用费。

1. 人工费

人工费是指直接从事建筑安装工程施工的生产工人开支的各项费用,内容包括:

(1)基本工资,是指发放给生产工人的基本工资、流动施工津贴和生产工人劳动保护费,以及为职工缴纳的养老、失业、医疗保险费和住房公积金等。

生产工人劳动保护费是指按国家有关部门规定标准发放的劳动保护用品的购置费及修理费、徒工服装补贴、防暑降温费、在有碍身体健康环境中施工的保健费用等。

(2)工资性补贴,是指按规定标准发放的物价补贴、煤、燃气补贴,交通费补贴,地区津贴等。

(3)生产工人辅助工资,是指生产工人年有效施工天数以外非作业天数的工资,包括开会和执行必要的社会义务时间的工资,职工学习、培训期间的工资,调动工作、探亲、休假期间的工资,因气候影响停工期间的工资,女工哺乳期间的工资,病假在 6 个月以内的工资及产、婚、丧假期的工资。

(4)职工福利费,是指按国家规定标准计提的职工福利费。

人工费按下式计算：

$$人工费 = \sum(分项工程数量 \times 定额人工工日消耗量 \times 人工单价) \quad (4\text{-}11)$$

2. 材料费

材料费是指施工过程中耗用的构成工程实体的原材料、辅助材料、构(配)件、零件、半成品、成品的用量以及周转材料的摊销量，按工程所在地的材料预算价计算的费用。

材料费按下式计算：

$$材料费 = \sum[分项工程数量 \times (\sum 定额材料用量 \times 材料单价 + 其他材料费 + 材料摊销费)] \quad (4\text{-}12)$$

3. 机械使用费

机械使用费是指施工机械作业所发生的机械使用费和小型机具使用费。即：

$$机械使用费 = \sum[分项工程数量 \times (定额机械台班数量 \times 机械台班单价 + 小型机具使用费)] \quad (4\text{-}13)$$

4. 直接工程费的计算

$$直接工程费 = 人工费 + 材料费 + 施工机械使用费 \quad (4\text{-}14)$$

$$直接工程费 = \sum 分项工程量 \times 分项工程的工料单价 \quad (4\text{-}15)$$

直接工程费的计算可通过08-2表(见附录五)进行计算。

(二)其他工程费

其他工程费是指直接工程费以外施工过程中发生的直接用于工程的费用。按其工程所在地及施工的季节等情况包括冬季施工增加费、雨季施工增加费、夜间施工增加费、特殊地区施工增加费、行车干扰工程施工增加费、安全及文明施工措施费、临时设施费、施工辅助费、工地转移费等9项。

公路工程中的水、电费及因场地狭小等特殊情况而发生的材料二次搬运等其他工程费已包括在概、预算定额中，不再另计。

1. 工程类别划分

由于其他直接费是根据工程项目的定额基价为基数，以规定的费率计算的，而工程项目内容千差万别，无法个别地按各具体工程项目来制订费率标准。因此，要将性质相近的工程项目合并成若干类别来制订费率。工程类别可划分为如表4-6中的13类。

工程类别划分表　　表4-6

工程类别	内容
人工土方	指人工施工的路基、改河等土方工程，以及人工施工的砍树、挖根、除草、平整场地、挖盖山土等工程项目，并适用于无路面的便道工程
机械土方	指机械施工的路基、改河等土方工程，以及机械施工的砍树、挖根、除草等工程项目
汽车运输	指汽车、拖拉机、机动翻斗车等运送的路基、改河土(石)方、路面基层和面层混合料、水泥混凝土及预制构件、绿化树苗等
人工石方	指人工施工的路基、改河等石方工程，以及人工施工的挖盖山石项目
机械石方	指机械施工的路基、改河等石方工程(机械打眼即属机械施工)

续上表

工程类别	内容
高级路面	指沥青混凝土路面、厂拌沥青碎石路面和水泥混凝土路面的面层
其他路面	指除高级路面以外的其他路面面层,各等级路面的基层、底基层、垫层、透层、黏层、封层,采用结合料稳定的路基和软土等特殊路基处理等工程,以及有路面的便道工程
构造物Ⅰ	指无夜间施工的桥梁、涵洞、防护(包括绿化)及其他工程,交通工程及沿线设施工程[设备安装及金属标志牌、防撞钢护栏、防眩板(网)、隔离栅、防护网除外],以及临时工程中的便桥、电力电信线路、轨道铺设等工程项目
构造物Ⅱ	指有夜间施工的桥梁工程
构造物Ⅲ	指商品混凝土(包括沥青混凝土和水泥混凝土)的浇筑和外购构件及设备的安装工程,商品混凝土和外购构件及设备的费用不作为其他工程费和间接费的计算基数
技术复杂大桥	指单孔跨径在120m以上(含120m)和基础水深在10m以上(含10m)的大桥主桥部分的基础、下部和上部工程
隧道	指隧道工程的洞门及洞内工程
钢材及钢结构	指钢桥及钢索吊桥的上部构造,钢沉井、钢围堰、钢套箱及钢护筒等基础工程,钢索塔,钢锚箱,钢筋及预应力钢材,模数式及橡胶板式伸缩缝,钢盆式橡胶支座,四氟板式橡胶支座,金属标志牌、防撞钢护栏、防眩板(网)、隔离栅、防护网等工程项目

注:购买路基填料的费用不作为其他工程费和间接费的计算基数。

2. 地区类别划分

其他直接费取费标准随地区的不同而不同,取费时划分为三类,见下表4-7。

地区类别划分表 表4-7

地区类别	省、自治区、直辖市及特区
一类地区	江苏、安徽、浙江、江西、河南、湖南、湖北、广西、陕西、四川、重庆、贵州、云南、山东、河北、山西、辽宁、甘肃、宁夏
二类地区	上海、福建(不包括厦门)、广东(不包括深圳、汕头及珠海)、北京、天津、吉林
三类地区	黑龙江、内蒙古、青海、新疆、西藏、海南、深圳、汕头、珠海、厦门

3. 其他工程费的计算

1)冬季施工增加费

冬季施工增加费是指按照公路工程施工及验收规范所规定的冬季施工要求,为保证工程质量和安全生产所需采取的防护保温设施、工效降低和机械作业率降低以及技术操作过程的改变等所增加的有关费用。

冬季施工增加费的内容包括:

(1)因冬季施工所需增加的一切人工、机械与材料的支出。

(2)施工机具所需修建的暖棚(包括拆、移),增加油脂及其他保温设备费用。

(3)因施工组织设计确定,需增加的一切保温、加温及照明等有关支出。

(4)与冬季施工有关的其他各项费用,如清除工作地点的冰雪等费用。

冬季气温区的划分是根据气象部门提供的满15年以上的气温资料确定的。每年秋冬第一次连续5d出现室外日平均温度在5℃以下、日最低温度在-3℃以下的第一天算起,至第二年春夏最后一次连续5d出现同样温度的最末一天为冬季期。冬季期内平均气温在-1℃以上的为冬一区,-1~-4℃的为冬二区,-4~-7℃的为冬三区,-7~-10℃的为冬四区，-10～-14℃的为冬五区，-14℃以下的为冬六区。冬一区内平均气温低于0℃的连续天数在70d以内的为Ⅰ副区，70d以上的为Ⅱ副区；冬二区内平均气温低于0℃的连续天数在100d以内的为Ⅰ副区，100d以上的为Ⅱ副区。

气温高于冬一区，但砖石、混凝土施工需采取一定措施的地区为准冬季区。准冬季区分为两个副区，简称准一区和准二区。凡一年内日最低气温在0℃以下的天数多于20d，日平均气温在0℃以下的天数少于15d的为准一区，多于15d的为准二区。

全国冬季施工气温区划分见附录二。若当地气温资料与附录二中划定的冬季气温区划分有较大出入时，可按当地气温资料及上述划分标准确定工程所在地的冬季气温区。

冬季施工增加费的计算方法，是根据各类工程的特点，规定各气温区的取费标准。为了简化计算手续，采用全年平均摊销的方法，即不论是否在冬季施工，均按规定的取费标准计取冬季施工增加费。一条路线穿过两个以上的气温区时，可分段计算或按各区的工程量比例求得全线的平均增加率，计算冬季施工增加费。

冬季施工增长率加费以各类工程的直接工程费之和为基数，按工程所在地的气温区选用表4-8的费率计算。

冬季施工增加费费率表(%) 表4-8

气温区 / 工程类别	冬季期平均气温(℃)								准一区	准二区
	-1以上		-1～-4		-4～-7	-7～-10	-10～-14	-14以下		
	冬一区		冬二区		冬三区	冬四区	冬五区	冬六区		
	Ⅰ	Ⅱ	Ⅰ	Ⅱ						
人工土方	0.28	0.44	0.59	0.76	1.44	2.05	3.07	4.61	—	—
机械土方	0.43	0.67	0.93	1.17	2.21	3.14	4.71	7.07	—	—
汽车运输	0.08	0.12	0.17	0.21	0.40	0.56	0.84	1.27	—	—
人工石方	0.06	0.10	0.13	0.15	0.30	0.44	0.65	0.98	—	—
机械石方	0.08	0.13	0.18	0.21	0.42	0.61	0.91	1.37	—	—
高级路面	0.37	0.52	0.72	0.81	1.48	2.00	3.00	4.50	0.06	0.16
其他路面	0.11	0.20	0.29	0.37	0.62	0.80	1.20	1.80	—	—
构造物Ⅰ	0.34	0.49	0.66	0.75	1.36	1.84	2.76	4.14	0.06	0.15
构造物Ⅱ	0.42	0.60	0.81	0.92	1.67	2.27	3.40	5.10	0.08	0.19
构造物Ⅲ	0.83	1.18	1.60	1.81	3.29	4.46	6.69	10.03	0.15	0.37
技术复杂大桥	0.48	0.68	0.93	1.05	1.91	2.58	3.87	5.81	0.08	0.21
隧道	0.10	0.19	0.27	0.35	0.58	0.75	1.12	1.69	—	—
钢材及钢结构	0.02	0.05	0.07	0.09	0.15	0.19	0.29	0.43	—	—

2）雨季施工增加费

雨季施工增加费是指雨季期间施工为保证工程质量和安全生产所需采取的防雨、排水、防潮和防护措施，工效降低和机械作业率降低以及技术作业过程的改变等，所需增加的有关费用。

雨季施工增加费的内容包括：

（1）因雨季施工所需增加的工、料、机费用的支出，包括工作效率的降低及易被雨水冲毁的工程所增加的工作内容等(如基坑坍塌和排水沟等堵塞的清理、路基边坡冲沟的填补等)。

(2)路基土方工程的开挖和运输,因雨季施工(非土壤中的水影响)而引起的黏附工具降低工效,所增加的费用。

(3)因防止雨水必须采取的防护措施的费用,如挖临时排水沟,防止基坑坍塌所需的支撑、挡板等费用。

(4)材料因受潮、受湿的耗损费用。

(5)增加防雨、防潮设备的费用。

(6)其他有关雨季施工所需增加的费用,如因河水高涨致使工作困难而增加的费用等。

雨量区和雨季期的划分,是根据气象部门提供的满15年以上的降雨资料确定的。凡月平均降雨天数在10d以上,月平均日降雨量在3.5~5mm之间的为Ⅰ区,月平均日降雨量在5mm以上者为Ⅱ区。全国雨季施工雨量区及雨季期的划分见附录三。若当地气象资料与附录三所划定的雨量区及雨季期出入较大时,可按当地气象资料及上述划分标准确定工程所在地的雨量区及雨季期。

雨季施工增加费的计算方法,是将全国划分为若干雨量区和雨季期,并根据各类工程的特点规定各雨量区和雨季期的取费标准,采用全年平均摊销的方法,即不论是否在雨季施工,均按规定的取费标准计取雨季施工增加费。

一条路线通过不同的雨量区和雨季期时,应分别计算雨季施工增加费或按工程量比例求得平均的增加率,计算全线雨季施工增加费。

雨季施工增加费以各类工程的直接工程费之和为基数,按工程所在地的雨量区、雨季期选用表4-9的费率计算。

雨季施工增加费费率表(%) 表4-9

雨季期(月数)	1	1.5	2		2.5		3		3.5		4		4.5		5		6		7	8
雨量区 / 工程类别	Ⅰ	Ⅰ	Ⅰ	Ⅱ	Ⅰ	Ⅱ	Ⅰ	Ⅱ	Ⅰ	Ⅱ	Ⅰ	Ⅱ	Ⅰ	Ⅱ	Ⅰ	Ⅱ	Ⅰ	Ⅱ	Ⅱ	Ⅱ
人工土方	0.04	0.05	0.07	0.11	0.09	0.13	0.11	0.15	0.13	0.17	0.15	0.20	0.17	0.23	0.19	0.26	0.21	0.31	0.36	0.42
机械土方	0.04	0.05	0.07	0.11	0.09	0.13	0.11	0.15	0.13	0.17	0.15	0.20	0.17	0.23	0.19	0.27	0.22	0.32	0.37	0.43
汽车运土	0.04	0.05	0.07	0.11	0.09	0.13	0.11	0.16	0.13	0.19	0.15	0.22	0.17	0.25	0.19	0.27	0.22	0.32	0.37	0.43
人工石方	0.02	0.03	0.05	0.07	0.06	0.09	0.07	0.11	0.08	0.13	0.09	0.15	0.10	0.17	0.12	0.19	0.15	0.23	0.27	0.32
机械石方	0.03	0.04	0.06	0.10	0.08	0.12	0.10	0.14	0.12	0.16	0.14	0.19	0.16	0.22	0.18	0.25	0.20	0.29	0.34	0.39
高级路面	0.03	0.04	0.06	0.10	0.08	0.13	0.10	0.15	0.12	0.17	0.14	0.19	0.16	0.22	0.18	0.25	0.20	0.29	0.34	0.39
其他路面	0.03	0.04	0.06	0.09	0.08	0.12	0.09	0.14	0.10	0.16	0.12	0.18	0.14	0.21	0.16	0.24	0.19	0.28	0.32	0.37
构造物Ⅰ	0.03	0.04	0.05	0.08	0.06	0.09	0.07	0.11	0.08	0.13	0.10	0.15	0.12	0.17	0.14	0.19	0.16	0.23	0.27	0.31
构造物Ⅱ	0.03	0.04	0.05	0.08	0.07	0.10	0.08	0.12	0.09	0.14	0.11	0.16	0.13	0.18	0.15	0.21	0.17	0.25	0.30	0.34
构造物Ⅲ	0.06	0.08	0.11	0.17	0.14	0.21	0.17	0.25	0.20	0.30	0.23	0.35	0.27	0.40	0.31	0.45	0.35	0.52	0.60	0.69
技术复杂大桥	0.03	0.05	0.07	0.10	0.08	0.12	0.10	0.14	0.12	0.16	0.14	0.19	0.16	0.22	0.18	0.25	0.20	0.29	0.34	0.39
隧道	—	—	—	—	—	—	—	—	—	—	—	—	—	—	—	—	—	—	—	—
钢材及钢结构	—	—	—	—	—	—	—	—	—	—	—	—	—	—	—	—	—	—	—	—

注:室内管道及设备安装工程不计雨季施工增加费。

3)夜间施工增加费

夜间施工增加费是根据设计、施工的技术要求和合理的施工进度要求,必须在夜间连续施工而发生的工效降低、夜班津贴以及有关照明设施(包括所需照明设施的安拆、摊销、维修及燃料、电)等增加费用。

夜间施工增加费按夜间施工的工程项目(如桥梁工程项目包括上、下部构造全部工程)的直接工程费之和为基数,按表4-10的费率计算。

夜间施工增加费费率表(%) 表4-10

工程类别	费率	工程类别	费率
构造物Ⅱ	0.35	技术复杂大桥	0.35
构造物Ⅲ	0.70	钢材及钢结构	0.35

注:设备安装工程及金属标志牌、防撞钢护栏、防眩板(网)、隔离栅、防护网等不计夜间施工增加费。

4)特殊地区施工增加费

特殊地区施工增加费包括高原地区施工增加费、风沙地区施工增加费和沿海地区施工增加费三项。

(1)高原地区施工增加费。

高原地区施工增加费是指在海拔1500m以上的地区施工,由于受气候、气压影响,致使人工、机械效率降低而增加的费用。该费用以各类工程**人工费和机械使用费之和**为基数,按表4-11的费率计算。

一条路线通过两个以上(含两个)不同的海拔高度分区时,应分别计算高原地区施工增加费或按工程量比例求得平均的增加率,计算全线高原地区施工增加费。

高原地区施工增加费费率表(%) 表4-11

工程类别	海拔高度(m)							
	1501~2000	2001~2500	2501~3000	3001~3500	3501~4000	4001~4500	4501~5000	5000以上
人工土方	7.00	13.25	19.75	29.75	43.25	60.00	80.00	110.00
机械土方	6.56	12.60	18.66	25.60	36.05	49.08	64.72	83.80
汽车运输	6.50	12.50	18.50	25.00	35.00	47.50	62.50	80.00
人工石方	7.00	13.25	19.75	29.75	43.25	60.00	80.00	110.00
机械石方	6.71	12.82	19.03	27.01	38.50	52.80	69.92	92.72
高级路面	6.58	12.61	18.69	25.72	36.26	49.41	65.17	84.58
其他路面	6.73	12.84	19.07	27.15	38.74	53.17	70.44	93.60
构造物Ⅰ	6.87	13.06	19.44	28.56	41.18	56.86	75.61	102.47
构造物Ⅱ	6.77	12.90	19.17	27.54	39.41	54.18	71.85	96.03
构造物Ⅲ	6.73	12.85	19.08	27.19	38.81	53.27	70.57	93.84
技术复杂大桥	6.70	12.81	19.01	26.94	38.37	52.61	69.65	92.27
隧道	6.76	12.90	19.16	27.50	39.35	54.09	71.72	95.81
钢材及钢结构	6.78	12.92	19.20	27.66	39.62	54.50	72.30	96.80

(2)风沙地区施工增加费。

风沙地区施工增加费是指在沙漠地区施工时,由于受风沙影响,按照施工及验收规范的要求,为保证工程质量和安全生产而增加的有关费用。内容包括防风、防沙及气候影响的措施费,材料费,人工费,人工、机械效率降低增加的费用,以及积沙、风蚀的清理修复等费用。

风沙地区的划分,根据《公路自然区划标准》、《沙漠地区公路建设成套技术研究报告》

的公路自然区划和沙漠公路区划，结合风沙地区的气候状况将风沙地区分三区九类：半干旱、半湿润沙地为风沙一区，干旱、极干旱寒冷沙漠地区为风沙二区，极干旱炎热沙漠地区为风沙三区；根据覆盖度（沙漠中植被、戈壁等覆盖程度）又将每区分为固定沙漠（覆盖度 > 50%）、半固定沙漠（覆盖度 10% ~50%）、流动沙漠（覆盖度 < 10%）三类，覆盖度由工程勘察设计人员在公路工程勘察设计时确定。

全国风沙地区公路施工区划见附录四。若当地气象资料及自然特征与附录四中的风沙地区划分有较大出入时，由项目所在省、自治区、直辖市公路（交通）工程造价（定额）管理站按当地气候资料和自然特征及上述标准确定工程所在地的风沙区划，并抄送交通运输部公路司备案。

一条路线穿过两个以上（含两个）不同风沙区时，按路线长度经过不同的风沙区加权计算项目全线风沙地区施工增加费。

风沙地区施工增加费以各类工程的**人工费和机械使用费之和**为基数，根据工程所在地的风沙区划及类别，按表 4-12 的费率计算。

风沙地区施工增加费费率表（%） 表 4-12

工程类别＼风沙区划	风沙一区			风沙二区			风沙三区		
	沙漠类型								
	固定	半固定	流动	固定	半固定	流动	固定	半固定	流动
人工土方	6.00	11.00	18.00	7.00	17.00	26.00	11.00	24.00	37.00
机械土方	4.00	7.00	12.00	5.00	11.00	17.00	7.00	15.00	24.00
汽车运输	4.00	8.00	13.00	5.00	12.00	18.00	8.00	17.00	26.00
人工石方	—	—	—	—	—	—	—	—	—
机械石方	—	—	—	—	—	—	—	—	—
高级路面	0.50	1.00	2.00	1.00	2.00	3.00	2.00	3.00	5.00
其他路面	2.00	4.00	7.00	3.00	7.00	10.00	4.00	10.00	15.00
构造物Ⅰ	4.00	7.00	12.00	5.00	11.00	17.00	7.00	16.00	24.00
构造物Ⅱ	—	—	—	—	—	—	—	—	—
构造物Ⅲ	—	—	—	—	—	—	—	—	—
技术复杂大桥	—	—	—	—	—	—	—	—	—
隧道	—	—	—	—	—	—	—	—	—
钢材及钢结构	1.00	2.00	4.00	1.00	3.00	5.00	2.00	5.00	7.00

（3）沿海地区工程施工增加费。

沿海地区工程施工增加费是指工程项目在沿海地区受海风、海浪和潮汐的影响，致使人工、机械效率降低等所需增加的费用。本项费用由沿海各省、自治区、直辖市交通厅（局）制订具体的适用范围（地区），并抄送交通运输部备案。

沿海地区工程施工增加费以各类工程**直接工程费之和**为基数，按表 4-13 的费率计算。

沿海地区工程施工增加费费率表（%） 表 4-13

工程类别	费率	工程类别	费率
构造物Ⅱ	0.15	技术复杂大桥	0.15
构造物Ⅲ	0.15	钢材及钢结构	0.15

5）行车干扰工程施工增加费

行车干扰工程施工增加费是指由于边施工边维持通车，受行车干扰的影响，致使人工、机械效率降低而增加的费用。该费用以受行车影响部分的工程项目的**人工费和机械使用费之和**为基数，按表4-14的费率计算。

行车干扰工程施工增加费费率表（%） 表4-14

工程类别	施工期间平均每昼夜双向行车次数（汽车、畜力车合计）							
	51～100	101～500	501～1000	1001～2000	2001～3000	3001～4000	4001～5000	5000以上
人工土方	1.64	2.46	3.28	4.10	4.76	5.29	5.86	6.44
机械土方	1.39	2.19	3.00	3.89	4.51	5.02	5.56	6.11
汽车运输	1.36	2.09	2.85	3.75	4.35	4.84	5.36	5.89
人工石方	1.66	2.40	3.33	4.06	4.71	5.24	5.81	6.37
机械石方	1.16	1.71	2.38	3.19	3.70	4.12	4.56	5.01
高级路面	1.24	1.87	2.50	3.11	3.61	4.01	4.45	4.88
其他路面	1.17	1.77	2.36	2.94	3.41	3.79	4.20	4.62
构造物Ⅰ	0.94	1.41	1.89	2.36	2.74	3.04	3.37	3.71
构造物Ⅱ	0.95	1.43	1.90	2.37	2.75	3.06	3.39	3.72
构造物Ⅲ	0.95	1.42	1.90	2.37	2.75	3.05	3.38	3.72
技术复杂大桥	—	—	—	—	—	—	—	—
隧道	—	—	—	—	—	—	—	—
钢材及钢结构	—	—	—	—	—	—	—	—

注：1. 由于该增加费用以“受行车影响部分”工程的定额基价为计算基数，所以如何区分受行车影响部分的工程，是正确计算该费用的核心。特别是对于不设便道的半幅通车的工程、在原路线一侧加宽改建扩建工程等等，均应作具体分析，以确定是否可以按局部工程计列该增加费用。

2. 还应考虑交通流量的分流导致交通流量的降低。

6）施工标准化及安全措施费

施工标准化及安全措施费是指施工期间为满足安全生产、施工标准化、规范化、精细化所发生的费用。该费用不包括施工期间为保证交通安全而设置的临时安全设施和标志、标牌的费用，需要时应根据设计要求计算。该费用也不包括预制场、拌和站、临时便道、临时便桥的施工标准化费用，应根据施工组织标准化要求单独计算。施工标准化及安全措施费以各类工程的**直接工程费之和**为基数，按表4-15的费率计算。

施工标准化及安全措施费费率表（%） 表4-15

工程类别	费　率	工程类别	费　率
人工土方	0.70	构造物Ⅰ	0.85
机械土方	0.70	构造物Ⅱ	0.92
汽车运输	0.25	构造物Ⅲ	1.85
人工石方	0.70	技术复杂大桥	1.01
机械石方	0.70	隧道	0.86
高级路面	1.18	钢材及钢结构	0.63
其他路面	1.20		

注：设备安装工程按表中费率的50%计算。

7)临时设施费

临时设施费是指施工企业为进行建筑安装工程施工所必需的生活和生产用的临时建筑物、构筑物和其他临时设施及其标准化的费用等,但不包括概、预算定额中临时工程在内。

临时设施包括:临时生活及居住房屋(包括职工家属房屋及探亲房屋)、文化福利及公用房屋(如广播室、文体活动室等)和生产、办公房屋(如原材料、半成品、成品存放场,库库,加工厂,钢筋加工棚,发电站,变电站,空压机站,停机棚等),工地范围内的各种临时的工作便道(包括汽车、畜力车、人力车道)、人行便道、工地临时用水、用电的水管支线和电线支线,临时构筑物(如水井、水塔等)以及其他小型临时设施。

临时设施费用内容包括:临时设施的搭设、维修、拆除费或摊销费。

临时设施费以各类工程的**直接工程费之和**为基数,按表4-16的费率计算。

临时设施费费率表(%) 表4-16

工程类别	费率	工程类别	费率
人工土方	1.73	构造物Ⅰ	2.92
机械土方	1.56	构造物Ⅱ	3.45
汽车运输	1.01	构造物Ⅲ	6.39
人工石方	1.76	技术复杂大桥	3.21
机械石方	2.17	隧道	2.83
高级路面	2.11	钢材及钢结构	2.73
其他路面	2.06		

8)施工辅助费

施工辅助费是指生产工具用具使用费、检验试验费和工程定位复测、工程点交、场地清理等费用。

生产工具用具使用费是指施工所需不属于固定资产的生产工具、检验用具、试验用具及仪器、仪表等的购置、摊销和维修费,以及支付给工人自备工具的补贴费。

检验试验费是指施工企业对建筑材料、构件和建筑安装工程进行一般鉴定、检查所发生的费用,包括自设试验室进行试验所耗用的材料和化学药品的费用,以及技术革新和研究试验费,但不包括新结构、新材料的试验费和建设单位要求对具有出厂合格证明的材料进行检验、对构件破坏性试验及其他特殊要求检验的费用。

施工辅助费以各类工程的**直接工程费之和**为基数,按表4-17的费率计算。

施工辅助费费率表(%) 表4-17

工程类别	费率	工程类别	费率
人工土方	0.89	构造物Ⅰ	1.30
机械土方	0.49	构造物Ⅱ	1.56
汽车运输	0.16	构造物Ⅲ	3.03
人工石方	0.85	技术复杂大桥	1.68
机械石方	0.46	隧道	1.23
高级路面	0.80	钢材及钢结构	0.56
其他路面	0.74		

9)工地转移费

工地转移费是指施工企业根据建设任务的需要,由已竣工的工地或后方基地迁至新工地的搬迁费用。其内容包括：

(1)施工单位全体职工及随职工迁移的家属向新工地转移的车费、家具行李运费、途中住宿费、行程补助费、杂费及工资与工资附加费等。

(2)公物、工具、施工设备器材、施工机械的运杂费，以及外租机械的往返费及本工程内部各工地之间施工机械、设备、公物、工具的转移费等。

(3)非固定工人进退场及一条路线中各工地转移的费用。

工地转移费以各类工程的**直接工程费之和**为基数，按表4-18的费率计算。

工地转移费费率表(%) 表4-18

工程类别	工地转移距离(km)					
	50	100	300	500	1000	每增加100
人工土方	0.15	0.21	0.32	0.43	0.56	0.03
机械土方	0.50	0.67	1.05	1.37	1.82	0.08
汽车运输	0.31	0.40	0.62	0.82	1.07	0.05
人工石方	0.16	0.22	0.33	0.45	0.58	0.03
机械石方	0.36	0.43	0.74	0.97	1.28	0.06
高级路面	0.61	0.83	1.30	1.70	2.27	0.12
其他路面	0.56	0.75	1.18	1.54	2.06	0.10
构造物Ⅰ	0.56	0.75	1.18	1.54	2.06	0.11
构造物Ⅱ	0.66	0.89	1.40	1.83	2.45	0.13
构造物Ⅲ	1.31	1.77	2.77	3.62	4.85	0.25
技术复杂大桥	0.75	1.01	1.58	2.06	2.76	0.14
隧道	0.52	0.71	1.11	1.45	1.94	0.10
钢材及钢结构	0.72	0.97	1.51	1.97	2.64	0.13

注：1. 转移距离以转移前后工程主管单位(如工程处、队等)驻地距离或两路线中点的距离为准。

2. 编制概算时，如施工单位不明确，省、自治区、直辖市属施工企业承包的建设项目，可按省城(自治区首府)至工地的里程计算工地转移费。

3. 工地转移里程数在表列里程之间时，费率可内插计算。工地转移距离在50km以内的工程不计取本项费用。

其他工程费的每项费率计算可通过04表计算，其他工程费的计算可通过08-2表(见附录五)进行计算。

二、间 接 费

间接费是指直接费以外，企业用于管理工程项目和向国家交纳的所需费用，由规费和企业管理费两项组成。

(一)规费

规费是指法律、法规、规章、规程规定施工企业必须缴纳的费用(简称规费)，包括：

(1)养老保险费，是指施工企业按规定标准为职工缴纳的基本养老保险费。

(2)失业保险费，是指施工企业按国家规定标准为职工缴纳的失业保险费。

(3)医疗保险费，是指施工企业按规定标准为职工缴纳的基本医疗保险费和生育保险费。

(4)住房公积金，是指施工企业按规定标准为职工缴纳的住房公积金。

(5)工伤保险费，是指施工企业按规定标准为职工缴纳的工伤保险费。

各项规费以各类工程的人工费之和为基数，按国家或工程所在地法律、法规、规章、规程规定的标准计算。

(二)企业管理费

企业管理费由基本费用、主副食运费补贴、职工探亲路费、职工取暖补贴和财务费用五项组成。

1. 基本费用

企业管理费基本费用是指施工企业为组织施工生产和经营管理所需的费用，内容包括：

(1)管理人员工资，是指其基本工资、工资性补贴、职工福利费、劳动保护费以及缴纳的养老、失业、医疗、生育、工伤保险费和住房公积金等。

(2)办公费，是指企业办公用的文具、纸张、账表、印刷、邮电、书报、会议、水、电、烧水和集体取暖(包括现场临时宿舍取暖)用煤(气)等费用。

(3)差旅交通费，是指职工因公出差和工作调动(包括随行家属的旅费)的差旅费、住勤补助费，市内交通费和误餐补助费，职工探亲路费，劳动力招募费，职工离退休、退职一次性路费，工伤人员就医路费，以及管理部门使用的交通工具的油料、燃料、养路费及牌照费。

(4)固定资产使用费，是指管理和试验部门及附属生产单位使用的属于固定资产的房屋设备、仪器等的折旧、大修、维修或租赁费等。

(5)工具用具使用费，是系指管理使用的不属于固定资产的生产工具、器具、家具、交通工具和检验、试验、测绘、消防用具等的购置、维修和摊销费。

(6)劳动保险费，是指企业支付离退休职工的异地安家补助费、职工退职金、6个月以上的病假人员工资、职工死亡丧葬补助费、抚恤费、按规定支付给离休干部的各项经费。

(7)工会经费，是指企业按职工工资总额计提的工会经费。

(8)职工教育经费，是指企业为职工学习先进技术和提高文化水平，按职工工资总额计提的费用。

(9)保险费，是指企业财产保险、管理用车辆等保险费用。

(10)工程保修费，是指工程竣工交付使用后，在规定保修期以内的修理费用。

(11)工程排污费，是指施工现场按规定缴纳的排污费用。

(12)税金，是指企业按规定缴纳的房产税、车船使用税、土地使用税、印花税等。

(13)其他，是指上述项目以外的其他必要的费用支出，包括技术转让费、技术开发费、业务招待费、绿化费、广告费、投票费、公证费、定额测定费、法律顾问费、审计费、咨询费等。

基本费用以各类工程的直接费之和为基数，按表4-19的费率计算。

基本费用费率表(%) 表4-19

工程类别	费率	工程类别	费率
人工土方	336	构造物Ⅰ	4.44
机械土方	3.26	构造物Ⅱ	5.53
汽车运输	1.44	构造物Ⅲ	9.79
人工石方	3.45	技术复杂大桥	4.72
机械石方	3.28	隧道	4.22
高级路面	1.91	钢材及钢结构	2.42
其他等级路面	3.28		

2. 主副食运费补贴

主副食运费补贴是指施工企业在远离城镇及乡村的野外施工购买生活必需品所需增加的费用。该费用以各类工程的**直接费之和**为基数,按表4-20的费率计算。

主副食运费补贴费费率表(%) 表4-20

工程类别	综合里程(km)											
	1	3	5	8	10	15	20	25	30	40	50	每增加10
人工土方	0.17	0.25	0.31	0.39	0.45	0.56	0.67	0.76	0.89	1.06	1.22	0.16
机械土方	0.13	0.19	0.24	0.30	0.35	0.43	0.52	0.59	0.69	0.81	0.95	0.13
汽车运输	0.14	0.20	0.25	0.32	0.37	0.45	0.55	0.62	0.73	0.86	1.00	0.14
人工石方	0.13	0.19	0.24	0.30	0.34	0.42	0.51	0.58	0.67	0.80	0.92	0.12
机械石方	0.12	0.18	0.22	0.28	0.33	0.41	0.49	0.55	0.65	0.76	0.89	0.12
高级路面	0.08	0.12	0.15	0.20	0.22	0.28	0.33	0.38	0.44	0.52	0.60	0.08
其他等级路面	0.09	0.12	0.15	0.20	0.22	0.28	0.33	0.38	0.44	0.52	0.61	0.09
构造物Ⅰ	0.13	0.18	0.23	0.28	0.32	0.40	0.49	0.55	0.65	0.76	0.89	0.12
构造物Ⅱ	0.14	0.20	0.25	0.30	0.35	0.43	0.52	0.60	0.70	0.83	0.96	0.13
构造物Ⅲ	0.25	0.36	0.45	0.55	0.64	0.79	0.96	1.09	1.28	1.51	1.76	0.24
技术复杂大桥	0.11	0.16	0.20	0.25	0.29	0.36	0.43	0.49	0.57	0.68	0.79	0.11
隧道	0.11	0.16	0.19	0.24	0.28	0.34	0.42	0.48	0.56	0.66	0.77	0.10
钢材及钢结构	0.11	0.16	0.20	0.26	0.30	0.37	0.44	0.50	0.59	0.69	0.80	0.11

注:1. 综合里程=粮食运距×0.06+燃料运距×0.09+蔬菜运距×0.15+水运距×0.70。

2. 粮食、燃料、蔬菜、水的运距均为全线平均运距。

3. 综合里程数在表列里程之间时,费率可内插,综合里程在1km以内的不计取本项费用。

3. 职工探亲路费

职工探亲路费是指按照有关规定,施工企业职工在探亲期间发生的往返车船费、市内交通费和途中住宿费等费用。该费用以各类工程的**直接费之和**为基数,按表4-21的费率计算。

职工探亲路费费率表(%) 表4-21

工程类别	费率	工程类别	费率
人工土方	0.10	构造物Ⅰ	0.29
机械土方	0.22	构造物Ⅱ	0.34
汽车运输	0.14	构造物Ⅲ	0.55
人工石方	0.10	技术复杂大桥	0.20
机械石方	0.22	隧道	0.27
高级路面	0.14	钢材及钢结构	0.16
其他等级路面	0.16		

4. 职工取暖补贴

职工取暖补贴是指按规定发放给职工的冬季取暖费或在施工现场设置的临时取暖设施的费用。该费用以各类工程的**直接费之和**为基数,按工程所在地的气温区(见附录二)选用表4-22的费率计算。

职工取暖补贴费费率表(%)　　表4-22

工程类别	气温区						
	准二区	冬一区	冬二区	冬三区	冬四区	冬五区	冬六区
人工土方	0.03	0.06	0.10	0.15	0.17	0.26	0.31
机械土方	0.06	0.13	0.22	0.33	0.44	0.55	0.66
汽车运输	0.06	0.12	0.21	0.31	0.41	9.51	0.62
人工石方	0.03	0.06	0.10	0.15	0.17	0.25	0.31
机械石方	0.05	0.11	0.17	0.26	0.35	0.44	0.53
高级路面	0.04	0.07	0.13	0.19	0.25	0.31	0.38
其他路面	0.04	0.07	0.12	0.18	0.24	0.30	0.36
构造物Ⅰ	0.06	0.12	0.19	0.28	0.36	0.46	0.56
构造物Ⅱ	0.06	0.13	0.20	0.30	0.41	0.51	0.62
构造物Ⅲ	0.11	0.23	0.37	0.56	0.74	0.93	1.13
技术复杂大桥	0.05	0.10	0.17	0.26	0.34	0.42	0.51
隧道	0.04	0.08	0.14	0.22	0.28	0.36	0.43
钢材及钢结构	0.04	0.07	0.12	0.19	0.25	0.31	0.37

5. 财务费用

财务费用是指施工企业为筹集资金而发生的各项费用,包括企业经营期间发生的短期贷款利息净支出、汇兑净损失、调剂外汇手续费、金融机构手续费,以及企业筹集资金发生的其他财务费用。

财务费用以各类工程直接费之和为基数,按表4-23的费率计算。

财务费用费率表(%)　　表4-23

工程类别	费率	工程类别	费率
人工土方	0.23	构造物Ⅰ	0.37
机械土方	0.21	构造物Ⅱ	0.40
汽车运输	0.21	构造物Ⅲ	0.82
人工石方	0.22	技术复杂大桥	0.46
机械石方	0.20	隧道	0.39
高级路面	0.27	钢材及钢结构	0.48
其他路面	0.30		

注:间接费和现场费一样,其费用定额用于交通运输部直属公路施工企业和各省、自治区、直辖市直属公路施工企业。地区(州)、市、县所属公路施工企业的间接费费用定额,由各省、自治区、直辖市交通厅(局)根据本地区具体情况自行制订,但费用内容应与本定额一致,且不得高于本定额的费率。

(三)辅助生产间接费

辅助生产间接费是指由施工单位自行开采加工的砂、石等材料及施工单位自办的人工装卸和运输的间接费。

辅助生产间接费按人工费的5%计。该项费用并入材料预算单价内构成材料费,不直接出现在概(预)算中。

高原地区施工单位的辅助生产,可按其他工程费中高原地区施工增加费费率,以**直接工程费为基数计算**高原地区施工增加费(其中:人工采集、加工材料,人工装卸、运输材料按人工土方费率计算;机械采集、加工材料按机械石方费率计算;机械装、运输材料按汽车运输费率计算)。

辅助生产高原地区施工增加费不作为辅助生产间接费的计算基数。

间接费的每项费率计算可通过04表计算,间接费的计算可通过08-2表(见附录五)进行计算。

第三节 建筑安装工程费用

一、建筑安装工程其他费用测算

(一)利润

利润是指施工企业完成所承包工程应取得的盈利,属于计划利润。利润按直接费与间接费之和扣除规费之后的7%计算。

$$利润 = (直接费 + 间接费 - 规费) \times 7\% \quad (4\text{-}16)$$

(二)税金

税金是指按国家税法规定应计入建筑安装工程造价内的营业税、城市维护建设税及教育费附加等。

1. 营业税

$$营业税 = (直接费 + 间接费 + 利润) \times 3\% \quad (4\text{-}17)$$

2. 城市维护建设税

$$城市维护建设税 = 营业税 \times 7\%(5\%、1\%) \quad (4\text{-}18)$$

3. 教育费附加

$$教育费附加 = 营业税 \times 3\% \quad (4\text{-}19)$$

4. 综合税金额

$$综合税金额 = (直接费 + 间接费 + 利润) \times 综合税率 \quad (4\text{-}20)$$

(1)纳税地点在市区的企业,综合税率为:

$$综合税率(\%) = \left(\frac{1}{1 - 3\% - 3\% \times 7\% - 3\% \times 3\%} - 1\right) \times 100 = 3.41\% \quad (4\text{-}21)$$

(2)纳税地点在县城、乡镇的企业,综合税率为:

$$综合税率(\%) = \left(\frac{1}{1 - 3\% - 3\% \times 5\% - 3\% \times 3\%} - 1\right) \times 100 = 3.35\% \quad (4\text{-}22)$$

(3)纳税地点不在市区、县城、乡镇的企业,综合税率为:

$$综合税率(\%) = \left(\frac{1}{1 - 3\% - 3\% \times 1\% - 3\% \times 3\%} - 1\right) \times 100 = 3.22\% \quad (4\text{-}23)$$

利润及税金的费率计算可通过04表计算,利润及税金的费用计算可通过08-2表(见附录五）进行计算。

二、建筑安装工程费的计算程序和方法

公路工程建筑安装工程费的编制，是按照实物量法的计价方法进行的，是由单个到总体，即按照分项工程、分部工程、工程项目，逐项计算，层层汇总，可以用下述一系列的公式来表达。

（1）分项工程建筑安装工程费。如路基土方，要按人工挖运松土、普通土、硬土，或推土机推运松土、普通土、硬土等，分别逐项进行计算，其计算过程是：

①直接工程费（工、料、机）= 分项工程量 × 工、料、机定额消耗 × 相应的预算价格；

②其他工程费 = 直接工程费 × 其他工程费综合费率或各类工程人工费和机械费之和 × 其他工程费综合费率；

③直接费 = 直接工程费 + 其他工程费；

④间接费 = 各类工程人工费 × 规费综合费率 + 直接费 × 企业管理费综合费率；

⑤利润 =（直接费 + 间接费 − 规费）× 利润率；

⑥税金 =（直接费 + 间接费 + 利润）× 综合税率；

⑦建筑安装工程费 = 直接工程费 + 其他工程费 + 间接费 + 利润 + 税金。

（2）分部工程的建筑安装工程费，就是指将上述人工挖松土、普通土、硬土综合为人工土方一项。不过这种综合，要根据工程造价项目表的规定和要求与建设工程的实际情况来确定，其综合的内容就是将各分项工程的各种材料和机械台班数量及其各项金额分别进行汇总。

（3）工程项目的建筑安装工程费，是指将分部工程的建筑安装工程费进一步汇总。如将人工土方和机械土方综合为土方一项，其汇总的内容，亦要包括各种实物量（工、料、机）和各种金额。

（4）最后将各工程项目的金额进行汇总，就是建筑安装工程费，而建筑安装工程费的编制工作通过 03 表进行计算完成（见附录五）。

计算建筑安装工程费时，人工、各种材料和机械台班的数量，应取一位小数，金额以元为单位，可取整数。

三、公路交工前养护费和绿化工程费

（一）公路交工前养护费

公路交工前养护费，是指对路线工程陆续交工的路段，在路段交工初验时，以路面为主包括路基、构造物在内的养护费用。

1. 养护费指标

公路交工前养护费指标，按工程的全线里程及平均养护月数，以下列标准计算：

（1）三、四级公路按 60 工日/月 · km；

（2）二级及二级以上公路按 30 工日/月 · km。

2. 养护费用计算

按路面工程类别，以其人工费为基数计算其他工程费和间接费。本项费用应计算其建安费。

3. 养护用工计算

公路交工前养护用工数量，按上述指标标准，以路线里程及平均养护月数之乘积计算。

（二）绿化工程费

绿化工程费是属于建安费的工程项目。凡新建、改建路线工程，应计绿化工程费。绿化

工程应由施工单位负责在适宜的气候条件下完成绿化施工。绿化工程费是按路线总里程，以下列绿化补助费指标计算：

(1)新建公路,按：

①平原微丘区为5000 元/km；

②山岭重丘区为1000 元/km。

以上费用标准内已包括其他工程费和间接费。

(2)改建公路,按上列指标的80%计。

四、综合单价法

工程造价在不同阶段根据工程内容的明确程度和设计图纸的详细程度以及风险级别，应有不同的费用测算结果。如投资估算、设计概算、施工图预算、标底和报价等。标底和报价在施工招投标阶段应用,应按原交通部《公路工程国内招标文件范本》要求采用工程量清单计价模式。清单计价区别于概预算计价,清单项目中一项可能包括一个或多个概预算分项。使相关联的工程分项合计在一起形成清单项目来综合计价的方法就称为综合单价法。

工程量清单是按照招标要求和设计图纸要求规定将拟建招标工程的全部项目和内容，依据统一的工程量计算规则,统一的工程量清单项目编制规则要求,计算拟建招标工程项目的分部分项工程数量的表格。工程量清单是招标文件的组成部分,包括工程量清单说明和工程量清单表。

1. 工程量清单内容

工程量清单项目包括分部分项工程项目和其他项目。

(1) 分部分项工程项目。

分部分项工程清单项目设置应包括项目编码、项目名称、项目特征、计量单位、工程内容。一般地计量单位采用基本单位,项目名称以形成的工程实体命名。项目编码按招标范本要求填写即可。工程内容是完成清单项目可能发生的具体工作,可能包含一项或多项定额分项。在公路工程中,应参照技术规范要求确定工程具体内容。为了使大家理解项目名和工程内容的关系,详细见本书附录一。

例如:《公路工程工程量清单计量规则》200 章路基工程项目中细目号 203-1-a 的名称为路基挖土方,单位为 m^3,其工程内容应包括施工防、排水,开挖、装卸、运输,路基顶面挖松压实,整修边坡,弃方和剩余材料的处理(包括弃土堆的堆置、整理)等内容。细目号203-3-a的名称为借土挖土方,其工程内容应包括路外土方的场地清理、资源费、便道、土方开挖、运输等工作。那么求得路基挖土方或借土挖土方的单价称为综合单价,因为它包含了多个分项工程项目。

(2)其他项目清单是指招标人和投标人的预留金、材料购置费、总承包服务费、零星工作费等。

2. 分部分项工程项目计价原理

综合单价法是指清单中某项目的所有工程内容的人工费、材料费、机械使用费、其他工程费、管理费、利润等并适当考虑风险得到的单价计算方法。

分部分项工程项目中的一个分项可能包括多个定额分项。

(1)分部工程费 = Σ分项工程量 × 分项工程综合单价

(2)单位工程造价 = Σ分部工程费 + 其他项目费用 + 规费 + 税金

清单计价模式区别于定额计价模式,其中定额计价模式是根据图纸和相应定额计算直接工程费,再根据费用定额计算其他工程费用、规费、企业管理费、利润、税金,最后形成单位工程造价;而清单计价模式是根据招标方提出的工程量清单,投标方计算清单各分项的综合单价,然后计算分部分项工程的费用,再计算其他项目费用、规费和税金,汇总形成单位工程造价。

五、国外建筑安装工程费用

(一)费用构成

国外建筑安装工程费用的构成与我国的情况大致相同,尤其是直接费的计算基本一致。但是由于历史的原因,国外基本上是市场经济条件下的计算习惯,并以西方经济学为依据,为竞争的目的而估价;而我国却是在计划经济下,按固定价格进行预算而进行的计价习惯,故在构成上还是有差异的。国外建筑安装工程费用的构成可用图4-3表示:

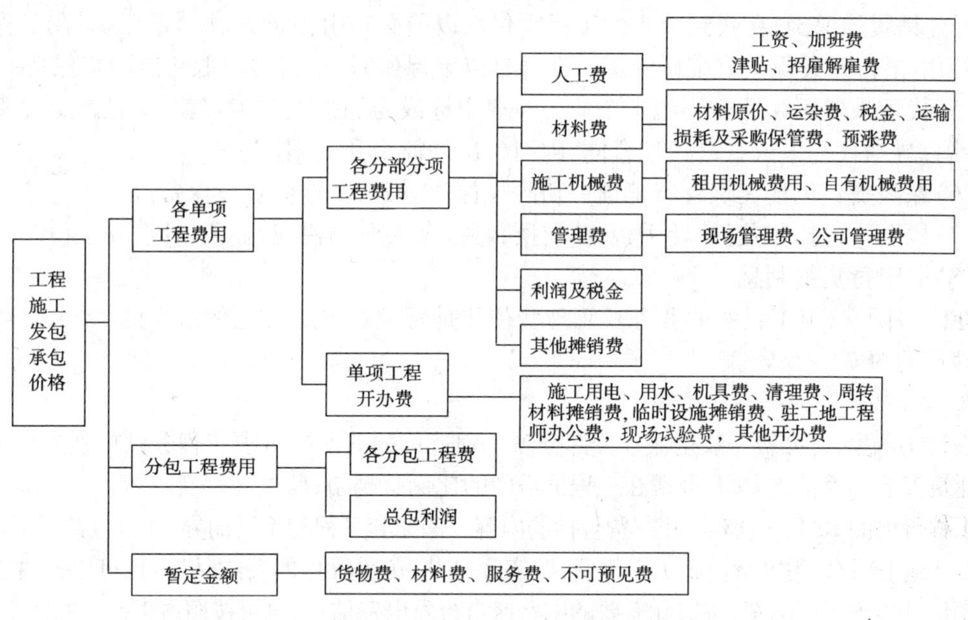

图4-3 国外建筑安装工程费用构成

1. 直接费用的构成

(1)工资。国外一般工程施工的工人按技术要求划分为高级技工、熟练工、半熟练工和壮工。当工程价格采用平均工资计算时,要按各类工人总数的比例进行加权计算。工资应该包括工资、加班费、津贴、招雇解雇费用等。

(2)材料费。包括材料原价——在当地材料市场中采购的材料则为采购价,包括材料出厂价和采购供销手续费等;进口材料一般是指到达当地海港的交货价。运杂费——在当地采购的材料是指从采购地点至工程施工现场的短途运输费、装卸费;进口材料则为从当地海港运至工程施工现场的运输费、装卸费。税金——在当地采购的材料,采购价格中已经包括税金;进口材料则为工程所在国的进口关税和手续费等。运输损耗及采购保管费。预涨费——根据当地材料价格年平均上涨率和施工年数,按材料原价、运杂费、税金之和的一定比例计算。

(3)施工机械费。大型自有机械台时单价,一般由每台时应摊折旧费、应摊维修费、台时消耗的能源和动力费、台时应摊的驾驶工人工资以及工程机械设备险投保费、第三者责任险投保费等组成。如使用租赁施工机械时，其费用则包括租赁费、租赁机械的进出场费等。

2. 管理费

管理费包括工程现场管理费（约占整个管理的20% ~30%）和公司管理费（约占整个管理费的70% ~75%）。管理费除了包括与我国施工管理费构成相似的工作人员工资、工作人员辅助工资、办公费、差旅交通费、固定资产使用费、生活设施使用费、工具用具使用费、劳动保护费、检验试验费以外，还含有业务经费。业务经费包括：

(1)广告宣传费。

(2)交际费。如日常接待饮料、宴请及礼品费等。

(3)业务资料费。如购买投标文件、文件及资料复印费等。

(4)业务所需手续费。施工企业参加投标时，必须由银行开具投标保函；在中标后必须由银行开具履约保函；在收到业主的工程预付款以前必须由银行开具付款保函；在工程竣工后，必须由银行开具质量或维修保函。在开具以上保函时，银行要收取一定的担保费。

(5)代理人费用和佣金。施工企业为争取中标或为加强收取工程款，又是在工程所在地(所在国)寻找代理人或签订代理合同，因而付出的佣金和费用。

(6)保险费。包括建筑安装工程一切险投保费、第三者责任险投保费。

(7)税金。包括印花税、转手税、公司所得税、个人所得税、营业税、社会安定税等。

(8)向银行贷款利息。

在许多国家，施工企业的业务及管理费往往是管理费中所占比例最大的一项，大约占整个管理费的30% ~38%。

3. 开办费

在许多国家，开办费一般是在各分部分项工程造价的前面按单项工程分别单独列出。单项工程建筑安装工程量越大，开办费在工程价格中的比例就越小；反之开办费就越大。一般开办费约占工程价格的10% ~20%。开办费包括的内容因国家和工程的不同而异，大致包括以下内容：

(1)施工用水、用电费。施工用水费，按实际打井、送水发生的费用估算，也可以按占直接费的比率估计。施工用电费，按实际需要的电费或自行发电费估算，也可按照占直接费的比率估算。

(2)工地清理费及完工后清理费，建筑物烘干费，临时围墙、安全信号、防护用品的费用以及恶劣气候条件下的工程防护费、污染费、噪声费，其他法定的防护费用。

(3)周围材料费，如脚手架、模板的摊销费等。

(4)临时设施费，包括生活用房、生产用房、临时通信、室外工程（包括道路、停车场、围墙、给排水管道、输电线路等）的费用，可按实际需要计算。

(5)驻工地工程师的现场办公室及所需设备的费用，现场材料试验及所需设备的费用。一般在投标文件的技术规范中有明确的面积、质量标准及设备清单等要求。如要求配备一定的服务人员或实验助理人员，则其工资费用也需计入。

(6)其他，包括工人现场福利费及安全费、职工交通费、日常气候报表费、现场道路及进出场道路修筑及维护费、恶劣天气下的工程保护措施费、现场保卫设施费等。

4. 利润

国际市场上，施工企业的利润一般占成本的10% ~15%，也有的管理费与利润、税金，占直接费的30%左右。具体工程的利润率要根据具体情况，如工程难易、现场条件、工期长短、竞争对手的情况等随行就市确定。

5. 暂定金额

这是指包括在合同中,供工程任何部分的施工中提供货物、材料、设备或服务、不可预料事件之费用使用的一项金额,这项金额只有工程师批准后才能动用。

6. 分包工程费用

(1)分包工程费,包括分包工程的直接费、管理费和利润。

(2)总包利润和管理费,指分包单位向总包单位缴纳的总包管理费、其他服务费和利润。

(二)费用的组成形式和分摊比例

1. 组成形式

上述组成造价的各项费用体现在承包人投标报价中有三种形式:组成分部分项工程单价、单独列项、分摊进单价。

(1)组成分部分项工程单价。人工费、机械费和材料费直接消耗在分部分项工程上,在费用和分部分项工程之间存在着直观的对应关系,所以人工费和材料费组成分部分项工程单价,单价与工程量相乘得出分部分项工程价格。

(2)单独列项。开办费中的项目有临时设施、为业主提供的办公和生活设施、脚手架等费用,经常在工程量清单的开办费部分单独分项报价。这种方式适用于不直接消耗在某个分部分项工程上,无法与分部分项工程直接对应,然而却是对完成工程建设必不可少的费用。

(3)分摊进单价。承包人总部管理费、利润和税金,以及开办费中的项目经常以一定的比例分摊进单价。

需要注意的是,开办费项目在单独列项和分摊进单价这两种方式中采用哪一种,要根据招标文件和计算规则的要求而定。有的计算规则包括的开办费项目比较齐全,有的计算规则包括的开办费项目比较少。

2. 分摊比例

(1)固定比例。税金和政府收取的各项管理费的比例是工程所在地政府规定的费率,承包人不能随意变动。

(2)浮动比率。总部管理费和利润的比例由承包人自行确定。承包人根据自身经营状况、工程具体情况等投标策略确定。

(3)测算比例。开办费的比例需要详细测算,首先计算出需要分摊的项目金额,然后计算分摊金额与分部分项工程价格的比例。

(4)公式法。可参考下列公式分摊:

$$A = a(1 + K_1)(1 + K_2)(1 + K_3) \tag{4-24}$$

式中:A——分摊后的分部分项工程单价;

a——分摊前的分部分项工程单价;

K_1——开办项目的分摊比例;

K_2——总部管理费和利润的分摊比例;

K_3——税率。

六、建筑安装工程费计算示例

工程概况:某高速公路的 A8 合同段(K17 +300 ~ K19 +900),其中第 200 章路基工程清单数量如表4-24所示。该工程中的路基工程用工程造价软件编制，其中只向大家展示部分成果：

路基工程清单数量汇总表 表4-24

细目号	细 目 名 称	单位	数量	细目号	细 目 名 称	单位	数量
202－1	清理与掘除			－b	安装C30混凝土预制块	m^3	4
－a	清理现场、砍树、挖根等	m^3	23 518	208－8	框架内码砌框格填土绿化		
203－1	路基挖方			－a	M7.5浆砌片石	m^3	30
－a	挖土石方	m^3	188 437	－b	C25混凝土现浇	m^3	159
204－1	路基填筑（包括填前压实）			－c	安装C20混凝土菱形框格		22
－a	路基填方（填石）	m^3	86 793	－d	光圆钢筋	kg	8659
－g	结构物台背回填	m^3	2984	－e	框架防护带肋钢筋	kg	18602
205－7	崩塌岩堆处理			－h	ϕ2.2mm热镀锌铁丝网（机编）	kg	602
－a	清除危岩	m^3	348	－i	普通锚杆（带肋钢筋ϕ16mm）	m	1466
205－10	高路堤加筋处理			209－2	护肩及护脚		
－b	双向钢塑格栅（50kN/m）	m^2	10 412	－a	M7.5浆砌块石	m^3	4
－c	光圆钢筋	kg	121	209－4	泄水孔		
－d	双向钢塑格栅（80kN/m）	m^2	9 497	－a	ϕ100mmPVC管	m	2
207－1	边沟			213－2	锚杆		
－b	C20混凝土现浇	m^3	73	－a	压力注浆锚杆（带肋钢筋ϕ25mm）	m	12767
－c	M7.5浆砌片石	m^3	301	213－3	框架梁和预制框格		
－j	安装C30预制混凝土边沟	m^3	20	－a	框架梁钢筋（光圆钢筋）	kg	19785
207－2	排水沟			－b	框架梁带肋钢筋	kg	76109
－a	M7.5浆砌片石	m^3	118	－c	现浇框架梁C25混凝土	m^3	1005
－b	C25混凝土现浇	m^3	1 540	213－4	锚杆及锚索框架内植草绿化		
207－3	截水沟			－a	M7.5浆砌片石	m^3	347
－a	M7.5浆砌片石	m^3	1231	213－5	路堑边坡排水孔		
207－4	急流槽			－a	ϕ110mm钻孔	m	3296
－a	M7.5浆砌片石	m^3	325	－b	ϕ100mm带孔PVC管	m	3337
207－5	路基盲沟			215－1	河床铺砌		
－a	级配碎石	m^3	228	－a	M7.5浆砌片石	m^3	111
－b	反滤土工布	m^2	462	－b	C30混凝土现浇	m^3	30
－e	有纺土工布	m^2	742	－c	光圆钢筋	kg	1779
－f	片石或砂卵石	m^3	345	－d	带肋钢筋	kg	4395
208－2	浆砌片石护坡			－e	ϕ140mm×4.5m预埋钢管	m	83
－a	M7.5浆砌片石	m^3	3 730	217－1	弃渣场排水沟		
－b	砂垫层	m^3	576	－a	M7.5浆砌片石	m^3	1678
208－6	衬砌拱			217－2	挡渣墙		
－a	M7.5浆砌片石	m^3	50	－a	M7.5浆砌片石	m^3	4625

（1）工程量清单计算数据表（填08-1表，见图5-10），得表4-25；

（2）分项工程清单表（填08-2表，见图5-10），得表4-26、表4-27、表4-28；

（3）其他工程费及间接费综合费率计算表（填04表，见图5-10），得表4-29；

（4）其他工程费及间接费综合费用计算表，见表4-30；

（5）材料预算单价计算表（填09表，见图5-10），得表4-31；

（6）机械台班单价计算表（填11表，见图5-10），得表4-32；

（7）建筑安装工程费计算表（填03表，见图5-10），得表4-33；

（8）工程细目单价构成分析表，见表4-34；

（9）工程细目单价表，见表4-35。

表 4-25

工程量清单计算数据表

建设项目名称：　合同编号：A8 合同段（K17 +300 ~ K19 +900）　数据文件编号：　公路等级：高速公路

路线或桥梁长度（km）：　路基或桥梁宽度（m）：　编制日期：　08-1 表

项目	目数	目号	节数	节号	细目数	细目代号	费率编号	定额个数	细目号 定额号	项或目或节或细目或定额的名称	单位	数　量	定额调整情况
二	23									第 200 章 路基			
		10							202 - 1	清理与掘除			
				1			1	3	- a	清理现场、砍树、挖根等	m^2	23518	
							2		10101012	清除表土（135kW 内推土机）	$100m^3$	47.036	
							2		10110002	$2m^3$ 内装载机装土方	$1000m^3$	4.704	
							3		10111009	8t 内自卸车运土第 1 个 1km	$1000m^3$	4.704	
		40							203 - 1	路基挖方			
				1			2	9	- a	挖土石方	m^3	188437	
							2		10109008	$2.0m^3$ 内挖掘机挖装土方普通土	$1000m^3$	3.277	
							2		10109009	$2.0m^3$ 内挖掘机挖装土方硬土	$1000m^3$	17.91	
							3		10111017	12t 内自卸车运土第 1 个 1km	$1000m^3$	21.187	辅助定额调整 1.10111018 值：增运 3km
							5		10115030	165kW 内推土机第 1 个 20m 软石	$1000m^3$	60.388	
							5		10115031	165kW 内推土机第 1 个 20m 次坚石	$1000m^3$	65.781	
							5		10115032	165kW 内推土机第 1 个 20m 坚石	$1000m^3$	41.081	
							5		10110005	$2m^3$ 内装载机装软石	$1000m^3$	58.978	
							5		10110008	$2m^3$ 内装载机装次坚石、坚石	$1000m^3$	57.386	
							3		10111045	12t 内自卸车运石第 1 个 1km	$1000m^3$	116.362	辅助定额调整 1.10111046 值：增运 3km
		60							204-1	路基填筑（包括填前压实）			
				1			2	6	- a	路基填方（填石）	m^3	86793	
							1		10104003	人工挖土质台阶硬土	$1000m^3$	1.239	
							2		10105004	填前夯（压）实 12 ~ 15t 光轮压路机	$1000m^3$	34.717	
							5		10118017	高速一级路 15t 内振动压路机压实	$1000m^3$	73.719	
							1		10119005	填石路堤堆砌边坡	$1000m^3$	13.02	
							2		10120001	机械整修路拱	$1000m^3$	5.582	
							2		10120003	整修边坡二级及以上等级公路	1km	0.23	
				70			8	2	- g	结构物台背回填		2984	

续上表

项目	目数	目号	节数	节号	细目数	细目代号	费率编号	定额个数	细目号定额号	项或目或节或细目或定额的名称	单位	数量	定额调整情况
							8		41102002	拱上填料	$10m^3$	298.4	改工料机用量954 值:0
													增加工料机915 值:13.26
													改材料预算单价915 值:26
							3		10107002	夯土机夯实	$1000m^3$	2.984	
		81							205-7	崩塌岩堆处理			
				1			4	4	-a	清除危岩	m^3	348	
							4		10121008	改坡次坚石	$1000m^3$	0.348	
							1		10114004	运100m	$1000m^3$	0.348	定额乘系数值:10
													改工程细目名称　运100m
							5		10110008	$2m^3$ 内装载机装次坚石、坚石	$1000m^3$	0.348	
							3		10111045	12t 内自卸车运石第1个km	$1000m^3$	0.348	辅助定额调整1.10111046 值:增运3km
		82							205-10	高路堤加筋处理			
				1			7	1	-b	双向钢塑格栅(50kN/m)	m^2	10412	
							7		10309003	软基(或路面基层)土工格栅处理	$1000m^2$	10.412	改材料预算单价772 值:11.5
				2			13	1	-c	光圆钢筋	kg	121	
							13		40613009	水泥及防水混凝土钢筋 ϕ8mm 内	t	0.121	
				3			7	1	-d	双向钢塑格栅(80kN/m)	m^2	9497	
							7		10309003	软基(或路面基层)土工格栅处理	$1000m^2$	9.497	改材料预算单价772 值:12.5
		141							207-1	边沟			
				1			8	2	-b	C20 混凝土现浇	m^3	73	
							8		10204005	现浇混凝土边沟	$10m^3$	7.3	
							1		10106003	人工挖运硬土第1个20m	$1000m^3$	0.073	
				2			8	2	-c	M7.5 浆砌片石	m^3	301	
							8		10203001	浆砌片石边沟、排水沟、截水沟	$10m^3$	30.1	辅助定额调整1.41301001 值:-3.5
													辅助定额调整2.41301002 值:3.5
													人工、机械乘系数值:0.651
							1		10106003	人工挖运硬土第1个20m	$1000m^3$	0.376	

表 4-26

分项工程清单表(1)

编制范围:A8 合同段(K17 + 300 ~ K19 + 900)　　单价文件:DJ001-CQ

工程名称:清理现场、砍树、挖根等　　费率文件:FL001-CQ　　编制日期:　　第　页　08-2 表

代号	工程项目			伐树、挖根、除草、清除表土			装载机装土、石方			自卸车运土、石方			合计		
	工程细目			清除表土(135kW 内推土机)			$2m^3$ 内装载机装土方			8t 内自卸车运土第 1 个 1km					
	定额单位			$100m^3$			$1000m^3$			$1000m^3$					
	工程数量			47.036			4.704			4.704					
	定额表号			10101012			10110002(定额乘系数)			10111009(定额乘系数)					
	工料机名称	单位	单价(元)	定额	数量	金额(元)	定额	数量	金额(元)	定额	数量	金额(元)	定额	数量	金额(元)
1	人工	工日	49.2	0.4	18.81	926								18.81	926
1006	135kW 以内履带式推土机	台班	1183.58	0.16	7.53	8907								7.53	8907
1050	$2.0m^3$ 以内轮胎式装载机	台班	707.85				0.852	4.01	2837					4.01	2837
1385	8t 以内自卸汽车	台班	561.71							6.108	28.73	16139		28.73	16139
1999	基价	元	1	209		9831	603		2837	3431		16139			28806
直接工程费				9833			2837			16139			28809		
其他工程费			I	3.60%	354		3.60%	102		2.03%	328			784	
			Ⅱ	2.19%	215		2.19%	62		2.09%	337			615	
间接费		规费		40.50%	375		40.50%			40.50%				375	
		企业管理费		3.90%	406		3.90%	117		2.02%	339			862	
利润及税金				1 164			332			1 826			3 321		
建筑安装工程费				12 347			3 450			18 969			34 807		

表4-27

分项工程清单表(2)

编制范围:A8 合同段(K17 +300 ~ K19 +900)　　单价文件:DJ001-CQ

工程名称:压力注浆锚杆(带肋钢筋ϕ25mm)　　费率文件:FL001-CQ　　编制日期:　　第　页　08-2 表

代号	工程项目			预应力锚索护坡※			预应力锚索护坡※			喷射混凝土护坡					
	工程细目			成孔 ϕ120mm 内孔深 20m 内土层			成孔 ϕ120mm 内孔深 20m 内软石			锚杆埋设边坡（高 20m 内）					
	定额单位			10m			10m			1t			合计		
	工程数量			638.35			638.35			49.233					
	定额表号			50109006（人工、机械乘系数）			50109007（人工、机械乘系数）			50108011					
	工料机名称	单位	单价（元）	定额	数量	金额（元）	定额	数量	金额（元）	定额	数量	金额（元）	定额	数量	金额（元）
1	人工	工日	49.2	1.6	1021.36	50251	4.16	2655.54	130652	54.5	2683.2	132013		6360.09	312917
102	锯材		1167.68	0.014	8.94	10435	0.014	8.94	10435					17.87	20871
111	光圆钢筋	t	3993.4							0.007	0.34	1376		0.34	1376
112	带肋钢筋	t	4095.9							1.025	50.46	206695		50.46	206695
191	钢管	t	5610	0.003	1.92	10743	0.005	3.19	17906					5.11	28649
212	空心钢钎	kg	7							21.7	1068.36	7478		1068.36	7478
213	ϕ50mm 以内合金钻头	个	27.21							9	443.1	12057		443.1	12057
214	ϕ150mm 以内合金钻头	个	76.23	0.1	63.84	4866	0.2	127.67	9732					191.51	14598
216	钻杆	kg	6	2.7	1723.55	10341	4.3	2744.91	16469					4468.45	26811
231	电焊条	kg	4.9							0.1	4.92	24		4.92	24
653	铁钉	kg	6.97	1.9	1212.87	8454	1.9	1212.87	8454					2425.73	16907
656	20 ~ 22 号铁丝	kg	6.4	0.3	191.51	1226	0.3	191.51	1226					383.01	2451
832	32.5 级水泥	t	384.55							0.323	15.9	6115		15.9	6115
866	水		0.5							66	3249.38	1625		3249.38	1625

续上表

代号	工程项目			预应力锚索护坡※			预应力锚索护坡※			喷射混凝土护坡					
	工程细目			成孔 ϕ120mm 内孔深 20m 内土层			成孔 ϕ120mm 内孔深 20m 内软石			锚杆埋设边坡（高 20m 内）					
	定额单位			10m			10m			1t			合计		
	工程数量			638.35			638.35			49.233					
	定额表号			50109006（人工、机械乘系数）			50109007（人工、机械乘系数）			50108011					
	工料机名称	单位	单价（元）	定额	数量	金额（元）	定额	数量	金额（元）	定额	数量	金额（元）	定额	数量	金额（元）
899	中(粗)砂		143.41							0.76	37.42	5366		37.42	5366
996	其他材料费	元	1	80.9	51642.52	51643	116.9	74623.12	74623	19.4	955.12	955		127220.75	127221
1102	气腿式凿岩机	台班	18.4							15.03	739.97	13615		739.97	13615
1119	ϕ38 ~ ϕ170mm 锚固钻机	台班	165.89	0.248	158.31	26262	0.664	423.86	70314					582.18	96576
1726	32kV · A 内交流电弧焊机	台班	104.64							0.02	0.98	103		0.98	103
1842	$9m^3$/min 内机动空压机	台班	547.93							7.18	353.49	193688		353.49	193688
1844	$17m^3$/min 内机动空压机	台班	744.05	0.192	122.56	91193	0.512	326.84	243182					449.4	334375
1998	小型机具使用费	元	1	10.16	6485.64	6486	22.88	14605.45	14605	189.5	9329.65	9330		30420.74	30421
1999	基价	元	1	426		271937	936		597496	11190		550917			1420350
直接工程费				271 900			597 599			590 441			1 459 939		
其他工程费			I	5.82%	15 825		5.82%	34 780		5.82%	34 364			84 968	
			II	1.41%	2 456		1.41%	6 468		1.41%	4 917			13 842	
间接费		规费		40.50%	20 352		40.50%	52 914		40.50%	53 465			126 731	
		企业管理费		5.31%	15 409		5.31%	33 923		5.31%	33 438			82 770	
利润及税金				33 235			73 446			72 441			179 122		
建筑安装工程费				359 176			799 130			789 067			1 947 351		

分项工程清单表(3)

表 4-28

编制范围:A8 合同段　　单价文件:DJ001-CQ

工程名称:M7.5 浆砌片石　　费率文件:FL001-CQ　　编制日期:　　第　页　08-2 表

代号	工程项目			石砌挡土墙			石砌挡土墙			伸缩缝及泄水管			人工挖运土方		
	工程细目			浆砌片石基础			浆砌片石墙身			沥青麻絮伸缩缝			人工挖运硬土第 1 个 20m		
	定额单位			$10m^3$			$10m^3$			1m			$1000m^3$		
	工程数量			69.375			393.125			23.125			4.625		
	定额表号			50115005(辅助定额调整)			50115007(辅助定额调整)			41107013			10106003		
	工料机名称	单位	单价(元)	定额	数量	金额(元)	定额	数量	金额(元)	定额	数量	金额(元)	定额	数量	金额(元)
1	人工	工日	49.2	5.2	360.75	17749	8.19	3219.69	158409	0.5	11.56	569	258.5	1195.56	58822
101	原木		962.68				0.03	11.79	11354						
102	锯材		1167.68				0.017	6.68	7804						
653	铁钉	kg	6.97				0.1	39.31	274						
655	8~12 号铁丝	kg	6.1				2.7	1061.44	6475						
832	32.5 级水泥	t	384.55	0.931	64.59	24838	0.954	375.04	144224						
851	石油沥青	t	3800							0.032	0.74	2812			
866	水		0.5	7	485.63	243	7	2751.88	1376						
899	中(粗)砂		143.41	3.815	264.67	37956	3.885	1527.29	219029						
911	黏土		8.21	0.03	2.08	17	0.18	70.76	581						
931	片石		34	11.5	797.81	27126	11.5	4520.94	153712						
954	碎石(8cm)		49				0.11	43.24	2119						
996	其他材料费	元	1	2.3	159.56	160	3.6	1415.25	1415	17.2	397.75	398			
直接工程费				108 087			706 770			3 779			58 822		
其他工程费			Ⅰ	5.82%	6 291		5.82%	41 134		5.82%	220		3.53%	2 076	
			Ⅱ	1.41%	250		1.41%	2 234		1.41%	8		2.46%	1 447	
间接费		规费		40.50%	7 188		40.50%	64 156		40.50%	230		40.50%	23 823	
		企业管理费		5.31%	6 087		5.31%	39 832		5.31%	213		3.97%	2 475	
利润及税金				13 100			86 309			457			7 715		
建筑安装工程费				141 003			940 435			4 907			96 358		

表 4-29

其他工程费及间接费综合费率计算表

建设项目名称:国道×××线××至××高速公路

编制范围:A8 合同段(K17 +300 ~ K19 +900)　　费率文件:FL001-CQ　　编制日期:　　04 表

序号	工程类别	其他工程费费率(%)											间接费费率(%)													
													综合费率		规费						企业管理费					
		冬季施工增加费	雨季施工增加费	夜间施工增加费	高原地区施工增加费	风沙地区施工增加费	沿海地区施工增加费	行车干扰工程施工增加费	安全及文明施工措施费	临时设施费	施工辅助费	工地转移费	I	II	养老保险费	失业保险费	医疗保险费	住房公积金	工伤保险费	综合费率	基本费用	主副食运费补贴	职工探亲路费	职工取暖补贴	财务费用	综合费率
1	2	3	4	5	6	7	8	9	10	11	12	13	14	15	16	17	18	19	20	21	22	23	24	25	26	27
1	人工土方		0.21					2.46	0.59	1.57	0.89	0.27	3.53	2.46	20	1.5	10	8	1	40.5	3.36	0.28	0.1		0.23	3.97
2	机械土方		0.22					2.19	0.59	1.42	0.49	0.88	3.6	2.19	20	1.5	10	8	1	40.5	3.26	0.21	0.22		0.21	3.9
3	汽车运土		0.22					2.09	0.21	0.92	0.16	0.52	2.03	2.09	20	1.5	10	8	1	40.5	1.44	0.23	0.14		0.21	2.02
4	人工石方		0.15					2.4	0.59	1.6	0.85	0.28	3.47	2.4	20	1.5	10	8	1	40.5	3.45	0.21	0.1		0.22	3.98
5	机械石方		0.2					1.71	0.59	1.97	0.46	0.6	3.82	1.71	20	1.5	10	8	1	40.5	3.28	0.2	0.22		0.2	3.9
6	高级路面		0.2					1.87	1	1.92	0.8	1.09	5.01	1.87	20	1.5	10	8	1	40.5	1.91	0.14	0.14		0.27	2.46
7	其他路面		0.19					1.77	1.02	1.87	0.74	0.99	4.81	1.77	20	1.5	10	8	1	40.5	3.28	0.14	0.16		0.3	3.88
8	构造物 I		0.16					1.41	0.72	2.65	1.3	0.99	5.82	1.41	20	1.5	10	8	1	40.5	4.44	0.21	0.29		0.37	5.31
9	构造物 II		0.17	0.35				1.43	0.78	3.14	1.56	1.17	7.17	1.43	20	1.5	10	8	1	40.5	5.53	0.23	0.34		0.4	6.5
10	构造物 III		0.35	0.7				1.42	1.57	5.81	3.03	2.32	13.78	1.42	20	1.5	10	8	1	40.5	9.79	0.41	0.55		0.82	11.57
11	技术复杂大桥		0.2	0.35					0.86	2.92	1.68	1.32	7.33		20	1.5	10	8	1	40.5	4.72	0.18	0.2		0.46	5.56
12	隧道								0.73	2.57	1.23	0.93	5.46		20	1.5	10	8	1	40.5	4.22	0.17	0.27		0.39	5.05
13	钢材及钢结构			0.35					0.53	2.48	0.56	1.27	5.19		20	1.5	10	8	1	40.5	2.42	0.18	0.16		0.48	3.24

其他工程费及间接费综合费用计算表

表 4-30

建设项目:国道×××线××至××高速公路

编制范围:A8 合同段(K17+300~K19+900)

编制日期:

04-1 表

序号	工程名称	单位	工程量	其他工程费(元)											综合费用		间接费(元)	
				冬季施工增加费	雨季施工增加费	夜间施工增加费	高原地区施工增加费	风沙地区施工增加费	沿海地区施工增加费	行车干扰工程施工增加费	安全及文明施工措施费	临时设施费	施工辅助费	工地转移费	Ⅰ	Ⅱ	规费	企业管理费
1	2			3	4	5	6	7	8	9	10	11	12	13	14	15	21	27
1	临时道路修建、养护与拆除(包括原道)	km	2.8		1506					8653	8084	14820	5865	7846	38120	8653	105560	32564
2	承包人驻地建设		1		2984						16020	29369	11622	15548	75543			
3	清理现场、砍树、挖根等	m^2	23518		63					615	109	328	88	195	784	615	375	862
4	挖土石方	m^3	188437		7292					59137	15983	55881	12427	20213	111797	59137	212802	119269
5	路基填方(填石)	m^3	86793		1765					16902	5120	15955	5141	4366	32348	16902	229910	35963
6	结构物台背回填	m^3	2984		341					1583	1384	5121	2456	1947	11249	1583	39939	10951
7	清除危岩	m^3	348		43					536	124	353	173	78	771	536	7294	912
8	双向钢塑格栅(50kN/m)	m^2	10412		298					424	1601	2935	1161	1554	7549	424	9710	6399
9	光圆钢筋	kg	121			2					3	14	3	7	30		23	20
10	双向钢塑格栅(80kN/m)	m^2	9497		292					387	1566	2871	1136	1520	7385	387	8856	6259
11	C20 混凝土现浇	m^3	73		62					269	277	1014	499	376	2228	269	7329	2171
12	M7.5 浆砌片石	m^3	301		102					332	441	1594	788	580	3504	332	8096	3433
13	安装 C30 预制混凝土边沟	m^3	20		3					24	15	55	27	20	120	24	693	117
14	小型预制构件(路基边沟)(暂定金额)	总额	1		19						85	312	153	116	684			
15	M7.5 浆砌片石	m^3	118		36					89	163	599	294	223	1315	89	2498	1275
16	C25 混凝土现浇	m^3	1540		1373					5834	6083	22231	10937	8222	48845	5834	157340	47644
17	M7.5 浆砌片石	m^3	1231		404					1218	1769	6428	3170	2358	14129	1218	30812	13799

表 4-31

材料预算单价计算表

建设项目名称：　　　　单价文件名：DJ001-CQ　　　　编制日期：　　　　09 表

序号	规格名称	单位	原价（元）	运杂费					原价运费合计（元）	场外运输损耗		采购及保管费		预算单价（元）
				供应地点	运输方式、运距及相对密度	毛重系数或单位毛重	运杂费构成说明或计算式	单位运费（元）		费率（%）	金额（元）	费率（%）	金额（元）	
1	原木		920	骡平	汽车，12km，1.00	1	[0.8×(1+0)×12+8×1+1.6]×1×1	19.2	939.2			2.5	23.48	962.68
2	锯材		1120	骡平	汽车，12km，1.00	1	[0.8×(1+0)×12+8×1+1.6]×1×1	19.2	1139.2			2.5	28.48	1167.7
3	光圆钢筋	t	3850	巫山	汽车，38km，1.00	1	[0.8×(1+0)×38+8×1+7.6]×1×1	46	3896			2.5	97.4	3993.4
4	带肋钢筋	t	3950	巫山	汽车，38km，1.00	1	[0.8×(1+0)×38+8×1+7.6]×1×1	46	3996			2.5	99.9	4095.9
5	32.5 级水泥	t	325	巫山	汽车，38km，1.00	1.01	[0.8×(1+0)×38+8×1+7.6]×1.01×1	46.46	371.46	1	3.71	2.5	9.38	384.55
6	砂		25	码头	汽车，42km，1.00	1.5	[0.8×(1+0)×42+8×1+8.4]×1.5×1	75	100	2.5	2.5	2.5	2.56	105.06
7	中(粗)砂		65	码头	汽车，42km，1.00	1.43	[0.8×(1+0)×42+8×1+8.4]×1.43×1	71.5	136.5	2.5	3.41	2.5	3.5	143.41
8	碎石(2cm)		45	石料场	汽车，6km，1.00	1.5	[0.8×(1+0)×6+8×1+1.2]×1.5×1	21	66	1	0.66	2.5	1.67	68.33
9	碎石(4cm)		45	石料场	汽车，6km，1.00	1.5	[0.8×(1+0)×6+8×1+1.2]×1.5×1	21	66	1	0.66	2.5	1.67	68.33
10	路面用碎石(1.5cm)		48	石料场	汽车，6km，1.00	1.5	[0.8×(1+0)×6+8×1+1.2]×1.5×1	21	69	1	0.69	2.5	1.74	71.43

编制：×××　　　　复核：×××

机械台班单价计算表

表 4-32

建设项目名称：国道×××线××至××高速公路　　单价文件：DJ001-CQ　　打印日期：　　11 表

序号	定额号	机械规格名称	台班单价(元)	不变费用(元)		可变费用(元)																		
				调整系数:1		人工 49.2 (元/工日)		汽油 5.2 (元/kg)		柴油 4.9 (元/kg)		重油 2.8 (元/kg)		煤 265 (元/t)		电 0.55 (元/kW·h)		水 0.5 (元/m)		木柴 0.49 (元/kg)		养路费与车船税(元/台班)	合计
				定额	调整值	定额	金额	定额	金额	定额	金额	定额	金额	定额	金额	定额	金额	定额	金额	定额	金额		
1	1003	75kW 以内履带式推土机	612.9	245.1	245.14	2	98.4			55	269.35												367.75
2	1005	105kW 以内履带式推土机	803.8	330.4	330.41	2	98.4			76.5	374.95												473.35
3	1006	135kW 以内履带式推土机	1184	604.7	604.69	2	98.4			98.1	480.49												578.89
4	1007	165kW 以内履带式推土机	1383	695.1	695.13	2	98.4			120	589.72												688.12
5	1035	1.0m³ 以内履带式单斗挖掘机	825.7	411.2	411.15	2	98.4			64.5	316.2												414.6
6	1037	2.0m³ 以内履带式单斗挖掘机	1406	855.4	855.38	2	98.4			92.2	451.73												550.13
7	1048	1.0m³ 以内轮胎式装载机	404	112.9	112.92	1	49.2			49	240.25											1.64	291.09
8	1050	2.0m³ 以内轮胎式装载机	707.9	200.4	200.44	1	49.2			92.9	455.01											3.2	507.41
9	1057	120kW 以内自行式平地机	913	408.1	408.05	2	98.4			82.1	402.44											4.09	504.93
10	1075	6～8t 光轮压路机	251.5	107.6	107.57	1	49.2			19.3	94.72												143.92
11	1076	8～10t 光轮压路机	280.4	117.5	117.5	1	49.2			23.2	113.68												162.88
12	1078	12～15t 光轮压路机	411.8	164.3	164.32	1	49.2			40.5	198.25												247.45
13	1088	15t 以内振动压路机	774.1	315.1	315.05	2	98.4			73.6	360.64												459.04
14	1094	蛙式夯土机	18.62	9.08	9.08											17.3	9.54						9.54
15	1113	φ38～φ115mm 潜孔钻机	412.2	147.4	147.38	1	49.2			44	215.6												264.8

表 4-33

建筑安装工程费计算表

建设项目名称：国道×××线××至××高速公路　　单价文件名：DJ001-CQ

编制范围：A8 合同段（K17 +300 ~ K19 +900）　　费率文件名：FL001-CQ　第　页　共　页　　编制日期：　　03 表

序号	工程名称	单位	工程量	直接费(元)						间接费（元）	利润费率 7%	税金综合税率 3.41%	建筑安装工程费	
				直接工程费				其他工程费	合计				合计（元）	单价（元）
				人工费	材料费	机械使用费	合计							
1	2	3	4	5	6	7	8	9	10	11	12	13	14	15
1	按合同条款规定，提供建筑工程一切险	总额	1				623541		623541				623541	623541
2	按合同条款规定，提供第三方责任险	总额	1				15000		15000				15000	15000
3	税金(3.41%)	总额	1				5279408		5279408				5279408	5279408
4	监理工程师设施设备费（暂定金额）	总额	1				500000		500000				500000	500000
5	竣工文件	总额	1				800000		800000				800000	800000
6	安全文明施工	总额	1				298766		298766				298766	298766
7	安全施工设备措施费	总额	1				896299		896299				896299	896299
8	安全人员及培训费	总额	1				298766		298766				298766	298766
9	工程管理软件及培训费	总额	1				80000		80000				80000	80000
10	技术审查费（暂定金额）	总额	1				100000		100000				100000	100000
11	优质工程费(1%)	总额	1				1493831		1493831				1493831	1493831
12	临时道路修建、养护与拆除（包括原道路）	km	2.8	260642	303657	228218	792517	46773	839290	138124	61030	35411	1073854	383519.29
13	承包人驻地建设	总额	1				1570541		1570541				1570541	1570541
14	清理现场、砍树、挖根等	m^2	23518	926		27883	28809	1399	30207	1237	2175	1146	34807	1.48
15	挖土石方	m^3	188437	525437	348477	2642539	3516453	170933	3687386	332071	266466	146150	4432038	23.52
16	路基填方（填石）	m^3	86793	567678		300120	867798	49250	917048	265872	66711	42612	1292348	14.89
17	结构物台背回填	m^3	2984	98614	102876	4346	205837	12832	218669	50890	16073	9740	295386	98.99
18	清除危岩	m^3	348	18010	882	4884	23776	1307	25083	8206	1820	1197	36307	104.33
19	双向钢塑格栅(50kN/m)	m^2	10412	23974	132965		156940	7973	164913	16108	11992	6582	199598	19.17

编制：×××　　复核：×××

工程细目单价构成分析表

表 4-34

合同段编号:A8 合同段(K17 +300 ~ K19 +900)　　编制日期:2008 年 02 月 15 日

细目号	细目说明(定额表号)		工序单价(元)
101 - 1	保险费		
- a	按合同条款规定,提供建筑工程一切险		623541
	建筑工程一切险		623541
- b	按合同条款规定,提供第三方责任险		15000
	数量×单价		15000
101 - 2	税金		
- a	税金(3.41%)		5279408
	数量×单价		5279408
101 - 3	监理工程师设施设备		
- a	监理工程师设施设备费(暂定金额)		500000
	数量×单价		500000
102 - 1	竣工文件		800000
	数量×单价		800000
102 - 3	安全文明施工费		
- a	安全文明施工		298766
	数量×单价		298766
- b	安全施工设备措施费		896299
	数量×单价		896299
- c	安全人员及培训费		298766
	数量×单价		298766
102 - 4	工程管理软件及培训费		80000
	数量×单价		80000
102 - 5	技术审查费(暂定金额)		100000
	数量×单价		100000
102 - 6	优质工程费(1%)		1493831
	数量×单价		1493831
103 - 1	临时道路修建、养护和拆除(包括原道路的养护费)		
- a	临时道路修建、养护与拆除(包括原道路的养护费)		383519.29
	临时施工便道	定额表号 70101001	362065.71
	养护 12 个月	定额表号 70101007	21453.57
104 - 1	承包人驻地建设		1570541
	数量×单价		1570541
202 - 1	清理与掘除		
- a	清理现场、砍树、挖根等		1.48
	清除表土(135kW 内推土机)	定额表号 10101012	0.53
	$2m^3$ 内装载机装土方	定额表号 10110002	0.15
	8t 内自卸车运土第 1 个 1km	定额表号 10111009	0.81
203 - 1	路基挖方		
- a	挖土石方		23.52
	$2.0m^3$ 内挖掘机挖装土方普通土	定额表号 10109008	0.04

续上表

细目号	细目说明(定额表号)		工序单价(元)
	2.0m^3 内挖掘机挖装土方硬土	定额表号 10109009	0.24
	12t 内自卸车运土第 1 个 1km	定额表号 10111017	0.84
	165kW 内推土机第 1 个 20m 软石	定额表号 10115030	3.09
	165kW 内推土机第 1 个 20m 次坚石	定额表号 10115031	5.78
	165kW 内推土机第 1 个 20m 坚石	定额表号 10115032	5.49
	2m^3 内装载机装软石	定额表号 10110005	0.46
	2m^3 内装载机装次坚石、坚石	定额表号 10110008	0.59
	12t 内自卸车运石第 1 个 1km	定额表号 10111045	6.98
204 - 1	路基填筑(包括填前压实)		
- a	路基填方(填石)		14.89
	人工挖土质台阶硬土	定额表号 10104003	0.07
	填前夯(压)实 12 ~ 15t 光轮压路机	定额表号 10105004	0.15
	高速一级路 15t 内振动压路机压石	定额表号 10118017	9.63
	填石路堤堆砌边坡	定额表号 10119005	4.95
	机械整修路拱	定额表号 10120001	0.01
	整修边坡二级及以上等级公路	定额表号 10120003	0.07
- g	结构物台背回填		98.99
	拱上填料	定额表号 41102002	89.3
	夯土机夯实	定额表号 10107002	9.69
205 - 7	崩塌岩堆处理		
- a	清除危岩		104.33
	改坡次坚石	定额表号 10121008	56.08
	运 100m	定额表号 10114004	31.68
	2m^3 内装载机装次坚石、坚石	定额表号 10110008	2.44
	12t 内自卸车运石第 1 个 1km	定额表号 10111045	14.13
205 - 10	高路堤加筋处理		
- b	双向钢塑格栅(50kN/m)		19.17
	软基(或路面基层)土工格栅处理	定额表号 10309003	19.17
- c	光圆钢筋		6
	水泥及防水混凝土钢筋 ϕ8mm 内	定额表号 40613009	6
- d	双向钢塑格栅(80kN/m)		20.49
	软基(或路面基层)土工格栅处理	定额表号 10309003	20.49
207 - 1	边沟		
- b	C20 混凝土现浇		760.34
	现浇混凝土边沟	定额表号 10204005	739.51
	人工挖运硬土第 1 个 20m	定额表号 10106003	20.84
- c	M7.5 浆砌片石		282.76
	浆砌片石边沟、排水沟、截水沟	定额表号 10203001	256.74
	人工挖运硬土第 1 个 20m	定额表号 10106003	26.03
- j	安装 C30 预制混凝土边沟		164.65

续上表

细目号	细目说明(定额表号)		工序单价(元)
	铺砌排(截)水沟矩形	定额表号 10204007	164.65
-k	小型预制构件(路基边沟)(暂定金额)		11760
	数量×单价		11760
207-2	排水沟		
-a	M7.5 浆砌片石		259.58
	浆砌片石边沟、排水沟、截水沟	定额表号 10203001	256.74
	人工挖沟硬土	定额表号 10201003	2.85
-b	C25 混凝土现浇		789.62
	现浇混凝土边沟	定额表号 10204005	761.62
	人工挖沟硬土	定额表号 10201003	28
207-3	截水沟		
-a	M7.5 浆砌片石		275.21
	浆砌片石边沟、排水沟、截水沟	定额表号 10203001	256.74
	人工挖沟硬土	定额表号 10201003	18.47
207-4	急流槽		
-a	M7.5 浆砌片石		267.34
	浆砌片石急流槽	定额表号 10203003	234.18
	人工挖运硬土第 1 个 20m	定额表号 10106003	31.92
	沥青麻絮伸缩缝	定额表号 41107013	1.23
207-5	路基盲沟		
-a	级配碎石		198.82
	人工挖沟硬土	定额表号 10201003	28
	填碎(砾)石垫层	定额表号 41105002	170.82
-b	反滤土工布		16.98
	软基土工布处理	定额表号 10309001	16.98
-e	有纺土工布		18.43
	软基土工布处理	定额表号 10309001	18.43
-f	片石或砂卵石		139.76
	人工挖沟普通土	定额表号 10201002	18.86
	填片石垫层	定额表号 41105003	120.9
208-2	浆砌片石护坡		
-a	M7.5 浆砌片石		271.06
	浆砌片石护坡	定额表号 50110002	246.98
	人工挖运硬土第 1 个 20m	定额表号 10106003	23.45
	沥青麻絮伸缩缝	定额表号 41107013	0.64
-b	砂垫层		95.35
	砂砾泄水层	定额表号 50125002	95.35
208-6	衬砌拱		
-a	M7.5 浆砌片石		290.74
	锥坡、沟、槽、池	定额表号 40502009	271.58

续上表

细目号	细目说明(定额表号)		工序单价(元)
	人工挖运硬土第 1 个 20m	定额表号 10106003	19.16
-b	安装 C30 混凝土预制块		208.25
	铺砌混凝土块	定额表号 50106003	208.25
-c	C30 混凝土预制块(暂定金额)		2520
	数量×单价		2520
208-8	框架内码砌框格填土绿化		
-a	M7.5 浆砌片石		292.53
	锥坡、沟、槽、池	定额表号 40502009	277.93
	人工挖运硬土第 1 个 20m	定额表号 10106003	14.6
-b	C25 混凝土现浇		715.35
	地梁混凝土	定额表号 50109002	694.13
	人工挖运硬土第 1 个 20m	定额表号 10106003	21.22
-c	安装 C20 混凝土菱形框格		208.18
	铺砌混凝土块	定额表号 50106003	208.18
-d	光圆钢筋		6.19
	地梁钢筋	定额表号 50109003	6.19
-e	框架防护带肋钢筋		6.11
	地梁钢筋	定额表号 50109003	6.11
-h	ϕ2.2mm 热镀锌铁丝网(机编)		10.29
	铁丝挂网边坡(高 20m 内)	定额表号 50108005	10.29
-i	普通锚杆(带肋钢筋ϕ16mm)		28.45
	锚杆埋设边坡(高 20m 内)	定额表号 50108011	28.45
208-11	SNS 防护系统		
-a	SNS 被动防护网(暂定金额)		391040
	数量×单价		391040
209-2	护肩及护脚		
-a	M7.5 浆砌块石		284
	浆砌块石护坡	定额表号 50110003	262.75
	人工挖运硬土第 1 个 20m	定额表号 10106003	21.25
209-4	泄水孔		
-a	ϕ100mmPVC 管		18
	数量×单价		18
213-2	锚杆		
-a	压力注浆锚杆(带肋钢筋ϕ25mm)		152.53
	成孔 ϕ120mm 内孔深 20m 内土层	定额表号 50109006	28.13
	成孔 ϕ120mm 内孔深 20m 内软石	定额表号 50109007	62.59
	锚杆埋设边坡(高 20m 内)	定额表号 50108011	61.81
213-3	框架梁和预制框格		
-a	框架梁钢筋(光圆钢筋)		5.98
	地梁钢筋	定额表号 50109003	5.98

续上表

细目号	细目说明(定额表号)		工序单价(元)
-b	框架梁带肋钢筋		6.11
	地梁钢筋	定额表号 50109003	6.11
-c	现浇框架梁 C25 混凝土		714.97
	地梁混凝土	定额表号 50109002	694.13
	人工挖运硬土第 1 个 20m	定额表号 10106003	20.83
213-4	锚杆及锚索框架内植草绿化		
-a	M7.5 浆砌片石		273.69
	锥坡、沟、槽、池	定额表号 40502009	252.86
	人工挖运硬土第 1 个 20m	定额表号 10106003	20.83
213-5	路堑边坡排水孔		
-a	ϕ110mm 钻孔		107.7
	成孔 ϕ120mm 内孔深 20m 内土层	定额表号 50109006	32.81
	成孔 ϕ120mm 内孔深 20m 内软石	定额表号 50109007	74.89
-b	ϕ100mm 带孔 PVC 管		24.45
	数量×单价		24.45
215-1	河床铺砌		
-a	M7.5 浆砌片石		226.46
	基础、护底、截水墙	定额表号 40502001	211.86
	人工挖运普通土第 1 个 20m	定额表号 10106002	14.59
-b	C30 混凝土现浇		664.13
	现浇混凝土墙体防撞护栏	定额表号 60102003	664.13
-c	光圆钢筋		6.14
	墙体护栏钢筋	定额表号 60102004	6.14
-d	带肋钢筋		6.27
	墙体护栏钢筋	定额表号 60102004	6.27
-e	ϕ140mm×4.5m 预埋钢管		100.59
	数量×单价		100.59
217-1	弃渣场排水沟		
-a	M7.5 浆砌片石		312.74
	浆砌片石边沟、排水沟、截水沟	定额表号 10203001	256.74
	人工挖沟硬土	定额表号 10201003	56
217-2	挡渣墙		
-a	M7.5 浆砌片石		255.72
	浆砌片石基础	定额表号 50115005	30.49
	浆砌片石墙身	定额表号 50115007	203.34
	沥青麻絮伸缩缝	定额表号 41107013	1.06
	人工挖运硬土第 1 个 20m	定额表号 10106003	20.83
302-1	碎石垫层		
-a	未筛分水泥碎石垫层厚 20cm		23.78
	水泥碎石 5:95 稳拌机厚 15cm	定额表号 20102023	23.78

工程细目单价表 表4-35

合同段编号:A8 合同段(K17+300~K19+900) 编制日期:2008年02月15日

清单　第200章　路基					
细目号	细 目 名 称	单位	数量	单价(元)	合价或金额(元)
202-1	清理与掘除				34807
-a	清理现场、砍树、挖根等		23518	1.48	34807
203-1	路基挖方				4432038
-a	挖土石方	m^3	188437	23.52	4432038
204-1	路基填筑(包括填前压实)				1587734
-a	路基填方(填石)	m^3	86793	14.89	1292348
-g	结构物台背回填	m^3	2984	98.99	295386
205-7	崩塌岩堆处理				36307
-a	清除危岩	m^3	348	104.33	36307
205-10	高路堤加筋处理				394918
-b	双向钢塑格栅(50kN/m)	m^2	10412	19.17	199598
-c	光圆钢筋	kg	121	6	726
-d	双向钢塑格栅(80kN/m)	m^2	9497	20.49	194594
207-1	边沟				155669
-b	C20混凝土现浇	m^3	73	760.34	55505
-c	M7.5浆砌片石	m^3	301	282.76	85111
-j	安装C30预制混凝土边沟	m^3	20	164.65	3293
-k	小型预制构件(路基边沟)(暂定金额)	总额	1	11760	11760
207-2	排水沟				1246645
-a	M7.5浆砌片石	m^3	118	259.58	30630
-b	C25混凝土现浇	m^3	1540	789.62	1216015
207-3	截水沟				338784
-a	M7.5浆砌片石	m^3	1231	275.21	338784
207-4	急流槽				86885
-a	M7.5浆砌片石	m^3	325	267.34	86885
207-5	路基盲沟				115068
-a	级配碎石	m^3	228	198.82	45331
-b	反滤土工布	m^2	462	16.98	7845
-e	有纺土工布	m^2	742	18.43	13675
-f	片石或砂卵石	m^3	345	139.76	48217
208-2	浆砌片石护坡				1065976
-a	M7.5浆砌片石	m^3	3730	271.06	1011054
-b	砂垫层	m^3	576	95.35	54922
208-6	衬砌拱				17890
-a	M7.5浆砌片石	m^3	50	290.74	14537

续上表

清单 第200章 路基					
细目号	细 目 名 称	单位	数量	单价(元)	合价或金额(元)
-b	安装C30混凝土预制块	m^3	4	208.25	833
-c	C30混凝土预制块(暂定金额)	总额	1	2520	2520
208-8	框架内码砌框格填土绿化				342257
-a	M7.5浆砌片石	m^3	30	292.53	8776
-b	C25混凝土现浇	m^3	159	715.35	113741
-c	安装C20混凝土菱形框格	m^3	22	208.18	4580
-d	光圆钢筋	kg	8659	6.19	53599
-e	框架防护带肋钢筋	kg	18602	6.11	113658
-h	ϕ2.2mm热镀锌铁丝网(机编)	kg	602	10.29	6195
-i	普通锚杆(带肋钢筋ϕ16)	m	1466	28.45	41708
208-11	SNS防护系统				391040
-a	SNS被动防护网(暂定金额)	总额	1	391040	391040
209-2	护肩及护脚				1136
-a	M7.5浆砌块石	m^3	4	284	1136
209-4	泄水孔				36
-a	ϕ100mmPVC管	m	2	18	36
213-2	锚杆				1947351
-a	压力注浆锚杆(带肋钢筋ϕ25)	m	12767	152.53	1947351
213-3	框架梁和预制框格				1301885
-a	框架梁钢筋(光圆钢筋)	kg	19785	5.98	118314
-b	框架梁带肋钢筋	kg	76109	6.11	465026
-c	现浇框架梁C25混凝土	m^3	1005	714.97	718545
213-4	锚杆及锚索框架内植草绿化				94970
-a	M7.5浆砌片石	m^3	347	273.69	94970
213-5	路堑边坡排水孔				436569
-a	ϕ110mm钻孔	m	3296	107.7	354979
-b	ϕ100mm带孔PVC管	m	3337	24.45	81590
215-1	河床铺砌				91890
-a	M7.5浆砌片石	m^3	111	226.46	25137
-b	C30混凝土现浇	m^3	30	664.13	19924
-c	光圆钢筋	kg	1779	6.14	10923
-d	带肋钢筋	kg	4395	6.27	27557
-e	ϕ140mm×4.5预埋钢管	m	83	100.59	8349
217-1	弃渣场排水沟				524778
-a	M7.5浆砌片石	m^3	1678	312.74	524778
217-2	挡渣墙				1182705
-a	M7.5浆砌片石	m^3	4625	255.72	1182705
清单 第200章合计:15827338					

第四节　设备、工具、器具及家具购置费用测算

一、设备购置费

设备购置费是指为满足公路的营运、管理、养护需要，购置的达到固定资产标准的设备和虽低于固定资产标准但属于设计明确列入设备清单的设备的费用，包括渡口设备，隧道照明、消防、通风的动力设备，高等级公路的收费、监控、通信、供电设备，养护用的机械、设备和工具、器具等的购置费用。

设备购置费应由设计单位列出计划购置的清单（包括设备的规格、型号、数量），以设备原价加综合业务费和运杂费按以下公式计算：

设备购置费 = 设备原价 + 运杂费（运输费 + 装卸费 + 搬运费）+
运输保险费 + 采购及保管费　　(4-25)

需要安装的设备，应在第一部分建筑安装工程费的有关项目内另计设备的安装工程费。

设备与材料的划分标准见附录六。

1. 国产设备原价的构成及计算

国产设备的原价一般是指设备制造厂的交货价，即出厂价或订货合同价。它一般根据生产厂或供应商的询价、报价、合同价确定，或采用一定的方法计算确定。其内容包括按专业标准规定的在运输过程中不受损失的一般包装费，及按产品设计规定配带的工具、附件和易损件的费用。即：

设备原价 = 出厂价（或供货地点价）+ 包装费 + 手续费　　(4-26)

2. 进口设备原价的构成及计算

进口设备的原价是指进口设备的抵岸价，即抵达买方边境港口或边境车站，且交完关税为止形成的价格。即：

进口设备原价 = 货价 + 国际运费 + 运输保险费 + 银行财务费 + 外贸手续费 +
关税 + 增值税 + 消费税 + 商检费 + 检疫费 + 车辆购置附加费　(4-27)

（1）货价：一般指装运港船上交货价 FOB（Free On Broad）习惯称离岸价。设备货价分为原币货价和人民币货价。原币货价一律折算为美元表示，人民币货价按原币货价乘以外汇市场美元兑换人民币的中间价确定。进口设备货价按有关生产厂商询价、报价、订货合同价计算。

（2）国际运费：从装运港（站）到我国抵达港（站）的运费。即：

国际运费 = 原币货价（FOB 价）× 运费费率　　(4-28)

我国进口设备大多采用海洋运输，小部分采用铁路运输，个别采用航空运输。运费可参照有关部门或进出口公司的规定执行，海运费费率一般为 6%。

（3）运输保险费：对外贸易货物运输保险是由保险人（保险公司）与被保险人（出口人或进口人）订阅保险契约，在被保险人交付议定的保险费后，保险人根据保险契约的规定对货物在运输过程中发生的承保责任范围内的损失给予经济上的补偿。这是一种财产保险。计算公式为：

运输保险费 = [原货币价（FOB 价）+ 国际运费] ÷（1 − 保险费费率）× 保险费费率
(4-29)

保险费费率按保险公司规定的进口货物保险费费率计算，一般为0.35%。

(4)银行财务费：一般指中国银行手续费。其可按下式简化计算：

$$银行财务费 = 人民币货价(FOB价) \times 银行财务费费率 \tag{4-30}$$

式中，银行财务费费率一般为0.4%～0.5%。

(5)外贸手续费：按规定计取的外贸手续费。其计算公式为：

$$外贸手续费 = [人民币货价(FOB价) + 国际运费 + 运输保险费] \times 外贸手续费费率 \tag{4-31}$$

式中，外贸手续费费率一般为1%～1.5%。

(6)关税：指海关对进出国境或关境的货物和物品征收的一种税。其计算公式为：

$$关税 = [人民币货价(FOB价) + 国际运费 + 运输保险费] \times 进口关税税率 \tag{4-32}$$

式中，进口关税税率按我国海关总署发布的进口关税税率计算。

(7)增值税：是对从事进口贸易的单位和个人，在进口商品报关进口后征收的税种。按《中华人民共和国增值税条例》的规定，进口应税产品均按组成计税价格和增值税税率直接计算应纳税额。即：

$$增值税 = [人民币货价(FOB价) + 国际运费 + 运输保险费 + 关税 + 消费税] \times 增值税税率 \tag{4-33}$$

式中，增值税税率根据规定的税率计算，目前进口设备适用的税率为17%。

(8)消费税：对部分进口设备(如轿车、摩托车等)征收。其计算公式为：

$$应纳消费税额 = [人民币货价(FOB价) + 国际运费 + 运输保险费 + 关税] \div (1 - 消费税税率) \times 消费税税率 \tag{4-34}$$

式中，消费税税率根据规定的税率计算。

(9)商检费：指进口设备按规定付给商品检查部门的进口设备检验鉴定费，其计算公式为：

$$商检费 = [人民币货价(FOB价) + 国际运费 + 运输保险费] \times 商检费费率 \tag{4-35}$$

式中，商检费费率一般为0.8%。

(10)检疫费：指进口设备按规定付给商品检疫部门的进口设备检验鉴定费，其计算公式为：

$$检疫费 = [人民币货价(FOB价) + 国际运费 + 运输保险费] \times 检疫费费率 \tag{4-36}$$

式中，检疫费费率一般为0.17%。

(11)车辆购置附加费：指进口车辆需缴纳的进口车辆购置附加费。其计算公式为：

$$进口车辆购置附加费 = [人民币货价(FOB价) + 国际运费 + 运输保险费 + 关税 + 消费税 + 增值税] \times 进口车辆购置附加费费率 \tag{4-37}$$

在计算进口设备原价时，应注意工程项目的性质，有无按国家有关规定减免进口环节税的可能。

3. 设备运杂费的构成及计算

国产设备运杂费指由设备制造厂交货地点起至仓库(或施工组织设计指定的需要安装设备的堆放地点)止所发生的运费和装卸费；进口设备运杂费指由我国到岸港口或边境车站起至工地仓库(或施工组织设计指定的需要安装设备的堆放地点)止所发生的运费和装卸费。其计算公式为：

$$运杂费 = 设备原价 × 运杂费费率 \tag{4-38}$$

设备运杂费费率见表4-36。

设备运杂费费率表(%) 表4-36

运输里程(km)	100以内	101~200	201~300	301~400	401~500	501~750	751~1000	1001~1250	1251~1500	1501~1750	1751~2000	2000以上每增250
费率(%)	0.8	0.9	1.0	1.1	1.2	1.5	1.7	2.0	2.2	2.4	2.6	0.2

4. 设备运输保险费的构成及计算

设备运输保险费指国内运输保险费。其计算公式为:

$$运输保险费 = 设备原价 × 保险费费率 \tag{4-39}$$

式中,设备运输保险费费率一般为1%。

5. 设备采购及保管费的构成及计算

设备采购及保管费指采购、验收、保管和收发设备所发生的各种费用,包括设备采购人员、保管人员和管理人员的工资、工具用具使用费、劳动保护费、检验试验费等。其计算公式为:

$$采购及保管费 = 设备原价 × 采购及保管费费率 \tag{4-40}$$

需要安装的设备的采购保管费费率为2.4%,不需要安装的设备的采购保管费费率为1.2%。

二、工器具及生产家具(简称工器具)购置费

工器具购置费是指建设项目交付使用后为满足初期正常营运必须购置的第一套不构成固定资产的设备、仪器、仪表、工卡模具、器具、工作台(框、架、柜)等的费用。该费用不包括构成固定资产的设备、工器具和备品、备件,及已列入设备购置费中的专用工具和备品、备件。

对于工器具购置,应由设计单位列出计划购置的清单(包括规格、型号、数量),购置费的计算方法同设备购置费。

三、办公和生活用家具购置费

办公和生活用家具购置费是指为保证新建、改建项目初期正常生产、使用和管理所必须购置的办公和生活用家具、用具的费用。

范围包括:行政、生产部门的办公室、会议室、资料档案室、阅览室、单身宿舍及生活福利设施等的家具、用具。

办公和生活用家具购置费按表4-37的规定计算。

办公和生活家具购置费标准表 表4-37

工程所在地	路线(元/km)				有看桥房的独立大桥(元/座)	
	高速公路	一级公路	二级公路	三、四级公路	一般大桥	技术复杂大桥
内蒙古、黑龙江、青海、新疆、西藏	21500	15600	7800	4000	24000	60000
其他省、自治区、直辖市	17500	14600	5800	2900	19800	49000

注:改建工程按表列数80%计。

第五节　工程建设其他有关费用测算

一、工程建设其他费用

(一)土地征用及拆迁补偿费

土地征用及拆迁补偿费是指按照《中华人民共和国土地管理法》及《中华人民共和国土地管理法实施条例》、《中华人民共和国基本农田保护条例》等法律、法规的规定，为进行公路建设需征用土地所支付的土地征用及拆迁补偿费等费用。

1. 费用内容

(1)土地补偿费：指被征用土地地上、地下附着物及青苗补偿费，征用城市郊区的菜地等缴纳的菜地开发建设基金，租用土地费，耕地占用税，用地图编制费及勘界费，征地管理等。

(2)征用耕地安置补助费：指征用耕地需要安置农业人口的补助费。

(3)拆迁补偿费：指被征用或占用土地上的房屋及附属构筑物、城市公用设施等拆除、迁建补偿费，拆迁管理费等。

(4)复耕费：指临时占用的耕地、鱼塘等，待工程竣工后将其恢复到原有标准所发生的费用。

(5)耕地开垦费：指公路建设项目占用耕地的，应由建设项目法人(业主)负责补充耕地所发生的费用；没有条件开垦或者开垦的耕地不符合要求的，按规定缴纳的耕地开垦费。

(6)森林植被恢复费：指公路建设项目需要占用、征用或者临时占用林地的，经县级以上林业主管部门审核同意或批准，建设项目法人(业主)单位按照有关规定向县级以上林业主管部门预缴的森林植被恢复费。

2. 计算办法

土地征用及拆迁补偿费应根据审批单位批准的建设工程用地和临时用地面积及其附着物的情况，以及实际发生的费用项目，按国家有关规定及工程所在地的省(自治区、直辖市)人民政府颁发的有关规定和标准计算。

森林植被恢复费应根据审批单位批准的建设工程占用林地的类型及面积，按国家有关规定及工程所在地的省(自治区、直辖市)人民政府颁发的有关规定和标准计算。

当与原有的电力电信设施、水利工程、铁路及铁路设施互相干扰时，应与有关部门联系，商定合理的解决方案和补偿金额，也可由这些部门按规定编制费用以确定补偿金额。

(二)建设项目管理费

建设项目管理费包括建设单位(业主)管理费、工程监理费、设计文件审查费和竣(交)工验收试验检测费。

1. 建设单位(业主)管理费

建设单位(业主)管理费是指建设单位(业主)为建设项目的立项、筹建、建设、竣(交)工验收、总结等工作所发生的管理费用，不包括应计入设备、材料预算价格的建设单位采购及保管设备、材料所需的费用。

费用内容包括：工作人员的工资、工资性补贴、施工现场津贴、社会保障费用（基本养老、基本医疗、失业、工伤保险）、住房公积金、职工福利费、劳动保护费；办公费、会议费、差旅交通费、固定资产使用费（包括办公及生活房屋折旧、维修或租赁费，车辆折旧、维修、使用或租赁费，通信设备购置费、使用费，测量、试验设备仪器折旧、维修或租赁费，其他设备折旧、维修或租赁费等）、零星固定资产购置费、招募生产工人费；技术图书资料费、职工教育经费、工程招标费（不含招标文件及标底或造价控制值编制费）；合同契约公证费、法律顾问费、咨询费；建设单位的临时设施费、完工清理费、竣（交）工验收费（含其他行业或部门要求的竣工验收费用）、各种税费（包括房产税、车、船使用税、印花税等）；建设项目审计费、境内外融资费用（不含建设期贷款利息）、业务招待费、安全生产管理费和其他管理性开支。

由施工企业代替建设单位（业主）办理"土地、青苗等补偿费"的工作人员所发生的费用，应在建设单位（业主）管理费项目中支付。当建设单位（业主）委托有资质的单位代理招标时，其代理费应在建设单位（业主）管理费中支出。

建设单位（业主）管理费以建筑安装工程费总额为基数，按表4-38的费率，以累进办法计算。

建设单位管理费费率表 表4-38

第一部分 建筑安装工程费（万元）	费率（%）	算例（万元）	
		建筑安装工程费	建设单位（业主）管理费
500以下	3.48	500	500×3.48%=17.4
501~1000	2.73	1000	17.4+500×2.73%=31.05
1001~5000	2.18	5000	31.05+4000×2.18%=118.25
5001~10000	1.84	10000	118.25+5000×1.84%=210.25
10001~30000	1.52	30000	210.25+20000×1.52%=514.25
30001~50000	1.27	50000	514.25+20000×1.27%=768.25
50001~100000	0.94	100000	768.25+50000×0.94%=1238.25
100001~150000	0.76	150000	1238.25+50000×0.76%=1618.25
150001~200000	0.59	200000	1618.25+50000×0.59%=1913.25
200001~300000	0.43	300000	1913.25+100000×0.43%=2343.25
300000以上	0.32	310000	2343.25+10000×0.32%=2375.25

水深>15m、跨度≥400m的斜拉桥和跨度≥800m的悬索桥等独立特大型桥梁工程的建设单位（业主）管理费按表4-38中的费率乘以1.0~1.2的系数计算；海上工程（指由于风浪影响，工程施工期（不包括封冻期）全年月平均工作日少于15d的工程）的建设单位（业主）管理费按表4-26中的费率乘以1.0~1.3的系数计算。

2. 工程监理费

工程监理费是指建设单位（业主）委托具有公路工程监理资格的单位，按施工监理规范进行全面监督和管理所发生的费用。

费用内容包括：工作人员的基本工资、工资性津贴、社会保障费用（基本养老、基本医疗、失业、工伤保险）、住房公积金、职工福利费、工会经费、劳动保护费；办公费、会议费、差旅交通费、固定资产使用费(包括办公及生活房屋折旧、维修或租赁费,车辆折旧、维修、使用或租赁费,通信设备购置、使用费,测量、试验、检测设备仪器折旧、维修或租赁费,其他设备折旧、维修或租赁费等)、零星固定资产购置费、招募生产工人费;技术图书资料费、职工教育经费、投标费用;合同契约公证费、咨询费、业务招待费;财务费用、监理单位的临时设施费、各种税费和其他管理性开支。

工程监理费以建筑安装工程费总额为基数,按表4-39的费率计算。

工程监理费费率表 表4-39

工程类别	高速公路	一级及二级公路	三级及四级公路	桥梁及隧道
费率(%)	2.0	2.5	3.0	2.5

表4-39中的桥梁指水深大于15m、斜拉桥和悬索桥等独立特大型桥梁工程;隧道指水下隧道工程。

建设单位(业主)管理费和工程监理费均为实施建设项目管理的费用,执行时根据建设单位(业主)和施工监理单位所实际承担的工作内容和工作量,在保证监理费用的前提下,可统筹使用。

3. 设计文件审查费

设计文件审查费是指国家和省级交通主管部门在项目审批前,为保证勘察设计工作的质量,组织有关专家或委托有资质的单位,对设计单位提交的建设项目可行性研究报告和勘察设计文件以及对设计变更、调整概算进行审查所需要的相关费用。

设计文件审查费以建筑安装工程费总额为基数,按0.1%计算。

4. 竣(交)工验收试验检测费

竣(交)工验收试验检测费是指在公路建设项目交工验收和竣工验收前,由建设单位(业主)或工程质量监督机构委托有资质的公路工程质量检测单位按照有关规定对建设项目的工程质量进行检测,并出具检测意见所需要的相关费用。

竣(交)工验收试验检测费按表4-40的规定计算。

竣(交)工验收试验检测费标准表 表4-40

项目	路线(元/km)				独立大桥(元/座)	
	高速公路	一级公路	二级公路	三、四级公路	一般大桥	技术复杂大桥
试验检测费	15000	12000	10000	5000	30000	100000

关于竣(交)工验收试验检测费,高速公路、一级公路按四车道计算,二级及以下等级公路按双车道计算,每增加一条车道,按表4-40的费用增加10%。

(三)研究试验费

研究试验费是指为本建设项目提供或验证设计数据、资料进行必要的研究试验和按照设计规定在施工过程中必须进行试验、验证所需的费用,以及支付科技成果、先进技术的一次性技术转让费。该费用不包括:

(1)应由科技三项费用(即新产品试制费、中间试验费和重要科学研究补助费)开支的项目。

(2)应由施工辅助费开支的施工企业对建筑材料、构件和建筑物进行一般鉴定、检查所发生的费用及技术革新研究试验费。

(3)应由勘察设计费或建筑安装工程费用中开支的项目。

计算方法:按照设计提出的研究试验内容和要求进行编制,不需验证设计基础资料的不计本项费用。

(四)建设项目前期工作费

建设项目前期工作费是指委托勘察设计、咨询单位对建设项目进行可行性研究、工程勘察设计,以及设计、监理、施工的招标文件及招标标底或造价控制文件编制时,按规定应支付的费用。该费用包括:

(1)编制项目建议书(或预可行性研究报告)、可行性研究报告、投资估算,以及相应的勘察、设计、专题研究等所需的费用。

(2)初步设计和施工图设计的勘察费(包括测量、水文调查、地质勘探等)、设计费、概(预)算及调整概算编制费等。

(3)设计、监理、施工招标文件及招标标底(或造价控制值或清单预算)文件编制费等。

计算方法:依据委托合同计列,或按国家颁发的收费标准和有关规定进行编制。

(五)专项评价(估)费

专项评价(估)费是指依据国家法律、法规规定须进行评价(评估)、咨询,按规定应交付的费用。该费用包括环境影响评价费、水土保持评估费、地震安全性评价费、地质灾害危险性评价费、压覆重要矿床评估费、文物勘察费、通航论证费、行洪论证(评估)费、使用林地可行性研究报告编制费、用地预审报告编制费等费用。

计算方法:按国家颁发的收费标准和有关规定进行编制。

(六)施工机构迁移费

施工机构迁移费是指施工机构根据建设任务的需要,经有关部门决定成建制地(指工程处等)由原驻地迁移到另一地区所发生的一次性搬迁费用。该费用不包括:

(1)应由施工企业自行负担的,在规定距离范围内调动施工力量以及内部平衡施工力量所发生的迁移费用。

(2)由于违反基建程序,盲目调迁队伍所发生的迁移费。

(3)因中标而引起施工机构迁移所发生的迁移费。

费用内容包括:职工及随同家属的差旅费,调迁期间的工资,施工机械、设备、工具、用具和周围性材料的搬运费。

计算方法:施工机构迁移费应经建设项目的主管部门同意按实计算。但计算施工机构迁移费后,如迁移地点即新工地地点(如独立大桥),则其他工程费内的工地转移费应不再计算;如施工机构迁移地点至新工地地点尚有部分距离,则工地转移费的距离,应以施工机构新地点为计算起点。

(七)供电贴费

供电贴费是指按照国家规定,建设项目应交付的供电工程贴费、施工临时用电贴费。

计算方法:按国家有关规定计列(目前停止征收)。

(八)联合试运转费

联合试运转费是指新建、改(扩)建工程项目,在竣工验收前按照设计规定的工程质量标准,进行动(静)荷载实验所需的费用,或进行整套设备带负荷联合试运转期间所需的全部费用抵扣试车期间收入的差额。该费用不包括应由设备安装工程项下开支的调试费的费用。

费用内容包括:联合试运转期间所需的材料、油燃料和动力的消耗,机械和检测设备使用费,工具用具和低值易耗品费,参加联合试运转人员工资及其他费用等。

联合试运转费以建筑安装工程费总额为基数,独立特大型桥梁按 0.075%、其他工程按 0.05% 计算。

(九)生产人员培训费

生产人员培训费是指新建、改(扩)建工程项目,为保证生产的正常运行,在工程竣工验收交付使用前运营部门生产人员和管理人员进行培训所必需的费用。

费用内容包括:培训人员的工资、工资性补贴、职工福利费、差旅交通费、劳动保护费、培训及教学实习费等。

生产人员培训费按设计定员和 2000 元/人的标准计算。

(十)固定资产投资方向调节税

固定资产投资方向调节税是指为了贯彻国家产业政策,控制投资规模,引导投资方向,调整投资结构,加强重点建设,促进国民经济持续稳定协调发展,依照《中华人民共和国固定资产投资方向调节税暂行条例》规定,公路建设项目应缴纳的固定资产投资方向调节税。

计算方法:按国家有关规定计算(目前暂停征收)。

(十一)建设期贷款利息

建设期贷款利息是指建设项目中分年度使用国内贷款或国外贷款部分,在建设期内应归还的贷款利息。费用内容包括各种金融机构贷款、企业集资、建设债券和外汇贷款等利息。

计算方法:根据不同的资金来源按需付息的分年度投资计算。

计算公式如下:

建设期贷款利息 = Σ(上年末付息贷款本息累计 + 本年度付息贷款额 ÷2) × 年利率

$$S = \sum_{n=1}^{N} (F_{n-1} + b_n/2) \cdot i \tag{4-41}$$

式中:S——建设期贷款利息,元;

N——项目建设期,年;

n——建设年度;

F_{n-1}——建设期第 $n-1$ 年末需付息贷款本息累计,元;

b_n——建设期第 n 年度付息贷款额,元;

i——建设期贷款年利率,%。

世界银行和亚洲银行的贷款除收取利息外,还要征收承诺费,一般为贷款额的 0.75%。所谓承诺费,是对已由世界银行、亚洲银行承诺,但借款人还未支取部分的贷款征收的费用。

如第一年已拨贷款总额的15%，则按贷款合同规定的年利息率支付利息，未使用部分的85%要按0.75%征收承诺费。

二、预 备 费

预备费由价差预备费及基本预备费两部分组成。在公路工程建设期限内，凡需动用预备费时，属于公路交通部门投资的项目，需经建设单位提出，按建设项目隶属关系，提交通运输部或交通运输厅（局、委）基建主管部门核定批准；属于其他部门投资的建设项目，按其隶属关系报有关部门核定批准。

（一）价差预备费

价差预备费是指设计文件编制年至工程竣工年期间，第一部分费用的人工费、材料费、机械使用费、其他工程费、间接费等以及第二、三部分费用由于政策、价格变化可能发生上浮而预留的费用及国外贷款汇率变动部分的费用。

（1）计算方法：价差预备费以概（预）算或修正概算第一部分建筑安装工程费总额为基数，按设计文件编制年始至建设项目工程竣工年终的年数和年工程造价增涨率计算。

计算公式如下：

$$价差预备费 = P \cdot [(1+i)^{n-1} - 1] \tag{4-42}$$

式中：P——建筑安装工程费总额，元；

i——年工程造价增长率，%；

n——设计文件编制年至建设项目建设结束年，年。

（2）年工程造价增涨率按有关部门公布的工程投资价格指数计算，或由设计单位会同建设单位根据该工程人工费、材料费、施工机械使用费、其他工程费、间接费以及第二、三部分费用可能发生的上浮等因素，以第一部分建安费为基数进行综合分析预测。

（3）设计文件编制至工程完工在一年以内的工程，不列此项费用。

（二）基本预备费

基本预备费是指在初步设计和概算中难以预料的工程费用。其用途如下：

（1）在进行技术设计、施工图设计和施工过程中，在批准的初步设计和概算范围内所增加的工程费用。

（2）在设备订货时，由于规格、型号改变的价差，材料货源变更、运输距离或方式的改变以及因规格不同而代换使用等原因发生的价差。

（3）由于一般自然灾害所造成的损失和预防自然灾害所采取的措施的费用。

（4）在项目主管部门组织竣（交）工验收时，验收委员会（或小组）为鉴定工程质量必须开挖和修复隐蔽工程的费用。

（5）投保的工程根据工程特点和保险合同发生的工程保险费用。

计算方法：以第一、二、三部分费用之和（扣除固定资产投资方向调节税和建设期贷款利息两项费用）为基数按下列费率计算：

设计概算按5%计列；修正概算按4%计列；施工图预算按3%计列。

采用施工图预算加系数包干承包的工程，包干系数为施工图预算中直接费与间接费之和的3%。施工图预算包干费用由施工单位包干使用。

该包干费用的内容为：

(1)在施工过程中，设计单位对分部分项工程修改设计而增加的费用，但不包括因水文地质条件变化造成的基础变更、结构变更、标准提高、工程规模改变而增加的费用。

(2)预算审定后，施工单位负责采购的材料由于货源变更、运输距离或方式的改变以及因规格不同而代换使用等原因发生的价差。

(3)由于一般自然灾害所造成的损失和预防自然灾害所采取的措施的费用(例如一般防台风、防洪的费用)等。

三、回收金额

概、预算定额所列材料一般不计回收，只对按全部材料计价的一些临时工程项目和由于工程规模或工期限制达不到规定周转次数的拱盔、支架及施工金属设备的材料计算回收金额。回收率见表4-41。

回收率表　　表4-41

回收项目	使用年限或周围次数				计算基数
	一年或一次	两年或两次	三年或三次	四年或四次	
临时电力、电信线路	50%	30%	10%	—	材料原价
拱盔、支架	60%	45%	30%	15%	
施工金属设备	65%	65%	50%	30%	

注：施工金属设备指钢壳沉井、钢护筒等。

四、公路工程造价编制程序及计算方法

(一)公路工程各项费用的计算程序

公路工程造价由四部分费用组成，即建筑安装工程费，设备、工具、器具及家具购置费，工程建设其他费用，预留费用等。在各项费用中，每项费用都有其具体的费用内容和计算方法，并按照一定的规则和程序进行。现将各项费用的计算程序和方法归纳如表4-42所示。

公路工程建设各项费用的计算程序及计算方法　　表4-42

代号	项　目	说明及计算方法
(一)	直接工程费(即工、料、机费)	按编制年工程所在地的预算价格计算
(二)	其他工程费	(一)×其他工程费综合费率[或各类工程人工费和机械费之和×其他工程费综合费率]
(三)	直接费	(一)+(二)
(四)	间接费	各类工程人工费×规费综合费率+(三)×企业管理费综合费率
(五)	利润	[(三)+(四)-规费]×利润率

续上表

代号	项　目	说明及计算方法
(六)	税金	[(三)+(四)+(五)]×综合税率
(七)	建筑安装工程费	(三)+(四)+(五)+(六)
(八)	设备、工器具购置费(包括备品备件)	Σ(设备、工具、器具购置数量×单价+运杂费)×(1+采购保管费率)
	办公和生活用家具购置费	按有关规定计算
(九)	工程建设其他费用	
	土地征用及拆迁补偿费	按有关规定计算
	建设单位(业主)管理费	(七)×费率
	工程监理费	(七)×费率
	设计文件审查费	(七)×费率
	竣(交)工验收试验检测费	按有关规定计算
	研究试验费	按批准的计划编制
	前期工作费	按有关规定计算
	专项评价(估)费	按有关规定计算
	施工机构迁移费	按实计算
	供电贴费	按有关规定计算
	联合试运转费	(七)×费率
	生产人员培训费	按有关规定计算
	固定资产投资方向调节税	按有关规定计算
	建设期贷款利息	按实际贷款数及利率计算
(十)	预备费	包括价差预备费和基本预备费两项
	价差预备费	按规定的公式计算
	基本预备费	[(七)+(八)+(九)-固定资产投资方向调节税-建设期贷款利息]×费率
	预留费中施工图预算包干系数	[(三)+(四)]×费率
(十一)	建设项目总费用	(七)+(八)+(九)+(十)

(二)公路工程造价的编制步骤

在编制工程造价文件之前,应全面掌握设计文件、设计图纸、施工组织设计及有关调查资料,然后按下述步骤进行:

(1)分解工程项目。

分解工程项目是根据工程量清单的要求,将一个复杂的工程项目分解成若干个清单中的分项工程,并以项、目、节的顺序依次列出;然后将清单中的每个分项工程按定额项目表的要求,分解成若干个定额中的工程细目,使分项后的每个工程细目与相应的定额表号一一对应;最后得到工程量清单与相应定额的对应表。

分解工程项目是一项非常重要的基础工作。编制人员不仅要精通工程项目的全部设计内容,而且要有科学、严谨的工作态度。既不能漏列、重列,更不能巧立名目。

(2)初编分项工程表。

工程造价的所有计算过程都是通过表格的形式来表示的。分项工程表是工程造价计算的基础，是按照分项中项、目、节的逻辑关系，将各项费用名称、定额表号、定额值等列入表内。由于人、料、机的单价及各种费率尚未知，故分项工程表只能初编，尚不能计算。

(3)编制自采材料场价格计算表。

为施工单位自行开采加工的砂、石等材料而设置的计算表格。

(4)编制材料预算单价计算表。

根据分项工程表中出现的各种材料，将其名称、来源及运输方式等填入相应的栏内。填表时应按照材料代号的顺序进行登记，计算材料单价，并将其值分别转入分项工程表、机械台班单价计算表相应的材料单价栏中。

(5)编制机械台班单价计算表。

填表时应按照材料代号的顺序进行登记，计算机械台班单价，并将其值分别转入分项工程表中。

(6)编制人工、材料、机械台班单价汇总表。

(7)编制其他工程费及间接费综合费率计算表，并将其值分别转入分项工程表中。

(8)补编分项工程表。

在完成人工、材料、机械台班单价汇总表、其他工程费及间接费综合费率计算表后，初编分项工程表中的人、料、机单价及各项费率均已知，这样分项工程表的计算即可完成了。

(9)编制建筑安装工程费表，将分项工程表中各分项工程的直接工程费、其他工程费及间接费等各项费用填入相应栏内，并在表中计算相应的利润和税金，最后核算各项工程的建筑安装工程费。

(10)编制设备、工具、器具购置费计算表。

(11)编制工程建设其他费用及回收金额计算表。

(12)编制工程造价表。

为提高工程造价的编制质量，除掌握上述编制程序外，还必须注意如下问题：

①正确引用定额值。

在引用定额值时，必须瞻前顾后，注意章、节说明和表下小注。特别是在每次编制之前都要查询是否有新的定额或文件下达，切不可墨守成规。

②正确计算工程量。

正确计算工程量是工程造价计价至关重要的一环。在设计文件中，设计人员提供的工程数量与定额用的工程数量含义往往不尽相同。

如：路基填方的工程量＝填方的设计断面方＋预计的沉降方＋表土清除和耕地填前压实后的回填量＋路基填方两边加宽以保证路基边缘压实的增加方－路面结构层所占方。而设计人员提供的填方数量通常只是“设计断面方”，即按照设计的几何尺寸计算的填方量。而漏计了后面项，即为保证“设计断面方”的质量而附加的填方数量。

③准确统计实物量。

不要忘记汇总那些按费率或指标计算的增工、增料数量。如自办运输、人工装卸用工、公路交工前养护用工、冬雨夜增工、临时设施用工及辅助生产所需工、料、机数量等。

④加强复核工作。

在编制时应加强复核工作，每张表格应由“编制”与“复核”两人完成，并分步完成，每步复核无误后再进行下一步。切勿单人自编自核。

本章小结

生产要素单价的计算包括:人工单价、材料单价、施工机械台班单价的计算以及工料单价法。

直接费用包括:直接工程费、其他工程费。直接工程费是指施工过程中直接耗费的构成工程实体的各项费用,包括人工费、材料费、施工机械使用费。其他工程费是指直接费以外施工过程中发生的直接用于工程的费用,内容包括冬季施工增加费、雨季施工增加费、夜间施工增加费、特殊地区施工增加费、行车干扰工程施工增加费、安全及文明施工措施费、临时设施费、施工辅助费、工地转移费等9项。

间接费是指直接费以外,企业用于管理工程项目和向国家缴纳的所需费用,由规费和企业管理费两项组成。

建筑安装工程费由直接费、间接费、利润和税金4部分费用组成,同时在建安费中还要考虑公路交工前养护费和绿化工程费。

综合单价法是建筑安装工程费计算中的一种计价方法,综合单价法的分部分项工程单价为全费用单价,全费用单价经综合计算后生成,其内容包括直接费、间接费、利润和风险因素(措施费也可按此方法生成全费用价格)。各分项工程量乘以综合单价的合价汇总后,再加计规费和税金,便可生成建筑或安装工程造价。

设备、工具、器具购置费,是指为满足公路的营运、管理、养护需要购置的设备、工具、器具的费用。办公和生活用家具购置费是指为保证新建、改建项目初期正常生产、使用和管理所必须购置的办公和生活用家具、用具的费用。

工程建设其他费用包括:土地、青苗等补偿费和安置费补助费、建设单位管理费、研究试验费、勘察设计费、施工机构迁移费、大型专用机械设备购置费、建设期贷款利息。

预留费用由工程造价增涨预留费和预备费两项组成。实际上是为建设项目设立的一项意外费用,不致因人们对某些难以预料的客观因素而造成投资不足,影响工程的顺利实施。

复习思考题

1. 什么是材料的预算价格?如何计算?材料运杂费如何计算?
2. 什么是施工机械使用费用?如何计算?机械台班单价包括哪些?
3. 什么是其他工程费?如何计算?
4. 什么是直接费、间接费、利润、税金?如何计算?
5. 什么是设备、工具、器具购置费?如何计算?
6. 工程建设其他费用包括哪些内容?什么是建设单位管理费?如何计算?
7. 建设期贷款利息怎样确定?什么是预留费用?如何计算?
8. 一般工程项目分项时必须满足哪些要求?

习　题

某二级公路的路基宽度为8.5m,涵洞K16+134(1-2.0×1.5)位于圆曲线半径为200m的圆曲线上。试计算该涵洞的建筑安装工程费,并填写工程量清单(其工程数量表如表4-43和表4-44所示)。

工 程 数 量 表 表4-43

工程名称	材料种类	单　　位	工程数量
中板板数		块	9.00
边板板数		块	2.00
盖板混凝土	C30 混凝土	m^3	8.34
台墙墙身	M12.5 浆砌片石	m^3	56.82
台墙基础	M12.5 浆砌片石	m^3	24.23
帽石	C25 混凝土	m^3	0.40
涵底铺砌	M10 浆砌片石	m^3	19.02
涵底垫砂		m^3	11.89
沉降缝面积		m^2	19.26
翼墙墙身	M12.5 浆砌片石	m^3	22.69
翼墙基础	M12.5 浆砌片石	m^3	13.13
截水墙	M10 浆砌片石	m^3	9.09
抹面	M12.5 砂浆	m^3	8.06
勾缝	M12.5 砂浆	m^3	13.16
挖基土方		m^3	418

一块盖板工程数量表 表4-44

板别	钢筋编号	钢筋直径（mm）	钢筋长度（cm）	钢筋根数	钢筋总长（m）	单位质量（kg/m）	钢筋总质量（kg）	C30 混凝土体积（m^3）
中板	1	ϕ14	252.4	13	32.81	1.208	39.64	0.49
	2	ϕ8	95	11	10.45	0.395	4.13	
边板	3	ϕ14	252.4	35	88.34	1.208	106.71	209
	4	ϕ8	386.7	11	42.54	0.395	16.80	
	5	ϕ14	348.7	30	104.61	1.208	126.37	
	6	ϕ8	74	32	23.68	0.395	9.35	

第五章　公路工程造价管理

【本章要求】

通过本章的学习，使读者对投资决策阶段工程造价管理的内容有所了解，能够掌握投资估算的编制方法，并初步开展财务评价工作；了解招标的范围、种类、方式，掌握招投标的程序，理解FIDIC施工条件的有关规定，掌握标底和投标报价的编制方法；掌握工程变更的类型、程序、估价原则，掌握索赔处理的原则、程序和方法，掌握计量依据、范围和方法，掌握施工结算各种项目的结算，了解资金使用计划的编制方法，掌握投资偏差分析的方法，理解施工企业经济核算的内容和方法；了解竣工决算的概念，理解竣工决算编制程序和方法，掌握新增资产价值的确定方法，理解保修期间的经济责任；了解造价的信息管理。

【本章结构】

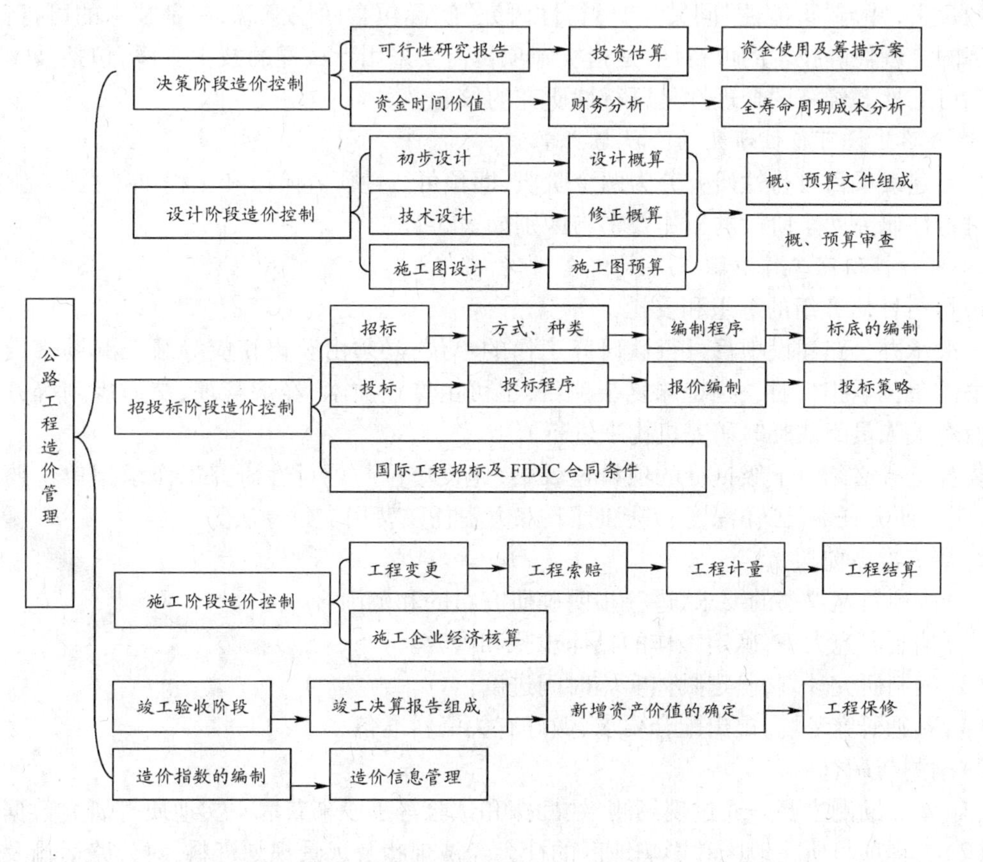

第一节 投资决策阶段工程造价控制

一、概 述

(一)项目投资决策的含义

项目投资决策是选择和决定投资行动方案的过程,是对拟建项目的必要性和可行性进行技术经济论证,对不同建设方案进行技术经济比较及作出判断和决定的过程。

正确的项目投资行动来源于正确的项目投资决策,正确的决策是合理确定与控制工程造价的前提,可行性研究是项目投资正确决策的主要依据。

(二)可行性研究

可行性研究就是在项目投资决策前,运用近代的经济分析理论,采用先进技术和方法,选择项目实施的最佳方案,避免项目实施的盲目性,减少项目投资的风险性,提高项目决策的科学化、民主化水平,为项目投资决策提供科学依据。

可行性(Feasibility)一词的原文与“做到或实现的可能性”、“有可能成功”这一类解释有相同的含义,并与“可能性”同义。“可行性研究”实际包含两层意思,一是技术的可行性,二是经济的合理性。技术的可行性,是指实施项目需要采用什么样的技术手段,包括技术的先进性和可靠性。经济的合理性是可行性研究的核心。

1. 公路建设可行性研究的阶段与要求

公路建设项目可行性研究分为两个阶段,即预可行性研究阶段和工程可行性研究阶段。

可行性研究两个阶段的工作要求与区别如表5-1。

2. 可行性研究工作步骤

1)可行性研究组的筹组和委托

一般承办公路建设项目可行性研究工作的单位,必须由获得相应等级公路勘察设计资质证书的单位承担。对一些特殊复杂项目,也可由专业技术、经济管理、交通规划等方面的专家及有关人员组成临时研究机构来进行。

委托任务必须有上级批准的项目建议书,建设单位与可行性研究工作承担单位要签订合同,明确研究任务、工作深度、完成时间、双方责任及费用支付办法等。

2)研究准备阶段

(1)按项目建议书的要求,进一步明确研究目的和范围。

(2)编制研究大纲,确定工作的具体步骤和内容。

(3)编制研究计划,确定具体实施时间进度。

(4)熟悉研究环境,提出配合要求,做好有关资料准备。

3)勘测与调查

(1)外业勘测主要是通过现场测量、勘探和试验等手段来获取水文地质等研究数据。

(2)工程项目所在地区和影响地区的社会经济现状及远景规划资料,对公路运输及其他运输方式需求状况。

(3)工程项目所在地区和影响地区的综合运输资料和公路交通运输历史及现状统计调

查资料。

(4)与项目建设有关的资源条件、技术力量和机具设备等资料。

调查资料和数据要准确可靠,掌握权重,满足研究深度要求。

两阶段可行性研究的工作要求与区别 表5-1

项目		预可行性研究	工程可行性研究
总体要求		(1)项目建议书的依据; (2)偏重研究项目建设的必要性; (3)概略研究,得出初步结论; (4)工程作业以1:50000比例尺图为基础,辅以踏勘、调查; (5)提出方案设想和投资估算	(1)设计任务书的依据; (2)全面研究建设的必要性、技术的可行性、经济的合理性、实施的可能性; (3)要求研究结论建立在定性、定量充分论证的基础之上; (4)高等级公路工程作业基础为1:10000地形图,根据具体情况选用更大比例尺图,需进行必要的测量和钻探; (5)解决路线大方案,投资估算与概算误差控制在10%以内
提供的主要图表要求		在1:500万~1:20万比例的地图上标出路线方案	高等级公路要求1:10000地形图上的路线方案
资料要求	社会经济调查	资料要求简要、概略、内容及范围参见《公路工程基本建设项目投资估算编制办法》,未来年份社会经济资料可以既有经济计划和规划为基础	资料要求全面、系统,内容及范围参见《公路工程基本建设项目投资估算编制办法》,未来年份要求进行社会经济发展预测
	交通情况调查	范围:5种运输方式; 内容:参见《公路工程基本建设项目投资估算编制办法》,不要求OD调查	范围:5种运输方式 内容:参见《公路工程基本建设项目投资估算编制办法》,高等级公路要求OD调查
	路况运输调查	路网及相关公路概况;公路部门运输效率指标	路网概况;其他交通线路及相关公路路况;全社会公路运输效率指标
交通量预测		以基年交通量和交通量增长率为基础,采用定基与定标相结合的预测技术	高等级公路和特大桥要求进行交通量生成、分布和路网分配的分析与预测,研究收费情况下的交通量预测
经济评价		(1)按经济评价办法提出初步经济评价; (2)效益计算中的某些参数不要求动态处理; (3)效益费用调整可直接参考《建设项目经济评价方法与参数》; (4)不要求敏感性分析; (5)收费公路要求粗略财务分析	(1)按经济评价办法提出完整的经济评价; (2)效益计算中的某些参数要求动态处理; (3)效益费用调整需根据项目具体研究; (4)要求敏感性分析; (5)收费公路要求财务分析

4)分析研究阶段

这是可行性研究的中心环节,它要求对调查的资料数据进行整理计算、分析研究和预测,主要有以下几项内容:

(1)项目提出的背景、建设的必要性及将来对社会经济发展的促进作用。

(2)分析研究公路交通运输历史和现状资料,建立交通量预测数学模型,并进行远景交通量预测和评价。

(3)建设资金筹措及投资效益研究分析,作出明确的经济评价结论。

(4)项目建设规模、技术标准研究,路线和桥隧方案分析比选,并提出推荐方案。

(5)环境保护分析评价,建设资源及设施条件分析,提出初步项目建设计划安排。

5)编制报告文本

可行性研究报告是可行性研究的最终成果。编制可行性研究报告,应严格执行国家的各项政策、法规和原交通部颁布的技术标准、规范等。

有关交通量预测和经济评价,应分别按《公路建设项目交通量预测试行办法》和《公路建设项目经济评价办法》进行。

可行性研究报告编制完成后,建设单位应专门组织有关人员进行预审,认为报告内容齐全,研究成果符合规定要求,才能呈送上级主管单位审批,否则应进行必要的修改补充后再行报审。

3. 可行性研究在工程项目建设中的作用

1)作为工程项目建设投资决策和编制设计任务书的依据

建设项目是否实施,主要决定于可行性研究结论。投资筹措落实,经济评价可行,推荐方案合理,就可以决策项目进入设计阶段,并依据可行性研究报告编制设计任务书。

2)作为向银行申请贷款的依据

目前,世界银行等许多国际性金融机构都把可行性研究报告作为建设项目申请贷款的先决条件。我国各银行也是在对可行性研究报告进行审查后,确认经济效益好,承担风险小,并具备偿还能力,才给予贷款。

3)作为建设项目初步设计的基础

在可行性研究中,对工程项目的建设规模、技术标准、起讫点、主要控制点、主要构造物的设置和选型、总体布置及重大技术措施等都进行了方案比选和论证,确定了原则,推荐了建设方案,设计任务书批准下达后,初步设计工作必须以此为基础。

4)作为采用新技术和新设备研制计划的依据

建设项目采用新技术、新设备、在可行性研究中经过分析论证,证明这些新技术、新设备是可行的,才可以拟订研制计划,进行研制和应用。

二、投资估算

投资估算是公路建设项目建议书和可行性研究报告的重要组成部分,是进行建设项目经济分析(包括国民经济评价和财务分析)的前提,也是确定公路建设项目建议书和可行性研究报告中所需投资的依据。

投资估算按其深度不同可分为项目建议书投资估算和可行性研究报告投资估算,两者在编制方法和费用组成等方面,既有相同的部分又有不同的一面,在本节中将加以简要介绍。

(一)投资估算的费用组成

项目建议书投资估算和可行性研究报告投资估算的费用组成类同,都分成建筑安装工程费、设备和工具器具购置费、工程建设其他费用以及预留费用等。但可行性研究报告投资估算的费用项目划分更细,费用组成更具体,更接近于公路工程概、预算的项目划分,特别是许多费用计算方法与公路工程概、预算中的规定完全一样,项目建议书投资估算的费用组成详见图 5-1。

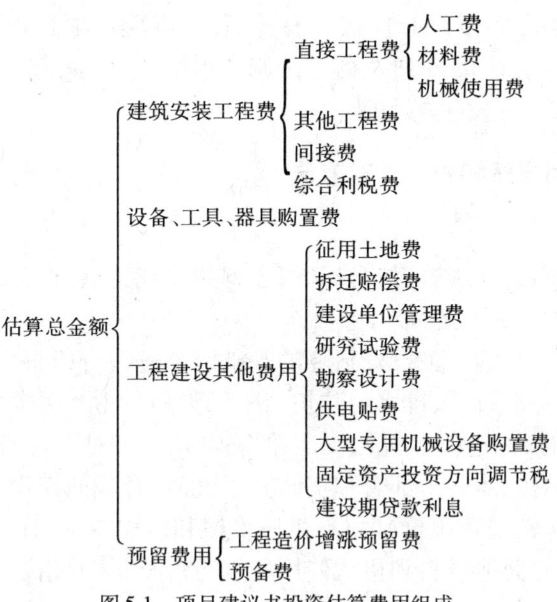

图 5-1　项目建议书投资估算费用组成

(二)投资估算文件表格

项目建议书投资估算表格有 6 种,可行性研究报告估算表格有 8 种。各种估算表格的名称、表号及相互间的组成关系如图 5-2、图 5-3 所示。

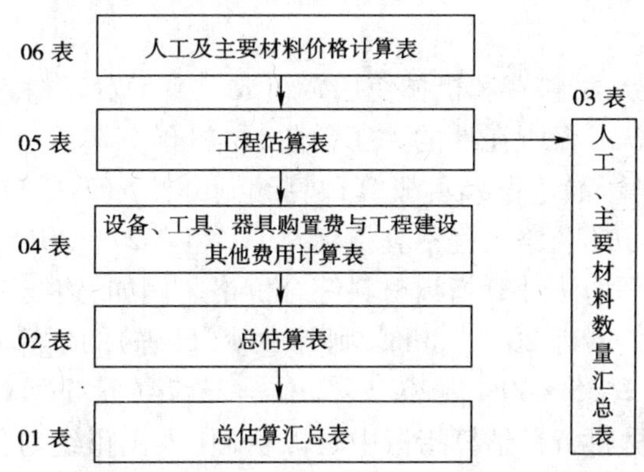

图 5-2　项目建议书投资估算表组成关系

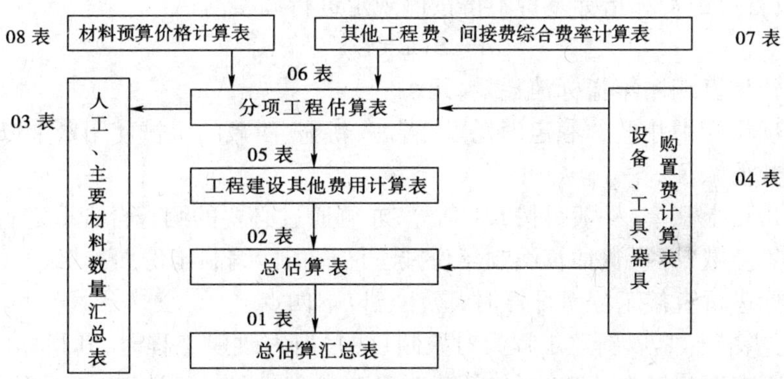

图 5-3　可行性研究报告投资估算表组成关系

各种表格中的工程或费用项目,应按《公路工程基本建设项目投资估算编制办法》(JTG M20—2011)中规定的项目表的序列及内容编制,且第一、二、三部分的序号应保持不变,而项、目、节的序号可以按实际发生的顺延。

(三)投资估算编制程序和费用计算方法

1. 编制程序

(1)熟悉拟建项目的建设规模、技术标准,了解路线或桥型方案设想意图和工程全貌,掌握建设项目现场的有关实际情况。

(2)对踏勘调查所涉及的有关投资估算的基础资料进行分析整理。

(3)对路线中的路基土石方、排水与防护、路面、大(中)桥、立体交叉工程等主要工程项目每公里的实际含量与指标进行分析比较,以便确定是否应对综合指标进行调整。

(4)研究建设项目的总体施工部署和实施方案,确定合理的建设工期。

(5)取定工资标准(人工费单价)、材料供应价格和运输方案,计算材料的预算价格。

(6)对适用指标中的其他材料和机械使用费进行调整,并对指标规定应予调整的其他项目进行调整。

(7)进行人工和材料实物量的分析计算。

(8)计算各项费用并汇编总估算及人工、主要材料需要量。

(9)写出编制说明,进行复核与审核。

2. 建筑安装工程费计算

1)直接工程费

直接工程费由人工费、材料费和机械使用费组成。人工费、材料费以综合指标的人工工日数及各种材料数量乘以工程所在地的人工单价、材料预算单价计算。其中人工单价和材料预算单价按《公路工程基本建设项目概算预算编制办法》(JTG B06—2007)的规定计算,并在预算价格的基础上,按《公路工程估算指标》(JTG/T M21—2011)附录“材料预算价格的规格取定表”,采用加权平均法计算指标材料综合价格。例如,路线工程所需要的砂、砂砾预算价格为:砂 24.5 元/m^3、砂砾 20.7 元/m^3,则其中砂(砂砾)的估算价格是:

$$24.5\times80\%+20.7\times20\%=23.74(\text{元}/m^3)$$

机械使用费和其他材料费在估算指标中是以费额(人民币绝对值“元”)反映的,在计算时应按年价格上涨率进行调整,这主要是为了消除因物价波动而产生的影响,可按式(5-1)进行计算,但设备摊销费和指标基价不得按此规定进行调整。

$$A=B(1+C)^{n-1} \tag{5-1}$$

式中:A——投资估算编制年指标消耗量,元;

B——各项指标中相应的额定消耗量(青海、新疆、西藏的机械使用费乘以 1.15 系数后的数值),元;

C——年价格上涨率,一般可按 5% 估算,亦可通过必要的测算合理取定;

n——计算年数,即投资估算编制年份减法估算指标编制年份加 1 年。

在套用指标进行直接工程费计算时,应注意以下四点:

(1)综合估算指标是以新建工程为对象制订的,当为改建工程时,其指标应乘以 0.8 的系数。若项目既有新建又有改建,可将新建改建工程合并在一起计算,按下列调整系数调整使用的指标。

$$K = (L_1 + 0.8L_2)/L \quad (5\text{-}2)$$

式中:L_1——拟建项目中的新建长度,km;

L_2——拟建项目中的改建长度,km;

L——拟建项目的总长度,km。

(2)当经过分析比较,确定综合指标中的主要工程数量需进行调整时,一般应采用将其增减的主要工程数量,分别套用调整指标,逐项计算直接工程费的方式,意在不对综合指标本身进行调整换算。

(3)综合估算指标是按一般标准路基宽度编制的,若拟建项目的路基宽度与适用指标所采用的宽度不同时,应对指标进行调整,一般采用增减主要工程含量的方法进行。

(4)当项目建议书阶段的工作深度已达到可行性研究报告阶段的深度时,也可提出各项主要的工程量,采用分项指标编制项目建议书投资估算中的直接工程费。

2)其他工程费

其他工程费以直接工程费为基数,按《公路工程估算指标》(JTG/T M21—2011)附录中规定的其他工程费费率进行计算。其他工程(即清除场地等)所需的人工和主要材料数量,以及冬雨季、夜间施工增加的人工和临时设施用工量,应参照以往的工程造价历史资料,在人工及主要材料数量汇总表中予以增列。

3)综合利税率

综合利税率指利润的税金之和。其计算方法是以直接费、间接费之和为基数,按综合利税率10%计算。可行性研究报告中税金的综合税率按3.14%计算。

3. 设备、工具、器具购置费计算

设备、工具、器具购置费用有如下两种计算方法,一般采用第二种计算方法。

(1)以第一部分建筑安装工程费总额为基数,按《公路工程基本建设项目投资估算编制办法》(JTG M20—2011)规定的费率计算。

(2)按照与建设项目的主管部门或建设单位商定的设备购置计划清单计算。

4. 工程建设其他费用计算

工程建设其他费用中的拆迁赔偿费、研究试验费、勘察设计费和供电贴费,以建筑安装工程费总额为基数,按《公路工程基本建设项目投资估算编制办法》(JTG M20—2011)规定的费率计算。建设单位管理费(含工程质量监督费、工程监理费、定额编制管理费、设计文件审查费)以指标建筑安装工程费总额为基数,按《公路工程基本建设项目概算预算编制办法》(JTG B06—2007)中规定的费率计算。征用土地费按《公路工程基本建设项目投资估算编制办法》(JTG M20—2011)规定的亩数乘以工程所在地的价格进行计算,如建设项目的亩数有较大出入时可以抽换。大型专用机械设备购置费、固定资产投资方向调节税、建设期贷款利息均按《公路基本建设项目概算、预算编制办法》中的规定计算。

5. 预留费用计算

1)工程造价增涨预留费

工程造价增涨预留费按《公路工程基本建设项目概算预算编制办法》(JTG B06—2007)的规定计算。

2)预备费

预备费按一、二、三部分费用之和(扣除大型专用机械设备购置费、固定资产投资方向调节税、建设期贷款利息)的11%计算。可行性研究报告中预备费的费率按9%计算。

三、资金的时间价值

(一)基本概念

(1)资金的时间价值——等额货币在不同的时间点上具有不同的价值,即资金在扩大再生产及其循环周转过程中,随着时间的延续而产生增值,它是社会劳动创造价值的能力的一种表现形式。

利润和利息都是资金时间价值的基本表现,它们是社会资金增值的一部分。利润由生产和经营部门产生,利息是以信贷为媒介的资金使用的报酬,都是资金在时间延续过程中的增值。

(2)现值——某个时刻的货币值称为货币的时值。这里的"某个时刻"若指的是对某个工程项目进行评价的时刻(通常是在工程项目建设的开端),则此时货币的时值称为货币的现值,简称为现值。

(3)折现——把货币的时值折算成现值。折现又叫贴现,是一种等值换算。

为了便于对各方案进行经济比较,通常是把各方案的逐年收支费用通过折现,折算成现值,根据它们的现值总和作出对比。"一个工程项目的现值"是指此工程的各个单项现值之和。

进行折现计算时,要用到一个所谓"折现率",即折现时的利息率,折现率是用以度量资金时间价值的尺度。

(二)现金流量及现金流量图

从经济角度来看,项目的建设表现为花费一定的费用来获取一定的收益。费用和收益表现为项目的货币流出量与流入量,简称为现金流出和现金流入,统称为现金流量。

现金流量图(图 5-4)是在时间坐标上用带箭头的垂直线段形象地表示现金流发生的时间及现金流的大小和流向。

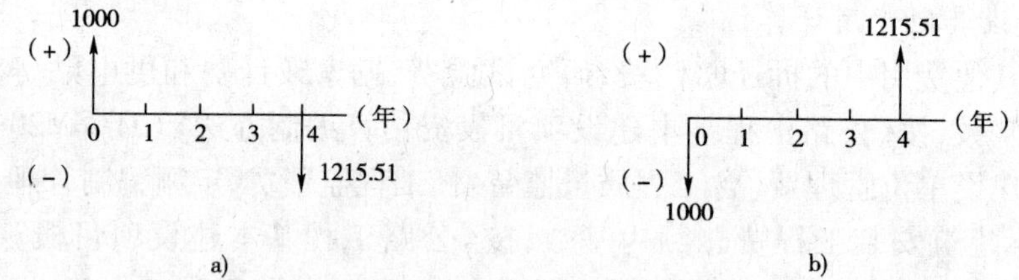

图 5-4 现金流量图

a)借方现金流量图;b)贷方现金流量图

累计现金流量表示从项目开始到某年为止的期间内所有现金流量的代数和。它从经济角度直观地表示了项目总体的进展情况,其计算公式为:

$$\mathrm{CCF}_T = \sum_{t=1}^{T} F_t = \sum_{t=0}^{T} (B_t - C_t) \quad (T = 0, 1 \cdots, n) \tag{5-3}$$

式中:CCF_T——第 T 年的累计现金流;

F_t——第 t 年的净现金流;

B_t——第 t 年的现金流入;

C_t——第 t 年的现金流出;

n——项目的有效寿命期。

图 5-5 为一典型投资项目的累计现金流曲线图，它有助于了解工程项目整个寿命期的现金流通情况。

进行项目投资，是为了获取收益。显然，未来的收益应大于现在的投资，这样才值得投资。经济决策中，资金的时间价值越高，就需要获得越高的收益才能补偿投资者所付出的代价。投入资金的时间价值随时间推移的增长情况如何，对投资者的吸引力如何，是常遇到的问题。

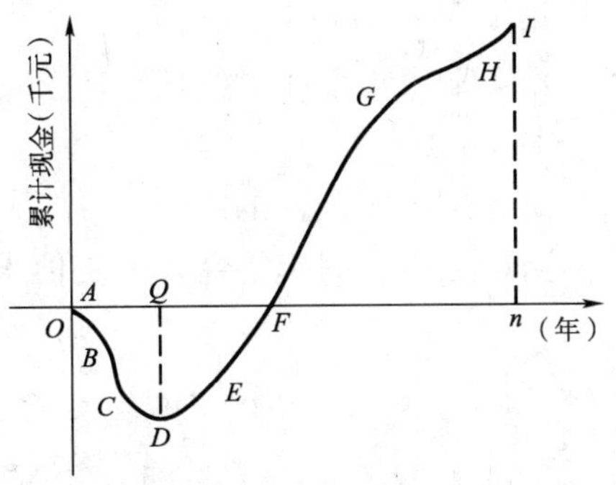

图 5-5 工程项目累计现金流曲线图

为了获取最佳经济效益，常对一个项目提出若干个投资方案，这些方案的现金流量的大小及发生的时间是不同的。进行方案比较，应首先处理各方案的时差，取得时间上的可比性。复利分析提供了处理资金的时间价值及资金等值计算的方法，使我们能够对处于不同时刻的资金的价值进行计算及比较。

（三）复利分析

复利——银行按规定到一定时间将结息一次，结息后即将利息并入本金计息，这种利上加利的计算利息方式叫做复利。

利息是资金时间价值的一种表现，复利分析就是按照这种“利滚利”的原则来考虑资金的时间价值和等值计算。

1. 一次支付复利计算公式

设本金为 P（一次支付），利率为 r，F 为本利和，n 为计算利息的时间期数，通常以年计。那么：

第 1 期末的本利和： $F_1 = P(1+r)$

第 2 期末的本利和： $F_2 = F_1(1+r) = P(1+r)^2$

…

第 n 期末的本利和： $F_n = F_{n-1}(1+r) = P(1+r)^n$

于是，就得到一次支付复利公式如下：

$$F = P(1+r)^n \tag{5-4}$$

在式(5-4)中，习惯上常把 F 叫作本金 P 在 n 期末年利率为 r 的终值，本金 P 叫做初值或现值，系数 $(1+r)^n$ 叫作一次支付复利系数，简称复利系数。由此可知，终值 F 是由现值 P 乘以复利系数得到的；反之，现值 P 可由终值 F 乘以系数 $(1+r)^{-n}$ 得到，即：

$$P = F(1+r)^{-n} \tag{5-5}$$

式(5-5)中的系数 $(1+r)^{-n}$ 称为一次支付折（贴）现系数，简称折（贴）现系数。

2. 等额支付复利计算公式

等额支付的意思是每个时间周期所支付的金额是相等的。常把每期发生相同的本金称为年金。若每期末发生的年金是 A，每期的利率为 r，时间是 n 期，按复利计息，则这 n 期年金 A 的本利和总额称为期末发生的复利年金终值。其值计算如下：

第 1 期末年金 A 的终值：　　　$F_1=A(1+r)^{n-1}$

第 2 期末年金 A 的终值：　　　$F_2=A(1+r)^{n-2}$

…

第 n 期末年金 A 的终值：　　　$F_n=A$

对以上每一期末年金 A 的终值求和，于是就得到所要求的复利年金终值为：

$$F=A\frac{(1+r)^n-1}{r} \tag{5-6}$$

式(5-6)中的系数$\frac{(1+r)^n-1}{r}$称为年金复利系数。

对式(5-6)乘以折现系数$\frac{1}{(1+r)^n}$，则就由复利年金终值 F 折算为期末发生的复利年金现值 P，即：

$$P=F\frac{1}{(1+r)^n}=A\frac{(1+r)^n-1}{r(1+r)^n} \tag{5-7}$$

或

$$P=A\frac{1-(1+r)^{-n}}{r} \tag{5-8}$$

式(5-7)和式(5-8)中的系数$\frac{(1+r)^n-1}{r(1+r)^n}$或$\frac{1-(1+r)^{-n}}{r}$都称为等额支付系列折(贴)现系数或年金现值系数。

3. 变额支付复利计算公式

我们把每期发生的不相同的本金称为变额年金，仍以 A 表示，那么根据变额年金的变化方式，可分别计算其终值和现值。

1)等差变化

设每期变额年金的变化规律是按等差(d)数列的规则变化，如：$A,A+d,A+2d,\cdots,A+(n-1)d$；则期末发生的等差变额复利年金终值如表 5-2 所列。记 n 期末年金终值为 F，则有：

$$F=\sum_{k=1}^{n}[A+(k-1)d](1+r)^{n-k}=A\sum_{k=1}^{n}(1+r)^{n-k}+d\sum_{k=1}^{n}(k-1)(1+r)^{n-k} \tag{5-9}$$

期末发生的等差变额年金终值计算　　表 5-2

期数	1	2	3	…	$n-1$	n
每期末年金	A	$A+d$	$A+2d$	…	$A+(n-2)d$	$A+(n-1)d$
n 期末终值	$A(1+r)^{n-1}$	$(A+d)(1+r)^{n-2}$	$(A+2d)(1+r)^{n-3}$	…	$[A+(n-2)d](1+r)$	$A+(n-1)d$

令　　$F_A=A\sum_{k=1}^{n}(1+r)^{n-k}, F_d=d\sum_{k=1}^{n}(k-1)(1+r)^{n-k}$

利用年金复利系数可将 F_A 和 F_d 写成：

$$F_A=A\sum_{k=1}^{n}(1+r)^{n-k}=A\frac{(1+r)^n-1}{r} \tag{5-10}$$

$$F_d = d\sum_{k=1}^{n}(k-1)(1+r)^{n-k}$$
$$= d\left[\frac{(1+r)^{n-1}-1}{r}+\frac{(1+r)^{n-2}-1}{r}+\cdots+\frac{(1+r)^{2}-1}{r}+\frac{(1+r)-1}{r}\right]$$
$$= \frac{d}{r}\left[\frac{(1+r)^{n}-1}{r}\right]-\frac{nd}{r} \tag{5-11}$$

式(5-11)给出了每个在期末发生的增额(年金)d 在 n 期末按利率 r 计的终值和。把式(5-10)和式(5-11)代入式(5-9)中,即得期末发生的等差变额年金终值为:

$$F = F_A + F_d = \left(A+\frac{d}{r}\right)\frac{(1+r)^{n}-1}{r}-\frac{nd}{r} \tag{5-12}$$

其对应的现值为:

$$P = \left[\left(A+\frac{d}{r}\right)\frac{(1+r)^{n}-1}{r}-\frac{nd}{r}\right](1+r)^{-n} \tag{5-13}$$

若要计算每个在期末发生的增额年金 d 这部分在 n 期末按利率 r 计的现值总和 P_d,则只要将式(5-11)乘以折现系数$(1+r)^{-n}$,即

$$P_d = F_d(1+r)^{-n} = \left[\frac{d}{r}\frac{(1+r)^{n}-1}{r}-\frac{nd}{r}\right](1+r)^{-n} \tag{5-14}$$

若要计算对应 F_d 的年金,则利用公式(5-6)可得:

$$A_d = F_d\frac{r}{(1+r)^{n}-1} = \frac{d}{r}-\frac{nd}{(1+r)^{n}-1} = d\left[\frac{1}{r}-\frac{n}{(1+r)^{n}-1}\right] \tag{5-15}$$

2)等比变化

设每期变额年金按等比(q)数列的规则变化,如:$A,Aq,Aq^2,\cdots,Aq^{n-1}$;则期末发生的等比变额复利年金终值如表5-3所列,那么 n 期末年金终值 F 为:

期末发生的等比变额年金终值计算 表5-3

期数	1	2	3	…	$n-1$	n
每期末年金	A	Aq	Aq^2	…	Aq^{n-2}	Aq^{n-1}
n 期末终值	$A(1+r)^{n-1}$	$Aq(1+r)^{n-2}$	$Aq^2(1+r)^{n-3}$	…	$Aq^{n-2}(1+r)$	Aq^{n-1}

$$F = \sum_{k=1}^{n}Aq^{k-1}(1+r)^{n-k} \tag{5-16}$$

上式可变为:

$$F = A\sum_{k=1}^{n}(1+r)^{n-1}\left(\frac{q}{1+r}\right)^{k-1} = A(1+r)^{n-1}\frac{1-\left(\frac{q}{1+r}\right)^{n}}{1-\frac{q}{1+r}} \tag{5-17}$$

同理,其对应的现值为:

$$P = F/(1+r)^{n} = \frac{A}{1+r}\left[\frac{1-\left(\frac{q}{1+r}\right)^{n}}{1-\frac{q}{1+r}}\right] \tag{5-18}$$

对不规则变化的变额年金,虽无统一的公式可用,但基本的计算方法是一样的,这时,可结合现金流量图,按一次支付方式分别计算各期变额年金的终值或现值,再累计求和后就可得到最终结果。

4. 名义利率和实际利率

利率通常按年计,如果利期也以年计,则这种按年计的年利率就称为名义利率。但在有些情况下,利期可以按半年、三个月、一个月甚至一天计,因此一年可分为若干个计息期,名义利率除以一年的利期数所得的商就称为此利期的实际(或有效)利率。

若一年的利期数为 m,复利计息,那么就称一年所获的利息与本金之比为实际(或有效)年利率,用字母 i 表示。$m=1$ 时,实际年利率就是名义利率。

1)离散式复利

按期(年、季、月)计息的方式称为离散式复利,一年中计息期数越多,则实际年利率就比名义利率大。设名义利率为 r,一年中计息 k 次,则一年末的本利和为:

$$F_1 = P\left(1+\frac{r}{k}\right)^k \tag{5-19}$$

那么实际年利率 i 为:

$$i=\frac{F_1-P}{P}=\frac{P\left(1+\frac{r}{k}\right)^k-P}{P}=\left(1+\frac{r}{k}\right)^k-1 \tag{5-20}$$

2)连续式复利

按计息周期为无穷小来计息的方式称为连续式复利。此时,一年中的计息次数趋于无穷大,则一年末的本利和为:

$$F_1=\lim_{k\to\infty}P\left(1+\frac{r}{k}\right)^k=P\lim_{k\to\infty}\left[\left(1+\frac{r}{k}\right)^{\frac{k}{r}}\right]^r=Pe^r,\qquad (e=2.71828) \tag{5-21}$$

那么实际年利率 i 为:

$$i=\frac{F_1-P}{P}=\frac{Pe^r-P}{P}=e^r-1 \tag{5-22}$$

若现值 P 为时间 t 的函数,用 $P=P(t)$ 表示,以连续复利计,则终值 F 亦为 t 的函数,即:

$$F(t)=P(t)e^{rt} \tag{5-23}$$

反之,若 $F=F(t)$,则以连续贴现计的现值为:

$$P(t)=F(t)e^{-rt} \tag{5-24}$$

如果一个工程项目的现金流是时间 t 的函数 $C(t)$,而且折现是连续发生的,那么这个工程项目自开始至 n 年末的现值可用以下积分式表示:

$$P=\int_0^n C(t)e^{-rt}dt \tag{5-25}$$

由于资金具有时间价值,所以项目实施带来的费用和效益,不仅与其货币的票面额大小有关,而且与其发生的时间有关。正确认识资金的时间价值,是合理有效地利用资金的保证。不同时刻发生的票面额不同的资金,考虑了资金的时间价值以后,若其实际资金价值相等,则称它们是等值的。资金等值取决于三个因素,即金额大小、资金发生的时间和利率。利用前面介绍的复利公式,可将一笔资金按一定的利率在不同时刻作等值变换。可以将一笔资金等值变换到任何时刻,也可以等值变换为任何一种支付形式。这正是复利分析的意义所在。

四、可行性财务分析

(一)财务分析内容及步骤

公路建设项目进行财务分析的前提条件是,项目的全部或部分投资,需通过收取过路(桥)费予以偿还。其内容是通过对项目资金投入和收费收入的比较研究,分析收费道路的盈利能力和清偿能力。

财务盈利能力分析主要是以财务净现值、财务内部收益率及投资回收期等为评价指标,考察投资的盈利水平。

清偿能力分析主要是考察项目各年的财务状况及可用于偿债的额度,以此进行借款还本付息预测,并计算借款偿还期。

公路建设项目上述的财务分析工作步骤可用图5-6表示。

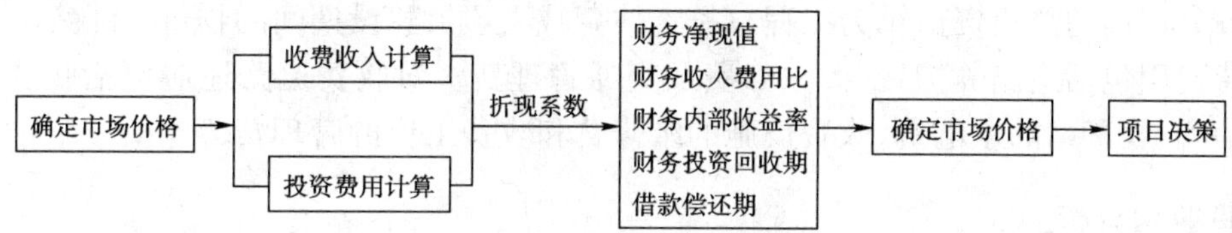

图5-6　财务分析工作步骤框图

(二)资金筹措

公路建设项目资金来源渠道见图5-7。需进行财务分析的公路项目资金来源见图5-8。

- 建设项目
  - 列入国家基建规划
    - 国家预算内投资
      - 人工费
      - 材料费
    - 国家特别贷款
      - 银行代财政发行重点建设债券
      - 银行用信贷资金按“拨改贷”
      - 利息发放贷款(利息差额由财政部贴息)
    - 基本建设银行贷款
    - 利用外资——国外贷款
    - 自筹
      - 地方养路费
      - 地方超收留用的交通能源重点建设基金
      - 地方发行的公路债券
    - 专项基金
      - 交通能源重点建设基金(返还部分)
      - 车辆购置附加费
  - 未列入国家基建规划——外商投资
    - 中外合资
    - 中外合作经营

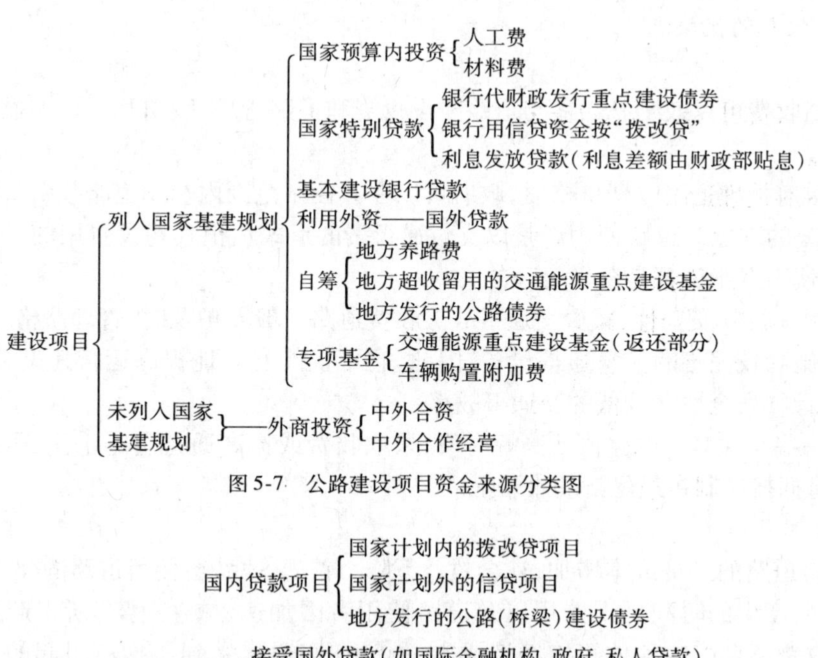

图5-7　公路建设项目资金来源分类图

- 国内贷款项目
  - 国家计划内的拨改贷项目
  - 国家计划外的信贷项目
  - 地方发行的公路(桥梁)建设债券
- 国外贷款项目
  - 接受国外贷款(如国际金融机构、政府、私人贷款)
  - 吸收外商直接投资(外商独资建设、中外合资)

图5-8　财务分析项目的资金来源图

建设单位从自身利益出发,希望贷款额在总投资中的比例尽可能大,以提高自有资金收益率。当获得优惠贷款时,希望还本付息时间长一些,以便获取投资收益率与利息率之间的差值收益。但据国外可行性研究的分析认为,只有当年净收入额为当年偿还债务本息的1.5~3倍时,贷款使用者在经营上才能应付自如。因此,在采用贷款方式集资时,贷款额所占比重需慎重考虑。

债券是建设单位向持券人借款。与银行贷款相比,债券是筹集长期贷款较理想的方式。由于债券只付固定利息和返还本金,因此提高债券筹资比重,同样可以提高自有资金的收益率。

(三)财务费用组成

公路建设项目的财务费用包括建设项目总投资和运营费用两部分。但应注意,收费道路的总投资中应包括收费站、收费系统和传输线路等设施的费用。

财务分析用的总投资估算为工程总投资估算减去项目建设期间的物价上涨费用。

运营费用包括道路养护费、大中修费及交通管理费。对收费道路还应包括收费人员的工资和福利、收费站的水电费、收费设施的维修费和收费工作的管理费等。

(四)收费分析

1. 收费条件

进行财务分析的收费道路主要有两种类型:收费还贷道路和收费经营道路。收费还贷道路指由县级以上地方人民政府主管部门使用贷款或集资建成的道路。收费经营道路是指由国内外经济组织依法投资建成的或有偿转让收费还贷道路收费权的道路。这两类道路的技术等级和建设规模,须达到原交通部有关规定标准,并经省级人民政府批准后,方可进行收费。

2. 道路收费的优缺点

1)优点

(1)道路收费可以鼓励私人参与道路建设投资和道路管理,吸引私人资本投入道路基础设施的建设。

(2)在政府批准道路收费价格时,政府可以在其控制范围内利用道路收费价格水平帮助克服分配不公的现象。道路使用者是以支付通行费的形式负担其建设费用的,因此,对道路使用者和非使用者来说都是公平合理的。

(3)可提高行驶安全性,减少交通事故。收费道路一般养护及时,管理严格,并且有较齐备的安全设施和较完善的信息通信设备,因此,它不仅能有效地提高运行速度,而且还能保证有较高的行驶安全性和较低的交通事故率。

(4)在一些交通繁忙的路段或高峰时段,采取收费或提高通行费的手段,可以控制或减少交通量,将拥挤控制在最经济的水平上。

2)缺点

(1)使得道路的经济成本增加,社会效益下降。首先,收费会使得道路的建设成本、运营成本和缴费所产生的时间延误费用以及道路使用者因加速、减速、停车所引起的油耗等增加。其次,收费还会产生各种间接经济成本,如潜在交通量受到压抑所引起的社会效益损失,由于交通量向路面及设施均较差的不收费道路转移,造成额外的行车成本和行驶时间,从而降低道路投资对经济带来的刺激作用。

(2)会减少道路的交通量,以致不能充分利用道路的通行能力,导致资源利用的效率下降。

(3)以收费收入来选择建设项目,是利用财务分析对道路项目进行选择的一种方式,它可能取消最有经济效益的道路项目的投资建设机会。

3. 收费道路交通量的转移

实践证明,道路交通量随运输成本的降低而增加。道路收费后,由于车辆运输成本增大,将会引起交通量的下降。收费对交通量的影响具体表现为如下几种情况:

(1)当存在并行道路时,交通量将大量向并行道路转移。

(2)当其他运输方式的运输成本低于收费后的道路运输成本时,交通运输量将向铁路、水路和航空等运输方式转移。

(3)抑制新生交通量的增长。即新建道路对当地国民经济和交通运输业发展的刺激会因收费后运输成本的增加而有所减弱。

影响交通量转移的因素较多,国内外对此都进行过研究,其考虑的因素主要有使用成本、舒适性、行程时间等,但目前尚没有完善的分析模型。

4. 收费标准测算

对财务分析而言,收费的目的是为了按期偿还贷款(或集资),收费价格过高或偏低都可能导致投资难以按期回收。这不仅使道路收费的财务目标未能实现,还会导致道路建设的经济效益和社会效益不能充分发挥,资源利用效率低下。因此,制订收费标准的原则应为:一是尽可能使由于道路收费所引起的经济效益下降最小;二是保证道路收费实现财务目标。在不能实现财务目标时,应调整建设资金的结构。

目前国内收费标准测算方法主要有成本反算法、类比法和消费水平测算法。

成本反算法是根据投资中的贷款份额、利率、偿还年限以及道路养护费、大中修费等计算收费的总金额,然后根据不同年份、不同车型的交通量预测值,考虑其收费标准、调整次数及相对幅度,从而反算出收费标准。这种方法貌似合理准确,但往往不切实际。一旦收费标准设置较高,车辆就会选择老路或其他平行路段行驶,从而造成交通量下降,收费额也随之降低。

类比法主要是参照已建成收费道路的收费标准,按地区经济发展水平、交通量大小、投资结构等进行类比分析,然后按类型相近道路的收费标准加以调整后确定。该方法的关键是要较好地掌握收费标准对交通量的影响及用路者的承受能力,合理地对类型相近道路的收费标准进行调整。但调整过程受人们主观意识的影响较大,往往很难做到准确合理。

消费水平测算法是按收费的负担度,即人们的收入水平对收费的承受能力进行测算确定。该方法要了解车辆用户愿意支付怎样水平的通行费来使用高标准的道路设施,由于国有车辆在我国交通组成中占主导地位,其负担度是难以确定的。另外,这种方法没能与回收投资联系起来,其价格标准往往不能保证投资按期回收。

国外目前最常用是考虑收费弹性(敏感性)的道路收费标准确定方法。它主要研究在行驶时间、舒适性及安全性等道路交通条件一定的情况下,交通量随收费标准变化的情况。这一方法是建立在大量收费历史资料、社会和经济发展状况、道路使用者对收费的承受能力等基础上的,在我国仅有十余年的收费历史、收费标准的制订仍停留在经验决策的情况下,采用该方法有很大困难。

事实上,道路收费标准的测算是一个复杂的大系统,系统中各要素间存在着复杂的反馈因果和生克关系,并处于不断变化发展中,因此,上述局部的、静态的测算方法无法解决收费标准制订的种种问题。这就要求我们要用系统的观点，动态地研究各要素间的相互影响，从而制订相应的收费标准。图5-9为道路收费系统动态分析流图。国内一些学者在这方面已进行了较深入地研究，提出了基于系统动力学原理的收费分析法和基于寿命费用周期的收费标准测算法，其详细内容可参阅《高速公路收费系统理论与方法》(2000年人民交通出版社出版)一书。

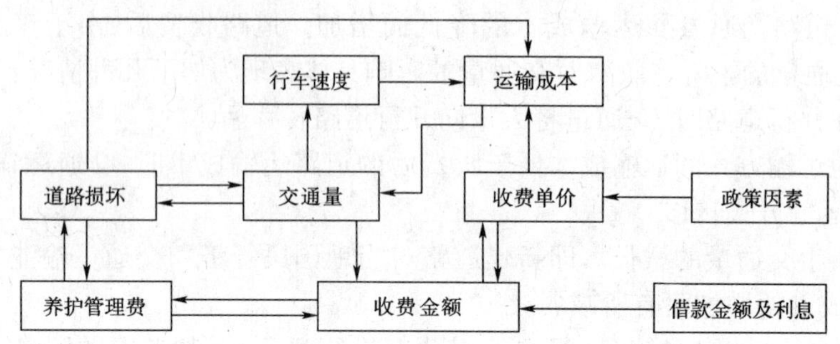

图5-9 道路收费系统动态分析流图

(五)借款还本付息预测

当已知项目资金来源及运用计划，并预测出每年道路收费收后，可据以预测投资借款还本付息的进度和时间。通过这一预测，不仅可以得出借款偿还期，还可了解各年还本付息后的余额情况。预测时应分建设期和使用期进行。

1. 建设期每年应计利息数

国内借款项目一般在建设期间不支付利息，按复利计算，项目建成使用后与本金一起偿还。据国家发改委和原建设部发布的《建设项目经济评价方法与参数》的规定，每笔借款发生当年均假定在年中支用，其后年份按全年计算，则：

$$\text{建设期每年应计利息}=\left(\text{年初借款累计}+\frac{\text{本年借款支用}}{2}\right)\times\text{年利率} \tag{5-26}$$

外汇借款项目建设期间的利息可根据不同情况处理，如为中国银行的外汇借款则可按复利计算，待项目投产后，与本金一起偿还。如为国外银行借款，需在建设期间支付利息，则可向中国银行进行短期借款支付。

2. 使用期每年还本付息数及应计利息数

项目使用期每年的还本付息数应是当年的净收益(即收费收入扣除当年的管理费和道路养护费后的余额)。若年初借款累计数大于当年的还本付息数，当年的还本付息也按半年计息，即：

$$\text{使用期每年应计利息}=\left(\text{年初借款累计}-\frac{\text{本年还本付息}}{2}\right)\times\text{年利率} \tag{5-27}$$

3. 还清借款年份应计利息数

如果年初借款累计数小于当年的净收益，说明当年有可能还清全部本息，可按下式简单计算还清年份应计利息：

$$\text{还清年份应计利息}=\frac{\text{年初借款累计}}{2}\times\text{年利率} \tag{5-28}$$

4. 当年的借款本金和利息

$$\text{年末借款累计}=\text{年初借款累计}+\text{当年借款支用}+\text{当年应计利息}-\text{当年还本利息} \tag{5-29}$$

五、寿命周期成本

(一)工程寿命周期成本

1. 工程寿命周期

工程寿命周期是指工程产品从研究开发、设计、建造、使用直到报废所经历的全部时间。影响工程寿命周期的因素比较多,一般可归纳为:

1)物理磨损

物理磨损是指工程产品在闲置或者使用过程中所发生的实体性磨损。主要表现在工程产品外观以及内部结构的逐渐破损。

2)经济磨损

随着工程产品使用年限的增加或者其他相关因素的变化,继续使用该产品将在经济上变得不合理。这种由合理变为不合理的过程就是一种经济磨损的过程。

3)功能和技术磨损

一方面,随着工程产品使用年限的增加或者其他相关因素的变化,原有工程产品变得无法发挥其功能或者无法满足业主对其功能的要求。另一方面,由于技术进步,社会上出现了技术更先进、生产效率更高、原材料及能耗更少的工程产品(如空调、照明、电梯……),使得原有工程产品在技术上显得落后。为了降低经营费用或者提高效率,而放弃或重置原有工程产品。

4)社会和法律磨损

由于人们非经济性的需求欲望变化引起的工程产品的磨损。

2. 工程寿命周期成本

在工程寿命周期成本(LCC,Life Cycle Cost)中,不仅包括资金意义上的成本,还包括环境成本、社会成本。

1)工程寿命周期资金成本

工程寿命周期资金成本,也就是人们常说的经济成本、财务成本,它是指工程项目从项目构思到项目建成投入使用直至工程寿命终结全过程所发生的一切可直接体现为资金耗费的投入的总和,包括建设成本和使用成本。

建设成本是指建筑产品从筹建到竣工验收为止所投入的全部成本费用。使用成本则是指建筑产品在使用过程中发生的各种费用,包括各种能耗成本、维护成本和管理成本等。从其性质上说,这种投入可以是资金的直接投入,也包括资源性投入,如人力资源、自然资源等;从其投入时间上说,可以是一次性投入,如建设成本;也可以是分批、连续投入,如使用成本。

2)工程寿命周期环境成本

工程寿命周期环境成本是指工程产品系列在其全寿命周期内对于环境的潜在和显在的不利影响。工程建设对于环境的影响可能是正面的,也可能是负面的,前者体现为某种形式的收益,后者则体现为某种形式的成本。

3)工程寿命周期社会成本

工程寿命周期社会成本是指工程产品在从项目构思、产品建成投入使用直至报废不堪再用全过程中对社会的不利影响。与环境成本一样,工程建设及工程产品对于社会的影响可以是正面的,也可以是负面的。

3．工程寿命周期成本的构成

工程寿命周期成本是工程设计、开发、建造、使用、维修和报废等过程中发生的费用，即该项工程在其确定的寿命周期内或在预定的有效期内所需支付的研究开发费、制造安装费、运行维修费、报废回收费等费用的总和。在一般情况下，运营及维护成本往往大于项目建设的一次性投入。因此，在分析寿命周期成本时，首先要明确寿命周期成本所包括的费用项目，也就是必须列出寿命周期成本的构成体系。

（二）寿命周期成本分析

1．寿命周期成本分析的概念

寿命周期成本分析又称为寿命周期成本评价，它是指为了从各可行方案中筛选出最佳方案以有效地利用稀缺资源，而对项目方案进行系统分析的过程或者活动。

2．寿命周期成本的评价方法

在通常情况下，从追求寿命周期成本最低的立场出发，首先是确定寿命周期成本的各要素，把各要素的成本降低到普通水平；其次是将设置费和维持费两者进行权衡，以便确定研究的侧重点从而使总费用更为经济；第三，再从寿命周期成本和系统效率的关系这个角度进行研究。此外，由于寿命周期成本是在长时期内发生的，对费用发生的时间顺序必须加以掌握。

常用的寿命周期成本评价方法有费用效率（CE）法、固定效率法和固定费用法、权衡分析法等。

1）费用效率（CE）法

费用效率（CE）是指工程系统效率（SE）与工程寿命周期成本（LCC）的比值。其计算式如下：

$$\begin{aligned}\text{费用效率(CE)} &= \text{系统效率(SE)}/\text{寿命周期费用(LCC)}\\ &= \text{系统效率(SE)}/\text{设置费(IC)} + \text{维持费(SC)} \qquad (5\text{-}30)\end{aligned}$$

（1）系统效率。

系统效率是投入寿命周期成本后所取得的效果或者说明任务完成到什么程度的指标。如以寿命周期成本为输入，则系统效率为输出。通常，系统的输出为经济效益、价值、效率（效果）等。

（2）寿命周期成本。

寿命周期成本为设置费和维持费的合计额，也就是系统在寿命周期内的总费用。

对于寿命周期成本的估算，必须尽可能地在系统开发的初期进行。

估算寿命周期成本时，可先粗分为设置费和维持费。至于如何进一步分别对设置费和维持费进行估算，则要根据估算时所处的阶段，以及设计内容的明确程度来决定。

费用估算的方法有很多，常用的有：

①费用模型估算法。费用模型是指汇总各项实际资料后用某种统计方法分析求得的数学模型，它是针对所需计算的费用（因变量），运用对其起作用的要因（自变量）经简化归纳而成的数学表达式。

②参数估算法。这种方法在研制设计阶段运用。该方法将系统分解为各个子系统和组成部分，运用过去的资料制订出物理的、性能的、费用的适当参数逐个分别进行估算，将结果累计起来便可求出总估算额。所用的参数有时间、质量、性能、费用等。

③类比估算法。这种方法在开发研究的初期阶段运用。通常在费用模型法和参数估算法不能采用时才采用，但实际上它是应用的最广泛方法。

④费用项目分别估算法。

在系统效率 SE 和寿命周期成本 LCC 之间进行权衡时，可以采用以下有效手段：

①通过增加设置费使系统的能力增大（例如，增加产量）。

②通过增加设置费使产品精度提高，从而有可能提高产品的售价。

③通过增加设置费提高材料的周转速度，使生产成本降低。

④通过增加设置费，使产品的使用性能具有更大的吸引力（例如，使用简便，舒适性提高，容易掌握，具有多种用途等），可使售价和销售量得以提高。

2）固定效率法和固定费用法

所谓固定费用法，是将费用值固定下来，然后选出能得到最佳效率的方案。反之，固定效率法是将效率值固定下来，然后选取能达到这个效率而费用最低的方案。

3）权衡分析法

权衡分析是对性质完全相反的两个要素作适当的处理，其目的是为了提高总体的经济性。寿命周期成本评价法的重要特点是进行有效的权衡分析。通过有效的权衡分析，可使系统的任务能较好地完成，既保证了系统的性能，又可使有限的资源（人、财、物）得到有效的利用。

在寿命周期成本评价法中，权衡分析的对象包括以下 5 种情况：

①设置费与维持费的权衡分析。

②设置费中各项费用之间的权衡分析。

③维持费中各项费用之间的权衡分析。

④系统效率和寿命周期成本的权衡分析。

⑤从开发到系统设置完成这段时间与设置费的权衡分析。

第二节　设计阶段工程造价控制

工程设计是指工程开始施工之前，设计者根据批准的设计任务书，为具体实现拟建项目的技术、经济要求，拟订建筑、安装及设备制造等所需的规划、图纸、书籍等技术文件的工作。工程设计按设计的深度可分为初步设计、技术设计和施工图设计 3 个阶段，进而工程造价文件相应的也有 3 种，即设计概算、修正概算和施工图预算。

1）初步设计与概算

初步设计是以批准的可行性研究报告为依据，关键是要解决诸如路线、大型构造物、路面结构形式、软土处理以及生态环境保护等技术方案问题。在初步设计阶段要编制概算，它是以《公路工程概算定额》（JTG/T B06-01—2007）为依据的。若初步设计总概算超过可行性研究报告确定的投资估算的 10% 以上或其他指标必须变更时，要重新报批可行性研究报告。此外，概算较投资估算准确性有所提高，但它受估算的控制。

2）技术设计与修正概算

技术设计，是根据批准的初步设计文件和补充初测或定测资料来进行编制的，是对初步设计中的设计方案的进一步优化和落实，并据以编制修正概算。修正概算是对初步设计概算进行修正调整，比概算准确，但受概算控制。

3）施工图设计与施工图预算

施工图设计，是根据批准的初步设计文件或技术设计资料来进行编制的，是对初步设计或技术设计中的设计方案的进一步优化和落实，并据以编制施工图预算。在此阶段编制的施工图预算是以《公路工程预算定额》(JTG/T B06-02—2007)为依据的,它比概算或修正概算更为详尽和准确,但同样受前一阶段所确定的工程造价即概算(修正概算)的控制。

一、设计概算的编制与审查

(一)设计概算的基本概念

1. 设计概算的含义

设计概算是设计文件的重要组成部分,是指在投资估算的控制下,在初步设计(概算)或技术设计(修正概算)阶段,由设计单位根据设计图纸、概算定额、各项费用定额或取费标准(指标)以及建设地区自然、技术、经济条件等资料,概略计算出拟建工程项目造价的文件。

2. 设计概算的作用

(1)设计概算是编制建设项目投资计划、确定和控制建设项目投资的依据。

设计概算一经批准,即作为控制工程建设投资的最高限额。竣工决算不能突破施工图预算,施工图预算不能突破设计概算。如果由于设计变更等原因建设费用超过概算,必须重新审查批准。

(2)设计概算是签订建设工程合同和贷款合同的依据。建设工程合同价款是以设计概预算为依据的,且总承包合同不得超过设计总概算的投资额。

(3)设计概算是控制施工图设计和施工图预算的依据。设计单位必须按照批准的初步设计及其总概算进行施工图设计,施工图预算不得突破设计概算。如确需突破总概算时,应按规定程序报经审批。

(4)设计概算是衡量设计方案经济合理性和选择最佳设计方案的依据。

(5)设计概算是考核建设项目投资效果的依据。通过设计概算与竣工决算对比,可以分析和考核投资效果的好坏,同时还可以验证设计概算的准确性,有利于加强设计概算管理和建设项目的造价管理工作。

3. 设计概算的编制依据

(1)国家有关公路工程建设和造价管理的法律、法规和方针政策。

(2)可行性研究报告投资估算文件,是控制设计概算的依据。国家要求在批准的投资估算允许幅度范围之内做好限额设计,不断提高设计概算的编制质量。

(3)国家颁发的建设征用土地补偿标准,工程勘察设计收费标准,以及其他应计入建设项目投资中的费用的标准等,也是编制设计概算的依据。

(4)初步设计图表资料和文字说明。根据设计图纸上所表示的结构形式和尺寸而计算的工程数量,以及它反映的设计、施工的基本内容是编制设计概算的基础资料,是决定建设工程造价大小的主要因素。

(5)施工方案。根据原交通部颁发的《公路工程基本建设项目设计文件编制办法》(JTG B06—2007)对编制施工方案的具体规定,应提出兴建工程项目年和季度的概略工程进度安排,以及临时工程和临时用地的需要数量,而这些都是确定与计价有关的主要因素,对设计概算有极其重要的影响。

(6)现行的《公路工程概算定额》(JTG/T B06-01—2007)。《公路工程概算定额》是编制设计概算的基础资料,是原交通部统一制订颁发的指令性文件。在编制设计概算时,无论是划分分部、分项工程项目,确定计量单位,还是计算和摘取工程量,都必须以《公路工程概算定额》作为标准和依据,才能做到不重不漏,符合规定。

(7)补充定额。随着新技术、新材料、新工艺在工程建设中的使用,可能使现行的概算定额缺项。当遇定额缺项时,应按概算定额的编制原则和方法编制补充概算定额,作为编制设计概算的依据。

(8)人工、材料、施工机械台班预算价格。它是按建设工程所在地的实际价格确定的,是计算直接工程费最直接的基础资料。其工资标准和材料的供应价格,应以当地公路(交通)工程定额(造价管理)站发布的价格信息为依据。

(9)其他工程费、间接费等各项取费标准。这些取费标准是原交通部及各省自治区、直辖市的交通主管部门,根据国家有关基本建设政策和公路建设工程施工和生产管理情况制订的以费率形式表现的费用标准,是计算除直接工程费以外的各种费用的依据。

(10)设计概算编制办法及其计算表格。它是原交通部统一颁发的,是编制设计概算文件的重要依据,是规范人们编制设计概算行为的准则,按统一的计算表格编制概算,可使设计概算的编制更加科学化和规范化。

(11)工程量计算规则。《公路工程概算定额》章、节说明中的工程量计算规则,对编制概算是如何选用定额及计算计价工程量作了明确而具体的规定,是必须严格遵守的重要规则。

(二)设计概算文件组成

概算文件是设计文件的组成部分,它是由封面、目录、编制说明及全部概算表格组成。

1. 封面及目录

(1)概算文件的封面和扉页应按《公路工程基本建设项目设计文件编制办法》中的规定制作,其格式如下:

××公路初步设计概算

(K××+×××~K××+×××)

第　册　共　册

编制:(签字并加盖执业(从业)资格印章)

复核:(签字并加盖执业(从业)资格印章)

(编制单位)

年　月

(2)目录应按概算表的表号顺序编排,其格式如下:

目　录

(甲组文件)

①编制说明。

②总概(预)算汇总表(01 表,见图 5-10)。

③总概(预)算人工、主要材料、机械台班数量汇总表(02 表,见图 5-10)。

④总概(预)算表(01 表,见图 5-10)。

⑤人工、主要材料、机械台班数量汇总表(02 表,见图 5-10)。

⑥建筑安装工程费计算表(03 表,见图 5-10)。

⑦其他工程费及间接费综合费率计算表(04 表,见图 5-10)。

⑧设备、工具、器具购置费计算表(05 表,见图 5-10)。

⑨工程建设其他费用及回收金额计算表(06 表,见图 5-10)。

⑩人工、材料、机械台班单价汇总表(07 表,见图 5-10)。

……

2. 概算编制说明

概算表格编制完成后，应写出编制说明，文字力求简明扼要。应叙述的内容一般有：

(1)工程概况及其建设规模和范围。

(2)建设项目设计资料的依据及有关文号。

(3)采用的定额、费用标准，人工、材料、机械台班单价的依据或来源，补充定额及编制依据的详细说明。

(4)与概算有关的委托书、协议书、会谈纪要的主要内容(或将抄件附后)。

(5)总概算金额，人工、钢材、水泥、木材、沥青的总需要量情况，各设计方案的经济比较，以及编制中存在的问题。

(6)其他与概算有关但不能在表格中反映的事项。

3. 概算表格

公路工程概算应按统一的概算表格计算。各种表格的计算顺序和相互关系如图5-10所示。

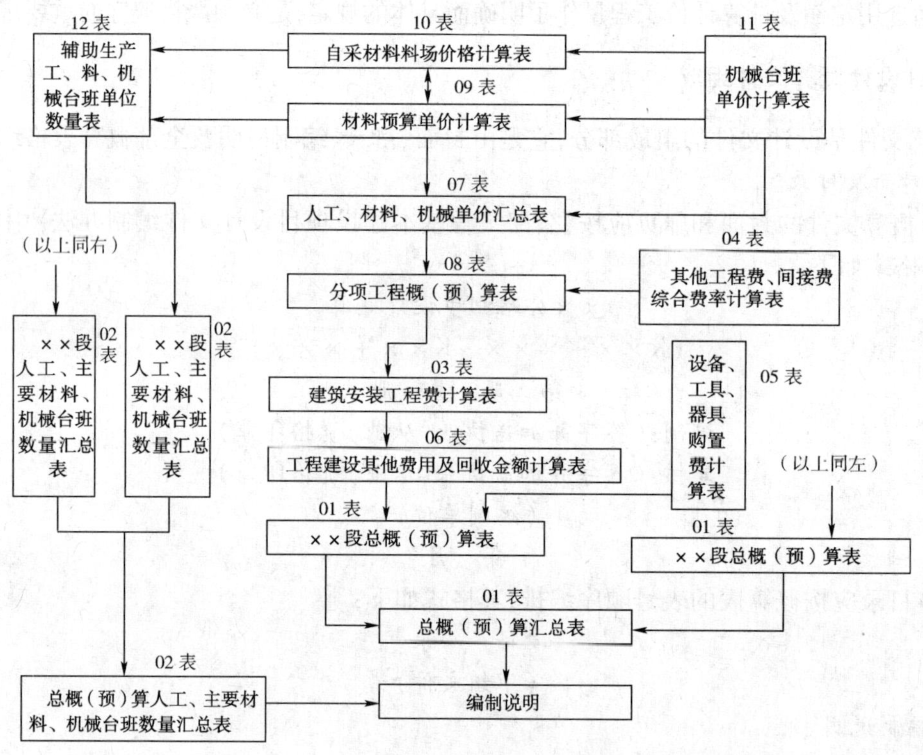

图5-10 各种表格的计算顺序和相互关系

4. 甲组文件和乙组文件

概算文件按不同的需要分为两组，甲组文件为各项费用计算表，乙组文件为建筑安装工程费各项基础数据计算表，只供审批使用。其内容组成如图5-11所示。

上述各种表格如附录五所示。

(三)设计概算的审查

1. 设计概算的审查内容

1)审查设计概算的编制依据

(1)审查编制依据的合法性。采用的各种编制依据必须经过国家和授权机关的批准，符合国家的编制规定，未经批准的不能采用。

- 甲组文件
  - 编制说明
  - 总概(预)算汇总表(01表)
  - 总概(预)算人工、主要材料、机械台班数量汇总表(02表)
  - 总概(预)算表(01表)
  - 人工、主要材料、机械台班数量汇总表(02表)
  - 建筑安装工程费计算表(03表)
  - 其他工程费及间接费综合费率计算表(04表)
  - 设备、工具、器具购置费计算表(05表)
  - 工程建设其他费用及回收金额计算表(06表)
  - 人工、材料、机械台班单价汇总表(07表)
- 乙组文件
  - 建筑安装工程费计算数据表(08-1表)
  - 分项工程概算表(08-2表)
  - 材料预算单价计算表(09表)
  - 自采材料料场价格计算表(10表)
  - 机械台班单价计算表(11表)
  - 辅助生产工、料、机械台班单位数量表(12表)

图5-11　甲组文件与乙组文件的组成

(2)审查编制依据的时效性。各种依据，如定额、指标、价格、取费标准等，都应根据国家有关部门的现行规定进行。

(3)审查编制依据的适用范围。

2)审查概算编制深度

(1)审查编制说明。审查编制说明可以检查概算的编制方法、深度和编制依据等重大原则问题，若编制说明有差错，具体概算必有差错。

(2)审查概算编制的完整性。设计概算编制完成后，应有完整的编制说明，文字力求简明扼要。

(3)审查概算的编制范围。审查概算编制范围及具体内容是否与主管部门批准的建设项目范围及具体工程内容一致；审查分期建设项目的工程范围及具体工程内容有无重复交叉，是否重复计算或漏算；审查其他费用应列的项目是否符合规定，静态投资、动态投资和经营性项目铺底流动资金是否分别列出等。

3)审查工程概算的内容

(1)审查工程建设规模、建设标准等是否符合批准的可行性研究报告的标准。对总概算投资超过投资估算10%以上的，应查明原因，重新上报审批。

(2)审查工程量计算是否正确。工程量的计算是否根据初步设计图纸、概算定额、工程量计算规则和施工组织设计的要求进行，有无多算、重算和漏算，尤其对于那些工程量大，造价高的项目要重点审查。

(3)审查材料用量和价格。审查主要材料用量计算是否正确，材料价格是否与工程所在地的价格水平相符合。

(4)审查设备种类、规格、型号和数量是否符合初步设计要求，是否与设备清单相一致，设备单价是否按合理的设备原价和运杂费进行编制。

(5)审查建筑安装工程的各项费用的计取是否符合国家或地方有关部门的现行规定，计算程序和取费标准是否正确。

(6)审查总概算文件的组成内容，是否完整地包括了建设项目从筹建到竣工交付使用为止的全部费用组成，并注意是否将设计外的工程项目列入概算。

(7)审查工程建设其他各项费用。这部分费用内容多、弹性大，要按国家和地区规定逐项审查，不属于总概算范围的费用项目不能列入概算，具体费率或计取标准是否按国家、行业有关部门规定计算，有无随意列项、有无多列、交叉计列和漏项等。

(8)审查技术经济指标。技术经济指标和各项费用比重计算是否正确，各种指标与同类型工程指标相比，是偏高还是偏低，其原因是什么并予以纠正。

2. 设计概算的审查方法

1)对比分析法

对比分析法主要是通过建设规模、标准与立项批文对比；工程数量与设计图纸对比；综合范围、内容与编制方法、规定对比；各项取费与规定标准对比；材料、人工单价与统一信息对比；引进设备、技术投资与报价要求对比；技术经济指标与同类工程对比等等。通过以上对比，容易发现设计概算存在的主要问题和偏差。

2)查询核实法

查询核实法是对一些关键设备和难以核算的较大投资进行多方查询核对，逐项落实的方法。主要设备的市场价向设备供应部门或招标公司查询核实；引进设备价格及有关费税向进出口公司调查落实；复杂的建筑安装工程向同类工程的建设、承包、施工单位征求意见；深度不够或不清楚的问题直接同原概算编制人员、设计者询问清楚。

3)联合会审法

联合会审前，可先采取多种形式分头审查，包括设计单位自审，主管、建设、承包单位初审，工程造价咨询公司评审，邀请同行专家预审，审批部门复审等，经层层审查把关后，由有关单位和专家进行联合会审。

通过以上复审，对审查中发现的问题和偏差进行分类整理，汇总核增或核减的项目及其投资额，将具体审核数据，相应调整所属项目投资合计，再依次汇总审核后的总投资及增减投资额。对于差错较多、问题较大或不能满足要求的，责成按会审意见修改返工后，重新报批；对于无重大原则问题，深度基本满足要求，投资增减不多的，当场核定概算投资额，并提交审批部门复核后，正式下达审批概算。

二、施工图预算的编制与审核

(一)施工图预算的基本概念

1. 施工图预算的含义

施工图预算是施工图设计预算的简称，又称设计预算。它是由设计单位在施工图设计完成后，根据施工图设计图纸、现行预算定额、费用定额以及地区设备、材料、人工、施工机械台班等预算价格编制和确定的建筑安装工程造价的文件。

2. 施工图预算的作用

(1)施工图预算是招投标的重要基础，既是编制工程量清单的依据，也是编制标底的依据。

(2)施工图预算是施工企业在施工准备阶段组织材料、机械设备及劳动力的重要参考，是施工企业编制进度计划、统计完成工作量以及进行经济核算的参考依据，是甲乙双方办理工程结算和拨付工程款的参考依据，也是施工企业拟订降低成本措施和编制施工预算的依据。

(3)对于工程造价管理部门而言，施工图预算是监督、检查执行定额标准，合理确定工程造价，测算造价指数的依据。

3. 施工图预算编制的依据

(1)经批准的投资额，是进行施工图限额设计的主要依据，施工图预算不得随意突破批准的投资额。

(2)施工设计图纸和说明。

(3)施工组织设计资料。施工组织设计对施工工期、施工方法、机械化程度以及大型构件预制场、路面混合料拌和场、材料堆放地点、临时工程的位置和临时占用土地数量等，都作出明确而具体的规定，而这些资料是计算辅助工程数量、临时工程数量、套用预算定额和计算有关费用的重要依据。

(4)预算定额。预算定额既是计算建设项目的人工、材料、机械台班消耗量的主要依据和标准，也是计算和确定工程量的主要依据。

(5)人工、材料、机械台班预算价格，以及据以计算这些价格的工资标准、材料供应价、运价、机械台班费用定额等，都是编制施工图预算的基础资料。

(6)其他工程费、间接费等各项取费标准。

(7)工程量计算规则和预算编制办法。

①工程量计算规则包括两个方面的含义：一是根据施工设计图纸资料如何计算工程量；二是按预算定额的内容要求如何正确计取工程量，两者都是编制施工图预算时必须严格遵守的规则。

②对于预算编制办法，它除了规定各种费率标准外，还对组成预算文件的各种计算表格的内容、填表程序和方法，都作出了十分明确的规定，不得随意修改。

(8)勘察设计合同、协议以及建设项目主管部门或建设单位的有关规定。

(9)当采用新结构、新材料、新工艺、新设备而出现现行定额缺项时，按规定编制的补充定额，也是编制施工图预算的依据。

(10)其他有关资料。比如为了加快公路建设，解决资金不足的问题，很多省对公路建设征用土地和拆迁补偿费制订了一些优惠政策及规定等。

(二)施工图预算的费用组成及项目

施工图预算费用组成及项目、施工图预算文件组成及相关表格和设计概算完全一致，只是表头中的“概算”换成“预算”而已，这里不再详述。

(三)施工图预算的审查

1. 施工图预算审查的内容

(1)工程量的审查。根据设计图纸、定额、工程量计算规则和施工组织设计的要求进行审查。

(2)采用定额或指标的审查。包括定额或指标的适用范围、定额基价或指标的调整、定额或指标中缺项的补充。其中，进行定额或指标的补充时，要求补充定额的项目划分、内容组成。编制原则等要与现行的定额精神相一致。

(3)材料预算价格的审查。要着重对材料原价和运输费用进行审查。为做好材料预算价格的审查工作，先要根据设计文件确定材料耗用量，以耗用量大的主要材料作为审查的重点。

(4)各项费用的审查。审查时,结合项目的特点,搞清各项费用所包含的具体内容,避免重复计算或遗漏。取费标准根据国家有关部门或地方规定标准执行。

2. 施工图预算的审查方法

(1)逐项审查法,又称全面审查法。它是按定额顺序或施工顺序,对各个分项工程中的工程细目从头到尾逐项详细审查的一种方法。这种方法适合于一些工程量较少、工艺比较简单的工程。

(2)标准预算审查法。它是对利用标准图纸或通用图纸施工的工程,先集中力量编制标准预算,以此为标准审查预算的方法。这种方法的优点是时间短,效果好,好定案;其缺点是适用范围小,只能对按标准图纸的工程执行。

(3)分组计算审查法。采用这种方法,首先把若干分部分项工程,按相邻且有一定内在联系的项目进行编组。利用同组中分项工程间具有相同或相近计算基数的关系,审查一个分项工程数量,就能判断同组中其他几个分项工程量的准确程度。

(4)对比审查法。它是利用已建成工程的预算或虽未建成但已审查修正的工程预算对比审查拟建的同类工程预算的一种方法。

(5)重点审查法。它是抓住工程预算中的重点进行审核的方法。审查的重点一般是指:工程量大或造价较高的各种工程、补充单位估价表、计取的各项费用(计取基础、取费标准等)。重点审查法的优点是重点突出,审查时间短,效果好。

第三节　施工招投标阶段造价控制

一、招标投标的概念和性质

(一)招标投标的概念

工程招标是指招标人依照法定程序,以公开招标或邀请招标方式,鼓励潜在投标人依据招标文件参与竞争,通过评定,从中择优选定中标人的一种经济活动。

工程投标是工程招标的对称概念,指具有合法资格和能力的投标人根据招标文件的要求,在指定期限内填写标书,提出报价,并等候开标,决定能否中标的经济活动。

(二)招标投标的性质

我国法学界一般认为,建设工程招标是要约邀请,而投标是要约,中标通知书是承诺。《中华人民共和国合同法》也明确规定,招标公告是要约邀请。也就是说,招标实际上是邀请投标人对其提出要约(即报价),属于要约邀请。投标则是一种要约,它符合要约的所有条件,具有缔结合同的主观目的。一旦中标,投标人将受投标书的约束,投标书的内容具有足以使合同成立的主要条件等。招标人向中标的投标人发出的中标通知书,则是招标人同意接受中标的投标人的投标条件,即同意接受该投标人的要约的意思表示,应属于承诺。

(三)与招标投标有关的法律与法规

(1)《中华人民共和国合同法》。该法包括各种有关的合同法规,为招标文件内容的规范化提供了法律依据。

(2)《中华人民共和国招标投标法》(以下简称《招标投标法》)。它是一部规范招标、投标行为及评标、定标工作的专门法律。

(3)《中华人民共和国反不正当竞争法》。该法包括各种有关的法规,它为市场竞争行为的规范化提供了法律依据。

(4)《建设工程质量管理条例》。该条例对建设工程的招标、发包和主体资质作了原则性的规定和要求。

(5)《工程建设项目招标范围和规模标准》(国家计委第 3 号)。该法规在《中华人民共和国招标投标标法》的基础上,对工程建设项目招标范围和规模标准作了非常明确的规定。

(6)《评标委员会和评标方法暂行规定》(国家计委等七部委第 12 号令)。该法规在《中华人民共和国招标投标法)的基础上,对评标委员会的设立和评标方法作了更进一步的明确规定。

(7)《公路工程施工招标投标管理办法》。它是规范公路工程施工招标投标工作的主要法规。

(8)《公路建设市场管理办法》。它分别就公路建设的市场主体、市场交易以及市场的监督和管理等问题进行了详细的规定。

(9)《公路工程施工监理招标投标管理办法》。它是规范公路工程施工监理招标投标工作的主要法规。

(10)《公路工程勘察设计招标投标管理办法》。它是规范公路工程勘察设计招标投标工作的主要法规。

(11)《公路工程施工招标资格预审办法》和《公路工程施工招标评标办法》。该办法在《公路工程施工招标投标管理办法》和《公路建设市场管理办法》的基础上,对公路工程施工招标投标中的资格预审和评标工作制定了操作性很强的实施细则。

二、建设项目招标的范围、种类与方式

(一)建设项目招标的范围

我国《招标投标法》指出,凡在我国境内进行下列工程建设项目,包括项目的勘察、设计、施工、监理以及与工程建设有关的重要设备、材料等的采购,必须进行招标。一般包括:

(1)大型基础设施、公用事业等关系社会公共利益、公共安全的项目;

(2)全部或者部分使用国有资金投资或国家融资的项目;

(3)使用国际组织或者外国政府贷款、援助资金的项目;

(4)以上第(1)条至第(3)条规定范围内的各类工程建设项目,包括项目的勘察、设计、施工、监理以及与工程建设有关的重要设备、材料等的采购,达到下列标准之一的,必须进行招标:

①施工单项合同估算价在 200 万元人民币以上的;

②重要设备、材料等货物的采购,单项合同估算价在 100 万元人民币以上的;

③勘察、设计、监理等服务的采购,单项合同估算价在 50 万元人民币以上的:

④单项合同估算价低于第①、②、③项规定的标准,但项目总投资额在 3000 万元人民币以上的。

只有不属于法律规定必须招标的项目,比如涉及国家安全、国家秘密、抢险救灾、利用扶

贫资金以工代赈，以及低于国家规定必须招标标准的小型工程或投标单位较少的改建工程，可采用议标或直接委托的方式。

（二）建设工程项目招标的种类

1. 工程项目总承包招标

工程项目总承包招标在国外称之为“交钥匙”承包方式。它是指从勘察设计、设备材料询价与采购、工程施工、生产准备、投料试车，直到竣工投产、交付使用全面实行招标。工程总承包企业根据建设单位提出的工程使用要求，对勘察设计、设备询价与选购、材料订货、工程施工、职工培训、试生产、竣工投产等实行全面投标报价。

2. 勘察招标

勘察招标是指招标人根据拟建工程的勘察任务发布通告，通过法定方式吸引勘察单位参加竞争，资格审查通过的勘察单位按照招标文件的要求，在规定的时间内向招标人填报标书，招标人从中择优选择勘察单位完成勘察任务。

3. 设计招标

设计招标是指招标人就拟建工程的设计任务发布通告，以法定方式吸引设计单位竞争，资格审查通过的设计单位按照招标文件的要求，在规定的时间之内向招标人填报标书，招标人从中择优确定中标单位来完成工程设计任务。

4. 施工监理招标

施工监理招标是指招标人（即业主）将拟委托服务的工作内容、范围、要求等有关条件作为标底，公开或非公开地邀请投标人报出完成服务的技术方案和财务方案，招标人从中择优选择监理单位的法律行为。

5. 施工招标

施工招标是指招标人就拟建的工程发布公告或者邀请，以法定方式吸引施工企业参加竞争，招标人择优选择中标人完成工程建设任务的法律行为。

6. 材料设备招标

材料设备招标是指招标人就拟购买的材料设备发布公告或者邀请，以法定方式吸引建设工程材料设备供应商参加竞争，招标人从中选择条件优越者购买其材料设备的法律行为。

（三）招标的方式

1. 从竞争程度进行分类．可以分为公开招标和邀请招标

（1）公开招标是指招标人通过报刊、电视等传播媒介发布招标公告或信息而进行的招标，是一种无限制的竞争方式。其优点是招标人选择投标人的范围较大，有助于打破垄断，实行公平竞争。

（2）邀请投标是指招标人以投标邀请书的方式邀请特定的法人或者其他组织投标。招标人采用邀请招标方式的，应当向三个以上的法人或者其他组织发出投标邀请书。邀请招标虽然也能够请到有经验和资信可靠的投标者投标，但限制了竞争范围，可能会失去技术上和报价上有竞争力的投标者。

我国建设市场中大力推行公开招标。一般国际上把公开招标称为无限竞争性招标，把邀请招标称为有限竞争性招标。

2. 从招标的范围进行分类，可以分为国际招标和国内招标

原国家经贸委将国际招标界定为“是指符合招标文件规定的国内、国外法人或其他组织，单独或联合其他法人或者其他组织参加投标，并按招标文件规定的币种结算的招标活动”；国内投标则“是指符合招标文件规定的国内法人或其他组织，单独或联合其他国内法人或其他组织参加投标，并用人民币结算的招标活动”。

三、建设项目招标程序

(一)招标活动的准备工作

项目招标前，招标人应当办理有关的审批手续、确定招标方式以及划分标段等工作。

1. 确定招标方式

公路工程施工招标应当实行公开招标，法律、行政法规另有规定的，从其规定。当施工规模较小或有特殊技术要求或工期特别紧的其他公路建设项目，按项目管理权限经交通运输部或省级人民政府交通主管部门批准，可以实行邀请招标。

2. 标段的划分

划分标段应当有利于承包人合理组织施工和合理投入。施工工期应当按照批复的初步设计的建设工期，结合实际情况确定。

(二)招标公告和投标邀请书的内容

(1)招标人的名称和地址。

(2)招标项目的内容、规模、资金来源。

(3)招标项目的实施地点和工期。

(4)获取招标文件或者资格预审文件的地点和时间。

(5)对招标文件或者资格预审文件收取的费用。

(6)对投标人资质等级的要求。

(三)资格审查

资格审查分为资格预审和资格后审。资格预审是指在投标前对投标人的资质、业绩、信誉、技术、资金等方面进行的资格审查。只有资格预审合格的潜在投标人(或投标人)，才可以参加投标。除招标文件另有规定外，进行资格预审的，一般不再进行资格后审。因为资格预审和资格后审的内容和标准是相同的，这里只介绍资格预审。

资格预审的目的是为了排除那些不合格的投标人，进而降低招标人的采购成本，提高招标工作的效率。资格预审的程序如下。

1. 发布资格预审通告

进行资格预审的，招标人可以发布资格预审公告，其内容和发布方式与招标公告相同。

2. 发出资格预审文件

资格预审文件的内容包括基本资格审查和专业资格审查。基本资格审查是指对申请人的合法地位和信誉等进行的审查，专业资格审查是对已经具备基本资格的申请人履行拟订招标采购项目能力的审查。

3. 对潜在投标人资格的审查和评定

主要审查投标人是否符合下列条件:

(1)具有独立订立合同的能力。

(2)具有履行合同的能力,包括专业、技术资格的能力,资金、设备和其他物质设施状况,管理能力,经验、信誉和相应的从业人员。

(3)是否有处于被责令停业、投标资格被取消,财产被接管、冻结、破产状态。

(4)最近3年是否有骗取中标和严重违约及重大工程质量问题。

(5)法律、行政法规规定的其他资格条件。

4. 发出预审合格通知书

经资格预审后,招标人应当向资格预审合格的投标申请人发出资格预审合格通知书,告知获取招标文件的时间、地点和方法,并同时向资格预审不合格的投标申请人告知资格预审结果。

(四)编制和发售招标文件

1. 招标文件的编制

招标文件是由招标单位或其委托的咨询机构编制发布的。招标文件包括下列主要内容:①投标邀请书;②投标(人)须知;③合同条款;④合同格式;⑤技术规范;⑥投标书及投标担保书格式;⑦工程量清单;⑧辅助资料表;⑨图纸及勘察资料。

2. 招标文件的发售与修改

(1)招标文件一般发售给通过资格预审、获得投标资格的投标人。投标人在收到招标文件后,应认真核对,核对无误后应以书面形式予以确认。

(2)招标文件的修改。招标人对已发出的招标文件进行必要的澄清或者修改的,应当在招标文件要求提交投标文件截止时间至少15日前,以书面形式通知所有招标文件收受人。

(五)勘察现场与召开投标预备会

1. 勘察现场

(1)招标人为便于投标人提出问题并得到解答,勘察现场一般安排在投标预备会的前1~2d。

(2)投标人在勘察现场中如有疑问,应在投标预备会前以书面形式向招标人提出,但应给招标人留有解答时间。

(3)招标人应向投标人介绍有关现场的以下情况:施工现场是否达到招标文件规定的条件;施工现场的地理位置和地形、地貌;施工现场的地质、土质、地下水位、水文等情况;施工现场气候条件,如气温、湿度、风力、年雨雪量等;现场环境,如交通、饮水、污水排放、生活用电、通信等;工程在施工现场中的位置或布置;临时用地、临时设施搭建等。

2. 召开投标预备会

投标人在领取招标文件、图纸和有关技术资料及勘察现场提出的疑问问题,招标人可以通过以下方式进行解答:

(1)收到投标人提出的疑问问题后,应以书面形式进行解答,并将解答同时送达所有的投标人。

(2)收到提出的疑问问题后,通过投标预备会进行解答,并以会议记录形式同时送达所有的投标人。

投标预备会在招标管理机构监督下，由招标单位组织并主持召开，可安排在发出招标文件7日后28日内举行。

(六)建设项目投标

1. 投标前的准备

(1)投标人及其资格要求。投标人是响应招标、参加投标竞争的法人或者其他组织。响应招标，是指投标人应当对招标人在招标文件中提出的实质性要求和条件作出响应。自然人不能作为建设工程项目的投标人。

(2)调查研究，收集投标信息和资料。

(3)建立投标机构。

(4)投标决策。

(5)准备相关的资料。

2. 投标文件的编制与递交

(1)投标人应当按照招标文件的要求编制投标文件，对招标文件提出的实质性要求和条件做出响应。招标文件允许投标人提供备选标的，投标人可以按照招标文件的要求提交替代方案，并作出相应报价作备选标。

(2)投标文件的编制应遵循如下规定：

①做好编制投标文件准备工作。投标人领取招标文件、图纸和有关技术资料后，应仔细阅读"投标须知"，投标须知是投标人投标时应注意和遵守的事项。另外，还要认真阅读合同条件、规定格式、技术规范、工程量清单和图纸。

投标人应根据图纸核对招标人在招标文件中提供的工程量清单中的工程项目和工程量，如发现项目或数量有误时应在收到招标文件7日内以书面形式向招标人提出。

②准确合理报价。投标人应依据招标文件和技术规范要求，并根据施工现场情况编制施工方案或施工组织设计，保证投标报价的准确无误。

③及时提交投标保证金。如果投标人不按照招标文件的要求提交投标保证金，则投标文件将被拒绝，作废标处理。

④投标文件的份数和签署。投标文件编制完成后应仔细整理、核对，并按招标文件的规定进行密封。投标人按招标文件所提供的表格格式，编制一份投标文件正本和招标文件所规定的副本，并由投标人法定代表人亲自签署并加盖法人单位公章和法定代表人印签。

(3)投标文件的递交。投标人应当在招标文件要求的投标截止日期前，将投标文件送达投标地点。在招标文件要求的投标截止日期后送达的投标文件，为无效的投标文件，招标人应当拒收。

如果投标人少于3个，招标人应依法重新招标。重新招标后投标人仍少于3个，属于必须审批的工程建设项目，报经原审批部门批准后可以不再进行招标；其他工程建设项目，招标人可自行决定不再进行招标。

投标人在投标截止日期前，可以补充、修改或者撤回已提交的投标文件，并书面通知招标人。补充、修改的内容为投标文件的组成部分。

(七)开标、评标和定标

1. 开标

1)开标的时间和地点

开标应当在招标文件确定的投标截止时间的同一时间公开进行。在以下情况下可以暂缓或者推迟开标时间:

(1)招标文件发售后对原招标文件作了变更或者补充;

(2)开标前发现有影响招标公正性的不正当行为;

(3)出现突发事件等。

招标人应当在招标文件中对开标地点作出明确、具体的规定,以便投标人及有关方面按照招标文件规定的开标时间到达开标地点。

2)出席开标会议的规定

开标由招标人或者招标代理人主持,邀请所有投标人参加。投标人单位的法定代表人或授权代表未参加开标会议的视为自动弃权。

3)开标程序和唱标的内容

(1)开标会议宣布开始后,应首先请各投标单位代表确认其投标文件的密封完整性,并签字予以确认。评标委员会当众宣读评标原则、评标办法。由招标单位依据招标文件的要求,核查投标单位提交的证件和资料,并审查投标文件的完整性、文件的签署、投标担保等,但提交合格"撤回通知"和逾期送达的投标文件不予启封。

(2)唱标顺序应按各投标单位报送投标文件时间先后的顺序进行,当众宣读有效标的投标单位名称、投标价格、工期、质量、主要材料用量、修改或撤回通知、投标保证金、优惠条件,以及招标单位认为有必要的内容。

(3)开标过程应当记录,并存档备查。

4)招标人不予受理的投标

在开标时,投标文件出现下列情形之一的,招标人不予受理:①逾期送达或未送达指定地点的;②未按招标文件要求密封的。

2. 评标

1)评标委员会的组建

评标委员会由招标人负责组建,负责评标并向招标人推荐中标候选人或者根据招标人的授权直接确定中标人。

评标委员会由招标人或其委托的招标代理机构熟悉相关业务的代表,以及有关技术、经济等方面的专家组成,成员人数为5人以上的单数,其中技术、经济等方面的专家不得少于成员总数的三分之二。评标委员会设负责人的,负责人由评标委员会成员推举产生或者由招标人确定,评标委员会负责人与评标委员会的其他成员有同等的表决权。

2)初步评审

初步评审包括对投标文件的符合性评审、技术性评审和商务性评审。

(1)投标文件的符合性评审。

投标文件应实质上响应招标文件的所有条款、条件,无显著的差异或保留。所谓显著的差异或保留包括以下情况:①对工程的范围、质量及使用性能产生实质性影响;②偏离了招标文件的要求,而对合同中规定的业主的权力或者投标人的义务造成实质性的限制;③纠正这种差异或者保留将会对其他投标人的竞争地位产生不公正影响。

(2)投标文件的技术性评审。

投标文件的技术性评审包括:①方案可行性评估和关键工序评估;②劳务、材料、机械设备、质量控制措施评估、环境保护措施评估和施工安全措施评估。

(3)投标文件的商务性评审。

投标文件的商务性评审包括:投标报价校核,审查报价数据计算的正确性,分析报价构成的合理性,并与标底价格进行对比分析。

投标文件不响应招标文件的实质性要求和条件的,招标人应当拒绝,并不允许投标人通过修正或撤销其不符合要求的差异或保留,使之成为响应性的投标。

评标委运会在对实质上响应招标文件要求的投标进行报价评估时,除招标文件另有约定外,应但按照下列原则进行修正:

①投标文件中的大写金额与小写金额不一致时,以大写金额为准;

②总价金额与依据单价计算出的结果不一致时,以单价金额为准修正总价,但单价金额小数点有明显错误的应以总价为准,并同时修正相应的单价金额;

③当各子目的合价累计不等于总价时,应以各子目的合价累计数为准,修正总价。

按照上述规定调整的投标报价经投标人书面确认后产生约束力;但投标人不接受修正价格的,其投标作为废标处理,并没收其投标担保。

3)作为废标处理的情况

(1)评标委员会发现投标人以他人的名义投标、串通投标、以行贿手段谋取中标或者以其他弄虚作假方式投标的。

(2)评标委员会发现投标人的报价明显低于其他投标报价或者在设有标底时明显低于标底,使其投标报价可能低于其个别成本的,投标人不能合理说明或者不能提供相关证明材料的。

(3)投标文件无单位盖章并无法定代表人或法定代表人授权的代理人签字或盖章的。

(4)投标文件未按规定的格式填写,内容不全或关键字迹模糊、无法辨认的。

(5)投标人递交两份或多份内容不同的投标文件,或在一份投标文件中对同一招标项目报有两个或多个报价,且未声明哪一个有效的(按招标文件规定提交备选投标方案的除外)。

(6)投标人名称或组织结构与资格预审时不一致的。

(7)投标人末按照招标文件的要求提供投标保函或者投标保证金的。

(8)组成联合体投标,投标文件未附联合体投标协议的。

(9)未能在实质上响应的投标。

4)投标偏差

评标委员会应当根据招标文件,审查并逐项列出投标文件的全部投标偏差。投标偏差分为重大偏差和细微偏差。

(1)重大偏差。

①没有按照招标文件要求提供投标担保或者所提供的投标担保有瑕疵;

②投标文件没有投标人授权代表签字和加盖公章;

③投标文件载明的招标项目完成期限超过招标文件规定的期限;

④明显不符合技术规范、技术标准的要求;

⑤投标文件载明的货物包装方式、检验标准和方法等不符合招标文件的要求;

⑥投标文件附有招标人不能接受的条件；

⑦不符合招标文件中规定的其他实质性要求。

(2)细微偏差。

细微偏差是指投标文件在实质上响应招标文件要求，但在个别地方存在漏项或者提供了不完整的技术信息和数据等情况，并且补正这些遗漏或者不完整不会对其他投标人造成不公平的结果。细微偏差不影响投标文件的有效性。

评标委员会应当书面要求存在细微偏差的投标人在评标结束前予以补正。拒不补正的，在详细评审时可以对细微偏差作不利于该投标人的量化，量化标准应当在招标文件中明确规定。

5)详细评审

经初步评审合格的投标文件，评标委员会应当根据招标文件确定的评标标准和方法，对其技术部分和商务部分作进一步评审、比较。评标只对有效标进行评审。

评标方法包括最低投标价法、综合评估法或者法律、行政法规允许的其他评标方法。

(1)最低投标价法。

最低投标价法是指能够满足招标文件的实质性要求，并且经评审的合理低标价方推荐为中标候选人的评标方法。合理的低标价必须是经过终审，进行答辩，证明是实现低标价的措施有力可行的报价。

世界银行、亚洲开发银行等都是以这种方法作为主要的评标方法。因为在市场经济条件下，投标人的竞争主要是价格的竞争，而其他的一些条件如质量、工期等已经在招标文件中规定好了，投标人不得违反，否则将无法构成对招标文件的实质性响应。而信誉等因素则应当是资格预审中应当解决的因素，即信誉不好的应当在资格预审时淘汰。

①最低投标价法的适用范围。一般适用于具有通用技术、性能标准或者招标人对其技术、性能没有特殊要求的招标项目。

②最低投标价法的评标要求。根据经评审的最低投标价法完成详细评审后，评标委员会应当拟订一份《标价比较表》，连同书面评标报告提交招标人。《标价比较表》应当载明投标人的投标报价、对商务偏差的价格调整和说明以及以评审的最终投标价。

(2)综合评估法。

综合评估法是指最大限度地满足招标文件中规定的各项综合评价标准的投标，应当推荐为中标候选人的评标方法。

在综合评估法中，最为常用的方法是百分法。这种方法是将评审各指标所占分值比例和评标标准在招标文件内规定。在实践中，百分法有许多不同的操作方法，其主要区别在于：这种评标方法的价格因素的比较需要有一个基准价(或者称为参考价)，主要的情况是以标底作为基准价；但是，为了更好地符合市场或者为了保密，基准价的确定有时加入投标人的报价，即标底采用复合标底。

根据综合评估法完成评标后，评标委员会应当拟定一份《综合评估比较表》，连同书面评标报告提交招标人。《综合评估比较表》应当载明投标人的投标报价、所作的任何修正、商务偏差的调整、对技术偏差的调整、对各评审因素的评估以及对每一投标的最终评审结果。

6)否决所有投标

如因下列原因之一将宣告招标失败：①无合格的投标人前来投标或投标人数量不足法定数；②标底在开标前泄密；③各投标人的报价均成为不合理标；④在定标前发现标底有严重漏误而无效；⑤其他在招标前末预料到，但在招标过程中发生并足以影响招标成功的事由。

7)编制评标报告

评标委员会经过对投标人的投标文件进行初审和终审以后,评标委员会要编制书面评标报告。

评标报告一般包括以下内容:①基本情况和数据表;②评标委员会成员名单;③开标记录;④符合要求的投标一览表:⑤废标情况说明;⑥评标标准、评标方法或者评标因素。⑦经评审的价格或者评分比较一览表;⑧经评审的投标人排序;⑨推荐的中标候选人名单与签订合同前要处理的事宜;⑩澄清、说明、补正事项纪要。

评标报告由评标委员会全体成员签字。对评标结论持有异议的,评标委员会成员可以书面方式阐述其不同意见和理由。评标委员会成员拒绝在评标报告上签字且不陈述其不同意见和理由的,视为同意评标结论。评标委员会应当对此作出书面说明并记录在案。

3. 定标

1)确定中标候选人

经过评标后,就可确定出中标候选人。推荐的中标候选人应当限定在1~3人,并标明排列顺序。招标人也可以授权评标委员会直接确定中标人。

中标人的投标应当符合下列条件之一:

(1)能够最大限度地满足招标文件中规定的各项综合评价标准。

(2)能够满足招标文件的实质性要求,并且经评审的投标价格最低,但低于成本价的除外。

对使用国有资金投资或国家融资的项目,招标人应当确定排名第一的中标候选人作为中标人。排名第一的中标候选人放弃中标、因不可抗力提出不能履行合同,或者招标文件规定应当提交履约保证金而在规定的期限内未能提交的,招标人可以确定排名第二的中标候选人作为中标人。排名第二的中标候选人因前款规定的同样原因不能签订合同的,招标人可以确定排名第三的中标候选人作为中标人。

最后要注意的是,招标人不得向中标人提出压低报价、增加工程量、缩短工期或违背中标人意愿的要求,以此作为发出中标通知书和签订合同的条件。

评标委员会提出书面评标报告后,招标人一般应在15日内确定中标人,最迟应在投标有效期结束日30个工作日前确定。依法必须进行施工招标的工程,招标人应当自发出中标通知书之日起15日内,向有关行政主管部门提交施工招标投标情况的书面报告。

2)发出中标通知书并订立书面合同

(1)中标人确定后,招标人应当向中标人发出中标通知书,同时将中标结果通知所有未中标的投标人。中标通知书对招标人和中标人具有法律效力。中标通知书发出后,招标人改变中标结果,或者中标人放弃中标项目的,应当依法承担法律责任。

(2)招标人和中标人应当自中标通知书发出之日起30日内,按照招标文件和中标人的投标文件订立书面合同。招标人和中标人不得再行订立背离合同实质性内容的其他协议。招标人无正当理由不与中标人签订合同,给中标人造成损失的,招标人应当给予赔偿。招标文件要求中标人提交履约保证金的,中标人应当提交。招标人应当同时向中标人提供工程款支付担保。中标人不与招标人订立合同的,投标保证金不予退还并取消其中标资格,给招标人造成的损失超过投标保证金数额的,应当对超过部分予以赔偿;没有提交投标保证金的,应当对招标人的损失承担赔偿责任。

(3)招标人与中标人签订合同后5个工作日内,应当向中标人和未中标的投标人退还投标保证金。

(4)中标人应当按照合同约定履行义务,完成中标项目。中标人不得向他人转让中标项目,也不得将中标项目肢解后向他人转让。中标人按照合同规定或经招标人同意,可以将部分工程分包出去,分包的部分工程必须符合有关规定。

四、招标标底的编制

(一)标底的概念及其特征

标底是指招标人根据招标项目的具体情况,根据国家规定的计价依据和计价办法计算出来的工程造价,是招标人对建设工程的期望价格。

如果设置标底,其编制一般应注意以下几点:

(1)根据设计图纸及有关资料、招标文件,参照国家规定的技术、经济标准定额及规范,确定工程量和设定标底。

(2)标底价格应由成本、利润和税金组成,一般应控制在批准的建设项目总概算及投资包干的限额内。

(3)标底价格作为招标人的期望价,应力求与市场的实际变化相吻合,要有利于竞争和保证工程质量。

(4)标底价格考虑人工、材料、机械台班等价格变动因素,还应包括施工不可预见费、包干费和措施费等。工程要求优良的,还应增加相应费用。

(5)一个标段只能编制一个标底。

(二)标底与概、预算的区别

(1)概、预算是计划经济的产物,反映的是计划价格,在概、预算编制过程中,除材料价格已修改为按市场价格来确定材料费外,其他如人工费、机械台班折旧费以及管理费均按《公路工程基本建设项目概算预算编制办法》中的预算价格(即计划价格)来确定。

标底是市场经济的产物,反映的是建筑产品的市场价格,在编制标底过程中,施工中所消耗的各种资源的价格原则上应根据市场价格来确定,特别是在完全竞争市场环境更是如此。

(2)概、预算在编制中主要反映的是价值规律的作用和影响,而标底除考虑价值规律的作用外,还应考虑供求关系的作用。

(3)概、预算反映的是施工企业过去的劳动生产力水平,而标底应反映施工企业当前的劳动生产力水平。

编制概、预算定额所依据的统计数据是施工企业在过去施工过程中所发生的数据,随着生产力水平的提高,这些数据滞后于当前的生产力水平,不能真实地反映在当前先进的劳动生产力水平下的工、料、机消耗。

(4)二者包含的费用范围不同。

概、预算是根据设计文件及《公路工程概算定额》、《公路工程预算定额》和《公路工程基本建设项目概算预算编制办法》来确定工程造价,而标底应根据招标文件(或合同)中明确的承包人的义务来编制。例如,在编制标底时其费用通常应包括建筑安装工程费、根据合同需由承包人承担的不可预见风险费、施工投标中发生的费用(即交易成本)、合理利润等费用。

(5)《公路工程概算定额》、《公路工程预算定额》和《公路工程基本建设项目概算预算编制办法》具有法令性，在编制概、预算时，除允许抽换的外，原则上应遵照执行。但在编制标底时却不受上述规定的限制，当其被用来编制和确定标底时，对于定额中不合理、不能真实地反映当前劳动生产力水平的工、料、机消耗应如实地进行抽换。

（三）标底的编制依据

（1）国家的有关法律、法规及有关部门制订的有关工程造价的文件和规定。

（2）工程招标文件中确定的计价依据和计价办法，招标文件的商务条款，包括合同条件中规定由工程承包方应承担义务而可能发生的费用，以及招标文件的澄清、答疑等补充文件和资料。在标底价格计算时，计算口径和取费内容必须与招标文件中有关取费等的要求一致。

（3）设计文件、图纸、技术说明及工程量清单等相关基础资料。

（4）国家、行业、地方的工程建设标准，包括工程施工必须执行的技术标准、规范和规程。

（5）采用的施工组织设计、施工方案、施工技术措施等。

（6）工程施工现场地质、水文勘探资料，现场环境和条件及反映相应情况的有关资料。

（7）招标时的人工、材料、设备及施工机械台班等市场价格信息，以及国家和地方有关政策性调价文件的规定。

（四）标底的编制方法

1. 完全竞争市场下的标底编制办法

在完全竞争市场下，由于市场价格是一种反映了资源使用效率的价格。因此，完全竞争市场下的标底可直接根据建筑产品的市场交易价格来确定。

2. 不完全竞争下的标底编制方法

（1）工料单价法编制标底。依赖于《公路工程概算定额》、《公路工程预算定额》和《公路工程基本建设项目概算预算编制办法》来确定标底的方法称为工料单价法。

在运用工料单价法编制标底时应注意以下事项：

①按概算编制标底时，应在概算的基础上适当下浮，因为概算定额所考虑的工、料、机消耗量通常比预算定额有一定的富余（一般富余3%～5%）。

②对概、预算中未考虑到的，根据合同承包人需发生的费用，应在标底中予以考虑。如：投标中发生的费用、履约担保费等，这些费用在概、预算建安费中未考虑进去，而根据合同承包人需发生和承担，因此，在编制标底时给予考虑。

③对于概、预算中明显偏高或偏低的费用应如实进行调整或对概、预算定额中的数据如实进行抽换。

④由于概、预算的项目划分与招标文件中工程量清单的项目划分不一致，且各自对应的计量方法不相同，因此，在编制工程细目的单价时，应在分项工程概、预算的基础上，组合出与工程量清单中的工程细目相适应的单价。

⑤由于当前的劳动生产力水平高于概、预算定额数据中反映的劳动生产力水平，而招标又是建立在买方市场基础上，所以在确定标底时，应在概、预算的基础上乘以小于1的修正系数。

（2）统计平均法确定标底。在介绍此方法之前，先提出如下假定：所有投标人或至少大部分投标人都是理性的投标人,即他们的报价是严格基于自身的施工成本和在相应的投标策略下的一种报价,而不是一种盲目报价。

对于经验丰富的投标人,由于他们在施工方法、施工成本和价格上拥有完全的信息,对此,理性的投标人能提出一个充分反映自身竞争实力的投标报价,因此,只要对这些投标报价进行适当地技术处理,即可确定出施工项目的标底,这种方法称为统计平均法。

①对于以资格预审为基础的邀请招标,其方法如下:

假设有 m 家投标人,代号分别为 $1,2,3,\cdots,m$;工程量清单中的工程细目为 n 个,代号分别为 $1,2,3,\cdots,n$;q_j 为第 j 个工程细目的工程量,则可获得报价矩阵 $\boldsymbol{P}$:

$$\boldsymbol{P}=\begin{bmatrix} P_{11} & P_{12} & P_{13} & \cdots & P_{1n} \\ P_{21} & P_{22} & P_{23} & \cdots & P_{2n} \\ \vdots & \vdots & \vdots & \vdots & \vdots \\ P_{m1} & P_{m2} & P_{m3} & \cdots & P_{mn} \end{bmatrix} \tag{5-31}$$

令工程量矩阵 $\boldsymbol{Q}=(q_1 \quad q_2 \quad q_3 \quad \cdots \quad q_n)^{\mathrm{T}}$

又令 $\boldsymbol{Z}=(Z_1 \quad Z_2 \quad Z_3 \quad \cdots \quad Z_m)^{\mathrm{T}}$

其中,$Z_i(i=1,2,3,\cdots,m)$ 为各投标人的投标总价。则有:

$$\boldsymbol{Z}=\boldsymbol{P}\cdot\boldsymbol{Q} \tag{5-32}$$

设 $Z_1=\min\{Z_i\},Z_{\mathrm{m}}=\max\{Z_i\},(i=1,2,3,\cdots,m)$

则

$$Z'=\frac{1}{m-2}\left(\sum_{i=1}^{m}Z_i-Z_1-Z_m\right) \tag{5-33}$$

即

$$Z'=\frac{1}{m-2}\left(\sum_{i=1}^{m}\sum_{j=1}^{n}P_{ij}q_j-Z_1-Z_m\right) \tag{5-34}$$

其中,Z' 为标底总价,而对每个工程细目的标底单价 P'_{j} 有:

$$P'_j=k\cdot P''_j \tag{5-35}$$

$$P''_j=\frac{1}{\mathrm{m}-2}\left(\sum_{i=1}^{m}P_{ij}-\min_{1\leqslant i\leqslant m}\{P_{ij}\}-\max_{1\leqslant i\leqslant m}\{P_{ij}\}\right) \tag{5-36}$$

其中,$k=Z'\Big/\sum_{i=1}^{n}P''_{ij}q_j$。

上述方法的含义是:剔除投标报价中的最低报价和最高报价,计算平均值作为标底总价,剔除投标中各工程细目单价的最低报价与最高报价计算其平均值(即 P''_{ij}),由于 $\sum_{j=1}^{n}P''_{ij}q_j$ 与 Z' 不相符,因此应通过修正系数 k 来对 P''_j 进行修正,这样得出 P'_j 即可作为标底中各工程细目的单价。

按上述方法确定的单价除满足标底编制原则外,还避免了不平衡报价对标底单价的影响,只要投标人不是在同一工程细目中采用相同的不平衡报价方法,上述方法可以将不平衡报价对单价的影响剔除。

上述标底编制方法还能解决标底不能有效保密而导致的信息不对称性对公平竞争和效率的影响以及由此而引起的市场失灵现象,且有效地保证了标底编制方法的科学性。

②对于公开招标的项目,由于有些投标人可能是劳动生产力水平较低的单位,因此,应按平均先进的原则来确定标底,其方法是:

设 $Z_i(i=1,2,3,\cdots,m)$ 为各投标人的报价,且有 $Z_1\leqslant Z_2\leqslant Z_3\leqslant\cdots Z_m\leqslant Z'$。设标底为 Z,则有:

$$Z = \frac{1}{L}\sum_{i=2}^{L} Z_i \tag{5-37}$$

L 为其标价小于或等于 Z' 的投标人个数。

该方法的含义是先剔除最高报价和最低报价(非理性投标者的报价),计算平均值,然后剔除大于平均值的投标人,再计算小于或等于平均值的投标人报价的平均值,这样确定的标底符合平均先进原则。

③复合标底。即在上述两种标底编制方法的基础上,通过加权平均来确定标底。该方法兼有上述两种标底编制方法的特点。

五、投标程序及投标报价的编制

(一)投标报价前期的调查研究,收集信息资料

1. 政治和法律方面

投标人首先应了解在招标投标活动中以及在合同履行过程中有可能涉及的法律,也应了解与项目有关的政治形势、国家政策等。

2. 自然条件

包括工程所在地的地理位置和地形、地貌、气象状况及其他自然灾害状况等。

3. 市场状况

投标人调查市场状况主要包括:建筑材料、施工机械设备、燃料、动力、水和生活用品的供应情况、价格水平,还包括过去几年物价指数以及对今后物价指数变化趋势的预测;劳务市场情况,如工人技术水平、工资水平、有关劳动保护和福利待遇的规定等;金融市场情况,如银行贷款的难易程度以及银行贷款利率等。

4. 工程项目方面的情况

工程项目方面的情况包括工程的技术规模和对材料性能及工人技术水平的要求;总工期及竣工交付使用的要求;施工场地的地形、地质、地下水位、交通运输、供水、供电、通信条件的情况;工程项目资金来源;工程价款的支付方式、外汇所占比例;监理工程师的资历、职业道德和工作作风等。

5. 业主情况

包括业主的资信情况、对实施的工程需求的迫切程度等。

6. 投标人自身情况

投标人对自己内部情况、资料也应当进行归纳管理。这类资料主要用于招标人要求的资格审查和本企业履行项目的可能性。

7. 竞争对手资料

(二)对是否参加投标作出决策

(1)承包招标项目的可行性与可能性。如:本企业是否有能力(包括技术力量、设备等)承包该项目,能否抽调出管理力量、技术力量参加项目承包,竞争对手是否有明显的优势等。

(2)招标项目的可靠性。如:项目的审批程序是否已经完成、资金是否已经落实等。

(3)招标项目的承包条件。如果承包条件苛刻,自己无力完成施工,则也应放弃投标。

(三)研究招标文件并制订施工方案

(1)研究招标文件

投标单位通过资格审查之后,首要的工作就是认真研究招标文件,充分了解其内容和要求,以便有针对性地安排投标工作。

(2)制订施工方案

施工方案应由投标单位的技术负责人主持制订,主要应考虑施工方法、主要施工机具的配置、各工种劳动力的安排及现场施工人员的平衡、施工进度及分批竣工的安排、安全措施等。

(四)投标报价的编制

1. 标价的构成及计算

(1)投标报价标价的费用构成主要有成本、利润、税金以及不可预见费等。如图5-12所示。

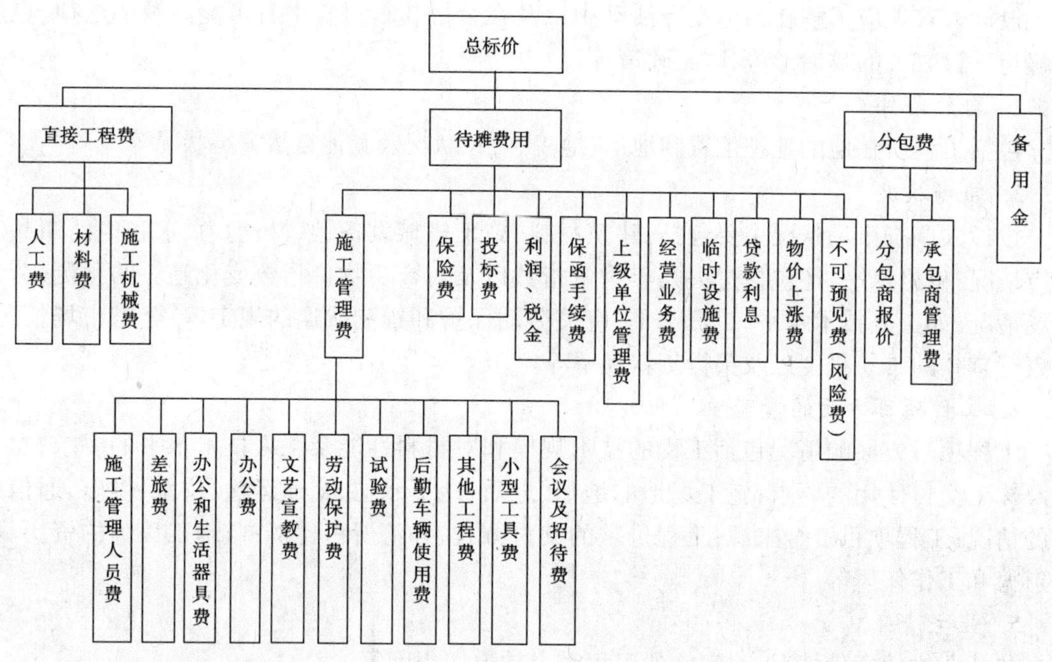

图5-12 工程标价组成

(2)标价计算。

标价的计算可以按照定额或市场的单价,逐项计算每个项目的单价与合价,分别填入招标人提供的工程量清单中,包括人工费、材料费、机械使用费、其他工程费、间接费、利润、税金及材料价差和风险费用等全部费用。

①人工、材料、机械单价。

投标时采用的人工、材料、机械单价应根据本企业自身的情况以及建设市场情况和劳动力、机械设备租赁市场情况综合确定。

②其他工程费、间接费、利润、税金的计算。

在计算出直接工程费的基础上,依据企业自身情况确定各项费率及法定税率,依次计算出其他工程费、间接费、利润和税金。

③风险费的计算。

风险费是指在工程承包过程中由于各种不可预见的风险因素发生而增加的费用。通常由投标人经过对具体工程项目的风险因素分析之后，确定一个比较合理的工程总价的百分数作为风险费。

计算标价时，正确选用定额是影响投标成败的关键因素。因此，应根据工程条件和竞争情况加以分析，对定额予以适当调整。根据经验，在国外承包工程时一般选用较高定额（可按国内现行定额提高效率10%～30%使用），因为人员素质高，机械化程度高，条件供应也及时，同时施工目标单一，干扰较少。

2. 标价分析

1）标价的宏观审核

（1）首先应当分项统计计算书中的汇总数据，并计算其比例指标。

（2）通过对各类指标及其比例关系的分析，从宏观上分析标价结构的合理性。例如，分析总直接工程费和总的管理费比例关系，劳务费和材料费的比例关系，临时设施和机具设备费与总的直接工程费的比例关系，利润、流动资金及其利息与总标价的比例关系等。

承包过类似工程的有经验的承包人可以从这些比例关系中判断标价的构成是否合理。如果发现有不合理的部分，应当初步探讨其原因。首先研究拟投标工程与其他类似工程是否存在某些不可比因素，如果考虑了不可比因素的影响后，仍存在不合理的情况，就应当深入探讨其原因，并考虑调整某些基价、定额或分摊系数。

（3）探讨上述平均人月产值和人年产值的合理性和实现的可能性。如果从本公司的实践经验角度判断这些指标过高或过低，就应当考虑所采用定额的合理性。

（4）参照同类工程的经验，扣除不可比因素后，分析单位工程价格及用人工、材料用量的合理性。

（5）通过以上分析，对明显不合理的标价构成部分进行微观方面的分析检查。重点是在提高工效、改变施工方案、降低材料设备价格和节约管理费用等方面提出切实可行的措施，并修正初步计算标价。

2）标价的动态分析

（1）工期延误的影响。

如果由于承包人自身原因导致工期延误，承包人就会增加管理费、人工费、机械使用费及贷款利息，并且还要缴纳拖期违约罚金。一般情况下，可以测算工期延长某一段时间，上述各种费用增大的数额及其占总标价的比率。这些增加的开支部分只能用风险费和计划利润来弥补。因此，可以经过多次测算，得出利润全部丧失的工期延误时间。

（2）物价和工资上涨的影响。

通过调整标价计算当中的材料、设备和工资上涨系数，测算其对计划利润的影响。同时调查工程物资和工资的升降趋势和幅度，以便作出合理判断。通过分析，可以得知投标利润对物价和工资上涨因素的承受能力。

（3）其他可变因素影响。

影响标价的可变因素很多，而有些是投标人无法控制的，如贷款利率的变化、政策法规的变化等。通过分析这些可变因素的变化，可以了解投标项目计划利润的受影响程度。

3）标价的盈亏分析

初步计算标价经过宏观审核与进一步分析检查，可能对某些分项的单价作必要的调整，然后形成基础标价，再经盈亏分析，提出可能的低标价和高标价，供投标报价决策时选择。盈亏分析包括盈余分析和亏损分析两个方面。

(1)盈余分析是从标价组成的各个方面挖掘潜力、节约开支，计算出基础标价可能降低的数额，即所谓“挖潜盈余”，进而算出低标价。盈余分析主要从下列几个方面进行：①人工、材料、机械台班消耗定额以及人工、机械效率分析；②对劳务、材料设备、施工机械台班(时)价格三方面进行分析；③对管理费、临时设施费等方面逐项分析；④其他方面，如流动资金与贷款利息，保险费、维修费等方面逐项复核，找出有潜可挖之处。

考虑到挖潜不可能百分之百实现，尚需乘以一定的修正系数(一般取0.5～0.7)，据此求出可能的低标价，即：

$$低标价 = 基础标价 - (挖潜盈余 \times 修正系数) \tag{5-38}$$

(2)亏损分析是分析在算标时由于对未来施工过程中可能出现的不利因素考虑不周和估计不足，可能产生的费用增加和损失。主要从以下几个方面分析：①人工、材料、机械设备价格；②自然条件；③管理不善造成质量、工作效率等问题；④建设单位、监理工程师方面问题；⑤管理费失控。

以上分析估计出的亏损额，同样乘以修正系数(0.5～0.7)，并据此求出可能的高标价。即：

$$高标价 = 基础标价 + (估计亏损 \times 修正系数) \tag{5-39}$$

下面举例说明单价分析的方法及步骤。

【例5-1】 表5-4所示为某公路工程项目工程量清单中浇筑水泥混凝土路面分项的单价分析表格式。

(1)首先计算本分项工程的单位工程量直接工程费 a，即分别计算浇注 $1m^3$ 混凝土的材料费 a_1、劳务费 a_2、机械使用费 a_3，则 $a = a_1 + a_2 + a_3$。

单价分析表中各种材料(如水泥、碎石等)、劳务(人工)、施工机械的单位工程量计价，均由基价乘以定额消耗量之积得到。材料费和人工费应视情况根据市场行情预测并考虑物价上涨系数和工资上涨系数。

$$本分项工程直接工程费\ A = 本分项工程的单位工程量直接工程费\ a \times 本分项工程量\ Q \tag{5-40}$$

(2)计算分摊系数 β 和本分项工程分摊费 B：

$$本分项工程分摊费\ B = 本分项工程直接工程费\ A \times 分摊系数\ \beta \tag{5-41}$$

本分项工程的单位工程量分摊费 b = 本分项工程的单位工程量直接工程费 a × 分摊系数 β，式中，分摊系数等于整个工程项目的待摊费用之和除以所有分项的直接工程费之和，即：

$$分摊系数\ \beta = \frac{\sum 各分项工程待摊费}{\sum 分项工程直接工程费} \times 100\% \tag{5-42}$$

(3)计算本分项工程的单价 U 和合价 S。

本分项工程单价 U = 本分项工程的单位工程量直接工程费 a + 本分项工程的单位工程量分摊费 b = 本分项工程的单位工程量直接工程费 $a \times (1 + 分摊系数\ \beta)$，将工程量清单中所有分项，合价汇总，即可算出工程的计算标价。

单价分析计算表 表 5-4

工程量清单中分项编号	工程内容:水泥混凝土路面		数量:Q		
序号	工料内容	单位	定额消耗量	单位工程量基价（元）	本分项计价（元）
(1)	(2)	(3)	(4)	(5)	(6)
Ⅰ	材料费				
1-1	水泥	t	…	…	
1-2	碎石	m^3			
1-3	砂	m^3			
1-4	沥青	kg			
1-5	木材	m^3			
1-6	水	m^3			
1-7	零星材料				
	小计			a_1	
	乘上涨系数后材料价				
Ⅱ	劳务费				
2-1	机械操作手	工日			
2-2	一般熟练工	工日			
	劳务费小计			a_2	
Ⅲ	机械使用费				
3-1	混凝土搅拌站	台班			
3-2	混凝土搅拌车	台班			
3-3	小型机具费				
	机械费小计			a_3	
Ⅳ	直接工程费(Ⅰ+Ⅱ+Ⅲ)			a	A
Ⅴ	分摊费			β	B
Ⅵ	计算单价			U	S

$$总标价 = \sum 分项工程合价 + 备用金额 \tag{5-43}$$

招标投标中的标价计算不像编制概预算那样有一个统一的编制办法,计算标价首先要按照合同要求并结合本单位的经验和习惯,来确定计算方法、计算程序及报价策略。常用的标价计算方法有单价分析法、系数法、类比法。具体应用时最好不要采用单一的方法,而用几种方法进行复核和综合分析。

(五)投标报价策略

投标策略是指投标人在投标竞争中所采取的方式和手段。常用的投标策略有:

1. 不平衡报价

所谓不平衡报价，就是在不影响投标总报价的前提下，将某些分部分项工程的单价定得比正常水平高一些，某些分部分项工程的单价定得比正常水平低一些。不平衡报价是单价合同投标报价中常见的一种方法。

(1)对能早期得到结算付款的工程项目的单价可适当提高，对于后期结算的工程项目的单价适当降低。

(2)预计今后工程量会增加的项目，单价适当提高，预计工程量将减少的项目单价降低。

(3)设计图纸不明确或有错误的，估计修改后工程量会增加的项目，单价提高，而工程内容说明不清楚的，可适当降低单价。

(4)没有工程量，只填单价的项目，其单价提高些，这样既不影响投标总价，以后发生时承包人也可多获利。

(5)对于暂列数额(或工程)，预计会做的可能性较大，价格定高些，估计不一定发生的则单价低些。

(6)零星用工(计日工)的报价高于一般分部分项工程中的工资单价，因它不属于承包总价的范围，发生时实报实销，价高些会多获利。

2. 多方案报价法

在充分估计投标风险的基础上，按多个投标方案进行报价，即在投标文件中报两个价，按原工程说明书和合同条件报一个价，然后再提出如果工程说明书或合同条件可作某些改变时的另一个较低的报价(需加以注释)。这样可使报价降低，吸引招标人。

3. 突然降价法

投标报价是一项商业秘密性的竞争工作，竞争对手之间可能会随时互相探听对方的报价情况。在整个报价过程中，投标人先按一般态度对待招标工程，按一般情况进行报价，甚至可以表现出自己对该工程的兴趣不大，但等快到投标截止时，再突然降价，使竞争对手措手不及。

4. 无利润报价

缺乏竞争优势的承包人，在不得已的情况下，只好在报价时根本不考虑利润而去夺标。这种办法一般是处于以下条件时采用：

(1)有可能在得标后，将大部分工程分包给索价较低的一些分包人。

(2)对于分期建设的项目，先以低价获得首期工程，而后赢得机会创造第二期工程中的竞争优势，并在以后的实施中盈利。

(3)较长时期内，投标人没有在建的工程项目，如果再不得标，就难以维持生存。因此，虽然本工程无利可图，但只要能有一定的管理费维持公司的日常运转，就可设法渡过暂时的困难，以图将来东山再起。

六、国际工程招投标和 FIDIC 施工合同条件

(一)国际工程招投标

在国际工程上，主要是通过招标投标来选择承包人，许多国际机构都制定了招标投标程序。有些国家也制定了自己的国际工程招标投标程序，以适用于本国进行的国际工程招标投标。在这些程序中，世界银行的招标投标程序无疑是最为完善的和最有影响的，适用范围

也最大。因此,下面主要介绍世界银行的招标投标程序。

1. 世界银行贷款项目的采购原则

世界银行贷款项目的采购原则和采购程序是由《国际复兴开发银行贷款和国际开发协会信贷采购指南》(以下简称《采购指南》)规定的。其基本原则有以下三条:

(1)在项目采购中,必须注意经济性和效率性;

(2)世界银行贷款项目为合格的投标人承包项目提供平等的竞争机会,不论投标人来自发达国家还是发展中国家;

(3)世界银行作为一个开发机构,其贷款项目应促进借款国的制造业和承包业的发展。

2. 国际竞争性招标

国际竞争性招标(ICB)是指邀请世界银行成员国的承包人参加投标,从而确定最低评标价的投标人为中标人,并与之签订合同的整个程序和过程。国际竞争性招标是世界银行贷款项目采购程序的主要程序。

1)总采购公告

公开通告投标机会也是世界银行及其他国际开发机构所要求的,目的是使所有合格而有能力、符合要求的投标人不受歧视地能有公平的投标机会。

世界银行要求,贷款项目中以国际竞争性方式采购的货物和工程,借款人必须准备并交世界银行一份总采购公告,并及早送交世界银行,安排免费在联合国出版的《发展商务报》上刊登。送交世界银行的时间最迟不应迟于招标文件公开发售之前60天,以便及早安排刊登,使可能的投标人有时间考虑,并表示他们对这项采购的兴趣。

2)资格预审和资格定审

对于采购大而复杂的工程,在正式投标前宜对投标人进行资格预审,对投标人的资格和能力进行审查,以便缩小投标人的范围。是否要进行资格预审,应由借款国和世界银行充分协商后,在贷款协定中明确规定。资格预审首先要确定投标人是否有投标资格,在有优惠待遇的情况下,也可确定其是否有资格享受本国或地区优惠待遇。资格预审一结束,就应将招标文件发给预审合格的投标人,其间的时间间隔不宜太长。如果在投标前未进行过资格预审,则应在评标后对标价最低、并拟授予合同的投标人进行资格定审,以便审定其是否有足够的人力、财力资源有效地实施采购合同。资格定审的标准应在招标文件中明确规定,其内容与资格预审的标准相同。如果评标价最低的投标人不符合资格要求,就应拒绝这一投标,而对次低标的投标人进行资格定审。

3)准备招标文件

招标文件是评标及签订合同的依据。它向未来的投标人提供与所需采购的货物或工程有关的一切情况、投标应注意的一切事项和评标的具体标准。它还规定了业主与投标人之间的权利和义务,并提出了授予合同后业主与供货人以及承包商之间的权利义务关系,作为今后签订正式合同的基础。招标文件的各项条款应符合《采购指南》的规定。世界银行表示"无意见"后招标文件才可以公开发售。

招标文件应说明工程内容、工程所在地点、所需提供的货物、交货及安装地点、交货或竣工进程表、保修和维修要求,以及其他有关的条件和条款。如有必要,招标文件还应规定所采用的测试标准及方法,用以测定交付使用的设备是否符合规格要求。图纸与技术说明书内容必须一致。

招标文件还应说明在评标时除报价以外的其他因素,以及在评标时如何计量或用其他方法评定这些因素。如果允许对设计方案、使用原材料、支付条件、竣工日程等提出替代方案，招标文件应明确说明可以接受替代方案的条件和评标方法。招标文件发出后如有任何补充、澄清、勘误或更改，包括对投标人提出的问题所作出的答复，都必须在招标截止日期前足够长的时间，发送原招标文件的每一个收件人。

招标文件所用的语言应是国际商业通用的语言，即英、法、西班牙文三者之一，并以该种文字的文本为难。如果借款人愿意，他可以在以英、法或西斑牙文发出招标文件外，同时发出本国文字的招标文件。只有本国投标人可选择用本国文字投标。

4）投标邀请书

除了总采购通告外，借款人应将具体合同的投标机会及时通知国际社会。为此，应及时刊登具体合同的招标广告，即投标邀请书。与总采购通告有所不同，这类具体合同招标广告不要求，但鼓励刊登在联合国《发展商务报》上。至少应刊登在借款人国内广泛发行的一种报纸上；如有可能，也应刊登在官方公报上。

从发出广告到投标人作出反应之间应有充分时间，以便投标人进行准备。一般从刊登招标广告或发售招标文件（两个时间中以较晚的时间为准）算起，给予投标人准备投标的时间不得少于45天。

5）开标

在招标文件“投标人须知”中应明确规定投交标书地址、投标截止时间和开标时间及地点。开标时间一般应是投标截止时间或紧接在截止时之后。招标人应规定时间当众开标，对每份标书都应当众读出其投标人、报价和交货或完工日期；如果要求或允许提出替代方案，也应读出替代方案的报价及完工日期。标书是否附有投标保证全或保函也应当众读出。不能因为标书未附投标保证金或保函而拒绝开启。标书的详细内容是不可能也不必全部读出的。开标应作出记录，列明到会人员及宣读的有关标书的内容。如果世界银行有要求，还应将记录的副本送交世界银行。开标时一般不允许提问或作任何解释，但允许记录和录音。

在投标截止期以后收到的标书，尤其是已经开始宣读标书以后收到的标书，不论出于何种原因，一般都可加以拒绝。

上述公开开标的程序是竞争性招标最常采用的开标程序，也是世界银行要求其贷款项目采用国际竞争性招标方法时必须遵循的程序。公开开标也有其他变通办法，一个办法是所谓“双信封制度”，即要求投标书的技术性部分密封装入一个信封，而将报价装入另一个密封信封。第一次开标会时先开启技术性标书的信封；然后将各投标人的标书交评标委员会评比，视其是否在技术方面符合要求。如标书在技术上不符合要求，即通知该标书的投标人。第二次开标会时再将技术上符合要求的标书报价公开读出。技术上不符合要求的标书，其第二个信封不再开启。如果采购合同简单，两个信封也可能在一次会议上先后开启。

6）评标

评标主要有审标、评标、资格定审三个步骤，具体内容如下：

（1）审标。审标是先将各投标人提交的标书就一些技术性、程序性的问题加以澄清并初步筛选。如投标人是否具备投标资格，是否附有要求交纳的投标保证金，是否已按规定签字，是否在主要方面均符合招标文件提出的要求，是否有重大的计算错误，其他方面是否都符合规定等。

（2）评标。按招标文件所明确规定的标准和评标方法，评定各标书的评标价。评比时既考虑报价，也要考虑其他因素。投标书如有各种与招标文件所列要求不出现重大偏差者，应按招标文件规定办法在评标中加以计算;也可以通过举行澄清会议,寻求一致意见,加以解决。然后按评标价高低,由低至高,评定各标书的评标次序。

(3)资格定审。如果未经资格预审,则应对评标价最低标书的投标人进行资格定审。定审结果,如果认定他有资格,又有足够的人力、财力资源承担合同任务,就应报送世界银行,建议授予合同。如发现他不符合要求,则再对评标价次低标书的投标人进行资格定审。

评标只是对标书的报价和其他因素,以及标书是否符合招标程序要求和技术要求进行评比,而不是对投标人是否具备实施合同的经验、财务能力和技术能力的资格进行评审。对投标人的资格审查应在资格预审或定审中进行。评标考虑的因素中,不应把属于资格审查的内容包括进去。

7)授予合同或拒绝所有投标

按照招标文件规定的标准,对所有符合要求的标书进行评标,得出结果后,应将合同授予其标书评标价最低,并有足够的人力、财力资源的投标人。在正式授予合同之前,借款人应将评标报告,连同授予合同的建议,送交世界银行审查,征得其同意。

招标文件一般都规定借款人有拒绝所有投标的权利。借款人在采取这样的行动之前应先与世界银行磋商。借款人不能仅仅为了希望以更低价格采购到所需设备或工程而拒绝所有投标,再以同样的技术规格要求重新招标。但如果评标价最低的投标报价也大大超出了原来的预算,则可以废弃所有投标而重新招标。或者,作为替代办法,可在废弃所有投标后再与最低标的投标人谈判协商,以求取得协议。如不成功,可与次低标的投标人谈判。

如果所有投标均有重大方面不符合要求,或招标缺乏有效的竞争,借款人也可废弃所有投标而重新招标,但重新招标应慎重。

8)合同谈判和签订合同

中标人确定后,应尽快通知中标的投标商准备谈判。在正式通知授予合同后,业主就需与承包商进行合同谈判。但合同谈判并不是重新谈判投标价格和合同双方的权利义务,因为对投标价格的必要的调整已在评标的过程中确定;双方间的权利义务以及其他有关商务条款,招标文件中都已明确规定。而且《采购指南》还规定:“不应要求投标人承担技术规格书中没有规定的工作责任,也不得要求其修改投标内容作为授予合同的条件。”这就是说,合同价格是不容谈判的,也不得在谈判中要求投标人承担额外的任务。但有些技术性或商务性的问题是可以而且应该在谈判中确定的:①原招标文件中规定采购的设备、货物或工程的数量可能有所增减,合同总价也随之可按单价计算而有增减;②投标人的投标,对原招标文件中提出的各种标准及要求,总会有一些非重大性的差异。如技术规格上某些重大的差别,交货或完工时间提前或推迟,工程预付款的多少及支付条件,损失赔偿的具体规定,价格调整条款及所依据的指数的确定等.都应在谈判中进一步明确。

谈判结束后,中标人接到授标信后,应在规定时间内提交履约担保并签署正式合同,合同一式两份,双方各执一份,并将副本送世界银行。

3. 其他招标方式

世界银行贷款项目的采购并非一概排斥其他招标(采购)方式。有限国际招标(LIB)、国内竞争性招标(LCB)、国际及国内询价采购等采购方式,在一定条件下也可采用,但往往有较严格的限制,如世界银行规定,对一般借款国而言,10 万 ~25 万美元以上的货物采购合同,大中型的工程采购合同,都应采用国际竞争性招标。

(1)有限国际招标。有限国际招标是采用不公开刊登招标广告而直接邀请供应商或承包商进行投标的一种采购方式。这种采购方式主要用于以下情况:采购金额较小;能够提供货物或服务的供应商数目有限;有其他特殊理由证明不能完全按照国际竞争性招标方式进行采购。

(2)国内竞争性招标。国内竞争性招标是指在借款国范围内进行的招标采购,招标通告只在国内主要报纸刊登。如果外国公司有兴越投标,也应允许其参加投标。这种采购方式主要用于不可能吸引外国竞争的采购活动。

(3)国际和国内询价采购。这种方法是对外国或国内(通常至少3家)几家供应商的报价进行比较的一种采购方法。主要适用于采购现货或价值比较小的标准规格设备,或者用于小型、简单的土建工程。

(4)直接采购。直接采购是指不通过招标而由项目单位直接和供货单位进行谈判而签订的合同。

(5)自营工程。自营工程是指土建工程项目中采用的一种采购方式,是由借款国直接使用自己国内的施工队伍来承建的土建工程。

(二)FIDIC 施工合同条件

FIDIC 是国际咨询工程师联合会(Férdération Internationale Des Ingénieurs-Conseils)法文缩写。国际咨询工程师联合会总部设立在瑞士洛桑,是被世界银行认可的国际咨询机构,中国工程咨询协会代表我国于1996年10月加入该组织。

FIDIC 于1999年最新出版的合同文本包括以下4份新的合同文本:①施工合同条件(Conditions of Constract for Construction);②永久设备和设计—建造合同条件(Conditions of Constract for Plant and Design-Build);③EPC/交钥匙项目合同条件(Conditions of Constract for EPC/Turnkey Projects);④合同的简短格式(Short Form of Constract)。

1. FIDIC 合同条件的构成

FIDIC 合同条件由通用条件和专用条件两部分构成,且附有合同协议书、投标函和争端仲裁协议书。

(1)通用条件。FIDIC 通用条件是固定不变的,工程建设项目只要是属于房屋建筑或者工程的施工,如:工业与民用建筑工程、水电工程、道桥工程、港口工程等建设项目,都可适用。通用条件共分20个方面的问题:一般规定,业主,工程师,承包人,指定分包人,职员和劳工,工程设备、材料和工艺,开工、误期和暂停竣工检验,业主的接收,缺陷责任,测量和估价,变更和调整,合同价格和支付,业主提出终止,承包人提出暂停和终止,风险和责任,保险,不可抗力,索赔、争端和仲裁。由于通用条件可以适用于所有土木工程,条款非常具体、明确。

(2)专用条件。

由于考虑到工程的具体特点和所在地区的具体情况,FIDIC 在编制合同条件时还设置了专用条件。通用条件与专用条件一起构成了决定一个具体工程项目各方的权利义务及对工程施工的具体要求的合同条件。

2. FIDIC 合同条件的优先解释顺序

合同文件除合同条件外,还包括其他对业主、承包人都有约束力的文件。构成合同的这些文件应该是互相说明、互相补充的,当这些文件产生冲突或含义不清时,应由工程师(在我国指的是监理工程师,以下同)进行解释,其解释应按如下次序进行:①合同协议书;②中标函;③投标书;④专用条件;⑤通用条件;⑥规范;⑦图纸;⑧资料表和构成合同组成部分的其他文件。

3. FIDIC 合同条件中的有关各方

1)业主

业主是合同的当事人,在合同的履行过程中享有重大事项的决定权并承担相应的义务。

(1)业主应当在投标书附录中规定的时间(或几个时间)内给予承包人现场占有权,此项占有权不可为承包人独享。

(2)许可、执照或批准。业主应当根据承包人的请求,协助承包人取得与合同有关,但不易得到的工程所在国的法律文本,协助承包人申请工程所在国要求的许可、执照或批准。

(3)业主人员。业主应负责保证在现场的业主人员和其他承包人各项工作互相合作。

(4)业主的资金安排。业主应当在收到承包人的任何要求 28 天内,出示其已落实的和将维持的资金安排的有效证明,以说明业主能够按照规定支付合同价格。

(5)业主的索赔。如果根据合同条款或合同有关的事项,业主认为有权得到任何支付,和(或)对缺陷通知期限的延长,业主或者工程师应当向承包人发出通知,说明细节。通知应当在业主了解引起索赔的事项或者情况后尽快发出。关于缺陷通知期限任何延长的通知,应在期限到期前发出。

2)工程师

工程师由业主任命,与业主签订咨询服务委托协议书,根据施工合同的规定,对工程的质量、进度和费用进行控制和监督,以保证工程项目的建设能满足合同的要求。

(1)工程师的任务和权力。

①工程师行使合同规定或隐含的权力时,应当视为代表业主执行。

②工程师无权解除任何一方根据合同规定的任何任务、义务或职责。

③工程师的任何批准、校核、证明、同意、检查、检验、指示、通知、建议、要求、试验或类似行动(包括未表示不批准),不应解除合同规定承包人的任何职责,包括对错误、遗漏、误差和未遵办的职责。

(2)工程师的委托。工程师可以向其助手指派任务和委托权力。这些指派和委托应当采用书面形式,在双方收到抄件后才生效。如承包人对助手的确定或者指示提出质疑,承包人可将此事项提交工程师,工程师应当及时对该确定或指示进行确认、取消或者改变。

(3)工程师的指示。工程师可在任何时间按照合同规定向承包人发出指示和实施工程及修补缺陷可能需要的附加或修正图纸,承包人应当接受该指示。如果指示构成一项变更,则按照变更规定办理。一般情况下,这些指示应当采用书面形式。如果给出的是口头指示,承包人应当要求工程师给予书面确认。在收到承包人的要求书面确认后两个工作日内工程师仍未通过发出书面拒绝或进行答复,则应当确认工程师的口头指令为书面指令。

(4)工程师的替换。如果业主准备替换工程师,必须提前不少于 42 天发出通知以征得承包人的同意。

3)承包人

承包人是指其标书已被业主接受,是合同的当事人,以及取得该当事人资格的合法继承人,负责工程的施工。

(1)承包人的一般义务。包括:

①承包人应当按照合同约定及工程师的指示完成工程,并修补工程中的任何缺陷。

②承包人应提供合同规定的生产设备和承包人文件，以及此项设计、施工、竣工和修补缺陷所需的所有临时性或永久性的承包人人员、货物、消耗品及其他物品和服务。

③承包人应对所有现场作业、所有施工方法和全部工程的完备性、稳定性和安全性承担责任。除非合同另有规定，承包人对所有承包文件、临时工程及按照合同要求的每项生产设备和材料的设计承担责任，不应对其他永久工程的设计或规范负责。

④当工程师提出要求时，承包人应提交其建议采用的工程施工安排和方法的细节。

(2)承包人提供履约担保。

承包人应当在收到中标函后28天之内向业主提交履约担保，并向工程师送一份副本。履约担保可以分为企业法人提供的保证书和金融机构提供的保函两类。履约担保一般为不需承包人确认违约的无条件担保形式。履约保函应担保承包人圆满完成施工和保修的义务，而且到工程师颁发工程接收证书为止。

工程接收证书的颁发是对承包人按合同约定圆满完成施工义务的证明，承包人还承担着保修义务，如果双方有约定的话，允许颁发整个工程的接收证书后将履约保函的担保金额减少一定的百分比。项目业主应当在收到履约证书副本后21天内，将履约担保退还承包人。

在下列情况下项目业主可以凭履约担保索赔：

①专用条款内约定的缺陷通知期满后仍未能解除承包人的保修义务时，承包人应延长履约保函有效期而未延长。

②按照项目业主索赔或争议、仲裁等决定，承包人未向业主支付相应款项。

③缺陷通知期内承包人接到业主修补缺陷通知后42天内未派人修补。

④由于承包人的严重违约，业主终止合同。

(3)承包人代表。承包人应当任命承包人代表，并授予其代表承包人根据合同采取行动所需的全部权利。承包人代表的任命应当取得工程师的同意。任命后，未经工程师同意，承包人不得撤销此任命，或者任命替代人员。

(4)关于分包。承包人不得将整个工程分包。承包人应当对分包商的行为或违约负责。

(5)安全责任。承包人应当承担以下安全责任：

①遵守所有适用的安全规则；

②负责有权在现场的所有人员的安全；

③清除现场和工程不需要的障碍物，以避免对人员造成危险；

④在工程竣工和移交前，提供围栏、照明、保卫和看守；

⑤实施工程时，为公众和邻近土地的所有人、占用人提供保护，提供需要的临时工程。

4)指定分包人

(1)指定分包人的含义。指定分包人是由业主(或工程师)指定、选定，完成某项特定工作内容并与承包人签订分包合同的特殊分包人。业主有权将部分工程项目的施工任务或涉及提供材料、设备、服务等工作内容发包给指定分包人实施。

由于指定分包人是与承包人签订分包合同，因而在合同关系和管理关系方面与一般分包人处于同等地位，对其施工过程中的监督、协调工作纳入承包人的管理之中。但应注意，除非由于承包人向指定分包人发布了错误的指示要承担责任外，对指定分包人的任何违约行为给业主或第三者造成损害而导致索赔或诉讼，承包人不承担责任。

(2)对指定分包人的付款。为了不损害承包人的利益，给指定分包商的付款应从暂列金额内开支。如果承包人没有合法理由而扣押了指定分包人上个月应得工程款的话，业主有权按工程师出具的证明从本月应得款内扣除这笔金额直接付给指定分包人。

4. 施工进度控制

1）施工进度计划

承包人应在合同规定的日期或在收到中标函后42天内（合同未作规定）开工，工程师应在不少于7天前向承包人发出开工日期的通知。承包人应当在收到通知后的28天内，向工程师提交一份详细的施工进度计划。

2）工程师对施工进度的监督

为了便于工程师对合同的履行进行有效的监督和管理，协调各合同之间的配合，承包人每个月都应向工程师提交进度报告，说明前一阶段的进度情况和施工中存在的问题及下一阶段的实施计划和准备采取的相应措施。当工程师发现实际进度与计划进度严重偏离时，不论实际进度是超前还是滞后于计划进度，随时有权指示承包人修改施工进度计划，并再次提交工程师认可后执行，新进度计划将代替原来的计划。也允许在合同内明确规定，每隔一段时间（一般为3个月）承包人都要对施工计划进行一次修改，并经过工程师认可。按照合同条件的规定，工程师在管理中应注意两点：①不论因何方应承担责任的原因导致实际进度与计划进度不符，承包人都无权对修改进度计划的工作要求额外支付；②工程师对修改后进度计划的批准，并不意味承包人可以摆脱合同规定应承担的责任。

3）合同工期的顺延

（1）延误发放图纸 。

（2）延迟移交施工现场。

（3）不可预见的外界条件。

（4）承包人根据工程师提供的错误数据导致放线错误。

（5）施工中遇到文物和古迹而对施工进度的干扰。

（6）非承包人原因检验导致施工的延误。

（7）发生变更或合同中实际工程量与计划工程量出现实质性变化。

（8）施工中遇到有经验的承包人不能合理预见的异常不利气候条件影响。

（9）由于传染病或其他政府行为导致工期的延误。

（10）施工中受到业主或其他承包人的干扰。

（11）施工涉及有关公共部门原因引起的延误。

（12）业主提前占用工程导致对后续施工的延误。

（13）非承包人原因使竣工检验不能按计划正常进行。

（14）后续法规调整引起的延误。

（15）发生不可抗力事件的影响。

5. 竣工检验

承包人完成工程并准备好竣工报告所需报送的资料后，应提前21天将某一确定的日期通知工程师，说明此日后已准备好进行竣工检验。工程师应指示在该日期后14天内的某日进行。此项规定同样适用于按合同规定分部移交的工程。如果工程或某区段未能通过竣工检验，承包人对缺陷进行修复和改正，在相同条件下重复进行此类未通过的试验和对任何相关工作的竣工检验。当整个工程或某区段未能通过按重新检验条款规定所进行的重复竣工检验时，工程师应有权选择以下任何一种处理方法：

（1）指示再进行一次重复的竣工检验。

(2)如果由于该工程缺陷致使业主基本上无法享用该工程或区段所带来的全部利益，拒收整个工程或区段（视情况而定），在此情况下，业主有权获得承包人的赔偿。

(3)颁发一份接收证书（如果业主同意的话），折价接收该部分工程，合同价格应按照可以适当弥补由于此类失误而给业主造成的减少的价值数额予以扣减。

6. 颁发工程接收证书

工程通过竣工检验达到了合同规定的基本竣工要求后，承包人在他认为可以完成移交工作前14天，以书面形式向工程师申请颁发接收证书。基本竣工是指工程已通过竣工检验，能够按照预定目的交给业主占用或使用，而非完成了合同规定的包括扫尾、清理施工现场及不影响工程使用的某些次要部位缺陷修复工作后的最终竣工，剩余工作允许承包人在缺陷通知期内继续完成。

工程师接到承包人申请后的28天内，如果认为已满足竣工条件，即可颁发工程接收证书。若不满意，则应书面通知承包人，指出还需完成哪些工作后才达到基本竣工条件。工程接收证书中包括确认工程达到竣工的具体日期。工程接收证书颁发后，不仅表明承包人对该部分工程的施工义务已经完成，而且对工程照管的责任也转移给业主。

如果合同约定工程不同区段有不同竣工日期时，每完成一个区段均应按上述程序颁发部分工程的接收证书。

1)业主提前占用工程时，工程接收证书的颁发

工程师应及时颁发工程接收证书，并确认业主占用日为竣工日。提前占用或使用表明该部分工程已达到竣工要求，对工程照管责任也相应转移给业主，但承包人对该部分工程的施工质量缺陷仍负有责任。

2)因非承包人原因导致不能进行规定的竣工检验时，工程接收证书的颁发

工程师应以本该进行竣工检验日签发工程接收证书，将这部分工程移交给业主照管和使用。工程虽已接收，仍应在缺陷通知期内进行补充检验。由于非承包人原因导致缺陷通知期内进行的补检，属于承包人在投标阶段不能合理预见到的情况，该项检验比正常检验多支出的费用应由业主承担。

7. 缺陷责任期

缺陷责任期即国内施工文本所指的工程保修期，也称为缺陷通知期。自工程接收证书中写明的竣工日开始，至工程师须发履约证书为止的日历天数。

尽管工程移交前进行了竣工检验，但只是证明承包人的施工工艺达到了合同规定的标准，设置缺陷责任期的目的是为了考验工程在动态运行条件下是否达到了合同中技术规范的要求。因此，从开工之日起至须发履约证书日止，承包人要对工程的施工质量负责。

合同工程的缺陷责任期及分阶段移交工程的缺陷责任期，应在专用条件内具体约定。次要部位工程通常为半年；主要工程及设备大多为一年；个别重要设备也可以约定为一年半。

1)承包人在缺陷责任期内应承担的义务

(1)将不符合合同规定的永久设备或材料从现场移走并替换。

(2)将不符合合同规定的工程拆除并重建。

(3)实施任何因保护工程安全而需进行的紧急工作。不论事件起因于事故、不可预见事件还是其他事件。

2)履约证书

履约证书是承包人已按合同规定完成全部施工义务的证明,因此该证书颁发后工程师就无权再指示承包人进行任何施工工作,承包人即可办理最终结算手续。缺陷责任期内工程圆满地通过运行考验,工程师应在期满后的 28 天内,签发解除承包人承担工程缺陷责任的证书,并将副本送给承包人。但此时仅意味承包人与合同有关的实际义务已经完成,而合同尚未终止,剩余的双方合同义务只限于财务和管理方面的内容。业主应在证书颁发后的 14 天内,退还承包人的履约保证书。

缺陷责任期满时,如果工程师认为还存在影响工程运行或使用的较大缺陷,可以延长缺陷责任期并推迟颁发证书,但缺陷责任期的延长不应超过竣工日后的 2 年。

8. 合同价格和付款

1)合同价格

通用条件分别定义了“接受的合同款额”和“合同价格”的概念。“接受的合同款额”是指业主在“中标函”中对实施、完成和修复工程缺陷所接受的金额,来源于承包人的投标报价并对其确认。“合同价格”则指按照合同各条款的约定,承包人完成建造和保修任务后,对所有合格工程有权获得的全部工程款。因此,最终结算的合同价与中标函中注明的接受的合同款额一般不会相等,究其原因,主要有以下几个方面的因素:

(1)合同类型特点。FIDIC 施工合同条件适用于大型复杂工程采用单价合同的承包方式。为了缩短建设用期,通常在初步设计完成后就开始施工招标。合同履行过程中,承包人实际完成的工程量可能多于或少于清单中的估计量。单价合同的支付原则是,按承包人实际完成工程量乘以清单中相应工作内容的单价,结算该部分的工程款。另外,大型复杂工程的施工期较长,通用条件中包括合同工期内因物价变化对施工成本产生影响后计算调价费用的条款,而这笔调价款没有包含在中标价格内,仅在合同条款中约定了调价原则和调价费用的计算方法。

(2)发生应由业主承担责任的事件。在合同履行过程中,可能因业主的行为或他应承担的风险责任事件发生后,导致承包人增加施工成本,合同相应条款都规定应对承包人受到的实际损害给予补偿。

(3)承包人的质量责任。合同履行过程中,如果承包人没有完全地或正确地履行合同义务,业主可凭工程师出具的证明,从承包人应得工程款内扣减该部分给业主带来损失的款额。

(4)承包人延误工期或提前竣工。签订合同时双方约定日拖期赔偿额和最高赔偿限额。如果由于承包人责任竣工时间迟于合同工期,将按日拖期赔偿额乘以延误天数计算拖期违约罚金。但以约定的最高赔偿限额为赔偿业主延迟发挥工程效益的最高款额。

如果合同内规定有分阶段移交的工程,在整个合同工程竣工日期以前,工程师已对部分分阶段移交的工程颁发了工程接收证书,且证书中注明的该部分工程竣工日期未超过约定的分阶段竣工时间,则全部工程剩余部分的日拖期违约赔偿额应相应折减。

当合同内约定有分项工程的竣工时间和奖励办法时,为了使业主能够在完成全部工程之前占有并启用工程的某些部分以提前发挥效益,约定的分项工程完工日期应固定不变。

(5)包含在合同价格之内的暂列金额。某些项目的工程量清单中包括有“暂列金额”款项,尽管这笔款额计入在合同价格内,但其使用却归工程师控制。暂列金额实际上是一笔业主方的备用金,用于招标时对尚未确定或不可预见项目的储备金额。

由于暂列金额是用于招标文件规定承包人必须完成的承包工作之外的费用,承包人报价时不将承包范围内发生的间接费、利润、税金等摊入其中，所以他未获得暂列金额内的支付并不损害其利益。

2）开工预付款

开工预付款是业主为了缓解承包人施工前期工作的资金周转压力，从未来的工程款中提前支付的一笔款项。合同工程是否有预付款，以及预付款的金额多少、支付（分期支付的次数及时间）和扣还方式等均要在专用条款内约定。

承包人需首先将银行出具的履约保函和预付款保函交给业主并通知工程师，工程师在21天内签发预付款支付证书，业主按合同约定的数额和外币比例支付开工预付款。开工预付款保函金额始终保持与开工预付款等额，即随着承包人对预付款的偿还逐渐递减保函金额。开工预付款在分期支付工程进度款的支付中按百分比扣减的方式扣回。自承包人获得工程进度款累计总额（不包括开工预付款的支付和保留金的扣减）达到合同总价（减去暂列金额）10%那个月起扣。当月证书中承包人应获得的合同款额（不包括预付款及保留金的扣减）中扣除25%作为预付款的偿还，直至还清全部预付款。

3）材料预付款

FIDIC通用条件的条款规定，为了帮助承包人解决订购大宗主要材料和设备所占用资金的周转，订购物资经工程师确认合格后，按发票价值的80%作为材料预付款的款额，包括在当月应支付的工程进度款内。只有当材料和设备用于永久工程后，才能将这部分费用计入到工程进度款内结算支付。当材料和设备已用于永久工程，构成永久工程合同价格的一部分后，在承包人应得的款额内扣除此款项，扣除金额和开工预付款金额的计算方法相同，也可以在专用条款中约定扣款的方式。

4）保留金

保留金是为了使承包人履行合同，按合同约定从承包人应得的工程进度款中扣留的一笔金额，作为约束承包人严格履行合同义务的措施之一。当承包人有一般违约行为使业主受到损失时，可从该项金额内直接扣除损害赔偿费。

（1）保留金的约定和扣除。每次月进度款支付时扣留的百分比一般为5%～10%，累计扣留的最高限额为合同价的2.5%～5%。从首次支付工程进度款开始，用该月承包人完成合格工程应得款加上因后续法规政策变化的调整和市场价格浮动变化的调价款为基数，乘以合同约定保留金的百分比作为本次支付时应扣留的保留金。逐月累计扣到合同约定的保留金最高限额为止。

（2）保留金的返还。扣留的保留金分两次返还：

①颁发了整个工程的接收证书时，将保留金的前一半支付给承包人。如果颁发的接收证书只是限于一个区段或工程的一部分，则：

$$\text{返还金额} = \text{保留金总额的一半} \times \frac{\text{移交工程区段或部分的合同价值}}{\text{最终合同价值的估算值}} \times 40\% \qquad (5\text{-}44)$$

②整个合同的缺陷通知期满，返还剩余的保留金。如果颁发的履约证书只限于一个区段，则在这个区段的缺陷通知期满后：

$$\text{返还金额} = \text{剩余保留金总额} \times \frac{\text{移交工程区段或部分的合同价值}}{\text{最终合同价值的估算值}} \times 40\% \qquad (5\text{-}45)$$

合同内以履约保函和保留金两种手段作为约束承包人履行合同义务的措施，当承包人严重违约而使合同不能继续顺利履行时，业主可以凭履约保函向银行获取损害赔偿；而因承包人的一般违约行为令业主蒙受损失时,通常利用保留金补偿损失。履约保函和保留金的约束期均是承包人负有施工义务的责任期限(包括施工期和保修期)。

(3)保留金保函代换保留金。当保留金已累计扣留到保留金限额的60%时,为了使承包人有较充裕的流动资金用于工程施工,可以允许承包人提交保留金保函代换保留金。业主返还保留金限额的50%,剩余部分待颁发履约证书后再返还。保函金额在颁发接收证书后不递减。

5)工程进度款的支付

(1)工程量计量。每次支付工程月进度款前,均需通过测量来核实实际完成的工程量,并作为支付依据。采用单价合同的施工工作内容应以计量的数量作为支付进度款的依据,而在总价合同或单价包干混合式合同中,按总价承包的部分可以按图纸工程量作为支付依据,仅对变更部分予以计量。

(2)承包人提供报表。每个月的月末,承包人应按工程师规定的格式提交一式6份本月支付报表。内容包括提出本月已完成合格工程的应付款要求和对应扣款的确认。

(3)工程师签证。工程师接到报表后,对承包人完成的工程形象、项目、质量、数量以及各项价款的计算进行核查。若有疑问时,可要求承包人共同复核工程量。在收到承包人的支付报表的28天内,按核查结果以及总价承包分解表中核实的实际完成情况签发支付证书。工程师可以不签发证书或扣减承包人报表中部分金额的情况包括:

①合同内约定有工程师签证的最小金额时,本月应签发的金额小于签证的最小金额,工程师不出具月进度款的支付证书。本月应付款接转下月,超过最小签证金额后一并支付。

②承包人提供的货物或施工的工程不符合合同要求,可扣发修正或重置相应的费用,直至修整或重置工作完成后再支付。

③承包人未能按合同规定进行工作或履行义务,并且工程师已经通知了承包人,则可以扣留该工作或义务的价值,直至工作或义务履行为止。

工程进度款支付证书属于临时支付证书,工程师和承包人都有权对以前签发过的证书中发现的错、漏或重复提出更改或修正,经双方复核同意后,将增加或扣减的金额纳入本次签证中。

(4)业主支付。承包人的报表经过工程师认可并签发工程进度款的支付证书后,业主应在接到证书后的56天内及时给承包人付款。

6)竣工结算

颁发工程接收证书后的84d内,承包人应按工程师规定的格式报送竣工报表。工程师接到竣工报表后的28天内完成对照竣工图进行工程量详细核算,对其他支付要求进行审查,然后再根据检查结果签署竣工结算的支付证书。业主依据工程师的签证予以支付。

7)最终结算

颁发履约证书后的56天内,承包人应向工程师提交最终报表草案,以及工程师要求提交的有关资料。最终报表草案要详细说明根据合同完成的全部工程价值和承包人依据合同认为还应支付给他的任何款项。

工程师审核后与承包人协商,对最终报表草案进行适当的补充或修改后形成最终报表。承包人将最终报表送交工程师的同时,还需向业主提交一份结清单进一步证实最终报表中的支付总额,作为同意与业主终止合同关系的书面文件。工程师在接到最终报表和结清单附件后的28天内签发最终支付证书,业主应在收到证书后的56天内支付。只有当业主按照最终支付证书的金额予以支付并退还履约保函后,结清单才生效,承包人的索赔权利也终止。

9. 有关争端的处理

1)对争端的理解

凡是当事人对合同是否成立、成立的时间、合同内容的解释、合同的履行、违约的责任,以及合同的变更、中止、转让、解除、终止等发生的争端,均应包括在内;也包括对工程师的任何意见、指示、决定、证书或估价方面的任何争端。

2)解决争端的方式

(1)提交工程师决定。

当业主与承包人之间产生争端应首先提交工程师。任何一方要求工程师作出决定时,他应与双方协商尽量达成一致。如果未能达成一致,则应按合同规定并适当考虑有关情况后作出公平的决定。

(2)提交争端裁决委员会决定。

如果双方对工程师的决定不满,可以将争端提交争端裁决委员会,并将副本送交对方和工程师。争端裁决委员会在收到提交的争议文件后 84 天内对争端作出裁决,作出裁决后的 28 天内,任何一方未提出不满裁决的通知,则该裁决即为最终的决定。

(3)双方协商。

任何一方对裁决委员会的裁决不满意时,或裁决委员会在 84 天内未能作出裁决,在此期限的 28 天内应将争议提交仲裁。仲裁机构在收到申请后的 56 天才开始审理,在此期间要求双方尽量以友好的方式解决争端。

(4)仲裁。

如果双方未能通过协商解决争议,则只能在合同约定的仲裁机构最终裁决。仲裁机关作出的裁决具有法律效力,但仲裁机关无权强制执行。如果当事人一方不履行裁决,另一方可以向法院申请强制执行。

第四节　施工阶段工程造价控制

一、建设工程施工合同

在招投标阶段,发包人(建设单位) 和承包人(施工单位)通过双选,达成一致协议,即建设施工合同。

(一)建设工程施工合同的类型

建设工程施工合同是发包人(建设单位)和承包人(施工单位)为完成商定的工程任务,明确相互权利义务关系的协议。工程施工合同应当采取书面形式。双方协商同意的有关修改承包合同的设计变更文件、洽商记录、会议纪要以及资料、图表等,也是施工合同的组成部分。

一般情况下划分为三大类型,即总价合同、单价合同和成本加酬金合同。

1. 总价合同

总价合同是指在合同中确定一个完成项目的总价,承包人据此完成项目全部内容的合同。这种合同类型能够使发包人在评标时易于确定报价最低的承包人,易于进行支付计算。

这种类型合同仅适用工程量不太大且能精确计算、工期较短、技术不太复杂、风险不大的项目。因而采用这种类型合同要求发包人必须准备详细而全面的设计图纸，使承包人能准确计算工程量。总价合同又分为固定总价合同和可调总价合同。

1）固定总价合同

合同双方以招标时的图纸和工程量等说明为依据，承包人按投标时业主接受的合同价格承包实施，并锁定总额。合同履行过程中，如果业主没有要求变更原定的承包内容，完成实施承包工作内容后，不论承包人的实际施工成本是多少，均应按合同价获得支付工程款。

这种合同承包人要考虑承担合同履行过程中的主要风险，因此投标报价较高。

2）可调总价合同

这种合同与固定总价合同基本相同，但合同期较长（一年以上），是在固定总价合同的基础上，增加合同履行过程中因市场价格浮动对承包价格调整的条款。

2．单价合同

单价合同是指承包人按工程量清单的内容填报单价，以实际完成工程量乘以所报单价计算结算价款的合同。

单价合同的工程量清单中所列的工程量是估算的工程量，结算支付时以实际完成工程量为准，而单价在合同执行期间保持不变。

单价合同大多用于工期长、技术复杂、实施过程中发生各种不可预见因素较多的大型复杂工程的土建施工，以及业主为了缩短项目建设周期，初步设计完成后就进行施工招标的工程。单价合同也可分为固定单价合同和可调单价合同。

1）固定单价合同

在设计或其他建设条件还不太落实的条件下，而以后又需增加工程内容或工程量时，可以按单价适当追加合同内容。在结算时，根据实际完成的工程量结算，在工程全部完成时，以竣工图的工程量最终结算工程总价款。

2）可调单价合同

合同单价可调，一般在招标文件中规定。有的工程在招标或签约时，因某些不确定性因素而在合同中暂订某些工程的单价，在工程结算时，再根据实际情况和合同约定对单价进行调整，确定实际结算单价。

3．成本加酬金合同

成本加酬金合同是将工程项目的实际投资划分成直接成本费和承包人完成工作后应得酬金两部分。实施过程中发生的直接成本费由业主实报实销，另按合同约定的方式付给承包人相应报酬。

成本加酬金合同大多适用于边设计边施工的紧急工程或灾后修复工程，以议标方式与承包人签订合同。按照酬金的计算方式不同，较多采用的几种类型有如下几种：

（1）成本加固定百分比酬金。

（2）成本加固定酬金。

（3）成本加浮动酬金。

（4）目标成本加奖罚金。

（二）建设工程施工合同类型的选择

选择合同类型应考虑以下因素：

1. 项目规模和工期长短

(1)如果项目的规模较小、工期较短,则合同类型的选择余地较大,总价合同、单价合同及成本加酬金合同都可选择。由于选择总价合同发包人可以不承担风险,发包人较愿选用。对这类项目,承包人同意采用总价合同的可能性较大,因为这类项目风险小,不可预测因素少。

(2)如果项目规模大、工期长,则项目的风险也大,合同履行中的不可预测因素也多。此类项目不宜采用总价合同。

2. 项目的竞争情况

如果在某一时期和某一地点,愿意承包某一项目的承包人较多,发包人拥有较多的主动权,可按照总价合同、单价合同、成本加酬金合同的顺序进行选择。如果愿意承包项目承包人较少,则承包人拥有的主动权较多,可以尽量选择承包人愿意采用的合同类型。

3. 项目的复杂程度

如果项目的复杂程度较高,承包人对合同的选择有较大的主动权,总价合同被选用的可能性较小。如果项目的复杂程度低,则发包人对合同类型的选择有较大的主动权。

4. 工程项目的明确程度

如果分项工程的类别和工程量都已十分明确,则可选用的合同类型较多,总价合同、单价合同、成本加酬金合同都可以选择。如果分项工程的分类已详细而明确,但实际工程量与预计的工程量可能有较大出入时,则应优先选择单价合同。如果分项工程的分类和工程量都不甚明确,则无法采用单价合同。

5. 项目准备时间的长短

不同的合同类型分别需要不同的准备时间和准备费用。总价合同需要的准备时间和准备费用最高,成本加酬金合同需要的准备时间和准备费用最低。对于一些非常紧急的项目如抢险救灾等项目,给予发包人和承包人的准备时间都非常短,因此,只能采用成本加酬金的合同形式。反之,则可采用单价或总价合同形式。

6. 项目的外部环境因素

项目的外部环境因素包括:项目所在地区的政治局势、经济局势等。如果项目的外部环境恶劣则意味着项目的成本高、风险大、不可预测的因素多,承包人很难接受总价合同方式,而较适合采用成本加酬金合同。

总之,在选择合同类型时,一般情况下是发包人占有主动权。但发包人不能单纯考虑己方利益,应当综合考虑项目的各种因素,考虑承包人的承受能力,确定双方都能认可的合同类型。

二、施工组织设计与工程预算

在承发包合同的基础上,施工承包人接下来的一个重要技术工作就是完成施工组织设计和工程预算。

施工组织设计是在对拟建的公路工程现场进行充分调查,结合施工条件具体的分析基础上从技术经济方面进行研究对比,选择技术上可行、经济上合理的方案。

施工组织设计对预算的影响是多方面的,但主要是对直接费的影响,影响较大的主要因素有如下几个方面。

（一）施工现场平面布置对预算的影响

施工现场平面布置是施工组织设计在空间上的综合描述，是施工组织设计的重要组成部分。它是在基础资料调查的基础上，结合建设工程的实际情况，按照一定的布置原则和方法，对建设工程在施工过程中的材料供应和运输路线、供电、供水、临时工程、工地仓库、生活设施、机械设施、服务区、加油站、道班房、预制场、拌和厂以及大型机械设备工作面的布置和安排。平面布置的确定，也就决定了预算中相应的直接费，如场内运输的价格、临时工程的费用以及租用土地费、平整场地费用等。

（二）施工工期对预算的影响

由于直接工程费随工期的缩短而增加，间接费随工期的缩短而减少，这样就存在一个最优的工期。合理地确定施工工期，对工程质量和预算造价都会产生极大的影响。

（三）施工方法的选择对预算的影响

随着新工艺、新技术的不断发展，完成一个项目有多种施工方法，而每种施工方法又有其自身的特点和不足，这就要求设计人员根据工程的具体条件，选择经济适用的方法。

1. 路基施工方法的选择

目前高等级公路一般都采用机械化施工，低等级公路一般采用人工、机械组合进行施工。如采用机械化施工，其施工方法的选择其实就是施工机械的选择，应根据施工的作业种类及运输距离合理选择机械。

2. 路面施工方法的选择

路面基层施工方法主要分为路拌法和厂拌法，面层施工主要有热拌、冷拌、灌入等方法。各种施工方法的工程成本消耗各不相同，应结合公路等级要求、路面工程规模和工期要求进行综合分析确定。

3. 构造物施工方法的选择

构造物成型简单，石砌圬工是以人工施工为主，混凝土工程不是采用木模就是钢模，没有更多的施工方法可供优选。构造物安装复杂，因为有些构造物各有特殊专业的施工方法，这在工程设计时就已确定了，如T形梁的安装，一般都采用导梁作为安装工具，箱形拱桥则要采用缆索来进行吊装，悬臂拼装就要配用悬臂吊机等，这些都是长期实践经验积累起来的施工方法，有定型配套的安装设备。

（四）运输组织计划对预算的影响

运输组织计划是施工组织设计中的一项重要内容，它不仅直接影响施工进度，而且在很大程度上也影响了工程造价。

三、工程变更与补偿

（一）FIDIC 合同条件下的工程变更与变更估价

1. 工程变更

工程变更是指在工程实施中，对某些工作内容作出修改，或者追加或取消某一工作内容。显然,由于勘测、设计、试验与实际的差异,在合同执行过程中,工程变更是不可避免的。

工程变更包括工程量变更、工程项目的变更(如发包人提出增加或者删减原项目内容)、进度计划的变更、施工条件的变更等。

2. 工程变更的类型

(1)合同中包括的任何工作内容的数量的改变。为便于合同管理,当事人双方应在专用条款中约定工程量变化较大时可以调整单价的百分比。

(2)任何工作内容的质量或其他特性的改变。

(3)任何部分工程高程、位置和尺寸的改变。

(4)任何工作的删减,但要交由他人实施的工作除外。

(5)永久工程所需的任何附加工作、生产设备、材料或服务,包括任何有关的竣工试验、钻孔和其他试验及勘探工作。

(6)实施工程的顺序或时间安排的改变。

3. 变更程序

在颁发工程接收证书前的任何时间,工程师可以通过发布变更指令或以要求承包人递交建议书的任何一种方式提出变更。

(1)指令变更。工程师在业主授权范围内根据施工现场的实际情况,在确属需要时有权发布变更指令。指令的内容应包括详细的变更内容、变更工程量、变更项目的施工技术要求和有关部门文件图纸,以及变更处理的原则。

(2)要求承包人递交建议书后再确定的变更。其程序为:

①工程师将计划变更事项通知承包人,并要求其递交实施变更的建议书。

②承包人应尽快予以答复。一种情况可能是通知工程师由于受到某些非自身原因的限制而无法执行此项变更;另一种情况是承包人依据工程师的指令递交实施此项变更的说明,内容包括:a. 将要实施的工作的说明书以及该工作实施的进度计划;b. 承包人依据合同规定对进度计划和竣工时间作出任何必要修改的建议,提出工期顺延要求;c. 承包人对变更估价的建议,提出变更费用要求。

(3)工程师收到此类建议书后,应尽快给予批准、不批准或提出意见的回复。承包人在等待答复期间,不应延误任何工作。对于工程师发出每一项实施变更的指令,应要求承包人记录支出的费用。

4. 变更估价

(1)变更估价的原则。变更工程的价格或费率,往往是双方协商时的焦点。计算变更工程应采用的费率或价格,可分为以下三种情况:

①变更工作在工程量表中有同种工作内容的单价,应以该单价计算变更工程费用。

②工程量表中虽然列有同类工作的单价或价格,但对具体变更工作而言已不适用,则应在原单价的基础上制订合理的新单价。

③变更工作的内容在工程量表中没有同类工作的单价,应按照与合同单价水平相一致的原则,确定新的单价。

(2)可以调整合同工作单价的原则。具备以下条件时,允许对某一项工作规定的单价加以调整:

①此项工作实际测量的工程量比工程量表或其他报表中规定的工程量的变动大10%以上。

②工程量的变更与对该项工作规定的具体费率的乘积超过了接受的合同款额的0.01%。

③工程量的变更直接造成该项工作每单位工程量费用的变动超过1%。

(3)删减原定工作后对承包人的补偿。工程师发布删减工作的变更指令后承包人不再实施该部分工作,合同价格中包括的直接费部分没有受到损害,但摊销在该部分的间接费、利润和税金实际不能合理回收。此时承包人可以就其损失向工程师发出通知并提供具体的证明资料,工程师与合同双方协商后确定一笔补偿金额加入到合同价内。

(二)工程索赔

1. 工程索赔

工程索赔是指在工程承包合同中,当事人一方因对方不履行或不完全履行既定的义务,或者由于对方的行为使权利人受到损失时,要求对方补偿损失的权利。"索赔"是双向的,它包括承包人向发包人的索赔,也包括发包人向承包人的索赔。

2. 工程索赔的分类

1)按索赔的合同依据分类

(1)合同中明示的索赔。合同中明示的索赔是指承包人所提出的索赔要求,在该工程项目的合同文件中有文字依据,承包人可以据此提出索赔要求,并取得经济补偿。这些在合同文件中有文字规定的合同条款,称为明示条款。

(2)合同中默示的索赔。合同中默示的索赔,即承包人的该项索赔要求,虽然在工程项目的合同条款中没有专门的文字叙述,但可以根据该合同的某些条款的含义,推论出承包人有索赔权。这种索赔要求,同样有法律效力,有权得到相应的经济补偿。这种有经济补偿含义的条款,在合同管理工作中被称为"默示条款"或称为"隐含条款"。

2)按索赔目的分类

(1)工期索赔。由于非承包人责任的原因而导致施工进度延误,要求批准顺延合同工期的索赔,称为工期索赔。一旦获得批准合同工期顺延后,承包人不仅免除了承担拖期违约赔偿费的严重风险,而且可能提前工期得到奖励,最终仍反映在经济收益上。

(2)费用索赔。费用索赔的目的是要求经济补偿。当施工的客观条件改变导致承包人增加开支,要求对超出计划成本的附加开支给予补偿,以挽回不应由其承担的经济损失。

3)按索赔事件的性质分类

(1)工程延误索赔。因发包人未按合同要求提供施工条件,如未及时交付设计图纸、施工现场、道路等,或因发包人指令工程暂停或不可抗力事件等原因造成工期拖延的,承包人对此提出索赔。这是工程中常见的一类索赔。

(2)工程变更索赔。由于发包人或监理工程师指令增加或减少工程量或增加附加工程、修改设计、变更工程顺序等,造成工期延长和费用增加,承包人对此提出索赔。

(3)合同被迫终止的索赔。由于发包人或承包人违约以及不可抗力事件等原因造成合同非正常终止,无责任的受害方因其蒙受经济损失而向对方提出索赔。

(4)工程加速索赔。由于发包人或工程师指令承包人加速施工速度、缩短工期,引起承包人的人、财、物额外开支而提出的索赔。

(5)意外风险和不可预见因素索赔。在工程实施过程中,因人力不可抗拒的自然灾害、特殊风险以及一个有经验的承包人通常不能合理预见的不利施工条件或外界障碍,如地下水、地质断层、溶洞、地下障碍物等引起的索赔。

(6)其他索赔。如因货币贬值、汇率变化、物价、工资上涨、政策法令变化等原因引起的索赔。

3. 工程索赔的处理原则

1)索赔必须以合同为依据

2)要有损害事实

合同中规定业主承担的风险责任的确给承包人造成了实际损害,使承包人增加了额外费用或发生了损失。

3)及时、合理地处理索赔

4)加强主动控制,减少工程索赔

4. FIDIC 规定的索赔处理程序

FIDIC 合同条件对承包人的索赔作出的规定:

(1)发出索赔意向通知。承包人察觉或者应当察觉该事件或情况后 28 天内发出意向通知,否则竣工时间不得延长,承包人无权获得追加付款,而业主应免除有关该索赔的全部责任。

(2)递交索赔报告。在承包人察觉或者应当察觉该事件或情况后 42 天内或在承包人可能建议并经工程师认可的其他期限内,承包人应当向工程师递交一份详细的索赔报告,包括索赔的依据、要求延长的时间和(或)追加付款的详细资料。如果引起索赔的事件或者情况具有连续影响,则:①上述详细索赔报告应被视为中间索赔报告;②承包人应当按月递交进一步的中间索赔报告,说明累计索赔延误时间(或)金额,以及能说明其合理要求的进一步详细资料;③承包人应当在索赔事件结束后 28 天内,或在承包人可能建议并经工程师认可的其他期限内,递交一份最终索赔报告。

(3)工程师的答复。工程师在收到索赔报告,或对过去索赔的任何进一步证明资料后 42 天内,或在工程师可能建议并经承包人认可的其他期限内作出回应,表示批准或不批准并附具体意见。工程师应当商定或者确定应给予竣工时间的延长以及承包人有权得到的追加付款。

5. 索赔的计算

1)承包人可索赔的费用

费用内容一般可以包括以下几个方面:

(1)人工费。包括增加工作内容的人工费、停工损失费和工作效率降低的损失费等累计,其中增加工作内容的人工费应按照计日工费计算,而停工损失费和工作效率降低的损失费按窝工费计算,窝工费的标准双方应在合同中约定。

(2)设备费。可采用机械台班费、机械折旧费、设备租赁费等几种形式。当工作内容增加引起的设备费索赔时,设备费的标准按照机械台班费计算。因窝工引起的设备费索赔,当施工机械属于企业自有时,按照机械折旧费计算索赔费用;如果施工机械是外部租赁的,则按租赁费计算。

(3)材料费如下:

①由于索赔事项材料实际用量超过计划用量而增加的材料费。

②由于客观原因材料价格大幅上涨。

③由于非承包人责任工程延误导致的材料价格上涨和超期储存费用。

(4)保函手续费。

工程延期时,保函手续费相应增加。反之,取消部分工程且发包人与承包人达成提前竣工协议时,承包人的保函金额相应折减,则计入合同价内的保函手续费也应扣减。

(5)贷款利息。

(6)保险费。

(7)管理费。此项又可分为现场管理费和公司管理费两部分,由于二者的计算方法不一样,所以在审核过程中应区别对待。

(8)利润。

FIDIC 施工合同条件中,对承包人索赔可能给予合理补偿工期、费用和利润的情况,都作了相应的规定,见表 5-5。

可以合理补偿承包人索赔的条款 表 5-5

序号	条款号	主要内容	可补偿内容		
			工期	费用	利润
1	1.9	延误发放图纸	√	√	√
2	2.1	延误移交施工现场	√	√	√
3	4.7	承包人依据工程师提供的错误数据导致放线错误	√	√	√
4	4.12	不可预见的外界条件	√	√	
5	4.24	施工中遇到文物和古迹	√	√	
6	7.4	非承包人原因检验导致施工的延误	√	√	√
7	8.4(a)	变更导致竣工时间的延长	√		
8	(c)	异常不利的气候条件	√		
9	(d)	由于传染病或其他政府行为导致工期的延误	√		
10	(e)	业主或其他承包人的干扰	√		
11	8.5	公共部门引起的延误	√		
12	10.2	业主提前占用工程		√	√
13	10.3	对竣工检验的干扰	√	√	√
14	13.7	后续法规的调整	√	√	
15	18.1	业主办理的保险未能从保险公司获得补偿部分		√	
16	19.4	不可抗力事件造成的损害	√	√	

2)费用索赔的计算方法

(1)实际费用法。

实际费用法是工程索赔计算时最常用的一种方法。这种方法的计算原则是:以承包人为某项索赔工作所支付的实际开支为依据,向业主要求费用补偿。

(2)总费用法。

总费用法又称总成本法,就是当多次发生索赔事件后,重新计算该工程的实际总费用,实际总费用减去投标报价的估算总费用,即为索赔金额。具体公式为:

$$索赔金额 = 实际总费用 - 投标报价总费用 \tag{5-46}$$

(3)修正总费用法。这种方法是对总费用法的改进,即在总费用计算的原则上,去掉一些不确定的可能因素,对总费用法进行相应的修改和调整,使其更加合理。

3)工期索赔的计算

(1)网络分析法是对进度计划的网络图进行分析,分析其关键线路上的关键工作。如果延误的工作是关键工作,则总延误的时间为批准顺延的工期;如果延误的工作为非关键工作,当该工作由于延误超过时差限制而成为关键工作时,可以批准延误时间与时差的差值;

如该工作延误后仍为非关键工作，则不予以工期索赔。

(2)比例计算法。该方法主要用于工程量增加时工期索赔的计算，其计算公式为：

$$工期索赔值 = \frac{额外增加的工程量的价格}{原合同总价} \times 原合同总工期 \tag{5-47}$$

6. 共同延误的处理

在实际施工过程中，工期延误很少是由一方造成的，往往是由几种原因同时发生形成的。两种或两种以上的单独延误同时发生的情况就称为共同延误。

1)在同一项工作上发生的共同延误

(1)可补偿延误与不可原谅延误同时存在。在这种情况下，不能批准承包人延期和经济补偿的要求。因为即便没有可补偿延误，不可原谅延误也已造成工程延误。

(2)不可补偿延误与不可原谅延误同时存在。在这种情况下，工程师不能批准延长工期。

(3)不可补偿延误与可补偿延误同时存在。此时，工程师可以批准承包人延期的要求，但不能给予经济补偿，因为即便没有可补偿延误，不可补偿延误也已造成工程施工延误。

(4)两项可补偿延误同时存在。此时，工程师只能批准工期延长或经济补偿。

2)在不同的工作上发生的共同延误

这是指在不同的工作上同时发生了两项或两项以上的延误，从而产生了对整个工程综合影响的共同延误。这种情况比较复杂，由于各项工作在总进度表中所处的地位和重要性不同，同等时间的相应延误对工程进度所产生的影响也就不一样。工程师在处理这种共同延误时，应认真分析单项延误分别对工程总进度所造成的影响，然后将这些影响进行比较，对相互重叠部分按前述在同一项工作上发生的共同延误处理。对剩余部分进一步分析延误引起的原因和影响，从而断定是否给予延长工期和经济补偿。

共同延误的最终结果，可能是承包人可以获得工期延长和经济补偿，也可能是承包人要向业主支付延误赔偿金。

四、工程计量与工程结算

(一)工程计量

1. 计量的概念

计量是指按照设计文件及承包合同中关于工程量计算的规定，对承包人已完成合格工程的实际数量所进行的测量、计算、核查和确认的过程。

工程量清单中的工程数量是在图纸和规范的基础上估算出来的，它只能作为投标报价的基础，而不能作为结算的依据。实际工程量的多少只有通过计量才能揭示和确定。按实际完成的工程量付款可以减少工程量的估计误差给双方带来的风险，增强造价结算结果的公平性，这正是单价合同的优点之一。

2. 计量方法

1)实地量测计算法

当监理工程师欲对工程的任何部位进行量测计量时，应先通知承包人，承包人必须立即派人协助监理工程师进行计量。量测工作按合同有关规定进行，量测计算后双方签字确认。

如果承包人收到监理工程师发出的计量通知后，不参加或未派人参加实地量测计量工作，监理工程师自己量测或经监理工程师批准的计量结果即为正确的计量，作为支付的依据。

2）记录、图纸计算法

对于永久工程采用记录和图纸的方式计量，则监理工程师应准备该项工程项目的图纸和记录。当承包人被通知要求参加此项计量时，应在通知发出 14 天内同工程师共同查阅和确认记录与图纸，并在双方同意后签字确认。如果承包人不参加或不派人参加上述记录和图纸的审查与确认，则认为这些记录和图纸是正确无误的。除非承包人在上述计量后 14 天内向工程师提出申辩，说明记录和图纸有不正确之处，要求工程师予以决断。工程师在收到承包人的申辩后应进一步检查记录和图纸，并作出决定，并将此决定通知承包人。

无论采用哪种方法，其结果必须经监理工程师和承包人双方同意，签字确认，方可进入支付环节。

3. 计量依据

计量的主要依据有质量合格证书、工程量清单及说明、工程变更令及修订的工程量清单、合同条件、技术规范、合同图纸、有关计量的补充协议、索赔时间和金额审批表等。

4. 计量范围、计量规则和计量方法

1）计量范围

（1）工程量清单中的全部项目。

（2）合同文件中规定的项目。

（3）工程变更项目。

2）计量规则和计量方法

计量规则和计量方法主要在技术规范的有关内容和工程量清单的前言中明确给予规定，在进行计量时必须遵守其要求。

应该注意的是：监理工程师除了对工程量清单的各个细目进行计量外，还应对所有有关支付的其他事务进行计量。如计日工使用的具体数量，各种工程意外事件以及工程变更后的工程量等，均应加以计量，以便进行支付。

（二）工程结算

工程结算，就是业主将承包人在一定时期内（一般按月），已经完成并符合质量要求的工程进行计量，并按合同约定的价格计价后支付给承包人。在工程施工管理中，施工结算又称为费用支付（含前期支付、中期支付和最终支付）。费用支付的内容、程序和方法，都应按照合同规定进行。

1. 工程结算的分类

（1）按时间分类，工程结算可以分为预结算、期中结算、交工结算、最后结算四种。

①预结算。

按照 FIDIC 条款规定，包括开工预付款和材料预付款。是业主提供给承包人的无息款额，按一定条件支付并扣回。

②期中结算。

期中结算也就是工程进度款的结算，一般按月进度支付，即按本月完成的工程价值及其他有关款项进行综合支付,由工程师开具的期中支付证书来实施。

③交工结算。

交工结算即在项目完工或基本完工,监理工程师签发交工证书后办理的支付。

④最后结算。

最后结算即在缺陷责任期结束,监理工程师签发缺陷责任证书后,办理的最后一次结算工作。

(2)按结算的内容可分为工程量清单内的结算和工程量清单外的结算。

①工程量清单内的结算是按合同条件和技术规范,通过监理工程师的质量检查、计量,确认已完成的工程量,然后按报价单中的单价,结算和支付工程量清单中的各项工程费用,简称清单支付。清单支付是期中支付中的主要项目,占有很大的比重。

②工程量清单外的结算是按合同规定,监理工程师根据工程实际情况和现场证实资料,确认清单以外的各项工程费用,如索赔费用、工程变更费用、价格调整等,此项费用在期中支付中虽然占的比重较小,却是比较难以控制和掌握的,它一方面取决于合同规定,另一方面取决于工程施工中实际遇到的客观条件和各种干扰。

(3)按工程内容划分,可分为路基工程、路面工程、桥梁工程、隧道工程等。

(4)按合同执行情况可分为正常结算和合同终止后的结算两类。

正常结算是指业主与承包人双方履行合同约定,使工程顺利实施并结算。合同终止后的结算是指业主或承包人违约或发生了双方无法控制的不可抗力,使合同不可能继续履行而终止时,业主向承包人所作的结算。

2. 工程结算的费用项目

工程正常结算的费用项目按其内容一般可以划分为两类:一类是工程量清单内的费用项目。它包括清单内构成合同价格的100~900章的各工程细目、工程量清单汇总表中包含的计日工、暂定金额项目。另一类是清单以外、合同以内的费用项目,它包括:开工预付款、材料预付款、保留金、工程变更费用、价格调整费用、索赔费用、拖期违约损失偿金、提前竣工奖金、迟付款利息等费用项目。

1)工程量清单内费用项目

(1)开办项目的支付。

开办项目的计量支付在技术规范中有明确规定,在开办支付时,应先落实开办项目的完成情况,然后按技术规范中的规定办理支付。

(2)合同永久工程的支付。

其工程量按技术规范中的计量方法进行计量,并有工程师的签认,其单价按工程量清单中的单价来确定支付金额。

2)工程量清单以外、合同以内的费用项目

(1)开工预付款。

开工预付款是业主提供给承包人用于支付施工初期费用的一笔无息款额。监理工程师在确认承包人已提供相当于开工预付款金额的银行担保或保函以后,向业主签发合同规定的开工预付款支付证书,业主按监理工程师签发的支付证书向承包人付款。开工预付款总额在合同文件投标书附录中有明确规定,一般相当于合同价格的10%。监理工程师应根据合同规定,在工程进度款的支付证书中逐月扣回开工预付款。

(2)材料预付款。

材料预付款是由业主预先支付给承包人用于购买永久工程组成部分的材料的一笔无息款额。

监理工程师在确认承包人所购材料的质量和储存方法符合合同要求后,按合同规定将所购材料款额的某一百分比计入下次工程进度款证书中,业主根据监理工程师的证明进行付款。

当材料已用于永久工程,材料预付款应在以后的工程进度款支付证书中,按合同规定逐月扣回。

(3)保留金。

保留金是业主为了使承包人履行合同而在承包人应得款额中扣留的那部分金额。一旦承包人未履行合同中规定的责任,则保留金归业主所有,业主可用此金额雇用其他的承包人来完成工程。保留金的数额、扣留标准及返还在合同中应给予明确。

(4)工程变更费用。

变更工程估算的主要工作包括:确定项目与细目、计算变更工程量、确定单价与金额。

①确定项目与细目。

通常按下列原则确定:变更工程如与工程量清单中有相同的项目和细目,则应与工程量清单中的细目划分及计量要求一致;工程量清单中没相同的新增项目,必须首先明确工程细目的计量要求、技术标准以及每个计量细目所包括的所有工作内容,避免漏计或重计。

②计算变更工程量。

变更工程的工程量也应按要求与程序进行计量,计量的结果汇总于"中间计量证书"和"竣工计量证书"等有关表格之中,结算按计量的工程量进行。

③确定单价与金额。

(5)索赔费用。

其赔偿费用的支付额应按监理工程师签发的索赔审批书来确定或按监理工程师暂时确定的赔偿额来支付。

(6)暂定金额。

暂定金额是在工程量清单中以该名义列出,为了用于:①招标时尚未能肯定下来,或在施工中可能增加的工程细目;②专项工程的施工或货物、材料、设备的供应;③不可预见费。除合同另有规定外,这项金额应由监理工程师报业主批准后指令全部或部分地使用或根本不予使用。

对于经业主批准的每一笔暂定金额,监理工程师可以指令承包人完成,也可以指令指定分包人完成,但结算的方式有所不同。

(7)价格调整。

①物价浮动对合同价格的调整。

对于施工期较长的合同,为了合理分担市场物价浮动变化对施工成本影响的风险,在合同内要约定调价的方法。FIDIC 条款规定为公式法调价。

a. 调价公式:

$$P_{\mathrm{n}} = a + b \times \frac{L_{\mathrm{n}}}{L_0} + c \times \frac{M_{\mathrm{n}}}{M_0} + d \times \frac{E_{\mathrm{n}}}{E_0} + \cdots \tag{5-48}$$

式中: P_{n}——第 n 期内所完成工作以相应货币所估算的合同价值所采用的调整倍数,这个期间通常是 1 个月,除非投标函附录中另有规定;

a——在数据调整表中规定的一个系数,代表合同支付中不调整的部分;

b、c、d——数据调整表中规定的系数，代表与实施工程有关的每项费用因素的估算比例，如劳务、设备、材料；

L_n、E_n、M_n——第 n 期间时使用的现行费用指数或参照价格，以该期间（具体的支付证书的相关期限）最后一日之前第49天当天对于相关表中的费用因素适用的费用指数或参照价格确定；

L_0、E_0、M_0——基本费用参数或参照价格。

b. 可调整的内容和基价。承包人在投标书内填写，并在签订合同前谈判中确定。

c. 延误竣工。

a）非承包人负责的延误。工程竣工前每一次支付时，调价公式继续有效。

b）承包人负责的延误。在后续支付时，分别计算应竣工日和实际支付日的调价款，经过对比后按照对业主有利的原则执行。

②基准日后法规变化引起的价格调整。

在投标截止日期前的第28天以后，国家的法律、法规或国务院有关部门的规章，以及工程所在地的省、自治区、直辖市的地方法规或规章发生改变，导致施工所需的工程费用发生增减，监理工程师与当事人协商后可以调整合同金额。如果导致变化的费用包括在调价公式中，则不再予以考虑。较多的情况发生于承包人需缴纳的税费变化，这是当事人双方在签订合同时不可能合理预见的，因此可以调整相应的费用。

（8）拖期违约损失偿金。

拖期损失偿金是指承包人未能按合同工期完成工程施工，或在监理工程师批准的延期内未能完成工程的施工而给予业主的补偿。

拖期违约损失偿金自规定竣工之日起到合同工程交工证书中写明的实际竣工日期，不足一日的按比例计。

如果工程项目的任一部分在该工程项目竣工前已签发了交工证书，则拖期损失偿金，应按已签发交工证书的单项工程的价值占合同工程价值的比例予以减少，但拖期损失偿金的最高限额不变。

（9）提前竣工奖。

如果合同中有此条款，而承包人比规定的工期提前完工，则可以得到提前竣工奖。该奖金时间是按工程移交证书的签署日期与合同规定的完工时间之差，按天数计算，奖金的比率在合同中规定。

（10）迟付款利息。

如果业主不按合同规定时间付款，则应支付承包人迟付款额的利息。

3）合同终止后的结算

合向终止后的结算是指由于某种情况的发生导致合同无法履行而终止合同后的结算。通常，合同终止可能产生于承包人违约、业主违约和特殊风险的发生。

（1）承包人违约导致合同终止后的结算。

合同终止后，业主应暂停向承包人支付任何款项，在本工程缺陷责任期满之后，再由监理工程师查清承包人实施和完成本工程与缺陷修复应结算的费用，应扣除的完工拖期违约损失偿金（如有）以及业主已实际支付的各项费用。

根据监理工程师的查清证实，承包人仅能得到原应付给他的已完合格工程的款项，并扣除上述应扣款之后的余额。如果应扣款额超过承包人应得的原应付给他的已完工程的款额,此超出部分款额应被视为承包人欠业主的应还债务,由承包人偿还给业主。

(2)由于特殊风险导致合同终止后的结算。

由于特殊风险的发生而终止合同后,业主应向承包人支付终止之日前已完成的全部工程费用,其范围限于在已给承包人的暂付款中尚未包括的款额与款项,其单价和总额价应按合同的规定。另外还应支付下述费用:

①合同终止日前,承包人已按合同规定完成的工程量清单中第100章的工作或服务的相应比例费用;

②承包人为本工程合理订购的材料、设备或货物的费用,此费用由业主支付后,其财产归业主所有;

③承包人已合理开支的、确实是为了完成本工程而预期开支的任何款额,而该开支没有包括在其他支付项目内;

④由于特殊风险而产生的附加费用;

⑤承包人装备撤离的合理开支部分;

⑥承包人雇员的合理遣返费。

除业主应向承包人支付上述费用外,对承包人应归还业主的各项预付款余额及业主应收回的任何其他款项,应根据合同文件的规定,在应支付的款额中扣除。

(3)业主违约导致合同终止后的结算。

合同终止后,业主对承包人的支付义务除同前述以外,还应支付给承包人由于该项合同终止而引起的、或涉及的对承包人的损失或损害的款额,该款额应由监理工程师与承包人和业主协商后确定。

4)施工结算的程序和内容

按照FIDIC通用条款的规定,施工结算的程序和内容如下:

(1)月结算。

承包人应在每月末向监理工程师提交按批准格式填写的期中支付申请书一式6份,该申请书包括以下项目:

①截至本月末前已完成的工程价款;②截至本月初前已完成的(已实际结算的)工程价款;③本月完成的(应结算的)的工程价款,即①~②;④本月完成的(应结算的)计日工价款;⑤本月应支付的暂定金额价款;⑥本月应支付的已进场将用于或安装在永久工程中的材料、设备预付款;⑦根据合同规定,本月应结算的其他款项;⑧费用和法规变更发生的款项;⑨本月应扣留的保留金和扣回的材料、设备预付款及动员预付款;⑩根据合同规定,本月应扣除的其他款项。

监理工程师在收到上述期中支付申请书后审核确认,并在21天内或专用条款规定的天数内签发中期支付证书,签发他认为应该到期结算的价款及需要扣留和扣回的款额并报业主审批。

如果该月应结算的价款经扣留和扣回后的款额少于投标书附录中列明的中期支付证书的最低金额,则该月监理工程师不签发支付证书,承包人得不到工程进度款,该款额将结至下月,直至累计应支付的款额达到投标书附录中列明的中期支付证书的最低金额为止。

业主应在收到该中期支付证书后21天内或在投标书附录中规定的天数内向承包人付款。

(2)交工结算。

在工程移交证书签发后42天之内,承包人应以监理工程师批准的格式向监理工程师提

交一份交工结账单,并附上用详细资料说明的证实文件,文件中应表明:

①按合同规定,直到工程移交证书写明的交工日期为止按合同完成的全部工程的最终价值;②承包人认为应付给他的其他款项的估算值。

其中②款各项款额估算值应在完工结账单内单独填报,监理工程师按规定审核后报业主审批。

(3)最后结算。

在发出缺陷责任终止证书后的28天之内,承包人应以监理工程师批准的格式向监理工程师提交一份最后结账单草案,并附上详细的证实文件,供监理工程师考虑,文件中应表明:

①根据合同规定已经完成的全部工程价值;②承包人根据合同规定认为应该付给他的任何其他款项。

如果监理工程师不同意或者不核证最后结账单草案的任一部分,承包人应按监理工程师的合理要求,提交进一步的资料。经双方协商同意后,由承包人编制并提交修改后的最后结账单。如果双方存在纠纷不能达成一致,监理工程师仅对不存在纠纷部分(如果有)签发支付证书,有纠纷的部分按合同规定解决。

交最后结账单的同时,承包人还应向监理递交一份书面清账书,确认最后结账单中的总金额(包括索赔要求)代表了根据合同规定应付的全部款项的最后结算。

监理工程师在收到最后结账单和清账书14天之后,签发最后支付证书报业主审批。证书中应说明:①监理工程师认为根据合同规定的最后应付的款额;②在对业主以前所付的全部款额和业主根据合同规定应得的全部款额予以确认后,证实业主欠承包人或承包人欠业主的差额。

业主应在收到最后支付证书42天内向承包人付款。

五、资金使用计划的编制和投资偏差分析

(一)施工阶段资金使用计划的编制

首先,通过编制资金使用计划,可以合理确定工程造价的目标值,使工程造价的控制有所依据,并为资金的筹集与协调打下基础。其次,通过编制资金使用计划,可以对未来工程项目的资金使用和进度控制有所预测,避免不必要的资金浪费和进度失控。再次,通过执行资金使用计划,可以有效地控制工程造价上升,最大限度地节约投资,提高投资效益。

施工阶段资金使用计划的编制方法,主要有以下几种:

1. 按不同子项目编制资金使用计划

一个建设项目往往由多个单项工程组成,每个单项工程还可能由多个单位工程组成,而单位工程总是由若干个分部分项工程组成。按不同子项目划分资金的使用,进而做到合理分配,首先必须对工程项目进行合理划分,划分的粗细程度根据实际需要而定。

2. 按时间编制资金使用计划

通过计算网络计划各项工作的最早开始时间和最早完成时间,就可获得项目进度计划的横道图。在横道图的基础上便可编制按时间进度划分的投资支出预算,进而绘制时间—投资累计曲线(S形图线)。时间—投资累计曲线的绘制步骤如下:

(1)确定工程进度计划,编制进度计划的横道图,如表5-6所示。

某工程进度计划的横道图(单位:万元) 表 5-6

分项工程	进度计划(周)											
	1	2	3	4	5	6	7	8	9	10	11	12
A	100	100	100	100	100	100	100					
B		100	100	100	100	100	100	100				
C			100	100	100	100	100	100	100	100		
D				200	200	200	200	200	200			
E					100	100	100	100	100	100	100	
F						200	200	200	200	200	200	200

(2)根据每单位时间内完成的工程量或投入的人力、物力和财力,计算单位时间的投资,如表 5-7 所示。

按月编制的资金使用计划表 表 5-7

时间(月)	1	2	3	4	5	6	7	8	9	10	11	12
投资(万元)	100	200	300	500	600	800	800	700	600	400	300	200

(3)计算在规定时间 t 内计划完成的投资额,可按下式计算:

$$Q_{\mathrm{t}} = \sum_{n=1}^{t} q_{\mathrm{n}} \tag{5-49}$$

式中:Q_{t}——某时间 t 计划累计完成投资额;

q_{n}——单位时间 n 的计划完成投资额;

t ——规定的计划时间。

(4)按各规定时间的 Q_{t} 值,绘制 S 形曲线,如图 5-13 所示。

每一条 S 形曲线都是对应某一特定的工程进度计划。因为在进度计划的非关键路线中存在许多有时差的工序或工作,因而 S 形曲线(投资计划值曲线)必然包括在由全部活动都按最早开工时间开始和全部活动都按最迟开工时间开始的曲线所组成的“香蕉图”内,见图 5-14。建设单位可根据编制的投资支出预算来合理安排资金,同时建设单位也可以根据筹措的资金来调整 S 形曲线,即通过调整非关键路线上工作的开工时间,力争将实际的投资支出控制在计划的范围内。

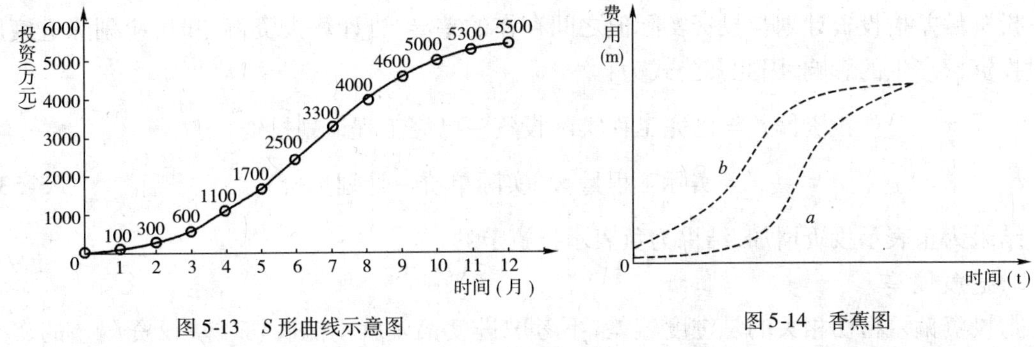

图 5-13 S 形曲线示意图

图 5-14 香蕉图

一般而言,所有活动都按最迟时间开始,对节约建设资金贷款利息是有利的,但同时也降低了项目按期竣工的保证率,因此必须合理地确定投资支出预算,达到既节约投资支出,又控制项目工期的目的。

(二)投资偏差分析

在施工过程中,工程实际进展情况总是或多或少和计划存在差异。我们把实际投资与计划投资,实际进度与计划进度的差异称为投资偏差与进度偏差,这些偏差即是施工阶段工程造价计算与控制的对象。

1. 实际投资与计划投资

由于时间—投资累计曲线中既包含了投资计划,也包含了进度计划,因此有关实际投资与计划投资的变量包括了拟完工程计划投资、已完工程实际投资和已完工程计划投资。

1)拟完工程计划投资

拟完工程计划投资是指根据进度计划安排,在某一确定时间内所应完成的工程内容的计划投资。它可以用式(5-50)表示:

$$\text{拟完工程计划投资}=\text{拟完工程量}\times\text{计划单价} \tag{5-50}$$

2)已完工程实际投资

已完工程实际投资是根据实际进度完成状况,在某一确定时间内已经完成的工程内容的实际投资。它可以用式(5-51)表示:

$$\text{已完工程实际投资}=\text{实际工程量}\times\text{实际单价} \tag{5-51}$$

在进行有关偏差分析时,通常进行如下假设:拟完工程计划投资中的拟完工程量与已完工程实际投资中的实际工程量在总额上是相等的,两者之间的差异只在于完成的时间进度不同。

3)已完工程计划投资

已完工程计划投资是为了更好地辨析拟完工程计划投资和已完工程实际投资这两种偏差而引入的变量,是指根据实际进度完成状况在某一确定时间内已经完成的工程所对应的计划投资额,可以用式(5-52)表示:

$$\text{已完工程计划投资}=\text{实际工程量}\times\text{计划单价} \tag{5-52}$$

2. 投资偏差和进度偏差

1)投资偏差

投资偏差指投资计划与投资实际值之间存在的差异,当计算投资偏差时,应剔除进度原因对投资额产生的影响,因此其公式为:

$$\begin{aligned}\text{投资偏差}&=\text{已完工程实际投资}-\text{已完工程计划投资}\\&=\text{实际工程量}\times(\text{实际单价}-\text{计划单价})\end{aligned} \tag{5-53}$$

结果为正表示投资增加,结果为负表示投资节约。

2)进度偏差

与投资偏差密切相关的是进度偏差,不考虑进度偏差就不能确切反映投资偏差的实际情况。所以,有必要引入进度偏差的概念:

$$\text{进度偏差}=\text{已完工程实际时间}-\text{已完工程计划时间} \tag{5-54}$$

为了与投资偏差联系起来，进度偏差也可以表示为：

$$进度偏差 = 拟完工程计划投资 - 已完工程计划投资 = (拟完工程量 - 实际工程量) \times 计划单价 \tag{5-55}$$

结果为正值时，表示工期拖延；结果为负值时，表示工期提前。

(三)常用的偏差分析方法

1. 横道图法

用横道图进行投资偏差分析，是用不同的横道标识拟完成工程计划投资、已完工程实际投资和已完工程计划投资，在实际工作中往往需要根据拟完工程计划投资和已完工程实际投资确定已完工程计划投资后，再确定投资偏差与进度偏差。

根据拟完工程计划投资和已完工程实际投资确定已完工程计划投资的方法是：

(1)已完工程计划投资与已完工程实际投资的横道位置相同。

(2)已完工程计划投资与拟完工程计划投资的各子项工程的投资总值相同。

【例 5-2】 假设某项目共含有两个子项工程，A 子项和 B 子项，各自的拟完工程计划投资，已完工程实际投资和已完工程计划投资如表 5-8 所示。

某工程计划与实际进度横道图(单位：万元) 表 5-8

分项工程	进度计划(周)					
	1	2	3	4	5	6
A(拟完工程计划投资)	8	8	8			
A(已完工程计划投资)		6	6	6	6	
A(已完工程实际投资)		5	5	6	7	
B(拟完工程计划投资)		9	9	9	9	
B(已完工程计划投资)			9	9	9	9
B(已完工程实际投资)			11	10	8	8

注：———表示拟完工程计划投资；-------表示已完工程计划投资；– – – –表示已完工程实际投资。

根据表 5-8 中数据，按照每周各子项工程拟完工程计划投资、已完工程计划投资、已完工程实际投资的累计值进行统计，可以得到表 5-9 的数据。

投 资 数 据(单位：万元) 表 5-9

项 目	投资数据					
	1	2	3	4	5	6
每周拟完工程计划投资	8	17	17	9	9	
拟完工程计划投资累计	8	25	42	51	60	
每周已完工程计划投资		6	15	15	15	9
已完工程计划投资累计		6	21	36	51	60
每周已完工程实际投资		5	16	16	15	8
已完工程实际投资累计		5	21	37	52	60

根据表 5-9 中数据可以求得相应的投资偏差和进度偏差，例如：

第 4 周末投资偏差 = 已完工程实际投资 - 已完工程计划投资 = 37 - 36 = 1（万元），即投资增加 1 万元。

第 4 周末投资偏差 = 拟完工程计划投资 - 已完工程计划投资 = 51 - 36 = 15（万元），即进度拖后 15 万元。

2. 时标网络图法

时标网络图是在确定施工计划网络图的基础上，将施工的实施进度与日历工期相结合而形成的网络图。实际进度前锋线表示整个项目目前实际完成的工作面情况，将某一确定时点下时标网络图中各个工序的实际进度点相连就可以得到实际进度前锋线。

【例 5-3】 假设某工程的部分时标网络图见图 5-15 所示。

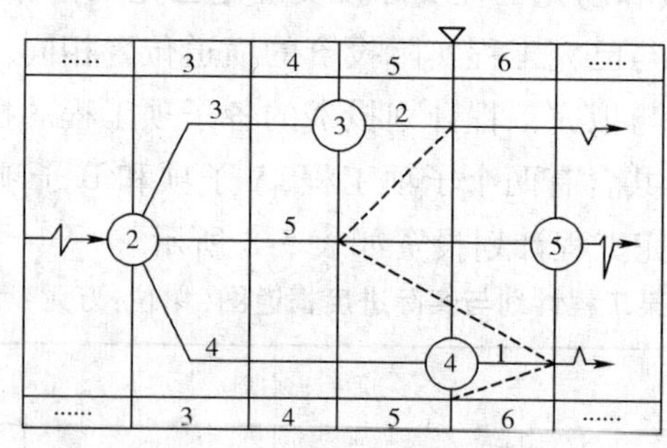

图 5-15 某工程时标网络图（单位：万元）

图中第 5 月末用▽标示的虚节线即为实际进度前锋线，其与各工序的交点即为各工序的实际完成进度。因此：

月份	……	3	4	5	6	……
1	……	25	37	48	56	……
2	……	24	39	45	54	……

注：1. 图中每个箭线上方数值为该工作每月计划投资。

2. 图下方表内 1 栏数值为该工程拟完计划工程投资累计值；2 栏数值为该工程实际投资累计值。

5 月末的已完工程计划投资累计值 = 48 - 5 + 1 = 44（万元）。

5 月末的投资偏差 = 已完工程实际投资 - 已完工程计划投资 = 45 - 44 = 1（万元），即投资增加 1 万元。

5 月末的进度偏差 = 拟完工程计划投资 - 已完工程计划投资 = 48 - 44 = 4（万元），即进度拖延 4 万元。

时标网络图法具有简单、直观的特点，主要用来反映累计偏差和局部偏差，但实际进度前锋线的绘制有时会遇到一定的困难。

3. 表格法

表格法是进行偏差分析最常用的方法。可根据项目的具体情况、数据来源、投资控制工作的要求等条件来设计表格，表格法的信息量大，可以反映各种偏差变量和指标；另外，表格法还便于用计算机辅助管理，提高投资控制工作的效率。见表 5-10。

投资偏差分析表　　表 5-10

项目编码	(1)	011	012	013
项目名称	(2)	土方工程	打桩工程	基础工程
单位	(3)	m^3	m	m^3
计划单价	(4)	5	6	8
拟完工程量	(5)	10	11	10
拟完工程计划投资	(6) = (4) × (5)	50	66	80
已完工程量	(7)	12	16.67	7.5
已完工程计划投资	(8) = (4) × (7)	60	100	60
实际单价	(9)	5.83	4.8	10.67
其他款项	(10)			
已完工程实际投资	(11) = (7) × (9) + (10)	70	80	80
投资局部绝对偏差	(12) = (11) − (6)	10	−20	20
投资局部相对偏差	(13) = (11)/(8)	1.17	0.8	1.33
投资累计绝对偏差	(14) = Σ(12)			
投资累计相对偏差	(15) = Σ(11) ÷ Σ(8)			
进度局部绝对偏差	(16) = (6) − (8)	−10	−34	20
进度局部相对偏差	(17) = (6) ÷ (8)	0.83	0.66	1.33
进度累计绝对偏差	(18) = Σ(16)			
进度累计相对偏差	(19) = Σ(6) ÷ Σ(8)			

4. 曲线法

曲线法是用投资时间曲线进行偏差分析的一种方法。在用曲线法进行偏差分析时，通常有 3 条投资曲线，即已完工程实际投资曲线 a，已完工程计划投资曲线 b 和拟完工程计划投资曲线 P，如图 5-16 所示，图中曲线 a 和 b 的竖向距离表示投资偏差，曲线 P 和 b 的水平距离表示进度偏差。图中所反映的是累计偏差，而且主要是绝对偏差。用曲线法进行偏差分析，具有形象直观的优点，但不能直接用于定量分析，如果能与表格法结合起来，则会取得较好的效果。

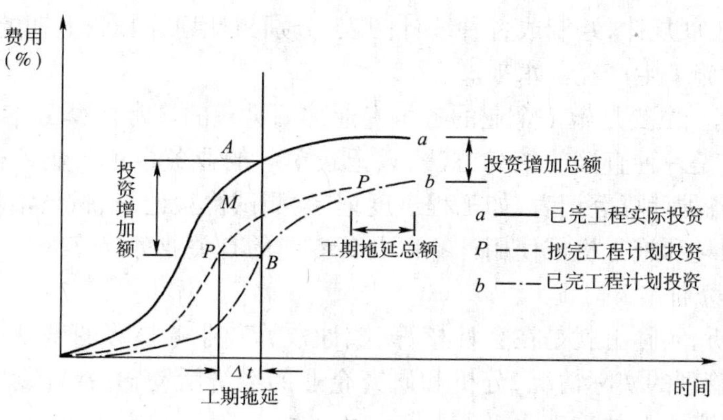

图 5-16　投资时间曲线法

六、施工企业经济核算

经济核算是通过对施工生产中的消耗和成果(投入产品)的分析、计算、比较,以货币的形式来衡量其经济效益。它是施工企业经营管理的基本方法,是企业管理的一项重要工作。

1. 经济核算的内容

施工企业经济核算的基本内容,是以经济合同为基础,以提高经济效益为目标,实行责、权、利和效果紧密结合,全面完成施工生产计划,确保产品质量,努力降低生产消耗,不断降低工程成本,增加盈利。施工企业经济核算的具体内容包括:

(1)生产成果核算。主要是考核施工生产计划的完成情况,它包括 3 个方面的内容,一是形象进度;二是实物工程量,即符合计量支付规定的合格产品数量,若未完施工的工程量过多,对企业资金周转将产生不利影响;三是建筑安装工作量,即以货币表现的工程结算价款。故通常以工程价款结算期为经济核算期。

(2)生产消耗核算。主要是考核人工、材料、施工机械等资源的消耗情况,而综合反映生产消耗的是工程成本,所以工程成本核算是生产消耗核算的重要内容。

生产消耗核算的主要指标,包括劳动生产率,工程成本,主要材料消耗,设备利用率,工效、出勤、使用(工时利用)、病、雨休等工勤指标。这些指标中的工程成本可以综合反映施工企业的生产消耗情况,有利于进行对比分析。

(3)财务成果核算。主要是考核施工企业的盈利水平和施工企业为完成既定的施工任务所需资金的占用和利用情况。通过对利润总额、成本利润(降低)率、流动资金产值率、固定资金产值率等指标的核算,以便发现施工企业经营管理的不合理情况。

2. 经济核算的方法

通常是运用会计核算、统计核算和业务核算等基本核算方法来完成的,这几种核算方法各有不同的内容和作用,但是互为补充、相辅相成的,它们构成施工企业经济核算的一个完整有机体系。

(1)会计核算。是通过原始会计凭证,连续、系统和全面地反映企业财产、物资的增减变化和经济活动情况。工程成本和企业的盈亏,是通过会计核算来进行的,会计核算的主要任务是监督和反映经济合同的执行和成本计划的完成情况。

(2)统计核算。统计核算主要是在施工生产经营活动原始记录资料的基础上,定期地运用统计分析和调查研究相结合的方法,从数字方面来反映施工企业的生产经营活动情况,找出其经济活动的发展规律,绘制成各种统计图表,分别与计划、同期、上期的相应因素或对象进行比较,以显示施工生产经营水平。

(3)业务核算。主要是施工企业的各个专业部门进行的日常核算工作,它反映生产业务技术的活动情况,是一种直接的核算方法,只记录单一的业务事项。业务核算的内容,包括各种原始记录及各种计算登记表,如工程进度记录、测试检验记录、材料消耗记录、施工机械使用记录、材料消耗和施工机械使用计算以及各专业的有关业务计算等。

3. 经济活动分析

经济活动分析,实际上就是在会计核算、统计核算和业务核算的基础上,结合施工计划指标和企业经营管理的实际情况,分析和研究企业的经济活动,寻找计划完成好坏的原因,总结经验,不断提高企业的管理水平。

公司或项目经理一级应对各项经济技术指标全面进行分析考核;工程队则应重点分析

产量、质量、各种生产消耗、工效、工勤等经济技术指标；班组则以分析考核产量、质量、主要材料消耗为主。

1）经济活动分析的主要内容

（1）施工计划完成情况的分析。主要检查、分析工作量、实物工程量、工程质量以及形象进度的完成情况，以评定企业的经济活动效果。

（2）人员工资的分析。主要检查、分析出勤率和使用率等工勤指标、劳动效率（工效）、全员和生产工人劳动生产率，以及工资基金的使用情况。

（3）材料供应情况的分析。主要检查、分析材料采购、供应计划的执行情况，计算分析主要材料消耗的节约或超耗情况。

（4）施工机械使用情况的分析。主要检查、分析机械完好率、利用率、台班产量、台班油耗，以及机械的维修保养工作。

（5）工程成本的分析。如总成本、人工费、材料费、施工机械使用费，以及其他工程费、间接费等的分析。应以经济合同价格所构成的人工费、材料费、施工机械使用费等为标准。所以，造价工程师应预先根据投标报价或施工图预算的计算原始资料，分析每一单位工程的各项费用含量，作为分析工程成本的依据，一般应取两位小数。

2）经济活动分析的方法

经济活动分析是通过分析各项经济技术指标来进行的，经济活动分析的方法有综合分析、对比分析、环比分析和因素分析等多种分析方法。

（1）综合分析。是以会计核算、统计核算和业务核算资料为基础，并以计划为依据，对计划执行结果影响的各种因素加以分类，据以查明对计划的影响程度，把质量、成本、进度各因素结合起来进行分析，从而反映企业经济活动的全貌。

（2）对比分析。主要是以分析期内实际完成数与计划数进行对比分析，以便发现问题，寻找原因，是经济活动分析的主要方法。

（3）环比分析。是以分析期内实际完成的各项经济技术指标与上一期实际完成的相应指标进行比较，用以了解企业的发展情况。

（4）因素分析。又称为连环代替法，适用于多个因素对指标的影响程度。如超额完成了产值计划的影响因素，在扣除物价上涨因素外，可能是增加了人员或设备，或者是提高了劳动生产率。这样，就可分别通过计算比较，明确哪个是主要影响因素。如果提高劳动生产率是主要影响因素，那么影响劳动生产率提高的因素，又可能是改进了施工方法，减少了非生产人员，提高了工时的利用率，劳动技能水平的提高等。故又可对这些因素作进一步的分析，这就可以找出主要原因，看到问题的本质。

第五节　竣工决算和保修费用

一、竣工决算

建设项目竣工决算是指所有建设项目竣工后，建设单位按照有关规定在新建、改建和扩建工程建设项目竣工验收阶段编制的竣工决算报告。竣工决算是以实物数量和货币指标为计量单位，综合反映竣工项目从筹建开始到项目竣工交付使用为止的全部建设费用、建设成果和财务情况的总结性文件，是竣工验收报告的重要组成部分。

(一)竣工决算的编制程序

工程一般应在已编制好工程竣工图表文件,并经交工验收各标段达到合格以上时,才能进行竣工决算的编制工作,其编制程序如下:

(1)熟悉竣工图表资料,核对已结算的工程量,图与现场、图与表要三对口,以及核对各种工程量的计算方法是否符合合同文件的规定,竣工图表资料是否符合国家《基本建设项目档案资料管理暂行规定》的要求。

(2)审查施工过程中的设计变更、索赔的处理是否有不符合规定之处,签证手续是否齐全。

(3)审查竣工结算是否与竣工图表资料、合同文件相符。

(4)统计汇总设计和实际完成的主要工程量,以及水泥、钢材、木材等数量。

(5)摘取各种实物量、财务数据等资料,填入各种相应的竣工决算表内,编制竣工平面图和竣工决算说明书。

(二)竣工决算报告的组成

(1)竣工决算报告的封面、目录。

(2)竣工工程平面示意图:竣工平面示意图按经过施工实际修改后的工程设计平面图绘制。

(3)竣工决算报告说明书:包括工程项目概况及评价,工程建设过程及管理过程中的重大事件及经验教训,投资支出及财务管理的基本情况,工程存在的问题及需要解决的问题。

(4)竣工决算表格:第1部分为工程概况表等专用表格,第2部分为通用表格。

二、新增资产价值的确定

建设项目竣工投入运营后,所花费的总投资形成相应的资产。根据新的财务制度和企业会计准则,新增资产按资产性质可分为固定资产、流动资产、无形资产、递延资产、其他资产五大类。

(一)新增固定资产价值的确定

1. 新增固定资产的含义

新增固定资产又称交付使用的固定资产,它是投资项目竣工投产后所增加的固定资产价值,是以价值形态表示的固定资产投资最终成果的综合性指标。新增固定资产价值包括:①已经投入生产或交付使用的建筑安装工程造价;②达到固定资产标准的设备工器具的购置费用;③增加固定资产价值的其他费用,如建设单位管理费、施工机构转移费、项目可行性研究费、勘察设计费、土地征用及拆迁补偿费、联合试运转费等。

2. 新增固定资产价值的计算

新增固定资产的价值计算是以独立发挥生产或服务能力的单项工程为对象的,当单项工程建成经有关部门验收、鉴定合格,正式移交生产或使用,即应计算新增固定资产价值。一次交付生产或使用的工程,一次计算新增固定资产价值;分期分批交付生产或使用的工程,应分期分批计算新增固定资产价值。计算时应注意以下几种问题:

(1)为了提高产品质量、改善劳动条件、保护环境等而建设的附属、辅助工程,只要全部建成,正式验收或交付使用就要计入新增固定资产价值。

(2)单项工程中不构成生产系统,但能独立发挥效益的非生产性工程,如住宅、食堂、医务室、托儿所、生活服务网点等,在建成并交付使用后,要计入新增固定资产价值。

(3)凡购置达到固定资产价值标准而不需要安装的设备、工器具,应在交付使用后,计入新增固定资产价值。

(4)属于新增固定资产价值的其他投资,应随同受益工程交付使用的同时一并计入。

3. 交付使用财产成本计算

交付使用财产的成本费用应按下列内容计算:

(1)线路、桥梁、房屋、管线、建筑物、构筑物、沿线设施等固定资产的成本费用包括建筑安装工程成本和应分摊的待摊投资。

(2)动力设备、通风设备、监控设备、收费系统等固定资产的成本,包括需要安装设备的采购成本、设备的安装成本、设备基础、支柱等的建筑工程成本和应分摊的待摊投资。

(3)运输设备及其他不需要安装的设备、工器具、家具等固定资产和流动资产的成本,一般仅计算采购成本,不分摊待摊投资。

4. 待摊投资的分摊方法

增加固定资产的其他费用,如果是属于整个建设项目或两个以上的单项工程的,在计算新增固定资产价值时,应在各单项工程中按比例分摊。一般情况下,建设单位管理费应按建筑工程、安装工程、需要安装设备价值的总额作等比例分摊,而土地征用费、勘察设计费等费用则只按建筑工程造价分摊。

(二)新增流动资产价值的确定

新增流动资产是指新增加的在一年内或者超过一年的一个营业周期内变现或者运用的资产,包括现金及各种存款、存货、应收及预付款等。在确定流动资产价值时,按以下原则处理:

(1)货币性资金。即现金、银行存款及其他货币资金,根据实际入账价值核定。

(2)应收及预付款项。包括应收票据、应收账款、其他应收款、预付款和待摊费用。一般情况下,应收及预付款项按企业销售商品、产品或提供服务、提供劳务时的实际成交金额入账核算。

(3)各种存货应当按照取得时的实际成本计价。存货的形成主要有外购和自制两种途径。外购的,按照购买价加运输费、装卸费、保险费、途中合理损耗、入库前加工、整理及挑选费用以及缴纳的税金等计价。自制的,按照制造过程中的各项实际支出计价。

(三)新增无形资产价值的确定

根据我国2001年颁布的《资产评估准则——无形资产》规定,无形资产通常包括专利权、非专利技术、生产许可证、特许经营权、租赁权、土地使用权、矿产资源勘探权和采矿权、商标权、版权、计算机软件及商誉等。

1. 无形资产的计价原则

(1)投资者按无形资产作为资本金或者合作条件投入时,按评估确认或合同协议约定的金额计价。

(2)购入的无形资产,按照实际支付的价款计价。

(3)企业自创并依法申请取得的,按开发过程中的实际支出计价。

(4)企业接受捐赠的无形资产，按照发票账单所持金额或者同类无形资产市价作价。

(5)无形资产计价入账后，应在其有效使用期内分期摊销。

2. 无形资产的计价方法

(1)专利权的计价。专利权分为自创和外购两类。

自创专利权的价值为开发过程中的实际支出，主要包括专利的研制成本和交易成本。

①研制成本包括直接成本和间接成本，直接成本是指研制过程中直接投入发生的费用，主要包括材料费用、工资费用、专用设备费、资料费、咨询鉴定费、协作费、培训费和差旅费等。间接成本是指与研制开发有关的费用，主要包括管理费、非专用设备折旧费、应分摊的公共费用及能源费用。

②交易成本是指在交易过程中的费用支出，主要包括技术服务费、交易过程中的差旅费及管理费、手续费、税金。由于专利权是具有独占性并能带来超额利润的生产要素，因此，专利权转让价格不按成本估价，而是按照其所能带来的超额收益计价。

(2)非专利技术的计价。非专利技术具有使用价值和价值，使用价值是非专利技术本身应具有的，非专利技术的价值在于非专利技术的使用所能产生的超额获利能力，应在研究分析其直接和间接的获利能力的基础上，准确计算出其价值。

①如果非专利技术是自创的，一般不作为无形资产入账，自创过程中发生的费用，按当期费用处理。

②对于外购非专利技术，应由法定评估机构确认后再进行估价，其方法往往通过能产生的收益采用收益法进行估价。

(3)商标权的计价。如果商标权是自创的，一般不作为无形资产入账，而将商标设计、制作、注册、广告宣传等发生的费用直接作为销售费用计入当期损益。只有当企业购入或转让商标时，才需要对商标权计价。商标权的计价一般根据被许可方新增的收益确定。

(4)土地使用权的计价。根据取得土地使用权的方式不同，土地使用权可有以下几种计价方式：①当建设单位向土地管理部门申请土地使用权并为之支付一笔出让金时，土地使用权作为无形资产核算；②当建设单位获得土地使用权是通过行政划拨的，这时土地使用权就不能作为无形资产核算；③在将土地使用权有偿转让、出租、抵押、作价入股和投资，按规定补交土地出让价款时，才作为无形资产核算。

(四)递延资产及其他资产价值的确定

递延资产是指不能全部计入当年损益，应当在以后年度内分期摊销的各项费用。包括开办费、租入固定资产的改良支出等。

(1)开办费的计价。开办费是指在筹建期间发生的费用，包括筹建期间人员的工资、办公费、培训费、差旅费、印刷费、注册登记费以及不计入固定资产和无形资产购建成本的汇兑损益和利息支出等。根据新财务制度的规定，除了筹建期间不计入资产价值的汇兑净损失外，开办费从企业开始生产经营月份的次月起，按照不短于5年的期限平均摊入管理费用。

(2)以经营租赁方式租入的固定资产改良工程支出的计价，应在租赁有效期限内分期摊入制造费用或管理费用。

(3)其他资产计价。

其他资产是指具有专门用途，但不参加生产经营的经国家批准的特种物质、银行冻结存款和冻结物质、涉及诉讼的财产等，主要以实际入账价值核算。

三、保修费用的处理

(一)建设项目保修

建设工程承包人在向发包人提交工程竣工验收报告时,应当向发包人出具质量保修书。质量保修书应当明确建设工程的保修范围、保修期限和责任等。建设项目在保险期内和保修范围内发生的质量问题,承包人应履行保修义务,并对造成的损失承担赔偿转让。

建设工程质量保修制度是国家确定的重要法律制度,它是指建设工程在办理交工验收手续后,在规定的保修期限内(按合同有关保修期的规定),因勘察设计、施工、材料等原因造成的质量缺陷,应由责任单位负责维修。对于工程发生的确实是由于承包人施工责任造成的缺陷,由承包人负责修理,直到达到正常使用的标准。

(二)保修的经济责任

(1)由于承包人未按施工技术规范、设计文件要求和施工合同约定组织施工而造成的质量缺陷,应当由承包人负责修理并承担经济责任。由于承包人采购的建筑材料、建筑构配件、设备等不符合质量要求,或承包人应进行而没有进行试验或检验,进入现场使用造成质量问题的,应由承包人负责修理并承担经济责任。

(2)由于设计人造成的质量缺陷应由设计人承担经济责任。当由承包人进行修理时,费用数额应按合同约定,通过发包人向设计人索赔,不足部分由发包人补偿。

(3)由于发包人供应的材料、构配件或设备不合格造成的质量缺陷,或由于发包人提前占用工程而出现质量问题,应由发包人自行承担经济责任。由于发包人指定的分包人或不能肢解而肢解发包的工程造成质量缺陷的,或发包人竣工验收后使用不当造成的损坏,应由发包人自行承担经济责任。

(4)由于不可抗力造成的质量缺陷不属于规定的保修范围。当使用人需要责任以外的修理、维护服务时,承包人应提供相应的服务,但应签订协议,约定服务的内容和质量要求。所发生的费用,应由使用人按协议约定的方式支付。

第六节　工程造价信息的管理

一、工程造价信息的概念

工程造价信息是关于工程造价的特征、状态及其变动的消息的组合。对工程造价的确定和控制过程起作用的资料都可以称为是工程造价信息。例如,各种定额资料、标准规范、政策文件等。但最能体现信息动态性变化特征,并且在工程价格的市场机制中起重要作用的工程造价信息主要包括以下三类:

(1)价格信息。包括各种建筑材料、人工工资、施工机械等的最新市场价格。这些信息是比较初级的,一般没有经过系统的加工处理,通常称其为数据。

(2)指数。主要指根据原始价格信息加工整理得到的各种工程造价指数,该内容将在后面的部分重点讲述。

(3)已完工程信息。已完或在建工程的各种造价信息,可以为拟建工程或在建工程的造价提供依据。这种信息也可称为是工程造价资料。

(一)工程造价资料的积累

工程造价资料是指已建成竣工和在建的有使用价值和有代表性的工程可行性研究、投资估算、设计概算、施工预算、工程竣工结算、竣工决算、单位工程施工成本以及新材料、新结构、新设备、新工艺等建筑安装工程分部分项的单价分析等资料。

工程造价资料积累的内容应包括"量"(如主要工程量、材料量、设备量等)和"价",还要包括对造价确定有重要影响的技术经济条件,如工程的概况、建设条件等。

(1)建设项目和单项工程造价资料的积累主要包括:

①对造价有主要影响的技术经济条件。如项目建设标准、建设工期、建设地点等。

②主要的工程量、主要的材料量和主要设备的名称、型号、规格、数量等。

③投资估算、核算、预算、竣工决算及造价指数等。

(2)单位工程造价资料的积累。单位工程造价资料包括工程的内容、结构特征、工程量、主要材料的用量和单价、人工工资和人工费以及相应的造价。

(3)其他。主要包括有关新材料、新工艺、新设备、新技术分部分项工程的人工工日,主要材料用量,机械台班用量。

(二)工程造价资料的管理

1. 建立造价资料积累制度

工程造价资料积累的工作量非常大,涉及面非常广泛,主要依靠国务院各有关部门和各省、自治区、直辖市建设行政主管部门组织。

全面、系统地积累和利用工程造价资料,建立稳定的造价资料积累制度,对于加强工程造价管理,合理确定和有效控制工程造价具有十分重要的现实意义。

2. 工程造价资料数据库的建立和网络化管理

当今社会是一个高度发达的信息社会,通过使用计算机建立工程造价资料的资料数据库,开发通用的工程造价资料管理程序,可以提高工程造价资料的适用性和可靠性。

要建立造价资料数据库,首要的问题是工程的分类与编码。由于不同的工程在技术参数和工程造价组成方面有较大的差异,必须把同类型工程合并在一个数据库文件中,而把另一类型工程合并到另一数据库文件中去。为了便于进行数据的统一管理和信息交流,必须设计出一套科学、系统的编码体系。

有了统一的工程分类与相应的编码之后,就可以进行数据的采集、整理和输入工作,从而得到不同层次的造价资料数据库。

二、工程造价指数的编制

(一)指数与工程造价指数

1. 指数及其分类

指数是用来统计研究社会经济现象数量变化幅度和趋势的一种特有的分析方法和手段。

(1)指数按其所反映的现象范围的不同,分为个体指数、总指数。

①个体指数是反映个别现象变动情况的指数。如个别产品的产量指数、个别商品的价格指数等。

②总指数是综合反映不能同度量的现象动态变化的指数。如工业总产量指数、社会商品零售价格总指数等。

(2)指数按其所反映的现象的性质不同,分为数量指标指数和质量指标指数。

①数量指标指数是综合反映现象总的规模和水平变动情况的指数。如商品销售量指数、工业产品产量指数、职工人数指数等。

②质量指标指数是综合反映现象相对水平或平均水平变动情况的指数。如产品成本指数、价格指数、平均工资水平指数等。

(3)指数按照采用的基期不同,可分为定基指数和环比指数。

在动态对比时作为对比基础时期的水平,叫基期水平;所要分析的时期(与基期相比较的时期)的水平,叫报告期水平或计算期水平。

①定基指数是指各个时期指数都是采用同一固定时期为基期计算的,表明社会经济现象对某一固定基期的综合变动程度的指数。

②环比指数是以前一时期为基期计算的指数,表明社会经济现象对上一期或前一期的综合变动的指数。

(4)指数按其所编制的方法不同,分为综合指数和平均数指数。

①综合指数是通过确定同度量因素,把不能同度量的现象过渡为可以同度量的现象,采用科学方法计算出两个时期的总量指标并进行对比而形成的指数。

②平均数指数是从个体指数出发,通过对个体指数加权平均计算而形成的指数。

2. 工程造价指数

工程造价指数是反映一定时期由于价格变化对工程造价影响程度的一种指标,是调整工程造价价差的依据。工程造价指数反映了报告期与基期相比的价格变动趋势,利用工程造价指数可以研究下列问题。

(1)可以利用工程造价指数分析价格变动趋势及其原因。

(2)可以利用工程造价指数估计工程造价变化对宏观经济的影响。

(3)工程造价指数是工程承发包双方进行工程估价和结算的重要依据。

(二)工程造价指数的编制

1. 各种单项价格指数的编制

这种价格指数的编制可以直接用报告期价格与基期价格相比后得到。

(1)人工费、材料费、施工机械使用费等价格指数的编制。其计算公式如下:

$$人工费(材料费、施工机械使用费)价格指数=\frac{P_n}{P_0} \tag{5-56}$$

式中:P_0——基期人工日工资单价(材料价格、机械台班单价);

P_n——报告期人工日工资单价(材料价格、机械台班单价)。

(2)其他工程费、间接费及工程建设其他费等费率指数的编制。其公式如下:

$$其他工程费(间接费、工程建设其他费)费率指数=\frac{P_n}{P_0} \tag{5-57}$$

式中:P_0——基期其他工程费(间接费、工程建设其他费)费率;

P_n——报告期其他工程费(间接费、工程建设其他费)费率。

2. 设备、工器具价格指数的编制

设备、工器具价格指数是用综合指数形式表示的总指数。运用综合指数计算总指数时,一般要涉及两个因素,一个是指数所要研究的对象,叫指数化因素;另一个是将不能同度量现象过渡为可以同度量现象的因素,叫同度量因素。

当指数化因素是数量指标时,这时计算的指数称为数量指标指数;当指数化因素是质量指标时,这时的指数称为质量指标指数。

很显然,在设备、工器具价格指数中,指数化因素是设备、工器具的采购价格,同度量因素是设备工器具的采购数量。因此设备、工器具价格指数是一种质量指标指数。质量指标指数应当以报告期的数量指标作为同度量因素,即使用派氏公式。

考虑到设备、工器具的采购品种很多,为简化起见,计算价格指数时可选择其中用量大、价格高、变动多的主要设备、工器具的购置数量和单价进行计算,按照派氏公式进行计算如下:

$$设备、工器具价格指数=\frac{\sum(报告期设备、工器具单价\times报告期购置数量)}{\sum(基期设备、工器具单价\times报告期购置数量)} \tag{5-58}$$

3. 建筑安装工程价格指数

建筑安装工程价格指数与设备、工器具价格指数类似,也属于质量指标指数,所以也应用派氏公式计算。但考虑到建筑安装工程价格指数的特点,采用加权调和平均数指数的推导公式。具体计算如下:

$$建筑安装工程造价指数=\frac{报告期建筑安装工程费}{\frac{报告期人工费}{人工费指数}+\frac{报告期材料费}{材料费指数}+\frac{报告期施工机械使用费}{施工机械使用费指数}+\frac{报告期其他工程费}{其他工程费指数}+\frac{报告期间接费}{间接费指数}+利润+税金} \tag{5-59}$$

4. 建设项目或单项工程造价指数的编制

建设项目或单项工程造价指数是由建筑安装工程造价指数,设备、工器具价格指数,工程建设其他费用指数综合而成的。与建筑安装工程造价指数相类似,其计算也应采用加权调和平均数指数的推导公式,具体的计算过程如下:

$$建设项目或单项工程造价指数=\frac{报告期建设项目或单项工程造价}{\frac{报告期建筑安装工程费}{建筑安装工程造价指数}+\frac{报告期设备、工器具费用}{设备、工器具价格指数}+\frac{报告期工程建设其他费}{工程建设其他费指数}} \tag{5-60}$$

编制完成的工程造价指数可以作为政府对建设市场宏观调控的依据,也可以作为工程估算以及概预算的基本依据。最重要的作用是在建设市场的交易过程中,为承包人提出合理的投标报价提供依据,此时的工程造价指数也可称为是投标价格指数。

三、工程造价信息的管理

(一)当前我国工程造价信息管理的现状

我国目前的工程造价信息管理主要以国家和地方政府主管部门为主,通过各种渠道进行工程造价信息的搜集、处理和发布。

(1)工程造价信息系统的逐步建立和完善。实行工程造价体制改革后,国家对工程造价的管理逐渐由直接管理转变为间接管理。

国家制订统一的工程量计算规则,编制全国统一工程项目编码和定期公布人工、材料、机械等价格的信息。随着信息网络技术的广泛应用,国家已建立了工程造价信息网,定期发布价格信息及其产业政策,为各地方主管部门、各咨询机构、造价编制和审定等单位提供基础数据。

(2)地区工程造价信息系统的建立和完善。由于我国各个地区的生产力发展水平不一致,各地价格差异较大。因此,各地区造价管理部门通过建立地区性造价信息系统,定期发布反映市场价格水平的价格信息和调整指数是非常必要的。

(二)目前工程造价信息管理存在的问题

(1)对信息的采集、加工和传播缺乏统一规划、统一编码、系统分类,信息系统开发与资源拥有之间处于相互封闭、各自为战状态,无法达到信息资源共享的优势。另外,管理者满足于目前的表面信息,没有进行信息深加工。

(2)采集技术落后,信息分类标准不统一,数据格式和存取方式不一致,使得对信息资源的远程传递、加工处理变得非常困难,信息资源的内在质量很难提高,信息维护更新速度慢,不能满足信息市场的需要。

(3)信息网建设有待完善。我国现有工程造价网多为定额站或咨询公司所建,网站内容主要为定额颁布、价格信息、相关文件转发、招投标信息发布、企业或公司介绍等,网站只是将已有的造价信息在网站上显示出来,缺乏对这些信息的整理与分析。

(4)信息资料的积累和整理没有完全实现和工程量清单计价模式的接轨。由于信息的采集、加工处理没有统一的模式和标准,造成了在投标报价时较难直接使用,不能满足新形势下市场定价的要求。

(三)工程造价信息化的发展趋势

(1)适应建设市场的新形势,着眼于为建设市场服务,为工程造价管理服务。我国加入WTO后,建设管理部门、施工企业都面临着与国际市场接轨、参与国际竞争的严峻挑战。信息技术的运用,可以促进管理部门依法行政,提高管理工作的水平,促进企业提高产品质量、服务水平和企业效率,从而提高企业自身竞争力。

(2)我国有关工程造价方面的软件和网络发展很快,为加大信息化建设的力度,全国工程造价信息网可以与各省信息网联网,这样全国造价信息网连成一体,用户可以很容易地查阅到全国各地的造价信息,从而大大提高各地造价信息网的使用效率。同时把与工程造价信息化有关的企业组织起来,加强交流、协作,避免低层次、低水平的重复开发,不断提高信息化技术在工程造价中的应用。

(3)发展工程造价信息化,建立相关的规章制度,确保工程技术健康有序地向前发展。

为了加强建设信息标准化、规范化，建设系统信息标准体系正在建立，制订信息通用标准和专用标准，建立建设信息安全保障技术规范和网络设计技术规范。加强全国建设工程造价信息系统的信息标准化工作，为全国工程造价信息化的发展奠定基础。

(四)发达国家和地区工程造价信息的管理

1. 中国香港地区的工程造价信息管理

香港地区发布的主要工程造价指数可分为两类，即成本指数和价格指数，分别是依据建造成本和建造价格的变化趋势而编制。建造成本主要包括工料等费用支出，它们占总成本的80%以上，其余的支出包括经常性开支以及使用资本财产等费用；建造价格中除包括建造成本之外，还有承包人赚取的利润，一般以投标价格指数反映其发展趋势。

1)成本指数的编制

在香港，最有影响的成本指数要属由建筑署发布的劳工指数、建材价格指数和建筑工料综合成本指数，这些指数均以1970年为基期编制。

(1)劳工指数是根据一系列同工种的劳工、混凝土工、架子工等的平均日薪，以不同的权重结合而成。其计算方法是以建筑商每类建筑劳工的总开支(包括工资及额外的福利开支)除以该类工人的工作日数，计算所用的原始资料均由问卷调查方式得到。

(2)建材价格指数同样为固定比重加权指数，其指数成分多达60种以上。这些比重反映建材真正平均比重的程度很难测定，但由于指数成分较多，故只要所用的比重与真实水平相差不至很远，由此引起的指数误差便不会很大。

(3)工料综合成本指数实际上是劳工指数和建筑材料指数的加权平均数，比重分别定为45%和55%。由于建筑物的设计具有独特性，不同工程会有不同的建材和劳工组合，因此，工料综合成本指数不一定能够反映个别承建商成本变化，但却反映了大部分香港承建商(或整个建造行业)的平均成本变化。

2)投标价格指数的编制

投标价格指数的编制依据主要是中标的承包人在报价时所列出的主要项目单价。目前香港最权威的投标价格指数有三种，分别由建筑署及两家工料测量行(即利比测量师事务所和威宁谢有限公司)编制，它们分别反映了公营部门和私营部门的投标价格变化。

两所测量行的投标指数均以一份自行编制的“概念报价单”为基础，同属固定比重加权指数。而建筑署投标价格指数则是抽取编制期内中标合约中分量较重的项目，各项目权重以合约内的实际比重为准，因此属于活比重形式。

两种民间部门的投标指数在过去20年间的变化趋势一直不谋而合，而由于两种指数是各自独立编制的，这就大大加强了指数的可靠性。而政府部门投标指数的增长速度相对较低，这是由于政府工程和私人工程不同的合约性质所致。

2. 美国和日本的工程造价信息管理

(1)美国政府发布建设成本指南、最低工资标准等综合造价信息；民间组织(像S—T、ENR等许多咨询公司)负责发布工料价格、造价指数等方面的造价信息；另外有许多专业咨询公司收集、处理、存储大量已完工程项目的造价统计信息，以供造价工程师在确定工程造价和审计工程造价时借鉴和使用。

(2)日本建设省每半年报表调查一次工程造价变动情况，每3年修订一次现场经费和综合管理费，每5年修订一次工程概预算定额。

日本官方机构的“经济调查会”和“建设物价调查会”专门负责调查各种相关经济数据和指标。调查会还受托政府使用的“积算基准”进行调查,即调查有关土木、建筑、电气、设备工程等的定额及各种经费的实际情况,报告市场各种建筑材料的工程价、材料价、运输费和劳务费等,按都道府排列。

价格的资料来源是各地商社、建材店、货物或工地实地调查所得。每种材料都标明由工厂运至工地,或由库房、商店运至工地的差别,并标明各月的升降情况。

可以看出,美国、日本及中国香港都是通过政府和民间两种渠道发布工程造价信息的。其中政府主要发布总体性、全局性的各种造价指数信息,民间组织主要发布相关资源的市场行情信息。这种分工既能使政府摆脱许多繁琐的商务性的工作,也可以使他们不承担误导市场,甚至是操纵市场的责任,同时可以发挥民间部门造价信息发布速度快,造价信息发布能够坚持公开、公平和公正的基本原则等优势。而我国的工程造价信息都是通过政府的工程造价管理部门发布的。因此,开创和拓宽民间工程造价信息的发布渠道,是我国今后工程造价管理体制改革的重要内容之一。

本章小结

投资决策阶段工程造价控制包括:投资决策的概念及作用,可行性研究的主要内容,投资估算及编制方法,并初步开展财务评价工作,周期寿命成本。

设计阶段工程造价控制包括:设计阶段的分类及工程造价的内容,设计概预算的编制及审查。

招投标阶段工程造价控制包括:招标的范围、种类、方式、编制程序及标底的编制,投标报价的编制,评标及定标的方法,FIDIC 施工条件的有关规定。

施工阶段工程造价控制包括:施工组织设计与工程预算,工程变更与索赔,工程计量与工程结算,资金使用计划与投资偏差分析,施工企业经济核算。

竣工决算及保修期间的费用处理包括:竣工决算的概念,编制程序和组成,新增资产价值的确定方法,保修期间的经济责任。

工程造价信息管理包括:工程造价信息的概念,工程造价指数的编制,工程造价信息的管理。

复习思考题

1. 项目投资决策阶段工程造价管理的主要内容有哪些?
2. 投资估算包括哪些内容?
3. 简述静态投资部分估算各种编制方法的特点、计算方法和适用条件。
4. 对比贷款总额一次性贷出和总贷款分年均衡发放的建设期贷款利息的计算有何不同?
5. 简述流动资金估算的一般方法。
6. 简述财务评价的概念、工作程序及内容。
7. 建设项目的财务效益和财务支出(费用)项目主要有哪些?
8. 经营成本与建设项目的总成本费用有何区别?
9. 财务评价中的动态评价指标有哪些?
10. 财务报表中的基本报表和辅助报表分别有哪些?
11. 现金流量表的现金流出项目中为何选用经营成本而非总成本费用?

12. 全部资金现金流量表和自有资金现金流量表的现金流出项目有何不同?

13. 设计概预算的审查方法有哪些?

14. 建设工程项目招标有哪些种类和方式?

15. 建设项目招标包括哪些程序?

16. 标底的编制依据有哪些?

17. 投标报价策略有哪些?

18. 建设工程合同的类型有哪些? 选择合同类型时应考虑哪些因素?

19. FIDIC 合同条件规定的工程变更包括哪些? 变更估价的原则有哪些?

20. 承包人可索赔的费用包括哪些? FIDIC 施工合同条件中,对承包人索赔可能给予合理补偿工期、费用和利润的情况是如何规定的? 索赔的计算方法包括哪些?

21. 工程结算的项目有哪些? 如何结算?

22. 如何计算投资偏差和进度偏差? 偏差分析的方法有哪些?

23. 编制竣工决算的依据有哪些? 竣工决算报告由哪些部分组成?

24. 如何计算新增资产价值?

25. 如何确定保修期间的经济责任?

26. 工程造价指数如何确定?

附录一　工程量清单计量规则表

子目号	子 目 名 称	特　　征	计量单位	工程量计算规则	计价工程内容
第100章	总 则				
101	保险费				第101节
101-1	保险费				
-a	建筑工程一切险	工程一切险	总额	以工程量清单第100章(扣除建筑工程一切险和第三者责任险)至第900章的合计金额为基数,乘以招标文件规定的保险费率计算总额	按招标文件规定内容
-b	第三者责任险	第三者责任险		按招标文件规定的投保金额,乘以保险费率计算总额	
102	工程管理费				第102节
102-1	竣工文件费	1. 规定; 2. 文件资料; 3. 图表	总额	按规定以总额计算	1. 原始记录; 2. 施工记录; 3. 竣工图表; 4. 变更设计文件; 5. 施工图设计文件; 6. 工程结算资料; 7. 进度照片; 8. 声像等资料
102-2	施工环保费	1. 施工期; 2. 环保措施	总额	按规定以总额计算	1. 预防和消除因施工造成的环境污染的一切措施; 2. 文物保护; 3. 防止水土流失和废料、废方处理; 4. 防止和减轻水、大气污染; 5. 保护绿色植被; 6. 土地资源的保护; 7. 现有公用设施的保护
102-3	安全生产费	1. 施工期; 2. 安全保护措施	总额	以工程量清单第100章(不含安全生产费及保险费)至第900章的合计金额为基数,乘以1%计算总额	1. 一般的安全防护措施; 2. 灭火器具配置; 3. 危险与放射物品保护;

续上表

子目号	子 目 名 称	特　征	计量单位	工程量计算规则	计价工程内容
102-3	安全生产费	1. 施工期; 2. 安全保护措施	总额	以工程量清单第100章(不含安全生产费及保险费)至第900章的合计金额为基数,乘以1%计算总额	4. 专职安全人员配置、培训及安全生产演习; 5. 有关设备的维护; 6. 安全标志的设置
102-4	工程管理软件费(暂估价)	1. 施工期; 2. 安装运行	总额	按业主估定,以总额计算	1. 系统操作人员的培训、劳务; 2. 计算机配置、维护、备份管理; 3. 网络构筑等一切相关费用
102-5	新设备、新材料、新工艺定额测定费用(暂估价)	1. 施工期; 2. 测定	总额	按业主估定,以总额计算	1. 测定人员的培训、劳务; 2. 为测定所需的器具; 3. 测定结论的整理和形成
103	临时工程与设施费				第103节
103-1	临时道路修建、养护与拆除费(包括原道路的养护费、交通维护费)	1. 类型; 2. 性质; 3. 规格; 4. 时间	总额	按规定以总额计算	1. 工程建设过程中必须修建的临时道路、桥涵、码头及与此相关的安全设施的修建养护; 2. 原有道路的养护、交通维护; 3. 拆除清理
103-2	临时占地费	1. 类型; 2. 性质; 3. 时间	总额	按规定以总额计算	1. 承包人办公和生活用地; 2. 仓库与料场用地; 3. 预制场、拌和场、机械设备停放场用地; 4. 借土场用地; 5. 弃土场用地; 6. 工地试验室用地; 7. 临时道路、桥梁用地; 8. 维护及完工后恢复
103-3	临时供电设施费				
-a	设施架设、拆除费	1. 规格; 2. 性质; 3. 时间	总额	按规定以总额计算	1. 设备的修建、安装与拆除; 2. 线路架设
-b	设施维修费	1. 规格; 2. 性质; 3. 时间	月	按规定以月计算	1. 设备的维护、维修; 2. 保证设备运行的其他工作

续上表

子目号	子 目 名 称	特 征	计量单位	工程量计算规则	计价工程内容
103-4	电信设施提供、维修与拆除费	1. 规格； 2. 性质； 3. 时间	总额	按规定以总额计算	1. 电话、传真、网络等设施的安装； 2. 维修与拆除
103-5	供水与排污设施费	1. 规格； 2. 性质； 3. 时间	总额	按规定以总额计算	1. 供水系统的设置、保养和拆除； 2. 安装、维修、管理和拆除临时排污系统； 3. 收集和处理工作区域的垃圾； 4. 提供污水处理和清洁工作的设备和劳力
104	承包人驻地建设费				第104节
104-1	承包人驻地建设费	1. 规格； 2. 性质； 3. 时间	总额	按规定以总额计算	1. 承包人办公室、住房及生活区修建； 2. 车间与工作场地、仓库修建； 3. 工地试验室修建； 4. 医疗卫生与消防设施安装； 5. 维护与拆除
104-2	场地建设费	1. 规格； 2. 性质； 3. 时间	总额	按规定以总额计算	1. 储料场、预制场、拌和场场地平整； 2. 储料场、预制场、拌和场场地硬化； 3. 修建隔离墙； 4. 维护与拆除
104-3	拌和设备安拆费	1. 规格； 2. 性质； 3. 时间	总额	按规定以总额计算	1. 基座； 2. 拌和设备安装、调试； 3. 维护与拆除
第200章	路 基				
202	场地清理				第202节
202-1	清理与掘除				
-a	清理现场	1. 深度； 2. 运距	m^2	按设计图所示，以投影平面面积计算	1. 清除路基范围内所有垃圾； 2. 清除灌木、竹林、树木(胸径小于100mm)和石头； 3. 清除路基范围内表土(20~30cm厚)； 4. 运输及堆放； 5. 坑穴填平夯实
-b	砍树挖根	1. 胸径； 2. 运距	棵	按设计图所示胸径(离地面1.3m处的直径)大于100mm的树木，以累计棵数计算	1. 砍树、截锯、挖根； 2. 运输及堆放； 3. 场地清理

续上表

子目号	子目名称	特征	计量单位	工程量计算规则	计价工程内容
202-2	挖除旧路面				
-a	水泥混凝土路面	1. 结构类型； 2. 施工方法； 3. 运距	m^3	按设计图所示，以体积计算	1. 挖除、坑穴回填、压实； 2. 装卸、运输、堆放
-b	连续配筋混凝土路面				
-c	沥青混凝土路面				
-d	碎（砾）石路面				
-e	稳定土基层				
202-3	拆除结构物				
-a	钢筋混凝土结构	1. 形状； 2. 施工方法	m^3	按设计图所示，以体积计算	1. 拆除、坑穴回填、压实； 2. 装卸、运输、堆放
-b	混凝土结构				
-c	砖、石及其他砌体结构				
203	挖方				第203节
203-1	路基挖方				
-a	挖土方	1. 土壤类别； 2. 运距	m^3	按设计图所示，路线中线长度乘以核定的断面面积，以开挖天然密实体积计算	1. 施工防水、排水； 2. 开挖、装卸、运输； 3. 路基顶面挖松、压实； 4. 整修路基和边坡
-b	挖石方	1. 岩石类别； 2. 爆破要求； 3. 运距			1. 施工防水、排水； 2. 石方爆破、开挖、装卸、运输； 3. 岩石开凿、解小、清理坡面危石； 4. 路基顶面凿平或填平、压实； 5. 整修路基和边坡
-c	挖除非适用材料（不含淤泥）	1. 土壤类别； 2. 运距	m^3	按设计图所示，路线中线长度乘以核定的断面面积，以开挖天然密实体积计算	1. 挖装； 2. 运弃
-d	挖淤泥	1. 土壤类别； 2. 运距			1. 围堰排水； 2. 挖装； 3. 运弃
203-2	改河、改渠、改路挖方				
-a	挖土方	1. 土壤类别； 2. 运距	m^3	按路线中线长度乘以核定的断面面积，以开挖天然密实体积计算	1. 施工防水、排水； 2. 开挖、装卸、运输； 3. 路基顶面挖松、压实； 4. 整修路基和边坡
-b	挖石方	1. 岩石类别； 2. 爆破要求； 3. 运距			1. 施工防水、排水； 2. 石方爆破、开挖、装卸、运输； 3. 岩石开凿、解小、清理坡面危石； 4. 路基顶面凿平或填平、压实； 5. 整修路基和边坡

续上表

子目号	子目名称	特征	计量单位	工程量计算规则	计价工程内容
-c	挖除非适用材料（不含淤泥）	1. 土壤类别； 2. 运距	m^3	按路线中线长度乘以核定的断面面积，以开挖天然密实体积计算	1. 挖装； 2. 运弃
-d	挖淤泥	1. 土壤类别； 2. 运距			1. 围堰排水； 2. 挖装； 3. 运弃
203-3	借方				
-a	借土方	1. 土壤类别； 2. 运距	m^3	按设计图所示，以借土（石）的天然密实体积计算（不包括借土场表土及不适宜材料）	1. 借土场的表土清除、移运、整平、修坡； 2. 土方开挖（或石方爆破）、装运、堆放、分理填料； 3. 岩石开凿、解小、清理坡面危石
-b	借石方				
204	填方				第204节、第206节
204-1	路基填筑（含填前压实）				
-a	回填土	1. 土壤类别； 2. 压实度	m^3	按压实体积计量	回填土的摊平、压实（不含挖运）
-b	填土方	1. 土壤类别； 2. 碾压要求	m^3	按设计图所示，路线中线长度乘以核定的断面面积，以压实体积计算（含清表回填）	1. 施工防水、排水； 2. 填前碾压、挖台阶； 3. 摊平、洒水或晾晒、压实； 4. 整修路基和边坡
-c	填石方	碾压要求	m^3		1. 施工防水、排水； 2. 填前碾压、挖台阶； 3. 人工码砌嵌锁、改渣； 4. 摊平、洒水或晾晒、压实； 5. 整修路基和边坡
-d	土石混填	1. 土石比例； 2. 碾压要求	m^3		1. 施工防水、排水； 2. 填前碾压、挖台阶； 3. 人工码砌嵌锁、改渣； 4. 摊平、洒水或晾晒、压实； 5. 整修路基和边坡
-e	粉煤灰路堤	1. 材料规格； 2. 碾压要求	m^3	按设计图所示，以压实体积计算	1. 摊铺、晾晒； 2. 压实、整形； 3. 洒水
-f	吹沙填筑	1. 材料规格； 2. 碾压要求	m^3	按设计图所示，以设计断面压实体积计算	1. 施工防水、排水； 2. 填料、摊平、洒水和压实； 3. 整修路基和边坡
204-2	改路、改渠、改河填筑				

续上表

子目号	子 目 名 称	特 征	计量单位	工程量计算规则	计价工程内容
-a	填土方	1. 土壤类别; 2. 碾压要求	m^3	按设计图所示,以设计断面压实体积计算	1. 施工防水、排水; 2. 填前碾压、挖台阶; 3. 摊平、洒水或晾晒、压实; 4. 整修路基和边坡
-b	填石方	碾压要求	m^3		1. 施工防水、排水; 2. 填前碾压、挖台阶; 3. 人工码砌嵌锁、改渣; 4. 摊平、洒水或晾晒、压实; 5. 整修路基和边坡
204-3	结构物台背回填				
-a	土方	1. 压实度; 2. 碾压要求	m^3	按设计图所示,以压实体积计算	1. 摊平、压实; 2. 洒水、养护; 3. 整形
-b	石方				
-c	碎石(土)	1. 材料规格、类别; 2. 压实度; 3. 碾压要求	m^3	按设计图所示,以压实体积计算	1. 掺配、拌和; 2. 摊平、压实; 3. 整形
-d	砂砾(土)				
-e	灰土混合料				1. 掺配、拌和; 2. 摊平、压实; 3. 整形、养护
-f	矿渣				1. 摊平、压实; 2. 洒水、养护; 3. 整形
204-4	锥坡及台前溜坡填土	1. 回填材料规格; 2. 碾压要求	m^3	按设计图所示,以压实体积计算	1. 摊平、压实; 2. 整形
205	特殊路基处理				第 205 节
205-1	软土处理				
-a	抛石挤淤	材料规格	m^3	按设计图所示,以体积计算	1. 排水清淤; 2. 抛填片石; 3. 填塞垫平、压实
-b	砂垫层、砂砾垫层	1. 材料规格; 2. 碾压要求	m^3	按设计图所示,以压实体积计算	1. 运料; 2. 铺料、整平; 3. 压实
-c	碎石垫层				
-d	灰土垫层	1. 材料规格; 2. 配合比; 3. 碾压要求			1. 拌和; 2. 摊铺、整形; 3. 碾压; 4. 养生
-e	预压与超载预压	1. 材料规格; 2. 时间	m^3	按设计图所示,以要求的预压宽度和高度以体积计量	1. 预压材料挖运; 2. 布载; 3. 压实; 4. 卸载; 5. 清理场地

续上表

子目号	子目名称	特征	计量单位	工程量计算规则	计价工程内容
-f	真空预压与真空超载预压	1. 材料规格、性能； 2. 时间	m^3	按设计图所示，以要求的预压宽度和高度以体积计量	1. 预压材料挖运； 2. 分层布载、压实； 3. 卸载； 4. 密封沟开挖，密封膜布设； 5. 筑围堰； 6. 抽真空； 7. 施工监测； 8. 清理场地
-g	袋装砂井	1. 材料规格； 2. 桩径	m	按设计图所示，按不同孔径以长度计算（不计伸入垫层内长度，砂及砂袋不单独计量）	1. 轨道铺设； 2. 装砂袋； 3. 定位； 4. 打钢管； 5. 下砂袋； 6. 拔钢管； 7. 桩机移位； 8. 拆卸
-h	塑料排水板	材料规格	m	按设计图所示，按不同规格及宽度以长度计算（不计伸入垫层内长度）	1. 轨道铺设； 2. 定位； 3. 穿塑料排水板； 4. 安桩靴； 5. 打、拔钢管； 6. 剪断排水板； 7. 桩机移位； 8. 拆卸
-i	旋喷桩	1. 材料规格； 2. 桩径； 3. 喷粉（浆）量	m	按设计图所示，按不同孔径以长度计算	1. 场地清理； 2. 设备安装、移位、拆除； 3. 成孔喷粉（浆）； 4. 提升、二次搅拌、复打
-j	粉喷桩				
-k	碎石桩	1. 材料规格； 2. 桩径	m	按设计图所示，按不同孔径以长度计算	1. 设备安装、移位、拆除； 2. 试桩； 3. 冲孔、填料
-l	砂桩	1. 材料规格； 2. 桩径	m	按设计图所示，按不同孔径以长度计算	1. 设备安装、移位、拆除； 2. 试桩； 3. 冲孔、填料
-m	松木桩	1. 材料规格； 2. 桩径	m	按设计图所示，以桩打入土内的长度计算	1. 打桩； 2. 锯桩头
-n	CFG（水泥、粉煤灰、碎石）桩	1. 材料规格； 2. 桩径	m	按设计图所示，按不同桩径以长度计算	1. 场地清理； 2. 机具就位； 3. 混合料掺配、运料、拌和、灌注； 4. 凿桩头； 5. 桩的承载能力检测

续上表

子目号	子 目 名 称	特 征	计量单位	工程量计算规则	计价工程内容
-o	预应力管桩	1. 材料规格; 2. 桩径	m	按设计图所示,按不同桩径以长度计算	1. 场地清理; 2. 机具就位; 3. 管桩预制、运输; 4. 管桩击入
-p	土工布	材料规格	m^2	按设计图所示尺寸,以单层净面积计算(不计入按规范要求的搭接卷边部分)	1. 下承面清理平整; 2. 土工材料铺设; 3. 搭接、缝接或粘接; 4. 铆固
-q	土工格栅				
-r	土工格室				
-s	EPS(聚苯乙烯泡沫板)				1. 下承面清理平整; 2. EPS 铺设; 3. 连接、固定; 4. 防水及护边等处理
-t	强夯	1. 承载力要求; 2. 夯点布置; 3. 夯击能量	m^2	按设计图所示,以面积计算	1. 地表处理; 2. 施工防水、排水; 3. 强夯
-u	强夯置换	1. 承载力要求; 2. 置换材料规格; 3. 夯点布置; 4. 夯击能量	m^2	按设计图所示,以面积计算	1. 地表处理; 2. 施工防水、排水; 3. 置换材料铺设; 4. 强夯
205-2	滑坡处理				
-a	卸载土方	1. 土质; 2. 运距	m^3	按实际量测的体积计算	1. 安全防护、排水; 2. 挖、装、运、卸
-b	卸载石方				
-c	回填土	1. 土质; 2. 运距	m^3	按实际量测验收的填筑体积计算	1. 安全防护、排水; 2. 挖、装、运、填
-d	清运塌方	1. 土质; 2. 运距		按实际量测的体积计算	装、运、卸
205-3	岩溶、采空区处理				
-a	清除洞内沉积物	1. 材料类型; 2. 运距	m^3	按实际量测的体积计算	1. 排水; 2. 挖装、运输
-b	回填片石	1. 材料规格; 2. 填实	m^3	按实际量测验收的填筑体积计算	1. 排水; 2. 挖、装、运、回填; 3. 夯实
-c	回填碎石				
-d	回填片石混凝土	1. 材料规格; 2. 强度等级			1. 排水; 2. 拌和、运输、浇筑
-e	压浆	材料规格	t	按实际所用原材料质量计算	1. 排水; 2. 浆液制作; 3. 钻孔、注浆
-f	浆砌片石	1. 材料规格; 2. 强度等级	m^3	按设计图所示,以体积计算	1. 拌和、运输砂浆; 2. 砌筑、养生
-g	干砌片石				

续上表

子目号	子 目 名 称	特　　征	计量单位	工程量计算规则	计价工程内容
-h	钢筋混凝土盖板	1. 材料规格； 2. 断面尺寸； 3. 强度等级	m^3	按设计图所示，以体积计算	1. 支架模板制作、安装、拆除； 2. 拌和、浇筑混凝土； 3. 钢筋制作、安装； 4. 构件运输、安装
205-4	膨胀土处理				
-a	石灰土改良	1. 石灰(水泥)含量； 2. 厚度； 3. 压实度	t	按设计图所示，以石灰(水泥)掺量计算	1. 拌和； 2. 养生
-b	水泥土改良				
205-5	黄土处理				
-a	陷穴	1. 体积； 2. 压实度	m^3	按实际回填体积计算	1. 排水； 2. 开挖； 3. 运输； 4. 取料、回填； 5. 压实
-b	湿陷性黄土	1. 范围； 2. 压实度	m^2	按设计图所示，以强夯处理合格面积计算	1. 排水； 2. 开挖、运输； 3. 设备安装及拆除； 4. 强夯等加固处理； 5. 取料、回填、压实
205-6	盐渍土处理				
-a	厚____ mm	1. 含盐量； 2. 厚度； 3. 压实度	m^2	按设计图所示，按规定的厚度以换填面积计算	1. 清除； 2. 运输； 3. 取料、换填； 4. 压实
205-7	风积沙填筑	1. 填料规格； 2. 运距； 3. 碾压要求	m^3	按设计图所示，以设计断面压实体积计算	1. 施工防水、排水； 2. 填料运输、摊平、洒水和压实； 3. 整修路基和边坡
205-8	季节性冻土改性处理	1. 填料规格； 2. 运距； 3. 碾压要求	m^3	按设计图所示，根据不同填料规格以压实体积计算	1. 施工防水、排水； 2. 清除软层； 3. 填料挖、运； 4. 分层填筑和压实
206	路基观测				
206-1	路基沉降观测(暂估价)	1. 施工期； 2. 测定	总额	根据业主估定，以总额计算	1. 布控； 2. 观测和数据记录、分析； 3. 其他辅助工作
206-2	高边坡稳定性观测(暂估价)				
207	排水工程				第207节
207-1	边沟				
-a	土质边沟	断面尺寸	m	按设计图所示，根据不同断面以长度计算	扩挖整形

续上表

子目号	子目名称	特征	计量单位	工程量计算规则	计价工程内容
-b	浆砌片(块)石边沟	1. 材料规格; 2. 垫层厚度; 3. 断面尺寸; 4. 强度等级	m^3	按设计图所示,以体积计算	1. 扩挖整形; 2. 铺垫层; 3. 砂浆拌和、运输; 4. 砌筑、伸缩缝设置、勾缝、抹面压顶、养生
-c	现浇混凝土边沟	1. 材料规格; 2. 垫层厚度; 3. 断面尺寸; 4. 强度等级	m^3	按设计图所示,以体积计算	1. 扩挖整形; 2. 铺垫层; 3. 现浇混凝土; 4. 伸缩缝设置
-d	浆砌混凝土预制块边沟	1. 材料规格; 2. 垫层厚度; 3. 断面尺寸; 4. 强度等级	m^3	按设计图所示,以体积计算	1. 扩挖整形; 2. 铺垫层; 3. 预制、运输混凝土块; 4. 砂浆拌和、运输; 5. 砌筑勾缝; 6. 泄水管及伸缩缝的设置; 7. 抹灰压顶
-e	钢筋混凝土盖板	1. 材料规格; 2. 断面尺寸; 3. 强度等级	m^3	按设计图所示,以体积计算	1. 钢筋制作、安装; 2. 钢筋混凝土盖板预制、运输; 3. 钢筋混凝土盖板安装
-f	碟形沟	断面尺寸	m	按设计图所示,以长度计算	1. 扩挖整形; 2. 铺草皮、种草籽
-g	暗埋式边沟	1. 材料规格; 2. 断面尺寸; 3. 强度等级	m	按设计图所示,以长度计算	1. 挖基整形; 2. 铺垫层; 3. 砌筑或现浇; 4. 预制安装(钢筋)混凝土盖板; 5. 铺砂砾反滤层; 6. 回填
207-2	截水沟				
-a	浆砌片石截水沟	1. 材料规格; 2. 垫层厚度; 3. 断面尺寸; 4. 强度等级	m^3	按设计图所示,以体积计算	1. 扩挖整形; 2. 铺垫层; 3. 砂浆拌和、运输; 4. 砌筑勾缝; 5. 伸缩缝的设置; 6. 抹灰压顶、养生
-b	浆砌混凝土预制块截水沟				1. 扩挖整形; 2. 铺垫层; 3. 预制混凝土块; 4. 砂浆拌和、运输; 5. 砌筑勾缝; 6. 泄水管及伸缩缝的设置; 7. 抹灰压顶

续上表

子目号	子 目 名 称	特　　征	计量单位	工程量计算规则	计价工程内容
207-3	急流槽				
-a	浆砌片石急流槽(沟)	1. 材料规格; 2. 断面尺寸; 3. 强度等级	m^3	按设计图所示,以体积计算(包括消力池、消力槛、抗滑台等附属设施)	1. 挖基整形; 2. 铺垫层; 3. 砌筑勾缝; 4. 伸缩缝填塞; 5. 抹灰压顶、养生
-b	现浇混凝土急流槽	1. 材料规格; 2. 垫层厚度; 3. 断面尺寸; 4. 强度等级	m^3		1. 扩挖整形; 2. 铺垫层; 3. 现浇混凝土; 4. 伸缩缝设置
-c	PVC 管急流槽	1. 材料规格; 2. 断面尺寸	m	按设计图所示,以长度计算	1. 挖基、回填; 2. 安装 PVC 管
207-4	盲沟___ mm × ___ mm	1. 材料规格; 2. 断面尺寸; 3. 强度等级	m	按设计图所示,按不同断面尺寸以长度计算	1. 挖基、整形; 2. 铺垫层; 3. 砌筑; 4. 土工材料设置、管材埋设或铺砂砾反滤层; 5. 回填
207-5	涵洞上下游改沟、改渠铺砌	1. 材料规格; 2. 断面尺寸; 3. 强度等级	m^3	按设计图所示,根据不同圬工类型以体积计算	1. 挖基、整形; 2. 铺垫层; 3. 砂浆拌和、运输; 4. 砌筑、勾缝、养生; 5. 填缝及回填; 6. 盖板预制、安装
207-6	路堑坡体排水	1. 材料规格; 2. 土壤类别	m	按设计图所示,以长度计算	1. 钻孔; 2. 安装 PVC 管
208	护坡、护面墙				第 208 节
208-1	植物护坡				
-a	播种草籽	1. 草籽种类; 2. 养护期	m^2	按设计图所示,以面积计算	1. 修整边坡、铺设表土; 2. 播草籽; 3. 养护; 4. 保养达到规定成活率
-b	铺(植)草皮	1. 草皮种类; 2. 铺设形式			1. 修整边坡、铺设表土; 2. 铺设草皮; 3. 养护; 4. 保养达到规定成活率
-c	播植(喷播)草灌	1. 草灌种类; 2. 养护期			1. 修整边坡、铺设表土; 2. 播植(喷播)草灌; 3. 养护; 4. 保养达到规定成活率

续上表

子目号	子目名称	特征	计量单位	工程量计算规则	计价工程内容
-d	挂镀锌网客土喷(混)植草	1. 镀锌网规格; 2. 草灌种类; 3. 喷播厚度; 4. 养护期	m^2	按设计图所示,按设计不同厚度以喷播面积计算	1. 土、改良剂、(混合)种籽拌和; 2. 边坡找平、拍实; 3. 网的制作及锚固、喷播; 4. 保养达到规定成活率
-e	三维植被网喷播植草	1. 草籽种类; 2. 喷播厚度; 3. 养护期			1. 平整坡面、挂网; 2. 回填土、喷播草籽; 3. 覆盖无纺土工布; 4. 保养达到规定成活率
-f	挂铁丝网客土喷(混)植草	1. 铁丝网规格; 2. 植(混)草种类; 3. 喷混厚度; 4. 养护期			1. 土、改良剂、(混合)种籽拌和; 2. 边坡找平、拍实; 3. 网的制作及锚固、喷播; 4. 保养达到规定成活率
-g	土工格室植草	1. 格室尺寸; 2. 植草种类; 3. 养护期	m^2	按设计图所示,按合同规定成活率以面积计算	1. 挖槽、清底、找平、混凝土浇筑; 2. 格室安装、铺种植土、播草籽、拍实; 3. 养护; 4. 保养达到规定成活率
-h	植生袋植草	1. 植生袋种类; 2. 草种种类; 3. 营养土类别			1. 找坡、拍实; 2. 灌袋、摆放、拍实; 3. 养护; 4. 保养达到规定成活率
208-2	干砌片石	1. 材料规格; 2. 断面尺寸	m^3	按设计图所示,以体积计算	1. 整修边坡; 2. 铺筑垫层、铺设滤水层; 3. 砌片石; 4. 制作、安装沉降缝、泄水孔
208-3	浆砌片(块)石护坡				
-a	满砌护坡	1. 材料规格; 2. 断面尺寸; 3. 强度等级	m^3	按设计图所示,以体积计算	1. 整修边坡; 2. 挖槽; 3. 铺筑垫层,铺设滤水层,制作、安装沉降缝、泄水孔; 4. 砌筑、勾缝
-b	骨架护坡				
208-4	混凝土护坡				

续上表

<table>
<tr><th>子目号</th><th>子 目 名 称</th><th>特 征</th><th>计量单位</th><th>工程量计算规则</th><th>计价工程内容</th></tr>
<tr><td>-a</td><td>现浇混凝土护坡</td><td rowspan="3">1. 材料规格;
2. 断面尺寸;
3. 强度等级;
4. 垫层厚度</td><td rowspan="3">m^3</td><td rowspan="3">按设计图所示,以体积计算(不计空心部分体积)</td><td>1. 整修边坡;
2. 浇筑;
3. 铺筑垫层,铺设滤水层,制作、安装沉降缝、泄水孔</td></tr>
<tr><td>-b</td><td>预制空心块混凝土护坡</td><td rowspan="2">1. 整修边坡;
2. 预制、安装混凝土块;
3. 铺筑垫层,铺设滤水层,制作、安装沉降缝、泄水孔</td></tr>
<tr><td>-c</td><td>预制实心块混凝土护坡</td></tr>
<tr><td>208-5</td><td>护面墙</td><td></td><td></td><td></td><td></td></tr>
<tr><td>-a</td><td>浆砌片(块)石护面墙</td><td rowspan="3">1. 材料规格;
2. 断面尺寸;
3. 强度等级</td><td rowspan="3">m^3</td><td rowspan="3">按设计图所示,以体积计算</td><td>1. 整修边坡;
2. 基坑开挖、清理及回填;
3. 砌筑、勾缝、抹灰压顶;
4. 铺筑垫层,铺设滤水层,制作、安装沉降缝、泄水孔</td></tr>
<tr><td>-b</td><td>混凝土护面墙</td><td>1. 整修边坡;
2. 基坑开挖、清理及回填;
3. 浇筑;
4. 铺筑垫层,铺设滤水层,制作、安装沉降缝、泄水孔</td></tr>
<tr><td>-c</td><td>浆砌混凝土预制块护面墙</td><td>1. 整修边坡;
2. 基坑开挖、清理及回填;
3. 混凝土块预制、运输;
4. 砌筑、勾缝、抹灰压顶;
5. 铺筑垫层,铺设滤水层,制作、安装沉降缝、泄水孔</td></tr>
<tr><td>208-6</td><td>封面防护</td><td>1. 材料规格;
2. 断面尺寸;
3. 强度等级</td><td>m^2</td><td>按设计图所示,以面积计算</td><td>1. 坡体表面处理;
2. 混凝土分层封面;
3. 设置伸缩缝;
4. 边坡封顶;
5. 排水</td></tr>
<tr><td>208-7</td><td>捶面防护</td><td>1. 材料规格;
2. 断面尺寸;
3. 强度等级</td><td>m^2</td><td>按设计图所示,以面积计算</td><td>1. 坡体表面处理;
2. 多合土捶面;
3. 设置伸缩缝;
4. 边坡封顶;
5. 排水</td></tr>
</table>

续上表

子目号	子目名称	特征	计量单位	工程量计算规则	计价工程内容
209	挡土墙				第209节
209-1	砌体挡土墙				
-a	浆砌片(块)石挡土墙	1. 材料规格; 2. 挡墙类型; 3. 断面尺寸; 4. 强度等级	m^3	按设计图所示,以体积计算	1. 围堰排水; 2. 基坑开挖、清理及回填; 3. 砌石、勾缝; 4. 沉降缝填塞,铺设滤水层,制作、安装泄水孔; 5. 抹灰压顶; 6. 墙背回填
-b	浆砌料石挡土墙				
-c	浆砌混凝土块				1. 围堰排水; 2. 基坑开挖、清理及回填; 3. 预制、运输混凝土块; 4. 砌筑混凝土块、勾缝; 5. 沉降缝填塞,铺设滤水层,制作、安装泄水孔; 6. 抹灰压顶; 7. 墙背回填
-d	干砌片(块)石挡土墙				1. 围堰排水; 2. 基坑开挖、清理及回填; 3. 砌石; 4. 沉降缝填塞,铺设滤水层,制作、安装泄水孔; 5. 抹灰压顶; 6. 墙背回填
209-2	混凝土挡土墙				
-a	混凝土	1. 材料规格; 2. 挡墙类型; 3. 断面尺寸; 4. 强度等级	m^3	按设计图所示,以体积计算	1. 围堰排水; 2. 基坑开挖、清理及回填; 3. 搭、拆脚手架; 4. 浇筑混凝土; 5. 预制、安装混凝土墙板(装配法施工); 6. 沉降缝、伸缩缝填塞,铺筑滤水层,制作、安装泄水孔; 7. 墙背回填
-b	片石混凝土				1. 围堰排水; 2. 基坑开挖、清理及回填; 3. 搭、拆脚手架; 4. 浇筑混凝土; 5. 沉降缝、伸缩缝填塞,铺筑滤水层,制作、安装泄水孔; 6. 墙背回填

续上表

子目号	子 目 名 称	特 征	计量单位	工程量计算规则	计价工程内容
-c	钢筋	1. 材料规格; 2. 抗拉强度	kg	按设计图所示,以质量计算	钢筋制作和安装
209-3	格宾网挡土墙	1. 材料规格; 2. 断面尺寸	m^3	按设计图所示,以体积计算	1. 基础处理; 2. 网内填石; 3. 捆扎安放
209-4	基底垫层				
-a	砂砾垫层	1. 材料规格; 2. 厚度	m^3	按设计图所示,以体积计算	1. 运料; 2. 铺料、整平; 3. 压实
-b	碎石垫层				
210	锚杆、锚定板挡土墙				第 210 节
210-1	锚杆挡土墙				
-a	混凝土立柱	1. 材料规格; 2. 断面尺寸; 3. 强度等级	m^3	按设计图所示,以体积计算	1. 挖基、基底清理; 2. 模板制作、安装; 3. 现浇混凝土或预制、安装构件; 4. 墙背回填
-b	混凝土挡板				
-c	钢筋	1. 材料规格; 2. 抗拉强度	kg	按设计图所示,以质量计算	钢筋制作和安装
-d	锚杆	1. 材料规格; 2. 抗拉强度	kg	按设计图所示,以质量计算	1. 钻孔、清孔; 2. 锚杆制作、安装; 3. 注浆; 4. 张拉; 5. 抗拔力试验
210-2	锚定板挡土墙				
-a	混凝土锚定板	1. 材料规格; 2. 断面尺寸; 3. 强度等级	m^3	按设计图所示,以体积计算	1. 基坑开挖、清理及回填; 2. 模板制作、安装; 3. 现浇混凝土或预制、安装构件; 4. 墙背回填
-b	钢筋混凝土肋柱				
-c	混凝土挡板				
-d	拉杆	1. 材料规格; 2. 抗拉强度	kg	按设计图所示,以质量计算	1. 拉杆制作、安装; 2. 注浆; 3. 拉杆防锈处理
-e	钢筋				钢筋制作和安装
211	加筋土挡土墙				第 211 节
211-1	加筋土挡土墙				
-a	钢筋混凝土带挡土墙	1. 材料规格; 2. 断面尺寸; 3. 加筋用量; 4. 强度等级	m^3	按设计图所示,以体积计算	1. 围堰排水; 2. 基坑开挖、清理及回填; 3. 浇筑或砌筑基础; 4. 预制、安装墙面板; 5. 铺设加筋带; 6. 沉降缝填塞,铺设滤水层,制作、安装泄水孔; 7. 填筑与碾压; 8. 墙面封顶
-b	聚丙烯土工带挡土墙				

续上表

子目号	子 目 名 称	特 征	计量单位	工程量计算规则	计价工程内容
212	喷射混凝土和喷浆边坡防护				第 212 节
212-1	挂网喷浆防护边坡				
-a	铁丝网	1. 材料规格； 2. 厚度； 3. 强度等级	m^2	按设计图所示，以喷浆面积计算	1. 整修边坡； 2. 网的制作及锚固； 3. 砂浆制备； 4. 喷砂浆
-b	土工格栅				
-c	锚杆	1. 材料规格； 2. 抗拉强度	kg	按设计图所示，以质量计算	1. 钻孔、清孔； 2. 锚杆制作、安装； 3. 注浆； 4. 张拉； 5. 抗拔力试验
212-2	挂网锚喷混凝土防护边坡(全坡面)				
-a	钢筋网	1. 结构形式； 2. 材料规格； 3. 厚度； 4. 强度等级	m^2	按设计图所示，以喷射混凝土面积计算	1. 整修边坡； 2. 网的制作及锚固； 3. 混凝土制备； 4. 喷混凝土
-b	铁丝网				
-c	土工格栅				
-d	锚杆	1. 材料规格； 2. 抗拉强度	kg	按设计图所示，以质量计算	1. 钻孔、清孔； 2. 锚杆制作、安装； 3. 注浆； 4. 张拉； 5. 抗拔力试验
212-3	锚杆框架梁护坡				
-a	混凝土	1. 材料规格； 2. 断面尺寸； 3. 强度等级	m^3	按设计图所示，以体积计算	1. 基坑开挖、清理及回填； 2. 模板制作、安装； 3. 混凝土拌和、运输和浇筑
-b	钢筋	1. 材料规格； 2. 抗拉强度	kg	按设计图所示，以质量计算	钢筋制作和安装
-c	锚杆	1. 材料规格； 2. 抗拉强度	kg	按设计图所示，以质量计算	1. 钻孔、清孔； 2. 锚杆制作、安装； 3. 注浆； 4. 张拉； 5. 抗拔力试验
212-4	坡面防护				
-a	喷射混凝土防护	1. 材料规格； 2. 厚度； 3. 强度等级	m^2	按设计图所示，以面积计算	1. 整修边坡； 2. 砂浆或混凝土制备； 3. 喷砂浆或混凝土； 4. 养生
-b	喷射水泥砂浆防护				

续上表

子目号	子目名称	特征	计量单位	工程量计算规则	计价工程内容
212-5	土钉支护				
-a	土钉钻孔桩	1. 桩径； 2. 强度等级； 3. 抗拔力试验	m	按设计图所示，分不同桩径以长度计算	1. 整修边坡； 2. 防排水； 3. 成孔； 4. 土钉制作和支放； 5. 注浆
-b	土钉预制击入桩	1. 桩径； 2. 强度等级； 3. 抗拔力试验	m		1. 整修边坡； 2. 防水、排水； 3. 预制土钉桩； 4. 构件运输； 5. 击入土钉桩
-c	喷射混凝土	1. 材料规格； 2. 厚度； 3. 强度等级	m^2	按设计图所示，以面积计算	1. 整修边坡； 2. 混凝土制备； 3. 喷混凝土； 4. 养生
-d	钢筋	1. 材料规格； 2. 抗拉强度	kg	按设计图所示，以质量计算	钢筋制作和安装
-e	钢筋网	1. 材料规格； 2. 抗拉强度	kg	按设计图所示，以质量计算	1. 下承层清理； 2. 钢筋网制作和安装； 3. 钢筋网搭接
213	预应力锚索边坡加固				第 213 节
213-1	预应力锚索	1. 材料规格； 2. 抗拉强度	kg	按设计图所示，以质量计算	1. 整修边坡； 2. 钻孔、清孔； 3. 锚索制作、安装； 4. 张拉； 5. 注浆； 6. 锚固、封端； 7. 抗拔力试验
213-2	锚固板	1. 材料规格； 2. 断面尺寸； 3. 强度等级	m^3	按设计图所示，以体积计算	1. 整修边坡； 2. 钢筋制作、安装； 3. 现浇混凝土或预制、安装构件； 4. 养护
214	抗滑桩				第 214 节
214-1	混凝土抗滑桩				
-a	混凝土抗滑桩	1. 材料规格； 2. 断面尺寸； 3. 强度等级	m	按设计图所示，按不同桩尺寸以长度计算	1. 成孔； 2. 通风、排水； 3. 护壁； 4. 灌注混凝土； 5. 无破损检验
-b	钢筋	1. 材料规格； 2. 抗拉强度	kg	按设计图所示，以质量计算	钢筋制作和安装

续上表

子目号	子目名称	特征	计量单位	工程量计算规则	计价工程内容
214-2	桩板式抗滑挡墙				
-a	混凝土锚固桩	1. 材料规格； 2. 断面尺寸； 3. 强度等级； 4. 钢筋用量	m^3	按设计图所示，以体积计算	1. 基坑开挖、清理及回填； 2. 模板制作、安装； 3. 现浇混凝土或预制、安装构件； 4. 墙背回填
-b	混凝土挡板				
-c	钢筋	1. 材料规格； 2. 抗拉强度	kg	按设计图所示，以质量计算	钢筋制作和安装
215	河道防护				第215节
215-1	浆砌片石河床铺砌	1. 材料规格； 2. 强度等级	m^3	按设计图所示，以体积计算	1. 围堰排水； 2. 挖基、铺垫层； 3. 砌筑、勾缝、养生； 4. 回填、夯实
215-2	浆砌片石顺坝				
215-3	浆砌片石丁坝				
215-4	浆砌片石调水坝				
215-5	浆砌片石锥(护)坡				
215-6	干砌片(块)石				
215-7	抛片石				1. 排水、清淤； 2. 抛填片石； 3. 填塞垫平、压实
215-8	抛石笼				1. 排水、清淤； 2. 石笼制作； 3. 抛石笼； 4. 填塞垫平、压实
216	取、弃土场恢复				
-a	浆砌片石挡土(护脚)墙	1. 材料规格； 2. 断面尺寸； 3. 强度等级	m^3	按设计图所示，以体积计算	1. 围堰排水； 2. 基坑开挖、清理及回填； 3. 砌石、勾缝； 4. 沉降缝填塞，铺设滤水层，制作、安装泄水孔； 5. 抹灰压顶； 6. 墙背回填
-b	浆砌片石水沟				1. 挖基整形； 2. 砌石、勾缝； 3. 伸缩缝填塞； 4. 抹灰压顶
-c	撒播草籽	1. 草籽种类； 2. 养护期	m^2	按设计图所示，以面积计算	1. 修整边坡、铺设表土； 2. 播草籽； 3. 洒水覆盖
-d	铺设草皮	1. 草皮种类； 2. 铺设方式； 3. 养护期			1. 修整边坡、铺设表土； 2. 铺设草皮； 3. 洒水； 4. 养护

续上表

子目号	子目名称	特征	计量单位	工程量计算规则	计价工程内容
-e	种植乔木	1. 胸径（离地1.2m处树干直径）； 2. 高度	棵	按设计图所示，分别按规格，以累计数计算	1. 挖坑； 2. 苗木运输； 3. 铺设表土、施肥； 4. 栽植； 5. 清理、养护
第300章	路面				第300章
302	路面垫层				第301节、第302节
302-1	碎石垫层	1. 材料规格； 2. 厚度； 3. 压实度	m^2	按设计图所示，按不同厚度，以顶面面积计算	1. 清理下承层、洒水； 2. 配料、运料； 3. 摊铺、整形； 4. 碾压
302-2	砂砾垫层				
302-3	水泥稳定土垫层	1. 材料规格； 2. 配合比； 3. 厚度； 4. 强度等级； 5. 压实度			1. 清理下承层、洒水； 2. 配料、运料； 3. 摊铺、整形； 4. 碾压； 5. 养护
302-4	石灰稳定土垫层				
303	路面底基层				第301、303、304、305、306节
303-1	石灰稳定土（或粒料）底基层	1. 材料规格； 2. 配合比； 3. 厚度； 4. 强度等级； 5. 压实度	m^2	按设计图所示，按不同厚度，以顶面面积计算	1. 清理下承层、洒水； 2. 拌和、运输； 3. 摊铺、整形； 4. 碾压； 5. 养护
303-2	水泥稳定土（或粒料）底基层				
303-3	石灰粉煤灰稳定土（或粒料）底基层				
303-4	级配碎（砾）石底基层	1. 材料规格； 2. 级配； 3. 厚度； 4. 压实度			1. 清理下承层、洒水； 2. 拌和、运输； 3. 摊铺、整形； 4. 碾压
303-5	水泥、石灰综合稳定土（或粒料）底基层	1. 材料规格； 2. 配合比； 3. 厚度； 4. 强度等级； 5. 压实度			1. 清理下承层、洒水； 2. 拌和、运输； 3. 摊铺、整形； 4. 碾压； 5. 养护
303-6	旧混凝土路面破碎利用	1. 碎块尺寸； 2. 厚度； 3. 强度等级			1. 旧路破碎； 2. 清理、摊平； 3. 压浆
304	搭板、埋板下底基层				第301、303、304、305、306节
304-1	石灰稳定土（或粒料）底基层	1. 材料规格； 2. 配合比； 3. 厚度； 4. 强度等级； 5. 压实度	m^3	按设计图所示，按铺筑体积计算	1. 清理下承层、洒水； 2. 拌和、运输； 3. 摊铺、整形； 4. 碾压； 5. 养护
304-2	水泥稳定土（或粒料）底基层				
304-3	石灰粉煤灰稳定土（或粒料）底基层				

续上表

子目号	子 目 名 称	特 征	计量单位	工程量计算规则	计价工程内容
304-4	级配碎(砾)石底基层	1. 材料规格; 2. 级配; 3. 厚度; 4. 压实度; 5. 弯沉值	m^3	按设计图所示,按铺筑体积计算	1. 清理下承层、洒水; 2. 拌和、运输; 3. 摊铺、整形; 4. 碾压
305	路面基层				第301、304、305、306、307节
305-1	石灰稳定粒料基层	1. 材料规格; 2. 配合比; 3. 厚度; 4. 强度等级; 5. 压实度	m^2	按设计图所示,以顶面面积计算	1. 清理下承层、洒水; 2. 拌和、运输; 3. 摊铺、整形; 4. 碾压; 5. 养护
305-2	水泥稳定粒料基层				
305-3	石灰粉煤灰稳定基层				
305-4	级配碎(砾)石基层	1. 材料规格; 2. 级配; 3. 厚度; 4. 压实度; 5. 弯沉值	m^2	按设计图所示,以顶面面积计算	1. 清理下承层、洒水; 2. 拌和、运输; 3. 摊铺、整形; 4. 碾压
305-5	贫混凝土基层	1. 材料规格; 2. 厚度; 3. 强度等级			1. 清理下承层、洒水; 2. 拌和、运输; 3. 摊铺、碾压、整形; 4. 养护
305-6	沥青稳定碎石基层(ATB)	1. 材料规格; 2. 沥青含量; 3. 厚度; 4. 强度等级; 5. 弯沉值			1. 清理下承层; 2. 铺碎石; 3. 洒铺沥青; 4. 碾压; 5. 养护
306	透层、黏层、封层				第308节、第310节
306-1	透层	1. 材料规格; 2. 沥青用量	m^2	按设计图所示,以面积计算	1. 清理下承层; 2. 沥青加热、掺配、运输; 3. 洒油、撒矿料; 4. 养护
306-2	黏层				
306-3	封层				
-a	沥青表处封层	1. 材料规格; 2. 厚度; 3. 沥青用量	m^2	按设计图所示,按不同厚度以面积计算	1. 清理下承层; 2. 沥青加热、运输; 3. 洒油、撒矿料; 4. 碾压; 5. 养护
-b	稀浆封层				1. 清理下承层; 2. 拌和; 3. 摊铺; 4. 碾压; 5. 养护
-c	同步碎石封层				1. 清理下承层; 2. 同步碎石车喷洒; 3. 碾压; 4. 养护

续上表

子目号	子 目 名 称	特　征	计量单位	工程量计算规则	计价工程内容
309	沥青混凝土面层				第 309 节
309-1	细粒式沥青混凝土面层	1. 材料规格； 2. 配合比； 3. 厚度； 4. 压实度	m^2	按设计图所示，按不同厚度以面积计算	1. 清理下承层； 2. 拌和、运输； 3. 摊铺、整形； 4. 碾压； 5. 养护
309-2	中粒式沥青混凝土面层				
309-3	粗粒式沥青混凝土面层				
310	表面处治及其他面层				第 310 节
310-1	沥青表面处治				
-a	沥青表面处治（层铺）	1. 材料规格； 2. 沥青用量； 3. 厚度	m^2	按设计图所示，按不同厚度以面积计算	1. 清理下承层； 2. 沥青加热、运输； 3. 洒油、撒矿料； 4. 碾压； 5. 养护
-b	沥青表面处治（拌和）	1. 材料规格； 2. 配合比； 3. 厚度； 4. 压实度	m^2	按设计图所示，按不同厚度以面积计算	1. 清理下承层； 2. 拌和、运输； 3. 摊铺、整形； 4. 碾压； 5. 养护
310-2	沥青贯入式面层	1. 材料规格； 2. 沥青用量； 3. 厚度	m^2	按设计图所示，按不同厚度以面积计算	1. 清理下承层； 2. 沥青加热、运输； 3. 铺矿料； 4. 洒油； 5. 碾压； 6. 养护
310-3	沥青上拌下贯式面层	1. 材料规格； 2. 沥青用量； 3. 厚度	m^2	按设计图所示，按不同厚度以面积计算	1. 清理下承层； 2. 沥青混合料拌和、运输； 3. 沥青加热、运输； 4. 铺矿料； 5. 洒油、养护； 6. 摊铺、整形； 7. 碾压； 8. 养护
310-4	泥结碎（砾）石路面	1. 材料规格； 2. 厚度	m^2	按设计图所示，按不同厚度以面积计算	1. 清理下承层； 2. 铺料、整平； 3. 调浆、灌浆； 4. 撒嵌缝料； 5. 洒水； 6. 碾压； 7. 铺保护层

续上表

子目号	子目名称	特征	计量单位	工程量计算规则	计价工程内容
310-5	级配碎(砾)石面层	1. 材料规格; 2. 级配; 3. 厚度	m^2	按设计图所示,按不同厚度以面积计算	1. 清理下承层; 2. 配料、运料; 3. 摊铺; 4. 洒水; 5. 碾压
310-6	天然砂砾面层	1. 材料规格; 2. 厚度			1. 清理下承层; 2. 运输、铺料、整平; 3. 洒水; 4. 碾压
311	改性沥青混凝土面层				第311节
311-1	细粒式改性沥青混凝土面层	1. 材料规格; 2. 配合比; 3. 外掺材料品种、用量; 4. 厚度; 5. 压实度	m^2	按设计图所示,按不同厚度以面积计算	1. 清理下承层; 2. 拌和、运输; 3. 摊铺、整形; 4. 碾压; 5. 养护
311-2	中粒式改性沥青混凝土面层				
311-3	沥青玛碲脂碎石混合料面层				
312	水泥混凝土面层				第312节
312-1	水泥混凝土面层	1. 材料规格; 2. 配合比; 3. 外掺剂品种、用量; 4. 厚度; 5. 强度等级	m^2	按设计图所示,按不同厚度以面积计算	1. 清理下承层、湿润; 2. 拌和、运输; 3. 摊铺、抹平; 4. 压(刻)纹; 5. 胀缝制作、安装; 6. 切缝、灌缝; 7. 养生
312-2	连续配筋混凝土面层				
312-3	钢纤维混凝土面层				
312-4	钢筋	1. 材料规格; 2. 抗拉强度	kg	按设计图所示,各规格钢筋按有效长度(不计入规定的搭接长度)以质量计算	钢筋制作、安装
313	培土路肩、中央分隔带回填土、土路肩加固及路缘石				第313节
313-1	培路肩				
-a	培土路肩	1. 土壤类别; 2. 压实度	m^3	按设计图所示,按压实体积计算	1. 挖运土; 2. 培土、整形; 3. 压实
313-2	中央分隔带回填土	1. 土壤类别; 2. 压实度	m^3	按设计图所示,按压实体积计算	1. 挖运土; 2. 培土、整形; 3. 压实
313-3	现浇混凝土加固土路肩	1. 材料规格; 2. 断面尺寸; 3. 垫层厚度; 4. 强度等级	m	按设计图所示,沿路肩表面量测以长度计算	1. 清理下承层; 2. 配运料; 3. 浇筑; 4. 接缝处理; 5. 养生

续上表

子目号	子 目 名 称	特 征	计量单位	工程量计算规则	计价工程内容
313-4	混凝土预制块加固土路肩	1. 材料规格; 2. 断面尺寸; 3. 垫层厚度; 4. 强度等级	m	按设计图所示,以长度计算	1. 清理下承层; 2. 预制构件; 3. 运输; 4. 砌筑、勾缝
313-5	浆砌片石(块石)加固土路肩				1. 清理下承层; 2. 配运料; 3. 砌筑、勾缝; 4. 接缝处理; 5. 养生
313-6	混凝土预制块路缘石	1. 材料规格; 2. 断面尺寸; 3. 垫层厚度; 4. 强度等级	m	按设计图所示,以长度计算	1. 预制构件; 2. 运输; 3. 砌筑、勾缝
314	路面及中央分隔带排水				第314节
314-1	排水管				
-a	PVC-U 管	1. 材料规格; 2. 断面尺寸	m	按设计图所示,按不同孔径,以长度计算	1. 基础开挖及浇筑; 2. 胶泥隔水层; 3. 排水管安装、布设; 4. 出水口处理; 5. 回填碎(砾)石
-b	铸铁管				
-c	混凝土管				
314-2	纵向雨水沟	1. 材料规格; 2. 断面尺寸	m	按设计图所示,以长度计算	1. 基础开挖及浇筑; 2. 预制和浇筑雨水沟; 3. 棚形盖板预制安装; 4. 回填
314-3	混凝土集水井	1. 材料规格; 2. 断面尺寸; 3. 强度等级	座	按设计图所示,按不同尺寸,以累计数计算	1. 挖运土石方; 2. 现浇或预制混凝土; 3. 钢筋混凝土盖板预制安装; 4. 回填
314-4	中央分隔带渗沟(__ mm × __ mm × __ mm)				
-a	带 PVC 管的渗沟	1. 材料规格; 2. 断面尺寸	m	按设计图所示,以长度计算	1. 挖基整形; 2. 混凝土垫层; 3. 埋 PVC 管; 4. 渗水土工布包碎砾石填充; 5. 出水口砌筑; 6. 试通水; 7. 回填

续上表

子目号	子目名称	特征	计量单位	工程量计算规则	计价工程内容
-b	无 PVC 管的渗沟	1. 材料规格; 2. 断面尺寸	m	按设计图所示,以长度计算	1. 挖基整形; 2. 混凝土垫层; 3. 渗水土工布包碎砾石填充; 4. 出水口砌筑; 5. 回填
314-5	防水层				
-a	沥青油毡	材料规格	m^2	按设计图所示尺寸,以单层净面积计算(不计入按规范要求的搭接卷边部分)	1. 挖运土石方; 2. 粘贴沥青油毡; 3. 接头处理; 4. 涂刷沥青; 5. 回填
-b	防水土工布				1. 下层整平; 2. 铺设土工布; 3. 搭接和锚固土工布
314-6	路肩排水沟				
-a	混凝土路肩排水沟	1. 材料规格; 2. 断面尺寸; 3. 强度等级	m	按设计图所示,按不同断面尺寸以长度计算	1. 路肩排水沟块件预制或现浇; 2. 排水沟块件的砌筑; 3. 勾缝; 4. 衔接处防漏水处理
-b	砂砾(碎石)垫层	1. 材料规格; 2. 压实要求	m^3	按设计图所示,按压实体积计算	1. 配运料; 2. 路肩基础清理; 3. 铺料和整平; 4. 压实
-c	土工布	材料规格	m^2	按设计图所示尺寸,以单层净面积计算(不计入按规范要求的搭接卷边部分)	1. 下层整平; 2. 铺设土工布; 3. 搭接和锚固土工布
314-7	拦水带				
-a	沥青混凝土拦水带	1. 材料规格; 2. 断面尺寸; 3. 配合比	m	按设计图所示,以长度计算	1. 拌和、运输; 2. 铺筑
-b	水泥混凝土拦水带	1. 材料规格; 2. 断面尺寸; 3. 强度等级	m	按设计图所示,以长度计算	1. 配运料; 2. 现浇或预制混凝土; 3. 砌筑; 4. 勾缝
第 400 章	桥梁、涵洞				
401	检测及施工监控				第 401 节、第 408 节
401-1	桥梁荷载试验(暂估价)	1. 结构类型; 2. 桩长、桩径; 3. 测试项目	总额	按规定检测内容,以总额计算	按试验合同内容(主要试验桥梁整体或部分工程的承载能力及变形)进行荷载试验

续上表

子目号	子目名称	特征	计量单位	工程量计算规则	计价工程内容
401-2	地质钻探及取样试验（暂定工程量）				
-a	ϕ70mm	1. 地质类别； 2. 深度； 3. 钻径	m	按实际完成，分不同钻径以长度计算	1. 钻探； 2. 试验
-b	ϕ110mm				
401-3	钻取混凝土芯样（暂定工程量）	1. 钻取深度； 2. 芯样检查	m	检测混凝土质量合格，按取回的芯样以长度计算	1. 钻取芯样（必要时）； 2. 检查和试验分析； 3. 取芯孔注浆（若设计要求）
401-4	破坏荷载试验用桩（暂定工程量）	1. 土壤类别； 2. 桩长、桩径； 3. 强度等级	m	分不同桩径，按试验用桩的长度计算（仅指不作为工程用桩的试桩）	试验桩施工
401-5	桩的检验荷载试验（暂定工程量）	1. 桩长、桩径； 2. 加载方式	每一试桩	按实际完成，分不同桩径以根计算	1. 加载； 2. 试验观测和数据记录分析； 3. 其他辅助工作； 4. 卸载
401-6	桩破坏荷载试验（暂定工程量）	桩长、桩径	每一试桩	按实际完成，分不同桩径以根计算	
401-7	预制梁板荷载试验（暂定工程量）	1. 梁板长度； 2. 结构形式； 3. 设计荷载验证； 4. 无损检测	片	根据规定的检测频率估算需检测的工程量	
401-8	施工监控（暂估价）	1. 施工期； 2. 桥梁结构	总额	根据业主估价，以总额计算	1. 布控； 2. 观测和数据记录分析； 3. 其他辅助工作
402	航标设置及航道维护（暂估价）	1. 施工期； 2. 航道等级	总额	根据规定，由业主估价，以总额计算	1. 航标的设置、维护； 2. 航道维护
403	钢材				第 403 节
403-1	基础钢筋				包括灌注桩、承台、沉桩、沉井等
-a	光圆钢筋（HPB235、HPB300）	1. 材料规格； 2. 抗拉强度	kg	按设计图所示，各规格钢筋按有效长度（不计入规定的搭接长度），以质量计算	1. 制作、安装； 2. 搭接； 3. 钢筋试验
-b	带肋钢筋（HRB335、HRB400）				
403-2	下部结构钢筋				
-a	光圆钢筋（HPB235、HPB300）	1. 材料规格； 2. 抗拉强度	kg	按设计图所示，各规格钢筋按有效长度（不计入规定的搭接长度），以质量计算	1. 制作、安装； 2. 搭接； 3. 钢筋试验
-b	带肋钢筋（HRB335、HRB400）				
403-3	上部结构钢筋				

续上表

子目号	子 目 名 称	特 征	计量单位	工程量计算规则	计价工程内容
-a	光圆钢筋（HPB235、HPB300）	1. 材料规格； 2. 抗拉强度	kg	按设计图所示，各规格钢筋按有效长度（不计入规定的搭接长度及吊勾），以质量计算	1. 制作、安装； 2. 搭接； 3. 钢筋试验
-b	带肋钢筋（HRB335、HRB400）				
403-4	附属结构钢筋				包括缘石、人行道、防撞墙、栏杆、护栏、桥头搭板、枕梁、抗震挡块、支座垫块等
-a	光圆钢筋（HPB235、HPB300）	1. 材料规格； 2. 抗拉强度	kg	按设计图所示，各规格钢筋按有效长度（不计入规定的搭接长度及吊勾），以质量计算	1. 制作、安装； 2. 搭接； 3. 钢筋试验
-b	带肋钢筋（HRB335、HRB400）				
403-5	钢结构				
-a	钢管拱钢材	1. 断面尺寸； 2. 强度等级	kg	按设计图所示，以质量计算	1. 除锈； 2. 制作、焊接； 3. 定位安装； 4. 检测
-b	钢箱梁				
-c	钢桁梁				
-d	劲性骨架		m	按设计图所示，以设计猫道长度计算	
-e	猫道				
-f	索鞍	1. 材料规格； 2. 抗拉强度	kg	按设计图所示，以制造件的质量计算（不含索鞍连接件、索夹匹配件等质量）	1. 铸造、焊接、热处理； 2. 机械加工、探伤及缺陷修补； 3. 表面处理及涂装； 4. 装配、存放及发送； 5. 试验、安装
-g	索夹				
404	基础挖方及回填				第404节
404-1	干处挖土方	1. 土壤类别； 2. 开挖深度	m^3	按设计图所示，基础所占面积周边外加宽0.5m，由原地面至基础底高程以设计开挖体积计算（反开挖不计量）	1. 防水、排水； 2. 基坑支撑； 3. 挖运土石方； 4. 清理回填
404-2	干处挖石方				
404-3	水下挖土方				1. 围堰、排水； 2. 基坑支撑； 3. 挖运土石方； 4. 清理回填
404-4	水下挖石方				
404-5	锚碇开挖				
405	钻孔灌注桩				第405节
405-1	钻孔灌注桩				
-a	水中钻孔灌注桩	1. 土壤类别； 2. 桩长桩径； 3. 强度等级	m	按设计图所示，在设计施工水位以下，按不同桩径的钻孔灌注桩以长度（桩底高程至承台底面或系梁顶面高程，无承台或系梁时，则以桩位处地面线为分界线，地面线以下部分为灌注桩桩长）计算	1. 搭设作业平台或围堰筑岛； 2. 安置护筒； 3. 钻进成孔、清孔； 4. 埋检测管； 5. 浇筑混凝土； 6. 凿桩头

续上表

子目号	子目名称	特征	计量单位	工程量计算规则	计价工程内容
-b	陆上钻孔灌注桩	1. 土壤类别; 2. 桩长桩径; 3. 强度等级	m	按设计图所示,按不同桩径的钻孔灌注桩以长度(桩底高程至承台底面或系梁顶面高程,无承台或系梁时,则以桩位处地面线为分界线,地面线以下部分为灌注桩桩长)计算	1. 搭设作业平台; 2. 安置护筒; 3. 钻进成孔、清孔; 4. 埋检测管; 5. 浇筑混凝土; 6. 凿桩头
406	沉桩				第406节
406-1	钢筋混凝土沉桩	1. 土壤类别; 2. 桩长、桩径; 3. 强度等级	m	按设计图所示,以桩尖高程至承台底或盖梁底高程长度计算	1. 预制混凝土桩; 2. 运输; 3. 锤击、射水、接桩
406-2	预应力钢筋混凝土沉桩				
406-3	钢管桩	1. 土壤类别; 2. 桩长、桩径	m	按设计图所示,以设计桩长计算(自桩尖高程至承台底或盖梁底长度)	1. 桩的制作、防护处理、储存、搬运和装卸; 2. 沉桩、桩头处理等
407	挖孔灌注桩				第407节
407-1	挖孔灌注桩	1. 土壤类别; 2. 桩长、桩径; 3. 强度等级	m	按设计图所示,按不同桩径的挖孔灌注桩以长度(桩底高程至承台底面或系梁顶面高程,无承台或系梁时,则以桩位处地面线为分界线,地面线以下部分为灌注桩桩长)计算	1. 挖孔、抽水; 2. 护壁; 3. 浇混凝土
409	沉井				第409节
409-1	钢筋混凝土沉井				
-a	井壁混凝土	1. 土壤类别; 2. 断面尺寸; 3. 强度等级	m^3	按设计图所示,以体积计算	1. 围堰筑岛; 2. 现浇或预制沉井; 3. 浮运; 4. 抽水、下沉; 5. 浇筑混凝土; 6. 挖井内土及基底处理; 7. 清理恢复河道
-b	顶板混凝土				
-c	填芯混凝土				
-d	封底混凝土				
409-2	钢沉井				
-a	钢壳沉井	1. 材料规格; 2. 土壤类别; 3. 断面尺寸	t	按设计图所示,以质量计算	1. 制作; 2. 浮运或筑岛; 3. 下沉; 4. 挖井内土及基底处理; 5. 切割回收; 6. 清理恢复河道
-b	顶板混凝土	1. 断面尺寸; 2. 强度等级	m^3	按设计图所示,以体积计算	浇筑混凝土
-c	填芯混凝土				
-d	封底混凝土				

续上表

子目号	子目名称	特征	计量单位	工程量计算规则	计价工程内容
410	结构混凝土工程				第402、410、412、414、418节
410-1	基础				
-a	混凝土基础(包括支撑梁、桩基承台,但不包括桩基)	1. 断面尺寸; 2. 强度等级; 3. 结构类型	m^3	按设计图所示,以体积计算	1. 套(吊)箱或模板的制作、安装、拆除; 2. 浇筑混凝土
410-2	下部结构混凝土				
-a	重力式U形桥台	1. 断面尺寸; 2. 强度等级; 3. 台高	m^3	按设计图所示,以体积计算	1. 支架及模板的制作、安装、拆除; 2. 浇筑混凝土、养生
-b	肋板式桥台				
-c	桩柱式桥台				
-d	轻型桥台				
-e	柱式桥墩	1. 断面尺寸; 2. 强度等级; 3. 墩高	m^3	按设计图所示,以体积计算	1. 支架及模板的制作、安装、拆除; 2. 浇筑混凝土、养生
-f	薄壁式桥墩				
-g	空心桥墩				
410-3	上部结构混凝土				
-a	连续刚构	1. 断面尺寸; 2. 强度等级; 3. 施工方法	m^3	按设计图所示,以体积计算	1. 支架制作、安装、拆除或底(台)座制作; 2. 模板制作、安装、拆除; 3. 预埋钢筋、钢材制作、安装; 4. 浇筑混凝土、养生; 5. 构件运输、安装
-b	混凝土箱形梁				
-c	混凝土T形梁				
-d	钢管拱				
-e	混凝土拱				
-f	混凝土空心板				
-g	混凝土矩形板				
-h	混凝土肋板				
410-4	特殊结构混凝土				
-a	塔身混凝土	1. 断面尺寸; 2. 强度等级; 3. 结构类型	m^3	按设计图所示,以设计结构体积计算	1. 支架及模板制作、安装、拆除; 2. 预埋钢筋、钢材的制作、安装; 3. 浇筑混凝土、养生
-b	高墩混凝土($h>70$m)				
-c	施工电梯	1. 规格、型号; 2. 安装高度; 3. 使用期	部	按设计图纸及施工组织计划要求,以累计数计算	1. 安拆; 2. 使用; 3. 保养
-d	施工塔式起重机				
410-5	地下连续墙				
-a	导墙	强度等级	m^3	按设计图所示,以体积计算	1. 导墙开挖; 2. 浇筑导墙混凝土
-b	连续墙	强度等级	m^3	按设计图所示,以体积计算	1. 成槽; 2. 浇筑内衬混凝土; 3. 浇筑连续墙混凝土

续上表

子目号	子 目 名 称	特　征	计量单位	工程量计算规则	计价工程内容
410-6	现浇混凝土附属结构				
-a	人行道	1. 结构形式； 2. 材料规格； 3. 强度等级	m^3	按设计图所示，以体积计算	1. 钢板、钢管的制作、安装； 2. 浇筑混凝土； 3. 运输构件； 4. 养生
-b	防撞墙 （包括金属扶手）				
-c	护栏				
-d	桥头搭板				
-e	抗震挡块				
-f	支座垫石				
410-7	预制混凝土附属结构				
-a	缘石	1. 结构形式； 2. 强度等级	m^3	按设计图所示，以体积计算	1. 预制混凝土构件； 2. 运输构件； 3. 砌筑安装
-b	人行道				
-c	栏杆				
-d	花岗岩栏杆	1. 材料规格； 2. 结构形式			1. 凿料； 2. 砌筑安装
-e	金属栏杆		kg	按设计图所示，以质量计算	1. 备料、加工； 2. 安装
411	预应力钢材				第411节
411-1	先张法预应力钢丝	1. 材料规格； 2. 抗拉强度	m	按设计图所示，以埋入混凝土中的实际长度计算（不计入工作长度）	1. 制作、安装预应力钢材； 2. 制作、安装管道； 3. 安装锚具、锚板； 4. 张拉； 5. 压浆； 6. 封锚头
411-2	先张法预应力钢绞线				
411-3	先张法预应力钢筋				
411-4	后张法预应力钢丝			按设计图所示，以两端锚具间的理论长度计算（不计入工作长度）	
411-5	后张法预应力钢绞线				
411-6	后张法预应力钢筋				
412	特殊结构预应力钢材				
412-1	斜拉索	1. 材料规格； 2. 抗拉强度	kg	按设计图所示，以成品质量（含锚头，不含损耗及其他质量）计算	1. 预应力钢材制作、运输； 2. 放索、牵引、安装； 3. 张拉、索力调整、锚固； 4. 防护； 5. 安装放松、减振设施； 6. 试验
412-2	主缆索				
412-3	系杆				1. 预应力钢材制作、运输； 2. 放索、牵引、安装； 3. 张拉、索力调整、锚固； 4. 防护
412-4	吊杆				

续上表

子目号	子 目 名 称	特　征	计量单位	工程量计算规则	计价工程内容
413	砌石工程				第 413 节
413-1	浆砌片石	1. 材料规格； 2. 强度等级	m^3	按设计图所示，以体积计算	1. 选修石料； 2. 拌运砂浆； 3. 运输； 4. 砌筑、沉降缝填塞； 5. 勾缝
413-2	浆砌块石				
413-3	浆砌料石				
413-4	浆砌预制混凝土块	1. 断面尺寸； 2. 强度等级	m^3	按设计图所示，以体积计算	1. 预制混凝土块； 2. 拌运砂浆； 3. 运输； 4. 砌筑； 5. 勾缝
415	桥面铺装				第 415 节
415-1	沥青混凝土桥面铺装	1. 材料规格； 2. 配合比； 3. 厚度； 4. 压实度	m^2	按设计图所示，以面积计算	1. 桥面清洗、安装泄水管； 2. 拌和运输； 3. 摊铺； 4. 碾压
415-2	水泥混凝土桥面铺装	1. 材料规格； 2. 配合比； 3. 厚度； 4. 强度等级			1. 桥面清洗、安装泄水管； 2. 拌和运输； 3. 摊铺； 4. 压(刻)纹
415-3	防水涂料			按设计图所示，以面积计算	1. 桥面清洗； 2. 涂防水涂料
415-4	防水混凝土	1. 材料规格； 2. 配合比； 3. 强度等级	m^3	按设计图所示，以体积计算	1. 模板制作、安装、拆除； 2. 加防水剂拌和、运输； 3. 浇筑混凝土； 4. 养生
416	桥梁支座				第 416 节
416-1	矩形板式橡胶支座				
-a	固定支座	1. 材料规格； 2. 强度等级	dm^3	按设计图所示，以体积计算	1. 支座购买、清洗、运输、起吊； 2. 支座安装及安装所需的辅助材料和附属工作
-b	活动支座				
416-2	圆形板式橡胶支座				
-a	固定支座	1. 材料规格； 2. 强度等级	dm^3	按设计图所示，以体积计算	1. 支座购买、清洗、运输、起吊； 2. 支座安装及安装所需的辅助材料和附属工作
-b	活动支座				

续上表

子目号	子目名称	特征	计量单位	工程量计算规则	计价工程内容
416-3	球冠圆板式橡胶支座				
-a	固定支座	1. 材料规格； 2. 强度等级	dm^3	按设计图所示，以体积计算	1. 支座购买、清洗、运输、起吊； 2. 支座安装及安装所需的辅助材料和附属工作
-b	活动支座				
416-4	盆式支座				
-a	固定支座	1. 材料规格； 2. 强度等级	个	按设计图所示，按不同规格，以累计数计算	1. 支座购买、清洗、运输、起吊； 2. 支座安装及安装所需的辅助材料和附属工作
-b	单向活动支座				
-c	双向活动支座				
416-5	隔震橡胶支座	1. 材料规格； 2. 强度等级	个	按设计图所示，按不同规格，以累计数计算	1. 支座购买、清洗、运输、起吊； 2. 支座安装及安装所需的辅助材料和附属工作
416-6	球形支座				
417	桥梁伸缩缝				
417-1	橡胶伸缩装置	1. 材料规格； 2. 伸缩量	m	按设计图所示，以长度计算	1. 缝隙的清理； 2. 制作、安装伸缩缝
417-2	模数式伸缩装置				
417-3	梳齿板式伸缩装置				
417-4	填充式材料伸缩装置				
418	圆管涵及倒虹吸管				第418节、第419节
418-1	单孔钢筋混凝土圆管涵	1. 孔径； 2. 强度等级	m	按设计图所示，按不同孔径的涵身长度计算（进出洞口之间的洞身长度）	1. 排水； 2. 挖基、基坑回填； 3. 基座砌筑或浇筑； 4. 预制或现浇钢筋混凝土管； 5. 安装、接缝； 6. 铺涂防水层； 7. 砌筑进出口（端墙、翼墙、八字墙井口）； 8. 台背回填
418-2	双孔钢筋混凝土圆管涵				
418-3	倒虹吸管涵				
-a	不带套箱	1. 管径； 2. 强度等级	m	按不同孔径，以沿涵洞中心线量测的进出洞口之间的洞身长度计算	1. 排水； 2. 挖基、基坑回填； 3. 基础砌筑或浇筑； 4. 预制或现浇钢筋混凝土管； 5. 安装、接缝； 6. 铺涂防水层； 7. 砌筑进出口（端墙、翼墙、八字墙井口）； 8. 台背回填

续上表

子目号	子目名称	特征	计量单位	工程量计算规则	计价工程内容
-b	带套箱	1. 管径； 2. 断面尺寸； 3. 强度等级	m	按不同断面尺寸，以沿涵洞中心线量测的进出洞口之间的洞身长度计算	1. 排水； 2. 挖基、基坑回填； 3. 基础砌筑或浇筑； 4. 预制或现浇钢筋混凝土管； 5. 安装、接缝； 6. 支架、模板的制作、安装、拆除； 7. 钢筋制作、安装； 8. 混凝土浇筑、养生、沉降缝填塞、铺涂防水层； 9. 砌筑进出口（端墙、翼墙、八字墙井口）
420	盖板涵、箱涵、拱涵及通道				第418、420、421节
420-1	挖基土石方	1. 土壤类别； 2. 开挖深度	m^3	按设计图所示，基础所占面积周边外加宽0.5m，由原地面至基础底高程以设计开挖体积计算（反开挖不计量）	1. 排水； 2. 基坑支撑； 3. 挖运土石方； 4. 清理回填
420-2	钢筋				
-a	光圆钢筋（R235、HPB235）	1. 材料规格； 2. 抗拉强度	kg	按设计图所示，各规格钢筋按有效长度（不计入规定的搭接长度及吊勾）以质量计算	1. 制作、安装； 2. 搭接； 3. 钢筋试验
-b	带肋钢筋（HRB335、HRB400）	1. 材料规格； 2. 抗拉强度	kg	按设计图所示，各规格钢筋按有效长度（不计入规定的搭接长度及吊勾）以质量计算	1. 制作、安装； 2. 搭接； 3. 钢筋试验
420-3	基础、铺砌、截水墙				
-a	浆砌片石	1. 材料规格； 2. 强度等级	m^3	按设计图所示，以体积计算	1. 选修洗石料； 2. 搭拆脚手架、踏步； 3. 拌和、运输、砌筑砂浆； 4. 勾缝、养生
-b	片石混凝土	1. 材料规格； 2. 强度等级	m^3	按设计图所示，以体积计算	1. 支架、模板的制作、安装、拆除； 2. 混凝土拌和、运输、浇筑、养生
-c	混凝土	1. 材料规格； 2. 强度等级	m^3	按设计图所示，以体积计算	1. 模板的制作、安装、拆除； 2. 混凝土拌和、运输、浇筑、养生
420-4	涵（墙）身				

续上表

子目号	子 目 名 称	特 征	计量单位	工程量计算规则	计价工程内容
-a	浆砌片石	1. 材料规格； 2. 强度等级	m^3	按设计图所示，以体积计算	1. 选修洗石料； 2. 搭拆脚手架、踏步； 3. 拌和、运输、砌筑砂浆； 4. 勾缝、养生； 5. 沉降缝填塞； 6. 铺涂防水层
-b	片石混凝土	1. 材料规格； 2. 强度等级	m^3	按设计图所示，以体积计算	1. 支架、模板的制作、安装、拆除； 2. 混凝土拌和、运输、浇筑、养生； 3. 沉降缝填塞； 4. 铺涂防水层
-c	混凝土	1. 材料规格； 2. 强度等级	m^3	按设计图所示，以体积计算	1. 支架、模板的制作、安装、拆除； 2. 混凝土拌和、运输、浇筑、养生； 3. 沉降缝填塞； 4. 铺涂防水层
420-5	盖板				
-a	混凝土	1. 材料规格； 2. 强度等级	m^3	按设计图所示，以体积计算	1. 钢筋混凝土盖板预制、运输及安装或现浇钢筋混凝土盖板； 2. 沉降缝填塞； 3. 铺涂防水层
420-6	拱圈、护拱				
-a	片石混凝土	1. 材料规格； 2. 强度等级	m^3	按设计图所示，以体积计算	1. 支架、模板的制作、安装、拆除； 2. 混凝土拌和、运输、浇筑、养生； 3. 沉降缝填塞； 4. 铺涂防水层
-b	混凝土	1. 材料规格； 2. 强度等级	m^3	按设计图所示，以体积计算	1. 支架、模板的制作、安装、拆除； 2. 混凝土拌和、运输、浇筑、养生； 3. 沉降缝填塞； 4. 铺涂防水层
420-7	基础垫层				
-a	碎石垫层	1. 材料规格； 2. 强度等级	m^3	按设计图所示，以夯实体积计算	1. 运料； 2. 铺料、整平； 3. 夯实
-b	砂砾垫层				

续上表

子目号	子目名称	特征	计量单位	工程量计算规则	计价工程内容
-c	浆砌片(块)石	1. 材料规格; 2. 强度等级	m^3	按设计图所示,以体积计算	1. 选修洗石料; 2. 拌和、运输、砌筑砂浆; 3. 勾缝、养生
-d	干砌片(块)石	1. 材料规格; 2. 强度等级	m^3	按设计图所示,以体积计算	1. 选修洗石料; 2. 砌筑
420-8	其他工程				
-a	洞内回填	1. 材料规格; 2. 压实度	m^3	按设计图所示,以体积计算	1. 材料准备; 2. 回填; 3. 压实
-b	洞内水沟	1. 材料规格; 2. 断面尺寸; 3. 强度等级	m^3	按设计图所示,以体积计算	1. 扩挖整形; 2. 铺垫层; 3. 拌运砂浆或现浇混凝土; 4. 砌筑、伸缩缝设置、勾缝、抹面压顶、养生
-c	帽石	1. 材料规格; 2. 断面尺寸; 3. 强度等级	m^3	按设计图所示,以体积计算	1. 模板的制作、安装、拆除; 2. 帽石混凝土拌和、运输、浇筑、养生或预制安装
第500章	隧道				
502	洞口与明洞工程				第502节
502-1	洞口、明洞开挖				
-a	挖土方	1. 土壤类别; 2. 施工方法; 3. 断面尺寸	m^3	按设计图示所示,按横断面尺寸乘以长度,以天然密实方计算	1. 施工排水; 2. 零填及挖方路基挖松压实; 3. 挖运、装卸; 4. 整修路基和边坡
-b	挖石方	1. 岩石类别; 2. 施工方法; 3. 爆破要求; 4. 断面尺寸	m^3	按设计图示所示,按横断面尺寸乘以长度,以天然密实方计算	1. 施工排水; 2. 零填及挖方路基挖松压实; 3. 爆破防护; 4. 挖运、装卸; 5. 整修路基和边坡
502-2	防水与排水				
-a	浆砌片石边沟、截水沟、排水沟	1. 材料规格; 2. 垫层厚度; 3. 断面尺寸; 4. 强度等级	m^3	按设计图所示,按横断面面积乘以长度,以体积计算	1. 挖运土石方; 2. 铺设垫层; 3. 砌筑、勾缝; 4. 伸缩缝填塞; 5. 抹灰压顶、养生

续上表

子目号	子 目 名 称	特　　征	计量单位	工程量计算规则	计价工程内容
-b	浆砌混凝土预制块水沟	1. 垫层厚度； 2. 断面尺寸； 3. 强度等级	m^3	按设计图所示，按横断面面积乘以长度，以体积计算	1. 挖运土石方； 2. 铺设垫层； 3. 预制安装混凝土预制块； 4. 伸缩缝填塞； 5. 抹灰压顶、养生
-c	现浇混凝土水沟				1. 挖运土石方； 2. 铺设垫层； 3. 现浇混凝土； 4. 伸缩缝填塞； 5. 养生
-d	盲沟	1. 材料规格； 2. 断面尺寸	m^3	按设计图所示，按横断面尺寸乘以长度，以体积计算	1. 挖基整形； 2. 混凝土垫层； 3. 埋 PVC 管； 4. 渗水土工布包碎砾石填充； 5. 出水口砌筑； 6. 试通水； 7. 回填
-e	暗沟	1. 材料规格； 2. 断面尺寸； 3. 强度等级	m^3	按设计图所示，按横断面尺寸乘以长度，以体积计算	1. 挖基整形； 2. 铺设垫层； 3. 砌筑； 4. 预制安装(钢筋)混凝土盖板； 5. 铺砂砾反滤层； 6. 回填
-f	排水管	材料规格	m	按设计图所示，按不同孔径，以长度计算	1. 挖运土石方； 2. 铺垫层； 3. 安装排水管； 4. 接头处理； 5. 回填
-g	混凝土拦水块	1. 材料规格； 2. 强度等级； 3. 断面尺寸	m^3	按设计图所示，按横断面尺寸乘长度，以体积计算	1. 基础处理； 2. 模板安装； 3. 浇筑混凝土； 4. 拆模养生
-h	复合防水层	材料规格	m^2	按设计图所示，以面积计算	1. 基底处理； 2. 铺设防水板； 3. 接头处理； 4. 防水试验
-i	防水卷材 (三油二毡)	1. 材料规格； 2. 强度等级； 3. 厚度			1. 涂沥青三层； 2. 敷设卷材二层
-j	水泥砂浆				1. 拌制砂浆； 2. 抹砂浆

续上表

子目号	子目名称	特征	计量单位	工程量计算规则	计价工程内容
-k	黏土隔水层	1. 土壤类别； 2. 压实度	m^3	按设计图所示，以体积计算	1. 挖运； 2. 分层摊平、夯实
502-3	洞口坡面防护				
-a	浆砌片石	1. 材料规格； 2. 断面尺寸； 3. 强度等级	m^3	按设计图所示，以体积计算	1. 整修边坡； 2. 挖槽； 3. 铺垫层，铺筑滤水层，制作、安装泄水孔； 4. 砌筑、勾缝
-b	浆砌混凝土预制块	1. 断面尺寸； 2. 强度等级	m^3	按设计图所示，以体积计算	1. 整修边坡； 2. 挖槽； 3. 铺垫层，铺筑滤水层，制作安装、泄水孔； 4. 预制安装预制块
-c	现浇混凝土	1. 断面尺寸； 2. 强度等级	m^3	按设计图所示，以体积计算	1. 整修边坡； 2. 浇筑混凝土； 3. 养生
-d	喷射混凝土	1. 厚度； 2. 强度等级	m^3	按设计图所示，以体积计算	1. 整修边坡； 2. 喷射混凝土； 3. 养生
-e	锚杆	1. 材料规格； 2. 抗拉强度	m	按设计图所示，按不同规格，以长度计算	1. 钻孔、清孔； 2. 锚杆制作、安装； 3. 注浆； 4. 张拉； 5. 抗拔力试验
-f	钢筋网	材料规格	kg	按设计图所示，以质量计算(不计入规定的搭接长度)	制作、挂网、搭接、锚固
-g	植草	1. 草籽种类； 2. 养护期	m^2	按设计图所示，按合同规定的成活率以面积计算	1. 修整边坡、铺设表土； 2. 播草籽； 3. 洒水覆盖； 4. 养护
-h	土工格室草皮	1. 格室尺寸； 2. 植草种类； 3. 养护期	m^2	按设计图所示，按合同规定的成活率以面积计算	1. 挖槽、清底、找平、混凝土浇筑； 2. 格室安装、铺种植土、播草籽、拍实； 3. 清理、养护
-i	洞顶防落网	材料规格	m^2	按设计图所示，以面积计算	设置、安装、固定
502-4	洞门建筑				
-a	浆砌片石	1. 材料规格； 2. 断面尺寸； 3. 强度等级	m^3	按设计图所示，按体积计算	1. 挖基、基底处理； 2. 砌筑、勾缝； 3. 沉降缝、伸缩缝处理
-b	浆砌料(块)石	1. 材料规格； 2. 断面尺寸； 3. 强度等级	m^3	按设计图所示，按体积计算	1. 挖基、基底处理； 2. 砌筑、勾缝； 3. 沉降缝、伸缩缝处理

续上表

子目号	子 目 名 称	特 征	计量单位	工程量计算规则	计价工程内容
-c	片石混凝土	1. 材料规格； 2. 断面尺寸； 3. 片石掺量； 4. 强度等级	m^3	按设计图所示，按体积计算	1. 挖基、基底处理； 2. 拌和、运输、浇筑混凝土； 3. 养生
-d	现浇混凝土	1. 材料规格； 2. 断面尺寸； 3. 强度等级			
-e	镶面	1. 材料规格； 2. 强度等级； 3. 厚度	m^3	按设计图所示，按不同材料以体积计算	1. 修补表面； 2. 贴面； 3. 抹平、养生
-f	光圆钢筋	1. 材料规格； 2. 抗拉强度	kg	按设计图所示，各规格钢筋按有效长度（不计入规定的搭接长度），以质量计算	1. 制作、安装； 2. 搭接
-g	带肋钢筋				
-h	锚杆		m	按设计图所示，按不同规格，以长度计算	1. 钻孔、清孔； 2. 锚杆制作、安装； 3. 注浆； 4. 张拉； 5. 抗拔力试验
502-5	明洞衬砌				
-a	浆砌料（块）石	1. 材料规格； 2. 断面尺寸； 3. 强度等级	m^3	按设计图所示，按体积计算	1. 挖基、基底处理； 2. 砌筑、勾缝； 3. 沉降缝、伸缩缝处理
-b	现浇混凝土				1. 浇筑混凝土； 2. 养生； 3. 伸缩缝处理
-c	光圆钢筋	1. 材料规格； 2. 抗拉强度	kg	按设计图所示，各规格钢筋按有效长度（不计入规定的搭接长度），以质量计算	1. 制作、安装； 2. 搭接
-d	带肋钢筋				
502-6	遮光棚（板）				
-a	现浇混凝土	1. 材料规格； 2. 断面尺寸； 3. 强度等级	m^3	按设计图所示，以体积计算	1. 浇筑混凝土； 2. 养生； 3. 伸缩缝处理
-b	光圆钢筋	1. 材料规格； 2. 抗拉强度	kg	按设计图所示，各规格钢筋按有效长度（不计入规定的搭接长度），以质量计算	1. 制作、安装； 2. 搭接
-c	带肋钢筋				
-d	型钢	材料规格	kg	按设计图所示，分别按规格、型号，以质量计算	1. 设计制造、运输； 2. 安装、焊接、维护
-e	玻璃	材料规格	m^2	按设计图所示，以面积计算	1. 玻璃加工； 2. 玻璃安装
502-7	明洞回填				

续上表

子目号	子目名称	特征	计量单位	工程量计算规则	计价工程内容
-a	回填土石方	1. 土壤类别； 2. 压实度	m^3	按设计图所示，以体积计算	1. 挖运； 2. 回填； 3. 压实
503	洞身开挖				第503节
503-1	洞身挖土石方				
-a	洞身挖土方	1. 围岩类别； 2. 施工方法； 3. 断面尺寸	m^3	按设计图示所示，按横断面尺寸乘以长度，以天然密实方计算	1. 防排水； 2. 量测布点； 3. 钻孔装药； 4. 找顶； 5. 出渣、修整； 6. 施工观测
-b	洞身挖石方	1. 围岩类别； 2. 施工方法； 3. 爆破要求； 4. 断面尺寸			
503-2	超前支护				
-a	锚杆	1. 材料规格； 2. 抗拉强度	m	按设计图所示，分别按规格，以长度计算	1. 下料制作、运输； 2. 钻孔； 3. 安装锚杆
-b	小钢管	1. 材料规格； 2. 强度等级			1. 下料制作、运输； 2. 钻孔； 3. 钢管顶入
-c	管棚	1. 材料规格； 2. 强度等级			1. 下料制作、运输； 2. 钻孔、清孔； 3. 安装管棚； 4. 注早强水泥砂浆
-d	注浆小导管	1. 材料规格； 2. 强度等级			1. 下料制作、运输； 2. 钻孔、钢管顶入； 3. 预注早强水泥浆； 4. 设置止浆塞
-e	型钢	材料规格	kg	按设计图所示，分别按规格、型号，以质量计算	1. 设计制造、运输； 2. 安装、焊接、维护
-f	光圆钢筋	1. 材料规格； 2. 抗拉强度		按设计图所示，各规格钢筋按有效长度（不计入规定的搭接长度），以质量计算	1. 制作、安装； 2. 搭接
-g	带肋钢筋				
-h	导向管	1. 材料规格； 2. 强度等级	kg	按设计图所示，以质量计算	1. 下料制作、运输； 2. 安装导向管
-i	混凝土	1. 材料规格； 2. 强度等级	m^3	按设计图所示，以体积计算	1. 混凝土拌和、运输； 2. 混凝土浇筑
-j	预埋件	材料规格	kg	按设计图所示，按累计质量计算	1. 预埋件加工、埋设； 2. 临时保护

续上表

子目号	子 目 名 称	特　征	计量单位	工程量计算规则	计价工程内容
503-3	初期支护				
-a	喷射钢纤维混凝土	1. 材料规格； 2. 钢纤维掺配比例； 3. 厚度； 4. 强度等级	m^3	按设计图所示，按喷射混凝土面积乘以厚度，以体积计算	1. 设喷射厚度标志； 2. 喷射钢纤维混凝土； 3. 回弹料回收； 4. 养生
-b	喷射混凝土	1. 材料规格； 2. 厚度； 3. 强度等级			1. 设喷射厚度标志； 2. 喷射混凝土； 3. 回弹料回收； 4. 养生
-c	注浆锚杆	1. 材料规格； 2. 强度等级	m	按设计图所示，分别按规格，以长度计算	1. 钻孔； 2. 加工安装锚杆； 3. 注早强水泥浆
-d	锚杆				1. 钻孔； 2. 加工安装锚杆
-e	钢筋网	材料规格	kg	按设计图所示，以质量计算	1. 制作钢筋网； 2. 布网、搭接、固定
-f	型钢	材料规格	kg	按设计图所示，分别按规格、型号，以质量计算	1. 设计、制造、运输； 2. 安装、焊接、维护
503-4	木材	材料规格	m^3	按设计图所示，按平均横断面尺寸乘以长度，以体积计算	1. 下料制作； 2. 安装
503-5	竖井、斜井、平行导坑和横通道开挖				
-a	土方	1. 围岩类别； 2. 施工方法； 3. 断面尺寸	m^3	按设计图示所示，按横断面尺寸乘以长度，以天然密实方计算	1. 防排水； 2. 量测布点； 3. 钻孔装药； 4. 找顶； 5. 出渣、修整； 6. 施工观测
-b	石方	1. 围岩类别； 2. 施工方法； 3. 爆破要求； 4. 断面尺寸			
503-6	竖井、斜井、平行导坑和横通道超前支护				
-a	锚杆	1. 材料规格； 2. 抗拉强度	m	按设计图所示，分别按规格，以长度计算	1. 下料制作、运输； 2. 钻孔； 3. 安装锚杆
-b	小钢管	1. 材料规格； 2. 强度等级			1. 下料制作、运输； 2. 钻孔； 3. 钢管顶入
-c	管棚	1. 材料规格； 2. 强度等级			1. 下料制作、运输； 2. 钻孔、清孔； 3. 安装管棚； 4. 注早强水泥砂浆

续上表

子目号	子目名称	特征	计量单位	工程量计算规则	计价工程内容
-d	注浆小导管	1. 材料规格； 2. 强度等级	m	按设计图所示，分别按规格，以长度计算	1. 下料制作、运输； 2. 钻孔、钢管顶入； 3. 预注早强水泥浆； 4. 设置止浆塞
-e	型钢	材料规格	kg	按设计图所示，分别按规格、型号，以质量计算	1. 设计制造、运输； 2. 安装、焊接、维护
-f	光圆钢筋	1. 材料规格； 2. 抗拉强度	kg	按设计图所示，各规格钢筋按有效长度（不计入规定的搭接长度），以质量计算	1. 制作、安装； 2. 搭接
-g	带肋钢筋				
-h	导向管	1. 材料规格； 2. 强度等级	kg	按设计图所示，以质量计算	1. 下料制作、运输； 2. 安装导向管
-i	混凝土	1. 材料规格； 2. 强度等级	m^3	按设计图所示，以体积计算	1. 混凝土拌和、运输； 2. 混凝土浇筑
-j	预埋件	材料规格	kg	按设计图所示，按累计质量计算	1. 预埋件加工、埋设； 2. 临时保护
503-7	竖井、斜井、平行导坑和横通道初期支护				
-a	喷射钢纤维混凝土	1. 材料规格； 2. 钢纤维掺配比例； 3. 厚度； 4. 强度等级	m^3	按设计图所示，按喷射混凝土面积乘以厚度，以体积计算	1. 设喷射厚度标志； 2. 喷射钢纤维混凝土； 3. 回弹料回收； 4. 养生
-b	喷射混凝土	1. 材料规格； 2. 厚度； 3. 强度等级			1. 设喷射厚度标志； 2. 喷射混凝土； 3. 回弹料回收； 4. 养生
-c	注浆锚杆	1. 材料规格； 2. 强度等级	m	按设计图所示，分别按规格，以长度计算	1. 钻孔； 2. 加工安装锚杆； 3. 注早强水泥浆
-d	锚杆				1. 钻孔； 2. 加工安装锚杆
-e	钢筋网	材料规格	kg	按设计图所示，以质量计算	1. 制作钢筋网； 2. 布网、搭接、固定
-f	型钢	材料规格	kg	按设计图所示，分别按规格、型号，以质量计算	1. 设计制造、运输； 2. 安装、焊接、维护
504	洞身衬砌				第504节
504-1	洞身衬砌				
-a	混凝土	1. 材料规格； 2. 断面尺寸； 3. 强度等级	m^3	按设计图所示，以体积计算	1. 混凝土拌和运输； 2. 混凝土浇筑； 3. 养生
-b	防水混凝土				

续上表

<table>
<tr><th>子目号</th><th>子 目 名 称</th><th>特　　征</th><th>计量单位</th><th>工程量计算规则</th><th>计价工程内容</th></tr>
<tr><td>-c</td><td>浆砌砖块</td><td>1. 材料规格；
2. 断面尺寸；
3. 强度等级</td><td>m^3</td><td>按设计图所示，以体积计算</td><td>1. 制备砖块；
2. 砌砖墙、勾缝养生；
3. 沉降缝、伸缩缝处理</td></tr>
<tr><td>-d</td><td>光圆钢筋（HPB235）</td><td rowspan="2">1. 材料规格；
2. 抗拉强度</td><td rowspan="2">kg</td><td rowspan="2">按设计图所示，各规格钢筋按有效长度（不计入规定的搭接长度），以质量计算</td><td rowspan="2">1. 制作、安装；
2. 搭接</td></tr>
<tr><td>-e</td><td>带肋钢筋（HRB335）</td></tr>
<tr><td>-f</td><td>预埋件</td><td>材料规格</td><td>kg</td><td>按设计图所示，按累计质量计算</td><td>1. 预埋件加工、埋设；
2. 临时保护</td></tr>
<tr><td>504-2</td><td>仰拱、铺底混凝土</td><td></td><td></td><td></td><td></td></tr>
<tr><td>-a</td><td>仰拱混凝土</td><td rowspan="2">强度等级</td><td rowspan="3">m^3</td><td rowspan="3">按设计图所示，以体积计算</td><td rowspan="2">1. 排除积水；
2. 浇筑混凝土、养生；
3. 沉降缝、伸缩缝处理</td></tr>
<tr><td>-b</td><td>铺底混凝土</td></tr>
<tr><td>-c</td><td>仰拱填充料</td><td>材料规格</td><td>1. 清除杂物、排除积水；
2. 填充、养生；
3. 沉降缝、伸缩缝处理</td></tr>
<tr><td>504-3</td><td>管、沟混凝土</td><td></td><td></td><td></td><td></td></tr>
<tr><td>-a</td><td>现浇混凝土</td><td rowspan="2">1. 断面尺寸；
2. 强度等级</td><td rowspan="2">m^3</td><td rowspan="2">按设计图所示，以体积计算</td><td>1. 挖基；
2. 现浇混凝土；
3. 养生</td></tr>
<tr><td>-b</td><td>预制混凝土</td><td>1. 挖基、铺垫层；
2. 预制安装混凝土预制块</td></tr>
<tr><td>-c</td><td>（钢筋）混凝土盖板</td><td>1. 断面尺寸；
2. 强度等级</td><td>m^3</td><td>按设计图所示，以体积计算</td><td>预制安装（钢筋）混凝土盖板</td></tr>
<tr><td>-d</td><td>级配碎石</td><td>1. 材料规格；
2. 级配要求</td><td rowspan="2">m^3</td><td rowspan="2">按设计图所示，以体积计算</td><td>1. 运输；
2. 铺设</td></tr>
<tr><td>-e</td><td>干砌片石</td><td>材料规格</td><td>干砌</td></tr>
<tr><td>-f</td><td>铸铁管</td><td rowspan="3">材料规格</td><td rowspan="3">m</td><td rowspan="3">按设计图所示，以长度计算</td><td rowspan="3">安装</td></tr>
<tr><td>-g</td><td>镀锌钢管</td></tr>
<tr><td>-h</td><td>铸铁盖板</td></tr>
<tr><td>-i</td><td>（无缝）钢管</td><td rowspan="2">材料规格</td><td>套</td><td>按设计图所示，以累计数量计算</td><td rowspan="2">安装</td></tr>
<tr><td>-j</td><td>角钢</td><td>kg</td><td>按设计图所示，以质量计算</td></tr>
<tr><td>-k</td><td>光圆钢筋</td><td rowspan="2">1. 材料规格；
2. 抗拉强度</td><td rowspan="2">kg</td><td rowspan="2">按设计图所示，各规格钢筋按有效长度（不计入规定的搭接长度及吊勾），以质量计算</td><td rowspan="2">1. 制作、安装；
2. 搭接</td></tr>
<tr><td>-l</td><td>带肋钢筋</td></tr>
</table>

续上表

子目号	子目名称	特征	计量单位	工程量计算规则	计价工程内容
504-4	洞室门				
-a	卷帘门	1. 材料规格； 2. 结构形式	个	按设计图所示，以个数所示	安装
-b	检修门				
-c	双制铁门				
-d	格栅门				
-e	风机启动柜洞门				
-f	铝合金骨架墙	材料规格	m^2	按设计图所示，以面积计算	加工、安装
-g	无机材料吸声板				
504-5	洞内路面				
-a	水泥稳定碎石	1. 材料规格； 2. 掺配量； 3. 厚度； 4. 强度等级	m^2	按设计图所示，以顶面面积计算	1. 清理下承层、洒水； 2. 拌和、运输； 3. 摊铺、整形； 4. 碾压； 5. 养护
-b	贫混凝土基层	1. 材料规格； 2. 厚度； 3. 强度等级	m^2	按设计图所示，以顶面面积计算	1. 清理下承层、洒水； 2. 拌和、运输； 3. 摊铺、整形； 4. 碾压； 5. 养护
-c	沥青封层	1. 材料规格； 2. 厚度； 3. 沥青用量	m^2	按设计图所示，以面积计算	1. 清理下承层； 2. 拌和、运输； 3. 摊铺、压实
-d	沥青黏层	1. 材料规格； 2. 沥青用量			1. 清理下承层； 2. 沥青加热、掺配运油； 3. 洒油、撒矿料； 4. 养护
-e	沥青混凝土面层	1. 材料规格； 2. 厚度； 3. 配合比； 4. 外掺剂； 5. 压实度			1. 清理下承层； 2. 拌和、运输； 3. 摊铺、整形； 4. 碾压； 5. 养护
-f	水泥混凝土面层	1. 材料规格； 2. 厚度； 3. 配合比； 4. 外掺剂； 5. 强度等级	m^2	按设计图所示，以面积计算	1. 清理下承层、湿润； 2. 拌和、运输； 3. 摊铺、抹平； 4. 压(刻)纹； 5. 胀缝制作、安装； 6. 切缝、灌缝； 7. 养生
-g	光圆钢筋	1. 材料规格； 2. 抗拉强度	kg	按设计图所示，各规格钢筋按有效长度(不计入规定的搭接长度)，以质量计算	1. 制作、安装； 2. 搭接
-h	带肋钢筋				
504-6	人行道栏杆	1. 材料规格； 2. 断面尺寸	m	按设计图所示，以单边长度计算	1. 基础浇筑； 2. 栏杆制作、安装

续上表

子目号	子 目 名 称	特 征	计量单位	工程量计算规则	计价工程内容
504-7	竖井、斜井、平行导坑和横通道洞身衬砌				
-a	混凝土	1. 材料规格; 2. 断面尺寸; 3. 强度等级	m^3	按设计图所示,以体积计算	1. 混凝土拌和、运输; 2. 混凝土浇筑; 3. 养生
-b	防水混凝土				
-c	浆砌砖块	1. 材料规格; 2. 断面尺寸; 3. 强度等级	m^3		1. 制备砖块; 2. 砌砖墙、勾缝养生; 3. 沉降缝、伸缩缝处理
-d	光圆钢筋(HPB235)	1. 材料规格; 2. 抗拉强度	kg	按设计图所示,各规格钢筋按有效长度(不计入规定的搭接长度),以质量计算	1. 制作、安装; 2. 搭接
-e	带肋钢筋(HRB335)				
-f	预埋件	材料规格	kg	按设计图所示,按累计质量计算	1. 预埋件加工、埋设; 2. 临时保护
505	防水与排水				第505节
505-1	防水板				
-a	复合防水层	材料规格	m^2	按设计图所示,以面积计算	1. 基底处理; 2. 铺设防水板; 3. 接头处理; 4. 防水试验
505-2	止水带、条				
-a	止水带	材料规格	m	按设计图所示,以长度计算	1. 安装止水带; 2. 接头处理
-b	止水条				1. 安装止水条; 2. 接头处理
505-3	压浆				
-a	压浆钻孔(暂定工程量)	孔径、孔深	m	按实际完成,以长度计算	钻孔
-b	压注水泥-水玻璃浆液(暂定工程量)	1. 材料规格; 2. 强度等级; 3. 浆液配比	m^3	按实际完成,以体积计算	1. 制备浆液; 2. 压浆堵水
-c	压注水泥浆液(暂定工程量)				
505-4	排水管				
-a	排水管	材料规格	m	按设计图所示,以长度计算	安装
-b	镀锌铁皮		m^2	按设计图所示,以面积计算	1. 基底处理; 2. 铺设镀锌铁皮; 3. 接头处理

续上表

<table>
<tr><th>子目号</th><th>子 目 名 称</th><th>特 征</th><th>计量单位</th><th>工程量计算规则</th><th>计价工程内容</th></tr>
<tr><td>505-5</td><td>盲沟</td><td>1. 材料规格;
2. 断面尺寸</td><td>m^3</td><td>按设计图所示,按横断面尺寸乘以长度,以体积计算</td><td>1. 挖基整形;
2. 混凝土垫层;
3. 埋 PVC 管;
4. 渗水土工布包碎砾石填充;
5. 出水口砌筑;
6. 试通水;
7. 回填</td></tr>
<tr><td>506</td><td>洞内防火涂料和装饰工程</td><td></td><td></td><td></td><td>第 506 节</td></tr>
<tr><td>506-1</td><td>喷涂防火涂料</td><td>1. 材料规格;
2. 遍数、厚度</td><td>m^2</td><td>按设计图所示,以面积计算</td><td>1. 基层表面处理;
2. 拌料;
3. 喷涂防火涂料;
4. 养生</td></tr>
<tr><td>506-2</td><td>洞内装饰工程</td><td></td><td></td><td></td><td></td></tr>
<tr><td>-a</td><td>镶贴瓷砖</td><td>1. 材料规格;
2. 黏结强度</td><td rowspan="2">m^2</td><td rowspan="2">按设计图所示,以面积计算</td><td>1. 混凝土墙表面的处理;
2. 砂浆找平;
3. 镶贴瓷砖</td></tr>
<tr><td>-b</td><td>喷涂混凝土专用漆</td><td>1. 材料规格;
2. 遍数、厚度</td><td>1. 基层表面处理;
2. 喷涂混凝土专用漆</td></tr>
<tr><td>507</td><td>监控量测</td><td></td><td></td><td></td><td>第 508 节</td></tr>
<tr><td>507-1</td><td>监控量测</td><td></td><td></td><td></td><td></td></tr>
<tr><td>-a</td><td>必测项目</td><td rowspan="2">1. 检测项目;
2. 围岩类别;
3. 检测手段、方法</td><td rowspan="2">总额</td><td rowspan="2">按规定以总额计算</td><td rowspan="2">1. 加工、采备、标定、埋设测量元件;
2. 检测仪器采备、标定、安装、保护;
3. 实施观测;
4. 数据处理、反馈、应用</td></tr>
<tr><td>-b</td><td>选测项目</td></tr>
<tr><td>509</td><td>特殊地质地段的施工与地质预报</td><td></td><td></td><td></td><td>第 509 节</td></tr>
<tr><td>509-1</td><td>地质预报</td><td>1. 地质类型;
2. 探测手段、方法</td><td>总额</td><td>按规定以总额计算</td><td>1. 加工、采备、标定、埋设测量元件;
2. 检测仪器采备、标定、安装、保护;
3. 实施观测;
4. 数据处理、反馈、应用</td></tr>
<tr><td>510</td><td>洞内机电设施预埋件和消防设施</td><td></td><td></td><td></td><td>第 510 节</td></tr>
<tr><td>510-1</td><td>预埋件</td><td>材料规格</td><td>kg</td><td>经监理验收合格,以质量计算</td><td>预埋件埋设</td></tr>
<tr><td>510-2</td><td>消防设施</td><td></td><td></td><td></td><td></td></tr>
</table>

续上表

子目号	子目名称	特征	计量单位	工程量计算规则	计价工程内容
-a	供水钢管（铸铁管）（ϕ __ m）	1. 材料规格； 2. 管径	m	按设计图所示，以长度计算	1. 管道连接； 2. 管道敷设； 3. 保温处理
-b	消防室洞门	1. 材料规格； 2. 结构形式	个	按设计图所示，以累计数计算	安装
-c	通道防火匝门				
-d	阀门井	1. 材料规格； 2. 断面尺寸			1. 阀门井施工养生； 2. 阀门安装
-e	集水池	1. 材料规格； 2. 强度等级； 3. 结构形式	座	按设计图示，以累计数计算	1. 集水池施工养生； 2. 防渗处理； 3. 水路安装
-f	蓄水池				1. 蓄水池施工养生； 2. 防渗处理； 3. 水路安装
-g	取水泵房				1. 取水泵房施工； 2. 水泵及管路安装； 3. 配电施工
-h	滚水坝				1. 基础处理； 2. 滚水坝施工； 3. 养生

附录二　全国冬季施工气温区划分表

省、自治区、直辖市	地区、市、自治州、盟(县)	气温区	
北京	全境	冬二	Ⅰ
天津	全境	冬二	Ⅰ
河北	石家庄、邢台、邯郸、衡水市(冀州市、枣强县、故城县)	冬一	Ⅱ
	廊坊、保定(涞源县及以北除外)、衡水(冀州市、枣强县、故城县除外)、沧州市	冬二	Ⅰ
	唐山、秦皇岛市		Ⅱ
	承德(围场县除外)、张家口(沽源县、张北县、尚义县、康保县除外)、保定市(涞源县及以北)	冬三	
	承德(围场县)、张家口市(沽源县、张北县、尚义县、康保县)	冬四	
山西	运城市(万荣县、夏县、绛县、新绛县、稷山县、闻喜县除外)	冬一	Ⅱ
	运城(万荣县、夏县、绛县、新绛县、稷山县、闻喜县)、临汾(尧都区、侯马市、曲沃县、翼城县、襄汾县、洪洞县)、阳泉(盂县除外)、长治(黎城县)、晋城市(城区、泽州县、沁水县、阳城县)	冬二	Ⅰ
	太原(娄烦县除外)、阳泉(盂县)、长治(黎城县除外)、晋城(城区、泽州县、沁水县、阳城县除外)、晋中(寿阳县、和顺县、左权县除外)、临汾(尧都区、侯马市、曲沃县、翼城县、襄汾县、洪洞县除外)、吕梁市(孝义市、汾阳市、文水县、交城县、柳林县、石楼县、交口县、中阳县)		Ⅱ
	太原(娄烦县)、大同(左云县除外)、晋中(寿阳县、和顺县、左权县)、忻州、吕梁市(离石区、临县、岚县、方山县、兴县)	冬三	
	大同(左云县)、朔州市(右玉县)	冬四	
内蒙古	乌海市、阿拉善盟(阿拉善左旗、阿拉善右旗)	冬二	Ⅰ
	呼和浩特(武川县除外)、包头(固阳县除外)、赤峰、鄂尔多斯、巴彦淖尔、乌兰察布市(察哈尔右翼中旗除外)、阿拉善盟(额济纳旗)	冬三	
	呼和浩特(武川县)、包头(固阳县)、通辽、乌兰察布市(察哈尔右翼中旗)、锡林郭勒(苏尼特右旗、多伦县)、兴安盟(阿尔山市除外)	冬四	
	呼伦贝尔市(海拉尔区、新巴尔虎右旗、阿荣旗)、兴安(阿尔山市)、锡林郭勒盟(冬四区以外各地)	冬五	
	呼伦贝尔市(冬五区以外各地)	冬六	
辽宁	大连(瓦房店市、普兰店市、庄河市除外)、葫芦岛市(绥中县)	冬二	Ⅰ
	沈阳(康平县、法库县除外)、大连(瓦房店市、普兰店市、庄河市)、鞍山、本溪(桓仁县除外)、丹东、锦州、阜新、营口、辽阳、朝阳(建平县除外)、葫芦岛(绥中县除外)、盘锦市	冬三	
	沈阳(康平县、法库县)、抚顺、本溪(桓仁县)、朝阳(建平县)、铁岭市	冬四	

续上表

省、自治区、直辖市	地区、市、自治州、盟(县)	气温区	
吉林	长春(榆树市除外)、四平、通化(辉南县除外)、辽源、白山(靖宇县、抚松县、长白县除外)、松原(长岭县)、白城市(通榆县),延边自治州(敦化市、汪清县、安图县除外)	冬四	
	长春(榆树市)、吉林、通化(辉南县)、白山(靖宇县、抚松县、长白县)、白城(通榆县除外)、松原市(长岭县除外),延边自治州(敦化市、汪清县、安图县)	冬五	
黑龙江	牡丹江市(绥芬河市、东宁县)	冬四	
	哈尔滨(依兰县除外)、齐齐哈尔(讷河市、依安县、富裕县、克山县、克东县、拜泉县除外)、绥化(安达市、肇东市、兰西县)、牡丹江(绥芬河市、东宁县除外)、双鸭山(宝洁县)、佳木斯(桦南县)、鸡西、七台河、大庆市	冬五	
	哈尔滨(依兰县)、佳木斯(桦南县除外)、双鸭山(宝清县除外)、绥化(安达市、肇东市、兰西县除外)、齐齐哈尔(讷河市、依安县、富裕县、克山县、克东县、拜泉县)、黑河、鹤岗、伊春市,大兴安岭地区	冬六	
上海	全境	准二	
江苏	徐州、连云港市	冬一	Ⅰ
	南京、无锡、常州、淮安、盐城、宿迁、扬州、泰州、南通、镇江、苏州市	准二	
浙江	杭州、嘉兴、绍兴、宁波、湖州、衢州、舟山、金华、温州、台州、丽水市	准二	
安徽	亳州市	冬一	Ⅰ
	阜阳、蚌埠、淮南、滁州、合肥、六安、马鞍山、巢湖、芜湖、铜陵、池州、宣城、黄山市	准一	
	淮北、宿州市	准二	
福建	宁德(寿宁县、周宁县、屏南县)、三明市	准一	
江西	南昌、萍乡、景德镇、九江、新余、上饶、抚州、宜春市	准一	
山东	全境	冬一	Ⅰ
河南	安阳、商丘、周口(西华县、淮阳县、鹿邑县、扶沟县、太康县)、新乡、三门峡、洛阳、郑州、开封、鹤壁、焦作、济源、濮阳、许昌市	冬一	Ⅰ
	驻马店、信阳、南阳、周口(西华县、淮阳县、鹿邑县、扶沟县、太康县除外)、平顶山、漯河市	准二	
湖北	武汉、黄石、荆州、荆门、鄂州、宜昌、咸宁、黄冈、天门、潜江、仙桃市,恩施自治州	准“一”	
	孝感、十堰、襄樊、随州市,神农架林区	准“二”	
湖南	全境	准一	
四川	阿坝(黑水县)、甘孜自治州(新龙县、道浮县、泸定县)	冬一	Ⅱ
	甘孜自治州(甘孜县、康定县、白玉县、炉霍县)	冬二	Ⅰ
	阿坝(壤塘县、红原县、松潘县)、甘孜自治州(德格县)		Ⅱ
	阿坝(阿坝县、若尔盖县、九寨沟县)、甘孜自治州(石渠县、色达县)	冬三	
	广元市(青川县)、阿坝(汶川县、小金县、茂县、理县)、甘孜(巴塘县、雅江县、得荣县、九龙县、理塘县、乡城县、稻城县)、凉山自治州(盐源县、木里县)	准一	
	阿坝(马尔康县、金川县)、甘孜自治州(丹巴县)	准二	
贵州	贵阳、遵义(赤水市除外)、安顺市,黔东南、黔南、黔西南自治州	准一	
	六盘水市,毕节地区	准二	

续上表

<table>
<tr><th>省、自治区、直辖市</th><th>地区、市、自治州、盟（县）</th><th colspan="2">气温区</th></tr>
<tr><td rowspan="2">云南</td><td>迪庆自治州（德钦县、香格里拉县）</td><td>冬一</td><td>Ⅱ</td></tr>
<tr><td>曲靖（宣威市、会泽县）、丽江（玉龙县、宁蒗县）、昭通市（昭阳区、大关县、威信县、彝良县、镇雄县、鲁甸县），迪庆（维西县）、怒江（兰坪县）、大理自治州（剑川县）</td><td colspan="2">准一</td></tr>
<tr><td rowspan="6">西藏</td><td>拉萨市（当雄县除外），日喀则（拉孜县）、山南（浪卡子县、错那县、隆子县除外）、昌都（芒康县、左贡县、类乌齐县、丁青县、洛隆县除外）、林芝地区</td><td rowspan="2">冬一</td><td>Ⅰ</td></tr>
<tr><td>山南（隆子县），日喀则地区（定日县、聂拉木县、亚东县、拉孜县除外）</td><td>Ⅱ</td></tr>
<tr><td>昌都地区（洛隆县）</td><td rowspan="2">冬二</td><td>Ⅰ</td></tr>
<tr><td>昌都（芒康县、左贡县、类乌齐县、丁青县）、山南（浪卡子县）、日喀则（定日县、聂拉木县）、阿里地区（普兰县）</td><td>Ⅱ</td></tr>
<tr><td>拉萨市（当雄县），那曲（安多县除外）、山南（错那县）、日喀则（亚东县）、阿里地区（普兰县除外）</td><td colspan="2">冬三</td></tr>
<tr><td>那曲地区（安多县）</td><td colspan="2">冬四</td></tr>
<tr><td rowspan="5">陕西</td><td>西安、宝鸡、渭南、咸阳（彬县、旬邑县、长武县除外）、汉中（留坝县、佛坪县）、铜川市（耀州区）</td><td rowspan="2">冬一</td><td>Ⅰ</td></tr>
<tr><td>铜川（印台区、王益区）、咸阳市（彬县、旬邑县、长武县）</td><td>Ⅱ</td></tr>
<tr><td>延安（吴起县除外）、榆林（清涧县）、铜川市（宜君县）</td><td>冬二</td><td>Ⅱ</td></tr>
<tr><td>延安（吴起县）、榆林市（清涧县除外）</td><td colspan="2">冬三</td></tr>
<tr><td>商洛、安康、汉中市（留坝县、佛坪县除外）</td><td colspan="2">准二</td></tr>
<tr><td rowspan="5">甘肃</td><td>陇南市（两当县、徽县）</td><td>冬一</td><td>Ⅱ</td></tr>
<tr><td>兰州、天水、白银（会宁县、靖远县）、定西、平凉、庆阳、陇南市（西和县、礼县、宕昌县），临夏、甘南自治州（舟曲县）</td><td>冬二</td><td>Ⅱ</td></tr>
<tr><td>嘉峪关、金昌、白银（白银区、平川区、景泰县）、酒泉、张掖、武威市，甘南自治州（舟曲县除外）</td><td colspan="2">冬三</td></tr>
<tr><td>陇南市（武都区、文县）</td><td colspan="2">准一</td></tr>
<tr><td>陇南市（成县、康县）</td><td colspan="2">准二</td></tr>
<tr><td rowspan="4">青海</td><td>海东地区（民和县）</td><td>冬二</td><td>Ⅱ</td></tr>
<tr><td>西宁市、海东地区（民和县除外），黄南（泽库县除外）、海南、果洛（班玛县、达日县、久治县）、玉树（囊谦县、杂多县、称多县、玉树县）、海西自治州（德令哈市、格尔木市、都兰县、乌兰县）</td><td colspan="2">冬三</td></tr>
<tr><td>海北（野牛沟、托勒除外）黄南（泽库县）、果洛（玛沁县、甘德县、玛多县）、玉树（曲麻莱县、治多县）、海西自治州（冷湖、茫崖、大柴旦、天峻县）</td><td colspan="2">冬四</td></tr>
<tr><td>海北（野牛沟、托勒）、玉树（清水河）、海西自治州（唐古拉山区）</td><td colspan="2">冬五</td></tr>
<tr><td>宁夏</td><td>全境</td><td>冬二</td><td>Ⅱ</td></tr>
</table>

续上表

<table>
<tr><th>省、自治区、直辖市</th><th>地区、市、自治州、盟(县)</th><th colspan="2">气温区</th></tr>
<tr><td rowspan="5">新疆</td><td>阿拉尔市、喀什(喀什市、伽师县、巴楚县、英吉沙县、麦盖提县、莎车县、叶城县、泽普县)、哈密(哈密市泌城镇)、阿克苏(沙雅县、阿瓦提县)、和田地区、伊犁(伊宁市、新源县、霍城县霍尔果斯镇)、巴音郭楞(库尔勒市、若羌县、且末县、尉犁县铁干里可)、克孜勒苏自治州(阿图什市、阿克陶县)</td><td rowspan="2">冬二</td><td>Ⅰ</td></tr>
<tr><td>喀什地区(岳普湖县)</td><td>Ⅱ</td></tr>
<tr><td>乌鲁木齐市(牧业气象试验站、达板城区、乌鲁木齐县小渠子乡)、塔城(乌苏市、沙湾县、额敏县除外)、阿克苏(沙雅县、阿瓦提县除外)、哈密(哈密市十三间房、哈密市红柳河、伊吾县淖毛湖)、喀什(塔什库尔干县)、吐鲁番地区、克孜勒苏(乌恰县、阿合奇县)、巴音郭楞(和静县、焉耆县、和硕县、轮台县、尉犁县、且末县塔中)、伊犁自治州(伊宁市、霍城县、察布查尔县、尼勒克县、巩留县、昭苏县、特克斯县)</td><td colspan="2">冬三</td></tr>
<tr><td>乌鲁木齐市(冬三区以外各地)、塔城(额敏县、乌苏县)、阿勒泰(阿勒泰市、哈巴河县、吉木乃县)、哈密地区(巴里坤县)、昌吉(昌吉市、米泉市、木垒县、奇台县北塔山镇、阜康市天池)、博尔塔拉(温泉县、精河县、阿拉山口口岸)、克孜勒苏自治州(乌恰县吐尔尕特口岸)</td><td colspan="2">冬四</td></tr>
<tr><td>克拉玛依、石河子市、塔城(沙湾县)、阿勒泰地区(布尔津县、福海县、富蕴县、青河县)、博尔塔拉(博乐市)、昌吉(阜康市、玛纳斯县、呼图壁县、吉木萨尔县、奇台县、米泉市蔡家湖)、巴音郭楞自治州(和静县巴音布鲁克乡)</td><td colspan="2">冬五</td></tr>
</table>

注:表中行政区划以2006年地图出版社出版的《中华人民共和国行政区划简册》为准。为避免繁冗,各民族自治州名称予以简化,如青海省的"海西蒙古族藏族自治州"简化为"海西自治州"。

附录三　全国雨季施工雨量区及雨季期划分表

省、自治区、直辖市	地区、市、自治州、盟(县)	雨量区	雨季期(月数)
北京	全境	Ⅱ	2
天津	全境	Ⅰ	2
河北	张家口、承德市(围场县)	Ⅰ	1.5
	承德(围场县除外)、保定、沧州、石家庄、廊坊、邢台、衡水、邯郸、唐山、秦皇岛市	Ⅱ	2
山西	全境	Ⅰ	1.5
内蒙古	呼和浩特、通辽、呼伦贝尔(海拉尔区、满洲里市、陈巴尔虎旗、鄂温克旗)、鄂尔多斯(东胜区、准格尔旗、伊金霍洛旗、达拉特旗、乌审旗)、赤峰、包头、乌兰察布市(集宁区、化德县、商都县、兴和县、四子王旗、察哈尔右翼中旗、察哈尔右翼后旗、卓资县及以南),锡林郭勒盟(锡林浩特市、多伦县、太仆寺旗、西乌珠穆沁旗、正蓝旗、正镶白旗)	Ⅰ	1
	呼伦贝尔市(牙克石市、额尔古纳市、鄂伦春旗、扎兰屯市及以东),兴安盟		2
辽宁	大连(长海县、瓦房店市、普兰店市、庄河市除外)、朝阳市(建平县)	Ⅰ	2
	沈阳(康平县)、大连(长海县)、锦州(北宁市除外)、营口(盖州市)、朝阳市(凌原市、建平县除外)		2.5
	沈阳(康平县、辽中县除外)、大连(瓦房店市)、鞍山(海城市、台安县、岫岩县除外)、锦州(北宁市)、阜新、朝阳(凌原市)、盘锦、葫芦岛(建昌县)、铁岭市		3
	抚顺(新宾县)、辽阳市		3.5
	沈阳(辽中县)、鞍山(海城市、台安县)、营口(盖州市除外)、葫芦岛市(兴城市)	Ⅱ	2.5
	大连(普兰店市)、葫芦岛市(兴城市、建昌县除外)		3
	大连(庄河市)、鞍山(岫岩县)、抚顺(新宾县除外)、丹东(凤城市、宽甸县除外)、本溪市		3.5
	丹东市(凤城市、宽甸县)		4
吉林	辽源、四平(双辽市)、白城、松原市	Ⅰ	2
	吉林、长春、四平(双辽市除外)、白山市,延边自治州	Ⅱ	2
	通化市		3
黑龙江	哈尔滨(市区、呼兰区、五常市、阿城市、双城市)、佳木斯(抚远县)、双鸭山(市区、集贤县除外)、齐齐哈尔(拜泉县、克东县除外)、黑河(五大连池市、嫩江县)、绥化(北林区、海伦市、望奎县、绥棱县、庆安县除外)、牡丹江、大庆、鸡西、七台河市,大兴安岭地区(呼玛县除外)	Ⅰ	2
	哈尔滨(市区、呼兰区、五常市、阿城市、双城市除外)、佳木斯(抚远县除外)、双鸭山(市区、集贤县)、齐齐哈尔(拜泉县、克东县)、黑河(五大连池市、嫩江县除外)、绥化(北林区、海伦市、望奎县、绥棱县、庆安县)、鹤岗、伊春市,大兴安岭地区(呼玛县)	Ⅱ	2

续上表

省、自治区、直辖市	地区、市、自治州、盟(县)	雨量区	雨季期(月数)
上海	全境	Ⅱ	4
江苏	徐州、连云港市	Ⅱ	2
	盐城市		3
	南京、镇江、淮安、南通、宿迁、扬州、常州、泰州市		4
	无锡、苏州市		4.5
浙江	舟山市	Ⅱ	4
	嘉兴、湖州市		4.5
	宁波、绍兴市		6
	杭州、金华、温州、衢州、台州、丽水市		7
安徽	亳州、淮北、宿州、蚌埠、淮南、六安、合肥市	Ⅱ	1
	阜阳市		2
	滁州、巢湖、马鞍山、芜湖、铜陵、宣城市		3
	池州市		4
	安庆、黄山市		5
福建	泉州市(惠安县崇武)	Ⅰ	4
	福州(平潭县)、泉州(晋江市)、厦门(同安区除外)、漳州市(东山县)	Ⅱ	5
	三明(永安市)、福州(市区、长乐市)、莆田市(仙游县除外)		6
	南平(顺昌县除外)、宁德(福鼎市、霞浦县)、三明(永安市、尤溪县、大田县除外)、福州(市区、长乐市、平潭县除外)、龙岩(长汀县、连城县)、泉州(晋江市、惠安县崇武、德化县除外)、莆田(仙游县)、厦门(同安区)、漳州市(东山县除外)		7
	南平(顺昌县)、宁德(福鼎市、霞浦县除外)、三明(尤溪县、大田县)、龙岩(长汀县、连城县除外)、泉州市(德化县)		8
江西	南昌、九江、吉安市	Ⅱ	6
	萍乡、景德镇、新余、鹰潭、上饶、抚州、宜春、赣州市		7
山东	济南、潍坊、聊城市	Ⅰ	3
	淄博、东营、烟台、济宁、威海、德州、滨州市		4
	枣庄、泰安、莱芜、临沂、菏泽市		5
	青岛市	Ⅱ	3
	日照市		4
河南	郑州、许昌、洛阳、济源、新乡、焦作、三门峡、开封、濮阳、鹤壁市	Ⅰ	2
	周口、驻马店、漯河、平顶山、安阳、商丘市		3
	南阳市		4
	信阳市	Ⅱ	2

续上表

省、自治区、直辖市	地区、市、自治州、盟(县)	雨量区	雨季期(月数)
湖北	十堰、襄樊、随州市，神农架林区	Ⅰ	3
	宜昌(秭归县、远安县、兴山县)、荆门市(钟祥市、京山县)	Ⅱ	2
	武汉、黄石、荆州、孝感、黄冈、咸宁、荆门(钟祥市、京山县除外)、天门、潜江、仙桃、鄂州、宜昌市(秭归县、远安县、兴山县除外)，恩施自治州		6
湖南	全境	Ⅱ	6
广东	茂名、中山、汕头、潮州市	Ⅰ	5
	广州、江门、肇庆、顺德、湛江、东莞市		6
	珠海市	Ⅱ	5
	深圳、阳江、汕尾、佛山、河源、梅州、揭阳、惠州、云浮、韶关市		6
	清远市		7
广西	百色、河池、南宁、崇左市	Ⅱ	5
	桂林、玉林、梧州、北海、贵港、钦州、防城港、贺州、柳州、来宾市		6
海南	全境	Ⅱ	6
重庆	全境	Ⅱ	4
四川	甘孜自治州(巴塘县)	Ⅰ	1
	阿坝(若尔盖县)、甘孜自治州(石渠县)		2
	乐山(峨边县)、雅安市(汉源县)，甘孜自治州(甘孜县、色达县)		3
	雅安(石棉县)、绵阳(平武县)、泸州(古蔺县)、遂宁市，阿坝(若尔盖县、汶川县除外)、甘孜自治州(巴塘县、石渠县、甘孜县、色达县、九龙县、得荣县除外)		4
	南充(高坪区)、资阳市(安岳县)		5
	宜宾市(高县)，凉山自治州(雷波县)	Ⅱ	3
	成都、乐山(峨边县、马边县除外)、德阳、南充(南部县)、绵阳(平武县除外)、资阳(安岳县除外)、广元、自贡、攀枝花、眉山市，凉山(雷波县除外)、甘孜自治州(九龙县)		4
	乐山(马边县)、南充(高坪区、南部县除外)、雅安(汉源县、石棉县除外)、广安(邻水县除外)、巴中、宜宾(高县除外)、泸州(古蔺县除外)、内江市		5
	广安(邻水县)、达州市		6
贵州	贵阳、遵义市，毕节地区	Ⅱ	4
	安顺市，铜仁地区，黔东南自治州		5
	黔西南自治州		6
	黔南自治州		7

续上表

省、自治区、直辖市	地区、市、自治州、盟（县）	雨量区	雨季期（月数）
云南	昆明（市区、嵩明县除外）、玉溪、曲靖（富源县、师宗县、罗平县除外）、丽江（宁蒗县、永胜县）、思茅（墨江县）、昭通市，怒江（兰坪县、泸水县六库镇）、大理（大理市、漾濞县除外）、红河（个旧市、开远市、蒙自县、红河县、石屏县、建水县、弥勒县、泸西县）、迪庆、楚雄自治州	Ⅰ	5
	保山（腾冲县、龙陵县除外）、临沧市（凤庆县、云县、永德县、镇康县），怒江（福贡县、泸水县）、红河自治州（元阳县）		6
	昆明（市区、嵩明县）、曲靖（富源县、师宗县、罗平县）、丽江（古城区、华坪县）、思茅市（翠云区、景东县、镇沅县、普洱县、景谷县），大理（大理市、漾濞县）、文山自治州	Ⅱ	5
	保山（腾冲县、龙陵县）、临沧（临翔区、双江县、耿马县、沧源县）、思茅市（西盟县、澜沧县、孟连县、江城县），怒江（贡山县）、德宏、红河（绿春县、金平县、屏边县、河口县）、西双版纳自治州		6
西藏	那曲（索县除外）、山南（加查县除外）、日喀则（定日县）、阿里地区	Ⅰ	1
	拉萨市，那曲（索县）、昌都（类乌齐县、丁青县、芒康县除外）、日喀则（拉孜县）、林芝地区（察隅县）		2
	昌都（类乌齐县）、林芝地区（米林县）		3
	昌都（丁青县）、林芝地区（米林县、波密县、察隅县除外）		4
	林芝地区（波密县）		5
	山南（加查县）、日喀则地区（定日县、拉孜县除外）	Ⅱ	1
	昌都地区（芒康县）		2
陕西	榆林、延安市	Ⅰ	1.5
	铜川、西安、宝鸡、咸阳、渭南市，杨凌区		2
	商洛、安康、汉中市		3
甘肃	天水（甘谷县、武山县）、陇南市（武都区、文县、礼县），临夏（康乐县、广河县、永靖县）、甘南自治州（夏河县）	Ⅰ	1
	天水（北道区、秦城区）、定西（渭源县）、庆阳（西峰区）、陇南市（西和县），临夏（临夏市）、甘南自治州（临潭县、卓尼县）		1.5
	天水（秦安县）、定西（临洮县、岷县）、平凉（崆峒区）、庆阳（华池县、宁县、环县）、陇南市（宕昌县），临夏（临夏县、东乡县、积石山县）、甘南自治州（合作市）		2
	天水（张家川县）、平凉（静宁县、庄浪县）、庆阳（镇原县）、陇南市（两当县），临夏（和政县）、甘南自治州（玛曲县）		2.5
	天水（清水县）、平凉（泾川县、灵台县、华亭县、崇信县）、庆阳（西峰区、合水县、正宁县）、陇南市（徽县、成县、康县），甘南自治州（碌曲县、迭部县）		3

续上表

省、自治区、直辖市	地区、市、自治州、盟(县)	雨量区	雨季期(月数)
青海	西宁市(湟源县),海东地区(平安县、乐都县、民和县、化隆县),海北(海晏县、祁连县、刚察县、托勒)、海南(同德县、贵南县)、黄南(泽库县、同仁县)、海西自治州(天峻县)	I	1
	西宁市(湟源县除外),海东地区(互助县),海北(门源县)、果洛(达日县、久治县、班玛县)、玉树自治州(称多县、杂多县、囊谦县、玉树县),河南自治县		1.5
宁夏	固原地区(隆德县、泾源县)	I	2
新疆	乌鲁木齐市(小渠子乡、牧业气象试验站、大西沟乡),昌吉地区(阜康市天池),克孜勒苏(吐尔尕特、托云、巴音库鲁提)、伊犁自治州(昭苏县、霍城县二台、松树头)	I	1
台湾	(资料暂缺)		

注:1. 表中未列的地区除西藏林芝地区墨脱县因无资料未划分外,其余地区均因降雨天数或平均日降雨量未达到计算雨季施工增加费的标准,故未划分雨量区及雨季期。

2. 行政区划依据资料及自治州、市的名称列法同冬季施工气温区划分说明。

附录四 全国风沙地区公路施工区划表

区划	沙漠(地)名称	地理位置	自然特征
风沙一区	呼伦贝尔沙地、嫩江沙地	呼伦贝尔沙地位于内蒙古呼伦贝尔平原,嫩江沙地位于东北平原西北部嫩江下游	属半干旱、半湿润严寒区,年降水量280~400mm,年蒸发量1400~1900mm,干燥度1.2~1.5
	科尔沁沙地	散布于东北平原西辽河中、下游主干及支流沿岸的冲积平原上	属半湿润温冷区,年降水量300~450mm,年蒸发量1700~2400mm,干燥度1.2~2.0
	浑善达克沙地	位于内蒙古锡林郭勒盟南部和昭乌达盟西北部	属半湿润温冷区,年降水量100~400mm,年蒸发量2200~2700mm,干燥度1.2~2.0,年平均风速3.5~5m/s,年大风日数50~80d
	毛乌素沙地	位于内蒙古鄂尔多斯中南部和陕西北部	属半干旱温热区,年降水量东部400~440mm,西部仅250~320mm,年蒸发量2100~2600mm,干燥度1.6~2.0
	库布齐沙漠	位于内蒙古鄂尔多斯北部,黄河河套平原以南	属半干旱温热区,年降水量150~400mm,年蒸发量2100~2700mm,干燥度2.0~4.0,年平均风速3~4m/s
风沙二区	乌兰布和沙漠	位于内蒙古阿拉善东北部,黄河河套平原西南部	属干旱温热区,年降水量100~145mm,年蒸发量2400~2900mm,干燥度8.0~16.0,地下水相当丰富,埋深一般为1.5~3m
	腾格里沙漠	位于内蒙古阿拉善东南部及甘肃武威部分地区	属干旱温热区,沙丘、湖盆、山地、残丘及平原交错分布,年降水量116~148mm,年蒸发量3000~3600mm,干燥度4.0~12.0
	巴丹吉林沙漠	位于内蒙古阿拉善西南边缘及甘肃酒泉部分地区	属干旱温热区,沙山高大密集,形态复杂,起伏悬殊,一般高200~300m,最高可达420m,年降水量40~80mm,年蒸发量1720~3320mm,干燥度7.0~16.0
	柴达木沙漠	位于青海柴达木盆地	属极干旱寒冷区,风蚀地、沙丘、戈壁、盐湖和盐土平原相互交错分布,盆地东部年均气温2~4℃,西部为1.5~2.5℃,年降水量东部为50~170mm,西部为10~25mm,年蒸发量2500~3000mm,干燥度16.0~32.0
	古尔班通古特沙漠	位于新疆北部准噶尔盆地	属干旱温冷区,其中固定、半固定沙丘面积占沙漠面积的97%,年降水量70~150mm,年蒸发量1700~2200mm,干燥度2.0~10.0
风沙三区	塔克拉玛干沙漠	位于新疆南部塔里木盆地	属极干旱炎热区,年降水量东部20mm左右,南部30mm左右,西部40mm左右,北部50mm以上,年蒸发量在1500~3700mm,中部达高限,干燥度>32.0
	库姆达格沙漠	位于新疆东部、甘肃西部,罗布泊低地南部和阿尔金山北部	属极干旱炎热区,全部为流动沙丘,风蚀严重,年降水量10~20mm,年蒸发量2800~3000mm,干燥度>32.0,8级以上大风天数在100d以上

附录五 概(预)算相关计算表

总概(预)算表

建设项目名称:

编 制 范 围: 第 页 共 页 01表

项	目	节	细目	工程或费用名称	单位	数量	概(预)算金额	技术经济指标	各项费用比例(%)	备注
1	2	3	4	5	6	7	8	9	10	11

编制: 复核:

填表说明:①本表反映的是一个单项工程或单位工程的各项费用组成汇总表。

②1、2、3、4、5、6栏严格按项目表的序列及内容填写,“目、节”、“细目”可根据需要增减,但“部分”和“项”保留。

③7、8栏数据来源于03表、05表、06表。

④9栏=8栏/7栏。

⑤10栏=8栏/概(预)算总金额。

⑥表头同01-1表。

人工、主要材料、机械台班数量汇总表

建设项目名称:

编 制 范 围: 第 页 共 页 02表

序号	规格名称	单位	总数量	分项统计								场外运输损耗	
												%	数量
1	2	3	4	5	6	7	8	9	10	11	12	13	14

编制: 复核:

填表说明:①本表各栏数据由08表和12表统计得到。

②发生的冬、雨季及夜间施工增工及临时设施用工,根据有关规定计算后列入本表。

③14栏=(5栏+6栏+…+12栏)×13栏。

④4栏=(5栏+6栏+…+12栏)×14栏。

建筑安装工程费计算表

建设项目名称：

编 制 范 围： 第 页 共 页 03 表

<table>
<tr><th rowspan="3">序号</th><th rowspan="3">工程名称</th><th rowspan="3">单位</th><th rowspan="3">工程量</th><th colspan="6">直接费(元)</th><th colspan="3">间接费(元)</th><th rowspan="3">利润(元)</th><th rowspan="3">税金(元)</th><th colspan="2">建筑安装工程费</th></tr>
<tr><th colspan="4">直接工程费</th><th rowspan="2">其他工程费</th><th rowspan="2">合计</th><th rowspan="2">规费</th><th rowspan="2">企业管理费</th><th rowspan="2">合计</th><th rowspan="2">合计(元)</th><th rowspan="2">单价(元)</th></tr>
<tr><th>人工费</th><th>材料费</th><th>机械使用费</th><th>合计</th></tr>
<tr><td>1</td><td>2</td><td>3</td><td>4</td><td>5</td><td>6</td><td>7</td><td>8</td><td>9</td><td>10</td><td>11</td><td>12</td><td>13</td><td>14</td><td>15</td><td>16</td><td>17</td></tr>
<tr><td></td><td></td><td></td><td></td><td></td><td></td><td></td><td></td><td></td><td></td><td></td><td></td><td></td><td></td><td></td><td></td><td></td></tr>
<tr><td></td><td></td><td></td><td></td><td></td><td></td><td></td><td></td><td></td><td></td><td></td><td></td><td></td><td></td><td></td><td></td><td></td></tr>
</table>

编制： 复核：

填表说明：①5～13 栏数据来源于 08 表。一些费用的计算不能在 08 表中直接计算，如公路交工前养护费、绿化工程费等。在编制 03 表时，可以直接计算列于此栏。

②8 栏 =5 栏 +6 栏 +7 栏；10 栏 =8 栏 +9 栏；13 栏 =11 栏 +12 栏；14 栏 =（10 栏 +13 栏 - 规费）×14 栏费率；15 栏 =（10 栏 +13 栏 +14 栏）×15 栏的税率；16 栏 =10 栏 +13 栏 +14 栏 +15 栏；17 栏 =16 栏/4 栏。

其他工程费及间接费综合费率计算表

建设项目名称：

编 制 范 围： 第 页 共 页 04 表

<table>
<tr><th rowspan="4">序号</th><th rowspan="4">工程类别</th><th colspan="13">其他工程费费率(%)</th><th colspan="12">间接费费率(%)</th></tr>
<tr><th rowspan="3">冬季施工增加费</th><th rowspan="3">雨季施工增加费</th><th rowspan="3">夜间施工增加费</th><th rowspan="3">高原施工增加费</th><th rowspan="3">风沙地区增加费</th><th rowspan="3">沿海地区增加费</th><th rowspan="3">行车干扰工程施工增加费</th><th rowspan="3">安全及文明施工措施费</th><th rowspan="3">临时设施费</th><th rowspan="3">施工辅助费</th><th rowspan="3">工地转移费</th><th colspan="2">综合费率</th><th colspan="6">规费</th><th colspan="6">企业管理费</th></tr>
<tr><th rowspan="2">Ⅰ</th><th rowspan="2">Ⅱ</th><th rowspan="2">养老保险费</th><th rowspan="2">失业保险费</th><th rowspan="2">医疗保险费</th><th rowspan="2">住房公积金</th><th rowspan="2">工伤保险费</th><th rowspan="2">综合费率</th><th rowspan="2">基本费用</th><th rowspan="2">主副食运费补贴</th><th rowspan="2">职工探亲路费</th><th rowspan="2">职工取暖补贴</th><th rowspan="2">财务费用</th><th rowspan="2">综合费率</th></tr>
<tr></tr>
<tr><td>1</td><td>2</td><td>3</td><td>4</td><td>5</td><td>6</td><td>7</td><td>8</td><td>9</td><td>10</td><td>11</td><td>12</td><td>13</td><td>14</td><td>15</td><td>16</td><td>17</td><td>18</td><td>19</td><td>20</td><td>21</td><td>22</td><td>23</td><td>24</td><td>25</td><td>26</td><td>27</td></tr>
<tr><td></td><td></td><td></td><td></td><td></td><td></td><td></td><td></td><td></td><td></td><td></td><td></td><td></td><td></td><td></td><td></td><td></td><td></td><td></td><td></td><td></td><td></td><td></td><td></td><td></td><td></td><td></td></tr>
<tr><td></td><td></td><td></td><td></td><td></td><td></td><td></td><td></td><td></td><td></td><td></td><td></td><td></td><td></td><td></td><td></td><td></td><td></td><td></td><td></td><td></td><td></td><td></td><td></td><td></td><td></td><td></td></tr>
</table>

编制： 复核：

填表说明：①本表应根据工程项目的具体情况，按《编制办法》或各省、自治区、直辖市规定的费率取用。

②14 栏 =3 栏 +4 栏 +5 栏 +8 栏 +10 栏 +11 栏 +12 栏 +13 栏；15 栏 =6 栏 +7 栏 +9 栏；21 栏 =16 栏 +17 栏 +18 栏 +19 栏 +20 栏；27 栏 =22 栏 +23 栏 +24 栏 +25 栏 +26 栏。

设备、工具、器具购置费计算表

建设项目名称:

编 制 范 围: 第 页 共 页 05表

序号	设备、工具、器具规格名称	单位	数量	单价	金额	说 明
1	2	3	4	5	6	7

编制: 复核:

填表说明:①设备、工具、器具购置费按实计算。

②办公及生活家具购置费按《编制办法》计算。

工程建设其他费用及回收金额计算表

建设项目名称:

编 制 范 围: 第 页 共 页 06表

序号	费用名称及回收金额项目	说明及计算式	金额	备 注
1	2	3	4	5

编制: 复核:

填表说明:①本表按实际发生的费用填写,各项费用填写如下:

a. 土地补偿费 = 数量 × 单价;安置补助费 = 补助标准 × 数量。

b. 建设单位管理费当中的建设单位(业主)管理费、工程质量监督费、工程监理费、工程定额测定费、设计文件审查费竣(交)工验收试验检测费,以"建安费 × 规定费率"计算。

c. 其余有关的工程建设其他费用按规定计算。

②回收金额按实际可回收的材料、设备的定额计算,回收单价按原材料单价。回收金额 = 数量 × 原价。

人工、材料、机械台班单价汇总表

建设项目名称:

编 制 范 围: 第 页 共 页 07表

序号	工料机名称	单位	代号	预算单价	备注
1	2	3	4	5	6

编制: 复核:

填表说明:①4栏代号按《编制办法》中统一规定办理。

②5栏中材料预算单价由09表转来;机械台班单价由11表转来。

建筑安装工程费计算数据表

建设项目名称: 编制范围: 数据文件编号: 公路等级:

路线或桥梁长度(km): 路基或桥梁宽度(m): 第 页 共 页 08-1表

项的代号	本项目数	目的代号	本目节数	节的代号	本节细目数	细目的代号	费率编号	定额个数	定额代号	定额名称	单位	数量	定额调整情况

编制: 复核:

填表说明:见《编制办法》。

分项工程概(预)算表

工程名称:

编制范围: 第　页共　页　08-2 表

<table>
<tr><td rowspan="6">序号</td><td colspan="3">工程项目</td><td colspan="3"></td><td colspan="3"></td><td colspan="3"></td><td colspan="2" rowspan="5">合计</td></tr>
<tr><td colspan="3">工程细目</td><td colspan="3"></td><td colspan="3"></td><td colspan="3"></td></tr>
<tr><td colspan="3">定额单位</td><td colspan="3"></td><td colspan="3"></td><td colspan="3"></td></tr>
<tr><td colspan="3">工程数量</td><td colspan="3"></td><td colspan="3"></td><td colspan="3"></td></tr>
<tr><td colspan="3">定额代号</td><td colspan="3"></td><td colspan="3"></td><td colspan="3"></td></tr>
<tr><td>工、料、机名称</td><td>单位</td><td>单价</td><td>定额</td><td>数量</td><td>金额(元)</td><td>定额</td><td>数量</td><td>金额(元)</td><td>定额</td><td>数量</td><td>金额(元)</td><td>数量</td><td>金额(元)</td></tr>
<tr><td>1</td><td>2</td><td>3</td><td>4</td><td>5</td><td>6</td><td>7</td><td>8</td><td>9</td><td>10</td><td>11</td><td>12</td><td>13</td><td>14</td><td>15</td></tr>
<tr><td>1</td><td>人工</td><td></td><td></td><td></td><td></td><td></td><td></td><td></td><td></td><td></td><td></td><td></td><td></td><td></td></tr>
<tr><td>2</td><td>材料</td><td></td><td></td><td></td><td></td><td></td><td></td><td></td><td></td><td></td><td></td><td></td><td></td><td></td></tr>
<tr><td></td><td>直接工程费</td><td></td><td></td><td></td><td></td><td></td><td></td><td></td><td></td><td></td><td></td><td></td><td></td><td></td></tr>
<tr><td></td><td></td><td></td><td></td><td></td><td></td><td></td><td></td><td></td><td></td><td></td><td></td><td></td><td></td><td></td></tr>
<tr><td rowspan="2"></td><td rowspan="2">其他工程费</td><td>Ⅰ</td><td></td><td></td><td></td><td></td><td></td><td></td><td></td><td></td><td></td><td></td><td></td><td></td></tr>
<tr><td>Ⅱ</td><td></td><td></td><td></td><td></td><td></td><td></td><td></td><td></td><td></td><td></td><td></td><td></td></tr>
<tr><td rowspan="2"></td><td rowspan="2">间接费</td><td>规费</td><td></td><td></td><td></td><td></td><td></td><td></td><td></td><td></td><td></td><td></td><td></td><td></td></tr>
<tr><td>企业管理费</td><td></td><td></td><td></td><td></td><td></td><td></td><td></td><td></td><td></td><td></td><td></td><td></td></tr>
<tr><td></td><td>利润及税金</td><td></td><td></td><td></td><td></td><td></td><td></td><td></td><td></td><td></td><td></td><td></td><td></td><td></td></tr>
<tr><td></td><td>建筑安装工程费</td><td></td><td></td><td></td><td></td><td></td><td></td><td></td><td></td><td></td><td></td><td></td><td></td><td></td></tr>
</table>

编制:　　　　　　　　　　　　　　　复核:

填表说明:①"工程名称"指概(预)算项目表中"节"的名称,有"目"无"节"按"目"填列。

②表中工程项目,一般指总概(预)算定额项目名称。

③表中工程细目,一般指所采用定额的具体子目名称。

④4 栏单价由 07 表转来。

⑤工程数量 = 实际工程量/定额单位。

⑥5、8、11 等栏填入各细目的定额数值。

⑦其他工程费及间接费综合费率来自于 04 表。

材料预算单价计算表

建设项目名称:

编 制 范 围: 第　页　共　页　09 表

<table>
<tr><td rowspan="2">序号</td><td rowspan="2">规格名称</td><td rowspan="2">单位</td><td rowspan="2">原价</td><td colspan="5">运杂费</td><td rowspan="2">原价运费合计</td><td colspan="2">场外运输损耗</td><td colspan="2">采购及保管费</td><td rowspan="2">预算单价(元)</td></tr>
<tr><td>供应地点</td><td>运输方式、比重及运距</td><td>毛重系数或单位毛重</td><td>运杂费构成说明或计算式</td><td>单位运费(元)</td><td>费率(%)</td><td>金额(元)</td><td>费率(%)</td><td>金额(元)</td></tr>
<tr><td>1</td><td>2</td><td>3</td><td>4</td><td>5</td><td>6</td><td>7</td><td>8</td><td>9</td><td>10</td><td>11</td><td>12</td><td>13</td><td>14</td><td>15</td></tr>
<tr><td></td><td></td><td></td><td></td><td></td><td></td><td></td><td></td><td></td><td></td><td></td><td></td><td></td><td></td><td></td></tr>
<tr><td></td><td></td><td></td><td></td><td></td><td></td><td></td><td></td><td></td><td></td><td></td><td></td><td></td><td></td><td></td></tr>
</table>

编制:　　　　　　　　　　　　　　　复核:

填表说明:①本表计算有供应地点及供应价格的材料预算单价。

②某种材料须计算预算单价时,4 栏按供应地点、供销部门规定的价格填写,自采材料原价为料场价,由 10 表转来。

③毛重系数和单位毛重按"概(预)算编制办法"的规定填写。

④10 栏 = 9 栏 + 4 栏;12 栏 = 10 栏 × 11 栏;14 栏 = (10 栏 + 12 栏) × 13 栏;15 栏 = 4 栏 + 9 栏 + 12 栏 + 14 栏;或者 15 栏 = 10 栏 + 12 栏 + 14 栏。

⑤8 栏按不同运输方式的百分比计算,有自办人力装卸和人力运输时按定额计算运费,并根据规定人工费加计 15% 辅助生产现场经费。

自采材料料场价格计算表

建设项目名称：

编 制 范 围： 第 页 共 页 10表

序号	定额号	材料规格名称	单位	料场单价（元）	人工（工日）单价 （元）		间接费（元）（占人工费%）	（ ）单价 （元）		（ ）单价 （元）		（ ）单价 （元）	
					定额	金额		定额	金额	定额	金额	定额	金额
1	2	3	4	5	6	7	8	9	10	11	12	13	14

编制： 复核：

填表说明：①本表主要用于分析计算自采材料料场价格，应将选用的定额人工、材料、机械台班数量全部列出，包括相应的工、料、机单价。

②3栏的材料是09表中没有原价的自采材料，4栏单位一般是用定额单位。

③6栏中人工工日单价按工程所在地规定的单价填入，定额由定额表查得，7栏=6栏×人工工日单价。

④8栏=7栏×间接费综合费率。

⑤9、11、13栏为相应定额中出现的材料、机械定额值，材料、机械台班单价由07表转来。

⑥10、12、14栏=9、11、13栏×表头材料、机械台班单价。

⑦5栏=7栏+8栏+10栏+12栏+…

机械台班单价计算表

建设项目名称：

编 制 范 围： 第 页 共 页 11表

序号	定额号	机械规格名称	台班单价（元）	不变费用		可变费用（元）									
				调整系数		人工（元/工日）		汽油（元/kg）		柴油（元/kg）		…		养路费及车船使用费	合计
				定额	调整值	定额	金额	定额	金额	定额	金额	定额	金额		
1	2	3	4	5	6	7	8	9	10	11	12	13	14		

编制： 复核：

填表说明：①2栏为对应的机械台班费用定额的定额号。

②3栏为08、10表中出现的机械名称。

③6栏=5栏×调整系数。可变费用7、9、11、13、…各栏填入定额数量。

④8、10、12栏=7、9、11栏×表头单价。

⑤14栏=8栏+10栏+12栏+13栏；4栏=6栏+14栏。

辅助生产工、料、机械台班数量计算表

建设项目名称：

编 制 范 围： 第 页 共 页 12表

序号	定额号	规格名称	单位	总数量	人工（工日）		（ ）		（ ）		（ ）		（ ）	
					定额	数量	定额	数量	定额	数量	定额	数量	定额	数量
1	2	3	4	5	6	7	8	9	10	11	12	13	14	15
合计														

编制： 复核：

填表说明：本表各栏数据由10表统计而来。

附录六　设备与材料的划分标准

工程建设设备与材料的划分，直接关系到投资构成的合理划分、概(预)算的编制以及施工产值的计算等方面，为合理确定工程造价，加强对建设过程投资管理，统一概(预)算编制口径，现对交通工程中设备与材料的划分提出如下划分原则和规定。本规定如与国家主管部门新颁布的规定相抵触时，按国家规定执行。

一、设备与材料的划分原则

1)凡是经过加工制造，由多种材料和部件按各自用途组成生产加工、动力、传送、储存、运输、科研等功能的机器、容器和其他机械、成套装置等均为设备。

设备分为标准设备和非标准设备。

标准设备(包括通用设备和专用设备)：是指按国家规定的产品标准批量生产的、已进入设备系列的设备。

非标准设备：是指国家未定型、非批量生产的、由设计单位提供制造图纸，委托承制单位或施工企业在工厂或施工现场制作的设备。

设备一般包括以下各项：

(1)各种设备的本体及随设备到货的配件、备件和附属于设备本体制作成型的梯子、平台、栏杆及管道等。

(2)各种计量器、仪表及自动化控制装置、实验的仪器及属于设备本体部分的仪器仪表等。

(3)附属于设备本体的油类、化学药品等设备的组成部分。

(4)无论用于生产或生活或附属于建筑物的水泵、锅炉及水处理设备、电气、通风设备等。

2)为完成建筑、安装工程所需的原料和经过工业加工在工艺生产过程中不起单元工艺生产用的设备本体以外的零配件、附件、成品、半成品等均为材料。

材料一般包括以下各项：

(1)设备本体以外的不属于设备配套供货，需由施工企业进行加工制作或委托加工的平台、梯子、栏杆及其他金属构件等，以及成品、半成品形式供货的管道、管件、阀门、法兰等。

(2)设备本体以外的各种行车轨道、滑触线、电梯的滑轨等均为材料。

二、设备与材料的划分界限

1. 设备

(1)通信系统。市内、长途电话交换机、程控电话交换机、微波、载波通信设备，电报和传真设备，中、短波通信设备及中短波电视天馈线装置，移动通信设备、卫星地球站设备，通信电源设备，光纤通信数字设备，有线广播设备等各种生产及配套设备和随机附件等。

(2)监控和收费系统。自动化控制装置、计算机及其终端、工业电视、检测控制装置、各种探测器、除尘设备、分析仪表、显示仪表、基地式仪表、单元组合仪表、变送器、传送器及调节阀、盘上安装器、压力、温度、流量、差压、物位仪表，成套供应的盘、箱、柜、屏(包括箱和已经安装就位的仪表、元件等)及随主机配套供应的仪表等。

(3)电气系统。各种电力变压器、互感器、调压器、感应移相器、电抗器、高压断路器、高压熔断器、稳压器、电源调整器、高压隔离开关、装置式空气开关、电力电容器、蓄电池、磁力启动器、交直流报警器、成套箱式变电站、共箱母线、封密式母线槽、成套供应的箱、盘、柜、屏及其随设备带来的母线等。

(4)通风及管道系统。空气加热器、冷却器、各种空调机、风尘管、过滤器、制冷机组、空调机组、空调器、各类风机、除尘设备、风机盘管、净化工作台、风淋室、冷却塔、公称直径300mm 以上的人工阀门和电动阀门等。

(5)房屋建筑。电梯、成套或散装到货的锅炉及其附属设备、汽轮发电机及其附属设备、电动机、污水处理装置、电子秤、地中衡、开水炉、冷藏箱，热力系统的除氧器水箱和疏水箱，工业水系统的工业水箱，油冷却系统的油箱，酸碱系统的酸碱储存槽，循环水系统的旋转滤网、启闭装置的启闭机等。

(6)消防及安全系统。隔膜式气压水罐(气压罐)、泡沫发生器、比例混合器、报警控制器、报警信号前端传输设备、无线报警发送设备、报警信号接收机、可视对讲主机、联动控制器、报警联动一体机、重复显示器、远程控制器、消防广播控制柜、广播功放、录音机、广播分配器、消防通信电话交换机、消防报警备用电源、X 射线安全检查设备、金属武器探测门、摄像设备、监视器、镜头、云台、控制台、监视器柜、支台控制器、视频切换器、全电脑视频切换设备、音频、视频、脉冲分配器、视频补偿器、视频传输设备、汉字发生设备、录像、录音设备、电源、CRT 显示终端、模拟盘等。

(7)炉窑砌筑。装置在炉窑中的成品炉管、电机、鼓风机和炉窑传动、提升装置，属于炉窑本体的金属铸体、锻件、加工件及测温装置、仪器仪表、消烟、回收、除尘装置，随炉供应已安装就位的金具、耐火衬里、炉体金属预埋件等。

(8)各种机动车辆。

(9)各种工艺设备在试车时必须填充的一次性填充材料(如各种瓷环、钢环、塑料环、钢球等)，各种化学药品(如树脂、珠光砂、触煤、干燥剂、催化剂等)及变压器油等，不论是随设备带来的，还是单独订货购置的，均视为设备的组成部分。

2. 材料

(1)各种管道、管件、配件、公称直径 300mm 以内的人工阀门、水表、防腐保温及绝缘材料、油漆、支架、消火栓、空气泡沫枪、泡沫炮、灭火器、灭火机、灭火剂、泡沫液、水泵接合器、可曲橡胶接头、消防喷头、卫生器具、钢制排水漏斗、水箱、分气缸、疏水器、减压器、压力表、温度计、调压板、散热器、供暖器具、凝结水箱、膨胀水箱、冷热水混合器、除污器、分水缸(器)、各种风管及其附件和各种调节阀、风口、风帽、罩类、消声器及其部(构)件、散流器、保护壳、风机减震台座、减震器、凝结水收集器、单双人焊接装置、煤气灶、煤气表、烘箱灶、火管式沸水器、水型热水器、开关、引火棒、防雨帽、放散管拉紧装置等。

(2)各种电线、母线、绞线、电缆、电缆终端头、电缆中间头、吊车滑触线、接地母线、接地极、避雷线、避雷装置(包括各种避雷器、避雷针等)、高低压绝缘子、线夹、穿墙套管、灯具、开关、灯头盒、开关盒、接线盒、插座、闸盒保险器、电杆、横担、铁塔、各种支架、仪表插座、桥架、梯架、立柱、托臂、人孔手孔、挂墙照明配电箱、局部照明变压器、按钮、行程开关、刀闸开关、组合开关、转换开关、铁壳开关、电扇、电铃、电表、蜂鸣器、电笛、信号灯、低音扬声器、电话单机、容断器等。

(3)循环水系统的钢板闸门及拦污栅、启闭构架等。

(4)现场制作与安装的炉管及其他所需的材料或填料、现场砌筑用的耐火、耐酸、保温、防腐、捣打料、绝热纤维、天然白泡石、玄武岩、金具、炉门及窥视孔、预埋件等。

(5)所有随管线(路)同时组合安装的一次性仪表、配件、部件及元件(包括就地安装的温度计、压力表)等。

(6)制造厂以散件或分段分片供货的塔、器、罐等,在现场拼接、组装、焊接、安装内件或改制时所消耗的物料均为材料。

(7)各种金属材料、金属制品、焊接材料、非金属材料、化工辅助材料、其他材料等。

3. 其他

(1)对于一些在制造厂未整体制作完成的设备,或分片压制成型,或分段散装供货的设备,需要建筑安装工人在施工现场加工、拼装、焊接的,按上述划分原则和其投资构成应属于设备购置费。为合理反映建筑安装工人付出的劳动和创造的价值,可按其在现场加工组装焊接的工作量,将其分片或组装件按其设备价值的一部分以加工费的形式计入安装工程费内。

(2)供应原材料,在施工现场制作安装或施工企业附属生产单位为本单元承包工程制作并安装的非标准设备,除配套的电机、减速机外,其加工制作消耗的工、料(包括主材)、机等均应计入安装工程费内。

(3)凡是制造厂未制造完成的设备,已分片压制成型、散装或分段供货,需要建筑安装工人在施工现场拼装、组装、焊接及安装内件的,其制作、安装所需的物料为材料,内件、塔盘为设备。

参考文献

[1] 中华人民共和国行业标准. 公路工程基本建设项目投资估算编制办法(JTG M20—2011)[S]. 北京:人民交通出版社,2011.

[2] 交通公路工程定额站. 公路工程施工定额[S]. 北京:人民交通出版社,2009.

[3] 中华人民共和国行业标准. 公路工程基本建设项目概算预算编制办法(JTG B06—2007)[S]. 北京:人民交通出版社,2007.

[4] 中华人民共和国行业标准. 公路工程概算定额(JTG/T B06-01—2007)[S]. 北京:人民交通出版社,2007.

[5] 中华人民共和国行业标准. 公路工程预算定额(JTG/T B06-02—2007)[S]. 北京:人民交通出版社,2007.

[6] 中华人民共和国行业标准. 公路工程机械台班费用定额(JTG/T B06-03—2007)[S]. 北京:人民交通出版社,2007.

[7] 中华人民共和国行业标准. 公路工程估算指标(JTG/T M21—2011)[S]. 北京:人民交通出版社,2011.

[8] 中华人民共和国交通运输部. 公路工程标准施工招标文件(2009 年版). 北京:人民交通出版社,2009.

[9] 湖南省交通运输厅. 公路工程工程量清单计量规则[M]. 北京:人民交通出版社,2010.

[10] 沈其明,等. 公路工程造价编制与管理[M]. 北京:人民交通出版社,2002.

[11] 杨子敏. 公路工程造价编制指南[M]. 北京:人民交通出版社,1999.

[12] 邢凤歧. 公路工程投资估算与概、预算编制示例[M]. 北京:人民交通出版社,1998.

[13] 关庆年. 公路工程概、预算编制示例[M]. 北京:人民交通出版社,1995.

[14] 李自林. 桥梁工程[M]. 武昌:华中科技大学出版社,2007.

[15] 盛洪飞. 墩台与基础工程[M]. 哈尔滨:哈尔滨工业大学出版社,2005.

[16] 杨少伟. 公路勘测设计[M]. 北京:人民交通出版社,2005.

[17] 邓学钧. 路基路面工程[M]. 2 版. 北京:人民交通出版社,2005.

[18] 黄醒春. 隧道工程[M]. 武汉:华中科技大学出版社,2007.

[19] 周伟. 道路经济与管理[M]. 北京:人民交通出版社,2003.

[20] 刘伊生. 工程造价管理基础理论与相关法规[M]. 北京:中国计划出版社,2006.

[21] 尹贻林. 工程造价计价与控制[M]. 北京:中国计划出版社,2006.

[22] 周水兴,等. 路桥施工计算手册[M]. 北京:人民交通出版社,2001.

[23] 石勇民. 公路工程定额原理与估价[M]. 北京:人民交通出版社,2004.

[24] 张丽华. 公路工程概、预算编制指南[M]. 北京:人民交通出版社,2005.

[25] 张晓波. 公路工程施工定额的编制和应用[M]. 北京:人民交通出版社,2001.

[26] 邬晓光. 公路工程施工招投标标书编制手册[M]. 北京:人民交通出版社,2003.

[27] 周直,崔新媛. 公路工程造价原理与编制[M]. 北京:人民交通出版社,2002 .

[28] 陈进杰,等. 工程概预算与成本控制(下册)[M]. 广州:新世纪出版社, 1999 .

[29] 袁方. 桥梁工程估算及概预算编制实例[M]. 北京:人民交通出版社,2001.